4차 산업 혁명을 견인하는

다이버전스 기술
사물 인터넷 (IoT)

양순옥 · 김성석 지음

Internet of Things

생능출판

사물 인터넷(IoT)

초판발행 2018년 2월 28일
제1판4쇄 2021년 2월 5일

지은이 양순옥, 김성석
펴낸이 김승기
펴낸곳 (주)생능출판사 / **주소** 경기도 파주시 광인사길 143
출판사 등록일 2005년 1월 21일 / **신고번호** 제406-2005-000002호
대표전화 (031)955-0761 / **팩스** (031)955-0768
홈페이지 www.booksr.co.kr

책임편집 신성민 / **편집** 김민보, 유제훈, 권소정 / **디자인** 유준범
마케팅 최복락, 김민수, 심수경, 차종필, 백수정, 최태웅, 명하나, 김범용, 김민정
인쇄 · 제본 (주)상지사P&B

ISBN 978-89-7050-946-4 93000
정가 21,000원

이 책은 과학기술정보통신부 SW중심대학사업의 일환인 가천대학교 소프트웨어 중심대학 사업단의 지원을 받아 개발되었습니다.

머리말

4차 산업혁명이 새로운 화두가 되었다. 2016년 세계경제인연합회인 다보스포럼에서 언급된 것이 일파만파 퍼져나가더니, 급기야 TV나 신문, 인터넷을 통해 하루에도 몇 번씩 접하게 되었다. 산업혁명이라는 단어가 주는 폭발력 때문인지 큰 변혁의 시대가 도래한 것은 분명해 보인다. 하지만 그 변화가 가리키는 방향을 정확히 예측하지 못함에 따라 불안한 심리가 더해지고 있으며, 무엇이라도 준비를 시작해야만 할 것 같다. 이렇게 불안해하는 이유 중 하나는 지금도 청년 취업이 쉽지 않고 한 직장에서 오랫동안 살아남기 쉽지 않은 상황에서, 미래에는 점차 좋은 직장이 사라지고 경쟁이 더 치열해져 먹고 살기 어려워질 거라는 잠재의식이 깔려 있는 듯하다.

기술의 진보가 가져올 변화는 긍정적인 변혁이라고 생각된다. 세상은 편리해지고 투명해지는 쪽으로 발전해 갈 것이다. 변화는 새로운 기회가 열렸음을 의미하기도 한다. 막연하게 불안해하기 보다는, 호기심을 가지고 어떻게 세상이 바뀔지 궁금해 하며 긴 호흡으로 그 변화에 관심을 가지는 것이 필요해 보인다. 세상을 자기 것으로 만들 수 있는 기회가 오고 있다고 생각을 해 보는 것은 어떨까?

일자리만 하더라도, 기존의 일자리 중 일부는 사라지겠지만 좋은 일자리가 모두 사라지는 것은 아니다. 또한 이전에 없던 새로운 일자리도 생겨날 것으로 예측된다. 무엇보다도 기존의 무엇인가가 순식간에 사라지고 갑자기 새로운 것이 확 생겨나고 하는 것이 아니라, 기존의 산업 생태계가 전반적으로 한 단계 발전(upgrade)하는 방향으로 변화해나갈 것이다.

이것을 가능하게 하는 정보통신 기술(Information and Communication Technologies, ICT)이 사물 인터넷, 즉 '다이버전스(Divergence)' 기술이다. 정보통신 기술 단독으로 세상을 변화시키는 것이 아니라, 모든 산업 영역에 스며들어 각 산업의 일부가 되는 것이다. 지난 10여 년간 '융합(Convergence)'과 '통섭(Consilience)'이 산업계의 화두였다면, 새롭게 등장한 것이 ICT '다이버전스(Divergence)'이다.

4차 산업혁명 시대에는 ICT가 성숙되고 대중화됨에 따라 일반 사람들도 쉽게 사용할 수 있도록 발전할 것이다. 누구나 ICT가 주는 혜택을 누리면서도 의식하지 못할 수도 있다. 이는 마치 우리가 매일 스마트폰이나 태블릿PC를 이용하여 동영상을 보거나 SNS를 하고 온라인 상품을 주문하는 등 일상생활에서 많은 일들을 하면서도 그 기술을 정확히 모르는 것과 유사하다. 따라서 내 주위에 나와 관련된 어떤 ICT들이 있고, 이를 어떻게 활용하는지, 그리고 그 기술을 활용하여 어떠한 효과를 얻을 수 있는지 관심을 가져야만 하는 시대가 되고 있다.

산업현장의 또 다른 큰 흐름은 맞춤형 적량 · 대량 생산이 가능해진다는 점이다. 소품종 대량 생산 시대에 글로벌 기업은 규모의 경제를 이용하여 세계 시장을 지배했다. 하지만 대중적인 것에 착안하여 일반화된 제품을 대량 생산하는 방식에 변화가 생기고 있다. 내가 좋아하는 것, 자기만의 것을 만들어 상품화할 수 있는 시대로 바뀌고 있다. 자기들의 취향을 존중해 주길 바라는 사람들이 많아지고, 자기들의 취향을 적극 표현하는 사람들이 증가하고 있다.

이에 앞으로는 여러 다양한 종류의 제품을 소규모의 기업이나 공장에서도 맞춤형으로 생산할 수 있는 시대가 되고 있다. 제품을 만들어 유통시키면서 소비자의 의견을 다음 제품에 반영하는 주기가 빨라지고 있으며, 이것을 소수의 인원으로도 감당할 수 있게 되었다. 3D 프린팅 기술의 등장과 사물 인터넷과 같은 ICT의 발전은 이를 실현 가능하게 하고 있다. 생산자와 소비자가 거대 유통단계를 거쳐야 만날 수 있던 벽이 서서히 허물어지면서 가능해지고 있다. 누구나 회사의 사장이 될 수 있는 기반 인프라가 형성되는 시대가 되면서, 또한 다양한 기초 지식의 소양을 갖출 필요성이 증가하고 있다.

이러한 변화는 산업 현장에도 영향을 미치고 있다. 기존에는 직원들이 단절된 작업 공간에서 세분화된 전문 업무를 수행하였지만, 앞으로는 서로 공유하면서 업무를 수행하게 된다. 대표적인 예로 우버 택시가 있다. 승용차가 필요한 사람을 주변의 누군가가 태워주고 비용을 받을 수 있는 시대가 되었다. 그들은 직접 돈을 주고받지 않고, 인사만 하면 된다. 사물 인터넷 기술로 탑승 시간을 계산하고, 이미 등록된 계좌로 비용을 주고받는 과정이 전산 시스템에서 이루어지기 때문이다. 이처럼 단절되었던 사회가 ICT 덕분에 서로를 도우며 더불어 살아가는 사회로 변화하고 있다.

아직도 낯설게만 느껴지는가? 좀 더 쉽게 생각해 보면, 인터넷이 도입되기 전과 후를 생각해 보자. 인터넷으로 각 산업 및 서비스 분야에서 정보의 접근성이 좋아졌고, 그로 인해 우리의 삶은 풍부해졌다. 전문가들만이 소유하던 전문 지식 및 고급 정보들을 대다수 사람들이 공유할 수 있게 되면서 일반 사람들도 정보를 활용할 수 있는 기회가 많아졌다. 자기들만의 상품이나 아이디어가 있다면, 블로그와 소셜 네트워크 서비스(SNS) 같은 인터넷을 통해 홍보와 마케팅을 하는 것도 쉬워졌다. 인터넷 서비스를 받을 수 없다면 업무를 수행하기 곤란하거나 심지어 일상생활에서 큰 영향을 받는 경우도 많아졌다. 인터넷이 대중화되면서 살기 편하게 바뀌었고, 삶을 윤택하고 풍부하게 만들었다. 앞으로 ICT는 인터넷보다 더 중요해질 것으로 예상된다.

4차 산업혁명의 변화를 이끌어 가는 기술들이 다양하게 존재하지만, 그 핵심에는 사물 인터넷이 있다. 인터넷이 주로 정보의 접근성을 전 세계로 넓혔다면, 사물 인터넷은 기기나 장비 제어의 접근성을 전 세계로 확대하고 있다. 지역적으로 한정된 장소에서만 제어되던 것이 언제 어디서나 가능하게 되면서, 세상은 다시 한 번 변화의 바람을 겪고 있다. 인터넷 상에서 제어하기 위해 가상공간이 필요하게 되고, 가상 현실 및 증강 현실 기술과 연계되어 발전하고 있다. 또한, 실시간 데이터를 분석하는 빅 데이터 기술, 판단하여 결정을 내리는 데 도움을 주는 인공 지능 기술 등이 경영 전략에 활용되고 있다.

이처럼 사물 인터넷 및 ICT로 인하여 우리의 생활환경, 사회, 산업현장은 크게 변화하고 있다. 새로운 제품이나 기술이 있다면 투명하게 소비자에게 판매할 수 있는 유통의 길이 열리고 있으며, 좋은 제품이라면 충분히 경쟁력을 가질 수 있는 기회가 많아지고 있다. 이러한 변화를 몸으로 느끼고 적극 받아들여 자기 것으로 만들어가려는 노력이 필요해 보인다. 그리고 더불어 살아갈 수 있는, 좀 더 살기 좋은 세상으로 진화에 동참하는 사람들이 많아졌으면 하는 바람이다.

이 책을 준비하며, 전문 영역인 ICT 분야를 벗어난 스마트자동차, 스마트공장, 이것들이 산업 흐름에 미치는 영향 등에 대한 자료를 수집·분석하는데 많은 시간을 할애하였으나 여전히 아쉬움이 남는다. 다루는 내용이 방대하고 전문적인 내용을 누구나 쉽게 감을 잡을 수 있게 하려고 노력하였는데, 그 노력이 독자들에게 전달될 수 있기를 바란다. 4차 산업혁명이 가져다줄 변화에 주도적인 구성원이 되는데 도움이 되었으면 하는 마음으로 줄곧 써 내려갔다. 다만 거대한 변화와 관련된 내용을 모두 알리기에는 지면 관계상 한계가 많아 아쉬움이 많이 남는다.

아무쪼록 다이버전스 기술인 사물 인터넷에 대한 이해를 통해 4차 산업혁명이라는 거대 흐름을 이해하고 준비하는데, 이 책이 조금이나 도움이 되었으면 하는 바람이다.

마지막으로 저자를 대표해서 이 글을 쓰게 되어 영광이며, 책을 공동 집필해 주신 김성석

교수님께 감사의 말씀을 드린다. 또한 책을 쓰는 동안 세심한 배려와 열정적으로 신경 써 주신 (주)생능출판사 관계자 여러분께 감사의 말씀을 드린다. 그리고 항상 제 곁에서 따뜻한 사랑과 믿음으로 격려를 보내준 가족들에게 감사드리며, 평생 공부가 소원이었던 어머니에게 이 책을 바친다.

2018년 1월
저자 대표 양순옥

이 책의 핵심 빨리 보기

이 책은 4차 산업혁명이 무엇이며, 어떠한 ICT에 의해 가능한지, 그리고 그 파급 효과를 스마트자동차와 스마트공장을 통해 이해할 수 있는 기본서이다. 4차 산업혁명 시대가 도래하고 있지만, 학생들에게 체계적으로 설명해 줄 수 있는 교재가 거의 없는 실정으로 이러한 필요성을 인식하여 4차 산업혁명을 가능하게 하는 사물 인터넷에 대한 전반을 이해할 수 있게 체계적으로 구성하였다.

1부. 사물 인터넷으로 인한 경쟁 환경의 변화(1~3장)

사물 인터넷으로 인한 경쟁 환경의 변화로 가져오는 4차 산업혁명의 정의 및 특징, 비즈니스 패러다임의 축의 변화에 대해 살펴보고, 향후 사물 인터넷 시대의 신사업 분야 및 도입 효과를 통해 산업 변화도 전망해 본다.

2부. 사물 인터넷 개념 및 주요 기술(4~6장)

4차 산업혁명의 시대의 핵심 기술인 사물 인터넷의 개념, 특징 및 이슈, 진화 방향, 초연결 및 초지능 사회에 대해 알아본다. 사물 인터넷의 주요 기술인 센서, 센서 디바이스 플랫폼 기술, 초연결 네트워크 인프라 기술, 데이터/사물 인터넷 통합 플랫폼 기술에 대해 살펴본다. 그리고 사물 인터넷의 서비스 확산 방향에 대해 전망해 본다.

3부. 인공 지능, 로봇, 가상 및 증강 현실과의 연계(7~10장)

4차 산업혁명을 가능하게 하는 기술로 사물 인터넷 이외에 인공 지능, 로봇, 가상 및 증강 현실과의 연계로 가능하다. 인공 지능의 개념, 주요 기술, 적용 분야에 대해 알아보고, IT의 결합으로 진화하는 로봇 및 사례를 살펴본다. 사물 인터넷과 결합하여 시각화가 가능한 가상 및 증강 현실의 개념, 주요 기술, 적용 분야에 대해 알아보고, 부품 및 소재의 혁신에 대해 살펴본다.

4부. 스마트자동차(11~13장)

사물 인터넷 기술이 자동차에 적용되는 스마트자동차의 개념, 특징 및 이슈를 살펴보고, 스마트자동차의 주요 기술인 안전, 편의, 자율주행 기술, 인포테인먼트 플랫폼에 대해 알아본다. 그리고 국내·외 주요 스마트자동차 및 서비스 사례로 구글의 자율주행차, BMW, 현대·기아차에 대해 살펴본다.

5부. 스마트공장(14~16장)

4차 산업혁명의 시작점이자 경제시스템 전반에 영향을 미치는 스마트공장의 개념, 특징 및 이슈에 대해 살펴보고, 스마트공장의 주요 IT 기술인 산업용 사물 인터넷(IIoT), 사이버 물리 시스템(CPS), 보안, 빅 데이터 기술에 대해 알아본다. 그리고 국내·외 주요 스마트공장 업체 사례로 지멘스, GE, 포스코에 대해 살펴본다.

강의 계획표

강의 일정은 5개 부(Part)를 전부 학습하도록 구성하였으며, 예습과 복습이 필요하다. 정보 통신, 경제, 공장, 자동차 등 다양한 분야에서 사용되는 익숙하지 않은 용어가 많이 등장하고 있어 예습을 통해 용어를 숙지하면 강의를 이해하는데 도움이 된다. 각 장에서 기본 개념 및 특징을 중심으로 수업을 진행하고, 각 산업에 어떤 방식으로 영향을 미치고 있는지 충분히 이해한 후, 그 결과로 발생하는 현상을 예측할 수 있다.

주	해당 장	주제
1	1장	제4차 산업혁명이라는 신세계
2	2장	비즈니스 패러다임의 변화
3	3장	사물 인터넷이 가져올 산업 변화 전망
4	4장	사물 인터넷의 개념 및 특징
5	5장	사물 인터넷의 주요 기술
6	6장	사물 인터넷의 서비스 확산 방향
7	7, 8장	인공 지능을 활용한 혁신, 로봇의 진화
8		중간고사
9	9, 10장	가상 및 증강 현실의 활용, 부품 및 소재의 혁신
10	11장	스마트자동차의 개념 및 특징
11	12장	스마트자동차의 주요 기술 및 서비스
12	13장	국내 · 외 주요 스마트자동차 및 서비스
13	14장	스마트공장의 개념 및 특징
14	15장	스마트공장의 주요 IT 기술
15	16장	국내 · 외 주요 업체 사례
16		기말고사

차례

PART 03   인공 지능, 로봇, 가상 및 증강 현실과의 연계

PART 05 스마트공장(Smart Factory)

PART

I

사물 인터넷으로 인한
경쟁 환경의 변화

contents

들어가며

정보통신 기술(Information & Communication Technologies, ICT)을 기반으로 실세계(Physical World)와 가상 세계(Virtual World)의 다양한 사물들을 연결하여 진보된 서비스를 제공하기 위한 서비스 기반 시설이 **사물 인터넷(Internet of Things)**이다. 유비쿼터스 공간을 구현하기 위한 인프라 컴퓨팅 기기들이 환경과 사물에 심겨 환경이나 사물 그 자체가 지능화되는 것부터 사람과 사물, 사물과 사물 간에 지능 통신을 할 수 있는 **사물 통신(Machine to Machine, M2M)**의 개념을 인터넷으로 확장하여 사물은 물론, 현실과 가상 세계의 모든 정보와 상호 작용하는 개념으로 진화하였다. 인터넷 연결에 기반한 제어와 연동 수준에서 점차 센서 기술의 발전과 정보 분석 및 **인공 지능(Artificial Intelligence, AI)** 기술들이 접목되며 단순한 디바이스 차원의 경쟁이 아니라 산업 경쟁 구도를 변화시키는 동력으로 작용하고 있다. 사물 인터넷이 기존 산업 내 경쟁의 핵심을 바꾸고, 사업의 패러다임을 변화시키고 있다. 제조업에서는 소비자의 다양한 필요(needs)에 유연하게 대응하는 맞춤형 적량·대량 생산 체제가 가능해지고 있다.

냉장고 속 식품 정보가 정확히 수집되어 필요한 식품 분석이 가능하면, 이마트(Emart)와 같은 유통 기업은 소비자의 구매 이력을 분석해 필요한 식품을 주문 없이 알아서 적시에 배송하는 것이 가능하다. 이러한 기업들은 고객에게 냉장고를 공짜로 제공할 수도 있다. 이는 냉장고를 판매하는 것보다 최대 5배의 수익을 거둘 수 있다고 한다. 이렇게 되면 냉장고를 제조하던 기존 가전 기업들은 이마트, 아마존(Amazon), 월마트(Walmart)와 같은 유통 기업을 상대로 새로운 경쟁을 해야 한다.

이처럼 사물 인터넷은 기업들의 기존 사업방식과 경쟁의 핵심 축을 변화시키며 전혀 새로운 방법으로 산업을 혁신시키고 있다. 이런 경쟁의 변화는 크게 세 가지 관점으로 볼 수 있다.

첫째, 산업별 기업들의 경쟁 방식이 변화하고 있다. 사물 인터넷 기술을 적시에 활용한 기업은 고객이 핵심적으로 필요한 것을 해결하며 기존과 다른 방식으로 해결함으로써 경쟁의 축을 변화시키고 있다. 롤스로이스(Rolls-Royce)의 경우, 항공기 엔진을 제조하여 판매하던 방식에서 센서와 정보 분석 기술을 활용하여 항공기 대여 및 서비스 제공 방식으로 변화한 것이 좋은 사례이다.

둘째, 경쟁의 강도가 심화되고 빠르게 진행되고 있다. 다양한 기업들이 사물 인터넷 기술을 활용해서 자신들만의 독창적인 방법으로 제품과 서비스를 시장에 출시하고 있다. 이러한 움직임은 빠른 의사 결정을 통해 자신들의 아이디어를 구현해 내는 스타트업(Startup) 기업들을 중심으로 일어나고 있다. 이들은 각 산업 내 기존 기업들과 직접적으로 경쟁하기도 하지만 기존 기업들과 제휴, 인수 합병 등으로 연합하여 다른 진영의 기업들과의 경쟁을 심화시키며 경쟁의 양상을 빠르게 변화시키고 있다.

셋째, 경쟁의 범위가 급격히 확대되고 있다. 산업 내 새로운 경쟁자들의 진입이 많아질 뿐 아니라 다른 분야의 기업들과도 경쟁해야 하는 상황에 직면하게 되었다. 아마존, 월마트 같은 유통 기업이 냉장고를 무료로 제공하며 유통 사업으로 수익을 창출하거나, 구글(Google)/애플(Apple)과 같은 **정보 기술(Information Technology, IT)** 기업이 무인 자동차 기술을 개발하여 자동차 산업으로 진출하고 있다. 기존의 가전 및 자동차 제조사들은 유통, IT 산업이라는 새로운 영역의 기업들과도 경쟁해야 한다.

제4차 산업혁명이라는 신세계

1.1 제4차 산업혁명의 정의 / 1.2 제4차 산업혁명의 특징 / 1.3 주요 국가의 전략

1.1 제4차 산업혁명의 정의

산업혁명이란 무엇인가? 과학기술의 혁신이 기존 산업에 산업구조의 변화 및 생산성의 증대를 일으키는 것을 말한다. 18세기 최초의 산업혁명은 인간의 육체노동을 기계로 대체하는 증기기관의 발명으로 촉발되어 생산성의 혁신을 가져왔다. 20세기 초반의 제2차 산업혁명은 발전기 등 전기에너지의 보급으로 산업시스템의 혁신과 인류의 생활을 크게 향상시켰다. 20세기 중반 이후에는 컴퓨터와 인터넷의 범용화에 힘입어 인류는 지구차원으로 정보와 지식을 공유함으로써 인간의 두뇌노동을 대체, 증강하여 왔다. 21세기에 와서는 사물인터넷, **사이버 물리 시스템**(Cyber-Physical System, CPS), 인공 지능 등 정보기술의 지수함수적 변혁으로 초소형 컴퓨터가 모든 사물과 공간에 탑재되어 만물초지능 통신혁명이라는 또 한 차례 미증유의 문명사적 대변혁이 진행되고 있다.

만물초지능 통신혁명은 모든 것이 인터넷으로 초연결됨으로써 인간과 사물, 주변 공간의 상황 데이터를 수집, 축적하여 활용하는 차세대 정보기술 패러다임이다. 이를 기반으로 산업 프로세스(Process)가 파괴적으로 혁신되고, 인류의 생활방식이 근원적으로 달라지는 거대변혁의 총체가 **제4차 산업혁명**이다. 이는 제조업과 정보통신 기술을 융합한 차세대 산업혁명을 의미하는 것이다.

산업의 역사 관점에서 모든 사물의 데이터를 전 인류의 지식과 연결하고, 다시 최적으로 제어하는 만물초지능 통신혁명이 제4차 산업혁명으로 진행되고 있다([표 1-1] 참고).

[표 1-1] 산업의 역사 관점에서 조망하는 만물초지능 통신혁명 = 제4차 산업혁명

제1차 산업혁명	제2차 산업혁명	제3차 산업혁명	제4차 산업혁명
18세기	19~20세기	20세기 후반	2010년~
증기기관 기반의 기계화 혁명 → 손발기능 확장	전기 에너지 기반의 대량 생산혁명 → 근육기능 확장	컴퓨터와 인터넷 기반의 지식정보혁명 → 뇌기능 확장	사물 인터넷/사이버 물리 시스템/인공 지능 기반의 만물초지능혁명 → 오감과 브레인의 연계기능 확장
증기기관을 활용하여 영국의 섬유공업이 거대산업화 → 동양에서 서양으로 패권 이동	공장에 전력이 보급되어 컨베이어벨트를 사용한 대량 생산 보급 → 영국에서 미국으로 패권 이동	인터넷과 스마트혁명으로 미국주도의 글로벌 IT 기업 부상 → 패권의 다원화·연계화	사람, 사물, 공간을 초연결·초지능화하여 산업구조, 사회시스템 혁신 → 대담하게 "도전하고 전략적으로 리더쉽을 발휘하는 나라"가 제4차 산업혁명 선도국가로 도약

출처: 정보통신기술진흥센터, 하원규

1.2 제4차 산업혁명의 특징

산업사회 변혁에 대한 논의는 관점에 따라 달라질 수 있는데, 정보통신 관점에서 보면 사물 인터넷, 사이버 물리 시스템, 빅 데이터(Big Data), 인공 지능 등의 시너지가 촉발하는 힘이 제4차 산업혁명의 견인 기술력이 된다. 하지만 전통적인 정보통신 기술(Information and Communication Technologies, ICT)로서의 ICT가 아니라 **혁신촉매형 ICT**(Innovation & Catalyst Technology)로 그 본질이 바뀌고 있으며, 그 방향성은 다음과 같이 3가지로 요약할 수 있다.

• 사람−사물−공간 상호관계 기축의 아날로그(Analog)에서 디지털(Digital)로의 전환이 촉진되면서 실시간으로 데이터를 수집, 축적, 활용할 수 있는 **만물 인터넷**(Internet of Everything, IoE) 생태계가 가속적으로 성숙되고 있다.

• 초연결된 사람−사물−공간에서 획득된 빅 데이터를 해석할 수 있는 인공 지능의 진화에 의해 인간의 의사결정을 한층 고도화하고 현실 세계로 피드백(Feedback)하여 제어하는

사이버 물리 시스템이 경제사회를 지원하는 중추시스템이 되고 있다.

• 초연결된 만물 인터넷 생태계는 생물적 아날로그 지능(Analog Intelligence)과 인공적 디지털 지능(Digital Intelligence) 간의 선순환 가치를 발휘하는 **만물초지능 통신** 기반으로 성숙되고 있다.

1980년대는 전화를 매개로 사람과 사람을 연결하는 전기통신의 시대였고, 2000년대는 인터넷을 기반으로 PC와 모바일을 통해 사람과 정보의 연결에 비중이 옮겨오는 정보통신의 시대라고 할 수 있다([표 1-2] 참조). 2010년대는 사물 인터넷과 사이버 물리 시스템 등의 새로운 ICT 생태계를 기반으로 만물지능통신으로 발전하는 이행기로 보고, 2020년대는 사람과 사물이 초연결되고 다시 빅 데이터와 인공 지능의 융합으로 정보통신은 혁신촉매기술로 그 본질이 전환될 것으로 보고 있다. 이 과정을 통해 산업 프로세스와 경제, 사회 시스템이 지능기반으로 재편되면서 지구차원의 총체적 혁신이 수반되는 제4차 산업혁명의 도래가 전망된다.

[표 1-2] 혁신촉매기술로서의 만물초지능 통신

1980년대	2000년대	2010년대	2020년대
전기통신	정보통신	사물(만물) 통신	만물초지능 통신
– 사람과 사람을 연결 – 단말과 단말을 필요할 때만 연결	– 사람과 정보를 연결 – 유·무선 브로드밴드 기반 정보처리 생태계	– 사람과 사물 간 데이터와 정보를 연결 – 사물 인터넷, 사이버 물리 시스템, 빅 데이터, 인공 지능의 선형적 발전	– 사람 인터넷(Internet of People), 사물 인터넷, 공간 인터넷(Internet of Space)이 지능적인 복합시스템을 형성 – 만물 인터넷, 사이버 물리 시스템, 빅 데이터, 인공 지능 등이 지수함수적으로 발전

출처: 정보통신기술진흥센터, 하원규

1.3 주요 국가의 전략

2020년 이후의 **ICT 혁명 = 만물초지능 통신혁명 = 제4차 산업혁명**의 관점에서 미국, 독일, 일본의 접근전략을 살펴보고, 이를 비교해 보자.

1.3.1 미국

사물 인터넷의 주도권이 곧 제조업의 두뇌 장악이자 미래서비스 경쟁력의 관건이라는 차원에서 미국의 관련 기업들이 역량을 결집하고 있다. 미국의 **산업 인터넷**(Industrial Internet)은 독일의 **인더스트리 4.0**(Industry 4.0)과 유사하지만 데이터 기반의 소프트웨어 및 서비스를 중심으로 사업 모델의 혁신을 지향하는 특징이 있다([그림 1-1] 참조).

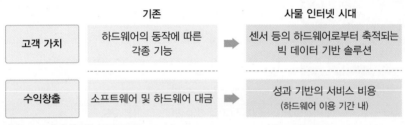

출처: LG 경제연구원, 2016.

[그림 1-1] 미국의 사물 인터넷이 지향하는 사업 모델의 특징

미국의 신 산업혁명 모델은 GE(General Electric)가 2012년 11월에 제창한 '산업 인터넷'에서 비롯되었다. 이 산업 인터넷은 항공기 엔진, 철도, 발전기, 의료기기 등 산업기기와 공공 인프라(Infrastructure) 등에 설치한 센서 데이터를 수집, 분석하여 운용에 활용한다는 혁신적인 산업생태계 구상이다([그림 1-2] 참조).

특히, GE는 산업 인터넷 컨소시엄을 주도하는 제조업체로서 서비스 분야를 강화하면서 가상공간과 실제공간을 연결하는 플랫폼을 장악하는 데 주력하고 있다. GE는 산업기기 분야에서 플랫폼을 장악한 소프트웨어 기업으로 변신하면서 기기 관련 서비스에서 수익을 확보하는 전략을 취하고 있다. 그 결과 자사를 접속산업기업(Connected Industrial Company)으로 변화시키는데 성공함으로써 미국 전체 산업계의 참여를 이끌어내는 데 선도적인 역할을 하고 있다. 미국의 제4차 산업혁명 접근법은 다음과 같이 3가지로 요약된다.

- **클라우드 서비스**를 기축으로 하는 인터넷의 우위성을 최대한 활용한다.
- 제조업과 관련된 방대한 데이터를 **인공 지능**으로 처리한 후 전 세계에 서비스를 제공한다.
- 이 과정에서 전 세계의 공장이나 설비를 제어하고 생산을 관리함으로써 미국 주도의 **산업 플랫폼과 표준화**를 실현한다.

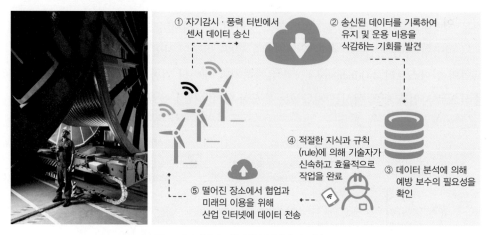

① 자기감시 · 풍력 터빈에서 센서 데이터 송신
② 송신된 데이터를 기록하여 유지 및 운용 비용을 삭감하는 기회를 발견
③ 데이터 분석에 의해 예방 보수의 필요성을 확인
④ 적절한 지식과 규칙(rule)에 의해 기술자가 신속하고 효율적으로 작업을 완료
⑤ 떨어진 장소에서 협업과 미래의 이용을 위해 산업 인터넷에 데이터 전송

[그림 1-2] 미국 GE의 산업 인터넷의 기본 구도

현실과 가상의 교차점에서 제조업을 한층 더 진화시켜 모든 산업기기, 예측분석 소프트웨어, 의사결정권자인 인간이 인터넷을 매개로 서로 연결되는 새로운 미래산업 생태계를 지향한다. 이 과정에서 확보한 글로벌 디지털 산업 플랫폼이 전통산업과 인터넷 융합을 가속화하여 제3차 산업혁명으로서 정보혁명의 뒤를 잇는 신산업혁명의 주도권을 장악하고자 한다. 제조업과 인터넷의 융합은 프로세스의 비용 절감과 제품의 품질 향상 등 2차 산업의 혁신에 머무르지 않고, 유지 · 보수 · 신제품 개발 등 3차 산업과 4차 산업에서 글로벌 신규 산업 육성으로 연결되고 있다.

이러한 맥락에서 GE의 산업 인터넷은 미국 주도의 거대기업들이 공동으로 추진하는 사물 인터넷과 인공 지능을 동원한 전략적인 혁신모델이라고 할 수 있다. 독일의 인더스트리 4.0이 인터넷으로 연결되는 공장을 강조하는 반면, 산업 인터넷은 인터넷으로 연결되는 산업이라는 측면에서 제조보다는 데이터를 기반으로 한 소프트웨어 중심적이라 할 수 있다. 즉, 산업 인터넷은 제조업의 진화가 아니라 사업 모델의 혁신적 창조 측면을 강조하고 있다.

GE는 산업 인터넷의 새로운 물결에 의해 생산성이 향상된다면 전 세계의 국내 총생산 (Gross Domestic Product, GDP)이 향후 20년 간 100조 ~ 150조 달러 성장할 것으로 예측하였다. 즉, 항공, 전력, 의료, 철도, 석유 및 가스 등 산업계의 주요 부문에서 1%의 효율을 개선하기만 해도 연간 200억 달러의 이익을 창출할 수 있을 것으로 예측하였다. 미국의 산업계는 2014년 3월 GE, AT&T, 시스코(Cisco), IBM, 인텔(Intel) 등 5개사가 중심이 되어 산업 인터넷 컨소시엄(Industry Internet Consortium, IIC)을 설립하였고, 2015년 4월까지 163개 조직이 참여하였다. 사물 인터넷/사이버 물리 시스템에 기반한 GE의 산업 인터넷 전략은 발전소 터빈(Turbine)이나 석유 플랜트(Petroleum Plant), 의료기기, 항공기 엔진을 서로 연결하는 소프트웨어인 프레딕스(Predix)를 외부에 개방하여 거대 플랫폼화함으로써 사실상의 글로벌 표준을 지향하고 있다.

[그림 1-3] 산업 인터넷의 데이터 순환 루프

[그림 1-3]은 미국의 산업 인터넷의 역동적인 흐름을 보여준다. 계측기능 등의 센서를 탑재한 산업기기는 독자적으로 데이터를 획득하고 보존한다. 이들 데이터는 클라우드로 연결된 알고리즘과 데이터 해석을 통해 모든 상황을 실시간으로 가시화하여 관련자들에게 공유함으로써 시스템의 최적화와 기술자의 역량 강화로 이어지는 선순환 루프를 형성하게 된다.

1.3.2 독일

2011년 11월 독일정부에 의한 고도기술전략 "High Strategy 2020 Action Plan" 이니시어
티브(Initiative)로서 정보통신 기술 분야의 통합을 지향하는 '인더스트리 4.0'이 채택되었다.
인더스트리 4.0 전략이란 "사물 및 서비스 인터넷(Internet of Things and Services)"을 제조업
및 서비스 프로세스에 총체적으로 적용하고자 하는 것이다. 공장 자동화를 추구하는 것이
아니라, 가상공간과 현실공간을 유기적으로 연결하고, 독일내의 각 공장이 같은 플랫폼 기
반에서 개발 및 생산을 분업하며 기계를 스마트기계(Smart Machine)로 혁신하는 것이다. 다
시 말해 산업기계, 물류, 생산설비의 네트워크화, 기계끼리의 통신에 의한 생산조종의 자
동화 등이 실현되고, 센서 기술에 의해 제조 중인 제품까지 개별로 인식하여 현재의 상태는
물론 완성까지 제조 프로세스를 한 눈에 파악하고자 한다.

가상공간과 실제공간이 융합적으로 관리되면서 효율성의 제고와 함께 맞춤형 다품종 생
산 등이 가능해지고 있다. **전사적 자원 관리**(Enterprise Resource Planning, ERP)의 강자인
SAP(Systems, Applications, and Products in Data Processing)사가 주도하면서 전사적 자원 관
리를 제조 디바이스와 연결하고자 한다. 지멘스(SIEMENS) 역시 디지털 설계·제조 기반 기
술을 연결하며 효율성을 높이고자 한다. 이러한 기업들은 독일 정부의 지원을 대폭 받고 있
다([그림 1-4] 참조).

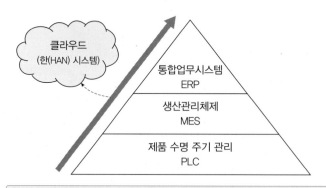

[그림 1-4] 스마트공장의 수직연결구조-SAP의 구상

제품의 개발 및 생산 측면에서 IT의 전송 제어 프로토콜(Transmission Control Protocol, TCP)/인터넷 프로토콜(Internet Protocol, IP)과 공장 생산기계의 각종 제어 규격을 원활하게 연결하기 위한 보안성이 높은 플랫폼의 역할이 중요해지고 있다. 이를 위해 독일 산업계의 규격 공통화 노력이 강화되고 있다. 단순 연결에 그치지 않고 빅 데이터, 인공 지능을 통한 생산성 및 제품 혁신성 제고에 주력하고 있다.

스마트기계 측면에서 각종 기계에 인공 지능이 탑재되고 인간과 함께 유연하게 작업하는 시스템이 구축되고 있다. 지능형 로봇과 함께 **입체 프린터**(3D Printer), 자동 운반차 등이 독일 공장에서 널리 활용되고 있다.

[그림 1-5]는 제4차 산업혁명으로서 인더스트리 4.0의 핵심 개념을 설명하고 있다. 인더스트리 4.0은 앞으로 사물 인터넷/사이버 물리 시스템 등에 의해 현실 시스템과 사이버 시스템 간의 경계가 사라지면서 자원 조달에서 설계·생산·유통·서비스까지 기업의 공급사슬 전체 과정을 연결하고자 한다.

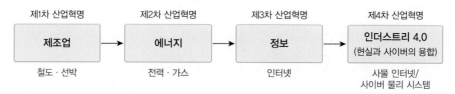

출처: 정보통신기술진흥센터, 하원규

[그림 1-5] 제4차 산업혁명으로서의 인더스트리 4.0

독일의 제4차 산업혁명의 접근법도 3가지로 요약될 수 있다.

- 대기업과 방대한 중소, 중견기업이 협업하는 제조업 생태계를 최대한 활용한다.
- 사물 인터넷과 사이버 물리 시스템으로 기계와 종업원 그리고 공장과 소비자, 연구개발자 전체를 최적으로 연결하여 제조업의 근본적인 혁신을 구현한다.
- 이 과정에서 제품 개발, 생산공정 관리의 효율화 및 공급망의 최적화를 통해 다품종 적량생산 시스템을 구축하고, 이 플랫폼을 전 세계로 확산하여 표준화를 확보한다.

독일은 인더스트리 4.0을 실현하기 위해 2012년 1월에 독일공학 아케데미(AcaTeck), 보쉬(Bosch) 등을 중심으로 "인더스트리 4.0 작업그룹"을 발족시켰으며, 이 작업 그룹은 2012

년 10월에 "인더스트리 4.0 실현을 위한 권고"를 발표했다. 동시에 이 권고에 담겨진 8개 우선 분야에 대한 대처를 위해 주요 기업계로 구성된 "인더스트리 4.0 플랫폼"이 설립되었다.

이 플랫폼은 독일 산업계 주요 세 단체인 독일 정보기술·통신·뉴미디어 산업연합회(BITKOM), 독일기계공업연맹(VDMA), 독일전기·전자공업연맹(ZVEI)을 사무국으로 하여 "인더스트리 4.0 실현을 위한 권고"를 토대로 연구개발 로드맵 등을 작성하였다.

한편, 이러한 도전적 구상에 대해 전기·전자 회사인 지멘스와 자동차의 폭스바겐(Volkswagen) 등 독일을 대표하는 기업·대학·연구기관이 가세하면서 범국가적 프로젝트로 발전하게 되었다. 특히, 지멘스는 독일 남부의 소도시 암베르크(Amberg)에 이전 공장을 실험적으로 개조하여 '인더스트리 4.0'을 외부 방문자와 보도 관계자들에게 공개하면서 큰 반응을 일으켰다. 암베르크의 모델 공장에서는 다음과 같은 현장을 목격할 수 있다.

- 제조라인에 있는 반제품이 "자신은 어떤 부품이 부족한지"를 제조 디바이스에 알린다.
- 제조 디바이스는 즉시 부품을 찾아서 그 반제품에 조립한다.
- 반제품이 "자신은 앞으로 어떤 공정에서 어떤 작업을 해야 하는지"를 제조 디바이스에 알리면, 디바이스가 그 지시대로 최종 제품을 완성시킨다.

독일의 인더스트리 4.0은 규격화된 제품뿐만 아니라, 고객 주문형 상품도 대량 생산할 수 있는 21세기 글로벌 생산 시스템을 지향한다([그림 1-6] 참조). 현 단계에서는 시범적으로 암베르크 모델을 보여주고 있지만, 2020년경에는 독일 제조업 전체가 스마트공장으로 초연결된 거대 플랫폼 생태계로 이행한다는 목표를 제시하고 있다. 독일 정부는 2025년을 최종 목표로 인더스트리 4.0을 통해 50억 명의 시장 환경을 실시간으로 파악하고 IT 기술을 이용하여 수많은 개발 역량이 협업하게 함으로써 언제, 어디서나 생산할 수 있는 유비쿼터스 맞춤형 적량·대량 생산(Mass Customization)으로 가는 로드맵을 구축하고 있다.

이처럼 인더스트리 4.0이 지향하는 목표는 전국 공장을 거대 단일 가상공장 환경으로 만들어 그 가동상황을 실시간으로 파악하고, 부품 등의 수요에 대한 정확한 예측을 통해 국가단위로 대량조달을 하는 데 있다. 이는 자국 제조업의 수출 경쟁력을 강화하고 독일의 생산기술로 세계의 공장을 석권하겠다는 21세기 제조업 플랫폼 선도전략이기도 하다.

플랫폼을 기반으로 통신규격의 국제표준화를 지향하며, 공급체인과 고객 간에 데이터를 실시간으로 공유하고, 설비 가동률의 평준화, 다품종 변량 생산, 이상의 조기 발견, 수요 예측이 가능한 21세기 공장 생태계를 완성하고자 한다.

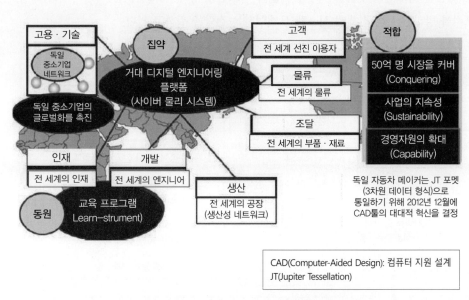

CAD(Computer-Aided Design): 컴퓨터 지원 설계
JT(Jupiter Tessellation)

[그림 1-6] 독일의 인더스트리 4.0 설계 사상

1.3.3 일본

일본은 저출산, 고령화, 지구온난화, 인프라의 노후화, 에너지 문제 등 지구차원의 도전과제에 대해 세계에서 유래가 없는 경험을 함으로써 과제해결 선진국의 위치에 올라 있다.

이러한 맥락에서 일본은 당면 과제를 해결하기 위해 세계 최첨단 소셜 ICT에 의한 사회가치창조, 사회시스템의 변혁을 그 대안으로 제시하고 있다. 구체적으로 소셜 ICT 혁명에 의한 선진적인 미래 사회의 실현, 센서 또는 네트워크 연결된 로봇, 기계 학습과 심층 학습에 기반한 인공 지능, 빅 데이터, 사물 인터넷 등을 적극적으로 활용하며, 이를 위한 기반 기술의 필요성을 강조하고 있다([그림 1-7] 참조). 2015년 1월 수상 직속의 산업 경쟁력 강화 회의에서 "성장전략 진화를 위한 금후의 검토방침"을 통해 로봇·인공 지능·사물 인터넷 등을 주축으로 하는 신 산업혁명에 적극적인 대응을 결의한 바 있다.

일본의 대응은 미국이나 독일과 달리 통합적인 비전(Vision)이나 규격통일화 조직체계가 다소 미약하다. 일본의 사이버 물리 시스템 비전은 제조뿐만 아니라 인프라를 포함한 사회 전체 차원에서 데이터 구동 사회를 지향한다. IT기술이 모든 사물에 탑재됨으로써 공장뿐만 아니라 거의 모든 현실세계에서 데이터를 가공한 지식정보가 고객 부가가치의 중심이 될 수 있음을 강조한다. 따라서 사이버 물리 시스템을 통해 제조업뿐만 아니라 서비스업, 인프라를 망라한 사회 전체의 시스템을 개혁하는 전략을 취하고 있다.

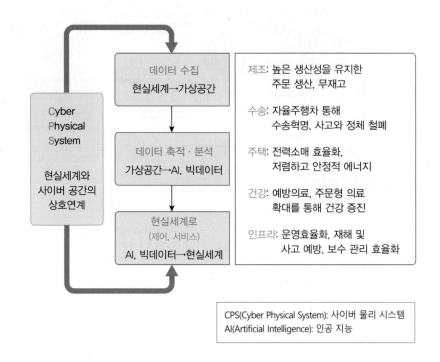

[그림 1-7] 사이버 물리 시스템으로 제조, 수송, 인프라 혁신

일본 정부는 2015년 1월 '로봇혁명 실현회의'를 통해 '**로봇신전략**(Japan's Robot Strategy)'을 발표하였다. 일본의 로봇신전략은 미국과 독일 등의 신 산업혁명에 대한 도전적 전략을 배경으로 자국이 확보한 로봇 기술력과 저출산·고령화 등 과제 해결력을 접목시킴으로써, 로봇을 기축으로 하는 일본형 신 산업혁명 플랫폼 구상이라고 할 수 있다[그림 1-8] 참조). 이 로봇신전략에서 로봇혁명의 배경을 다음과 같이 3가지 관점에서 설명하고 있다.

• 센서, 인공 지능 등의 기술 진보에 의해 이전에 로봇으로 간주되지 않았던 사물까지 로봇화되고 있다. 예를 들면 자동차, 가전, 휴대전화, 집까지도 로봇의 일종으로 간주된다.

- 제조현장이나 일상생활 등 다양한 환경에서 로봇을 활용할 수 있게 되었다.
- 사회문제 해결이나 제조, 서비스의 국제 경쟁력 강화를 통해 편리성과 새로운 부가가치 생산으로 부를 실현하는 사회가 가능하게 되었다.

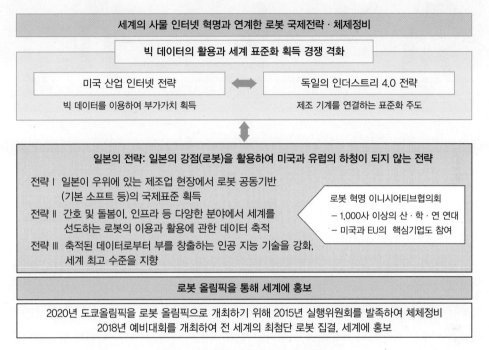

[그림 1-8] 일본의 로봇 혁명의 구체상

일본은 미국의 산업 인터넷, 독일의 인더스트리 4.0에 대응하는 차원에서 상대적으로 경쟁 우위에 있는 인공 지능 로봇혁명을 통해 일본을 세계의 로봇 혁신 거점으로 만들고, 세계 최고 수준의 로봇 이용과 활용 사회로 이행하며, 사물 인터넷 시대의 로봇 즉, IT와 융합하여 빅 데이터, 네트워크, 인공 지능을 자유롭게 활용하는 로봇으로 세계를 선도한다는 기본전략을 수립하였다.

또한, 일본 정부가 이와 같은 로봇 신전략을 발표하게 된 배경에는 로봇 자체와 그 환경이 극적으로 변화하고 있다는 판단에 주목하고 있다. 그 키워드는 자율화, 정보단말화, 네트워크화 3가지로 정리하고 있다. 로봇은 단순한 작업 로봇에서 스스로 학습하고 행동함과 동시에 스스로 데이터를 축적·활용하는 새로운 서비스 제공의 원천이 되고 있다([그림 1-9] 참조).

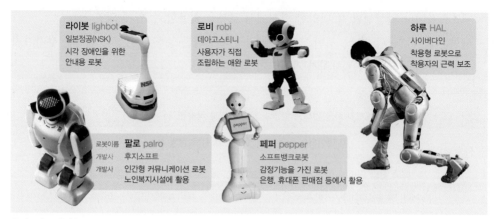

[그림 1-9] 일본의 주요 서비스 로봇 개발 사례

1.3.4 주요 국가 비교

미국, 독일, 일본은 자국의 강점을 기반으로 미래 제조업과 서비스 산업의 생태계를 주도
하고자 한다. 국가별 새로운 산업혁명에 접근하는 형태는 다르지만, 제4차 산업혁명의 본
질은 두 가지이다. 하나는 사람과 기계설비, 공장을 연결하고 모든 사물을 네트워크로 올
려놓는 만물초지능 통신기반을 구축하는 것이고, 다른 하나는 이 기반 위에 제4차 산업혁
명을 견인하는 플랫폼과 표준화를 선점하는 것이다. [표 1-3]은 제4차 산업혁명에 대한 주

[표 1-3] 주요국의 제4차 산업혁명 접근전략 비교

구분	미국	독일	일본
의제 (Agenda)	산업 인터넷 (Industrial Internet, 2012. 11.)	인더스트리 4.0 (Industrie 4.0, 2011. 11.)	로봇 신전략 (Robot Strategy, 2015. 1.)
플랫폼	클라우드 중심 플랫폼	설비·단말 중심 플랫폼	로봇화 중심 플랫폼
추진 주체	– 산업 인터넷 컨소시엄(2014 3. 발족) – GE, Cisco, IBM, Intel, AT&T 등 163개 관련기업과 단체	– 플랫폼 인더스트리 4.0(Platform Industrie 4.0) (2013. 4.) – AcaTech, BITKOM, VDMA, ZVEI 등 관련기업과 산업단체	– 로봇혁명실현회의(2015.1.) – 로봇 혁명 이니시어티브협 의회(148개국 국내외 관련 기업과 단체)
기본 전략	– 공장 및 기계설비 등은 클라 우드에서 명령으로 처리 – 인공 지능 처리와 빅 데이터 해석을 중시하는 사이버 공 간에서 현실(Real)화 전략	– 공장의 고성능 설비와 기기를 연결하여 데이터를 공유 – 제조업 강국의 생태계를 살려 서 현실의 사이버화 전략	– 로봇 기반의 산업생태계 혁 신 및 사회적 과제 해결 선도 – 로봇화를 기축으로 사물 인 터넷/사이버 물리 시스템의 혁명 주도 전략

요국의 전략을 비교 설명하고 있다.

첫째, 각국은 자국의 강점을 기반으로 사물 인터넷/사이버 물리 시스템, 빅 데이터와 인공지능, 로봇 등을 연계한 시너지 효과를 살리면서 제4차 산업혁명의 심층기반을 전략적으로 구축하고 있다. 둘째, 이러한 심층기반 확보전략은 단순히 제조업의 혁신생태계를 선점하는데 머무르지 않고, 전 산업과 경제, 사회시스템의 글로벌 운용체계를 장악하겠다는 차세대 산업혁명 차원의 접근이다. 셋째, 자국의 전략 모델을 세계 시스템으로 탑재하기 위해 개방형 플랫폼 운용을 범국가 차원에서 추진함으로써 사실상의 글로벌 표준을 장악하고자 한다.

우리나라는 20세기 후반 제3차 산업혁명인 정보혁명의 물결에 민첩하게 대응하는 패스트 팔로어(Fast Follower)전략으로 정보혁명 선도국가 반열에 진입하였다. 그리고 21세기 전 세계는 제4차 산업혁명이라는 새로운 전환기로 이행하고 있다. 우리나라가 신 산업혁명의 선도국가로 발돋음하기 위해 우리의 강점을 최적화하고 우리의 역량을 결집하여 분출할 수 있는 한국형 제4차 산업혁명 전략을 설계할 필요가 있다. 이에 기반한 플랫폼 구축과 표준화 확보, 기술개발 등이 삼위일체화된 로드맵을 실행할 수 있는 국가적 리더십이 요구되고 있다.

| 용어 해설 |

- **SAP(Systems, Applications, and Products in Data Processing)** 1972년 독일 만하임(Mannheim)에서 다섯 명의 전직 IBM 출신 엔지니어가 설립한 회사이다. SAP의 업무용 응용 프로그램 소프트웨어 분야 시장 점유율은 전 세계에서 가장 크다. 또한 SAP는 기술 선도적인 업체이다. SAP은 데이터베이스를 이용하여 통합된 업무용 응용 프로그램을 개발하였으며, 오늘날 IBM이나 마이크로소프트 등과 같은 많은 기업들이 SAP 제품을 사용한다.

- **만물 인터넷(Internet of Everything, IoE)** 사물 인터넷이 진화하여 만물이 인터넷에 연결되는 미래의 인터넷. 서로 소통하며 새로운 가치와 경험을 창출해내는 미래 인터넷으로, 존재하는 모든 사람과 프로세스, 데이터까지 서로 결합된 인터넷을 말한다.

- **사물 인터넷(Internet of Things)** 정보통신 기술을 기반으로 실세계(Physical World)와 가상 세계(Virtual World)의 다양한 사물들을 연결하여 진보된 서비스를 제공하기 위한 서비스 기반. 유비쿼터스 공간을 구현하기 위한 인프라 컴퓨팅 기기들이 주변 환경이나 사물에 심겨 환경이나 사물 그 자체가 지능화되는 것부터 사람과 사물, 사물과 사물 간에 지능 통신을 할 수 있는 사물 통신의 개념을 인터넷으로 확장하여 사물은 물론, 현실과 가상 세계의 모든 정보와 상호 작용하는 개념으로 진화했다. 사물 인터넷의 주요 기술로는 센싱 기술, 유·무선 통신 및 네트워크 인프라 기술, 사물 인터넷 인터페이스 기술, 사물 인터넷을 통한 서비스 기술 등이 있다.

- **사이버 물리 시스템(Cyber-Physical Systems, CPS)** 센서 네트워크(Sensor Networks), 사이버네틱스(Cybernetics) 및 메카트로닉스(Mechatronics) 시스템을 결합하여 설계한 임베디드 시스템(Embedded Systems)이 진화되는 시스템을 의미. 현실 세계의 다양한 물리, 화학 및 기계공학적 시스템(Physical Systems)을 컴퓨터와 네트워크(Cyber Systems)를 통해 자율적, 지능적으로 제어하기 위해 등장하였다. 크게 연산(Computation), 통신(Communication), 제어(Control) 기술로 구성되며, 대규모 융·복합시스템(System of Systems) 구축을 위한 여러 전문 분야가 관련된 다학제적(多學際的, Multidisciplinary and Interdisciplinary) 이다. 스마트공장(Smart Factory), 스마트그리드(Smart Grid), 자동차, 항공, 국방 등 광범위한 분야에 응용된다.

- **산업 인터넷(Industrial Internet)** 제조 공장, 의료, 철도, 전력 등 산업 현장 전반에 사용되는 인터넷. 사이버 물리 시스템, 빅 데이터 솔루션 등 정보통신 기술을 적용함으로써 정확하고 빠른 의사 결정에 필요한 정보를 제공하고 시스템 운영 관리 최적화, 그리고 고객에게 가치 있는 정보를 제공하여 산업의 혁신 역량을 강화할 수 있다. 산업 인터넷(Industrial Internet) 용어는 제너럴 일렉트릭(GE)에서 만들었다.

- **인공 지능(Artificial Intelligence, AI)** 기계로부터 만들어진 기능. 컴퓨터 공학에서 이상적인 지능을 갖춘 존재, 혹은 시스템에 의해 만들어진 지능, 즉 인공적인 지능을 뜻한다.

일반적으로 범용 컴퓨터에 적용한다고 가정한다. 지능을 만들 수 있는 방법론이나 실현 가능성 등을 연구하는 과학 분야를 지칭하기도 한다.

· **인더스트리 4.0(Industry 4.0)** 보쉬 소프트웨어 혁신(Bosch Software Innovations)의 스테판 퍼버(Stefan Ferber)는 "인더스트리 1.0은 기계적 도움을 받기 시작한 것을 말하고, 인더스트리 2.0은 헨리 포드(Henry Ford)가 선도한 대량 생산의 시작, 인더스트리 3.0은 전자장치와 제어시스템의 생산공정에 사용, 그리고 인더스트리 4.0은 제품 · 시스템 · 기계장치들 간에 통신을 의미한다."고 말한 바 있다.

· **전사적 자원 관리(Enterprise Resource Planning, ERP)** 기업의 경영 및 관리 업무를 위한 소프트웨어. 인사 · 재무 · 생산 등 기업의 전 부문에 걸쳐 독립적으로 운영되던 각종 관리시스템의 경영자원을 '시스템 통합'(System Integration, SI)으로 재구축함으로써 생산성을 극대화하려는 경영혁신기법을 기반으로 하고 있다.

· **정보기술(Information Technology, IT)** 정보의 생산과 획득, 가공 처리 및 응용에 관련된 모든 기술. 초고속 인터넷, 이동 통신, 광통신, 홈 네트워크 등 통신 기술과 컴퓨터, 소프트웨어, 데이터베이스, 멀티미디어 등 정보 기술의 융합에 따른 정보통신 기술이 핵심이다. 그러나 기업 경영, 행정, 교육, 오락, 의료 등 현대의 정보화 사회를 구축하고, 가치 창출을 위한 모든 기술과 수단들을 망라하는 유 · 무형의 광범위한 개념으로 확대되면서 생명 공학 기술(Bio Technology, BT), 나노 기술(Nano Technology, NT) 등과 함께 미래 사회에 대한 희망과 비전을 나타내는 용어로 쓰이고 있다.

· **정보통신 기술(Information and Communication Technologies, ICT)** 전기 통신과 컴퓨터를 결합한 고도의 신사회 기반을 형성하는 기술 분야.

· **제조 실행 시스템(Manufacturing Execution System, MES)** 작업 현장에서 작업 일정, 작업 지시, 품질 관리, 작업 실적 집계 등 제반 활동을 지원하기 위한 관리 시스템. 생산 계획과 실행의 차이를 줄이기 위한 시스템으로 현장 상태의 실시간 정보 제공을 통하여 관리자와 작업자의 의사 결정을 지원하는 기능을 수행한다.

비즈니스 패러다임의 변화

2.1 냉장고를 무료로 제공하는 유통 기업 / 2.2 사후 치료에서 사전 예방 중심의 의료 산업
2.3 가격에서 맞춤 배송 경쟁으로 변하는 물류 산업
2.4 정보통신 기술(ICT) 융합에 의해 선진화되는 제조업

지금까지 다양한 사물들에 센싱, 통신 기능을 탑재한 사물 인터넷 디바이스들이 출시되었다. 그 영역은 IT 산업을 벗어나 다양한 영역으로 확대되고 있다. 스마트시계, 스마트밴드(Smart Band) 등에서 시작된 사물 인터넷 디바이스들은 이제 실생활과 밀접한 다양한 산업 분야에서 나타나고 있다. '스마트홈(Smart Home)'의 경우 전등, 플러그, 스위치와 같은 가정 내 다양한 사물들이 인터넷에 연결되어 구동되고 있다. 도시, 교통, 농업 등 분야에서도 센서를 탑재한 디바이스의 활용이 확대되고 있다. 도로에 센서를 장착한 디바이스를 배치하여 교통량을 파악하고 교통 신호를 제어한다. 온실 내의 온도, 습도, 일조량 등을 측정하여 농작물 관리 및 수확에 활용할 수도 있다. 이러한 사례들은 이제 실험적 수준을 벗어나 각 산업 내 중요한 비중을 차지하며 활용되고 있다([그림 2-1] 참조).

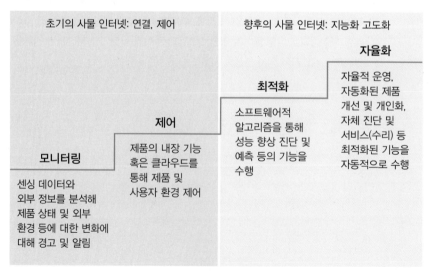

출처: "How Smart Connected Products Are Transforming Competition", Michael Porter, 2014, 11

[그림 2-1] 사물 인터넷의 진화단계

초기의 사물 인터넷 디바이스들은 대부분 센서와 네트워크 기능을 활용하여 모니터링 및 제어하는 목적으로 구현되었다. 스마트홈의 경우 도어락(Door Locks) 열림 감지 센서 등을 통해 침입을 감지하거나, 전등/스위치 등의 전원을 제어하는 형태가 중심이었다. 센서를 통해 상황을 모니터링해서 이상 징후가 발견될 경우, 사용자에게 알람을 주거나 사물 인터넷 디바이스를 원격으로 제어하는 수준이었다. 이렇게 구현된 사물 인터넷 디바이스들은 모니터링한 대상에 대한 상황 판단 및 명령을 사람의 몫으로 남겼다.

하지만 사물에 센서를 부착하고 네트워크로 연결하는 데 그치지 않고 사물 인터넷을 더욱 지능화된 형태로 활용하는 기업들이 증가하고 있다. 이러한 기업들은 사물 인터넷을 통해 기존 전략과 전혀 다른 방식으로 가치를 구현하여 새로운 형태로 경쟁을 해야 한다. 사물

[표 2-1] 산업별 사물 인터넷으로 인한 경쟁 환경 변화

구분	기존 경쟁	신규 경쟁
가전 제조	• 제조사 간 경쟁 - 용량, 소비 전력, 성능 등 하드웨어 요소 중심 경쟁 - 1회성 판매, 매출 수익	• 유통 기업과 제조사 간 경쟁 - 데이터 수집 및 분석에 기반한 유통 서비스와 경쟁 - 신선 식품 판매 등 유통 수익
의료 서비스	• 사후 치료 방식(의료기관 중심) - 의학적 지식 및 경험에 기반한 전문의 진단 및 처방 경쟁 - 발병 후 사후 치료, 재활 중심	• 사전 건강관리 방식(예방 중심) - 헬스케어(Healthcare) 디바이스, 지능형 시스템을 활용한 상시적 건강관리 - 질병의 사전 예방 중심
물류 산업	• 규모의 경제 확보 및 효율화를 통한 가격 경쟁 중심 - 거점별 물류 센터 운영 및 차량 배차, 운행 경로 사전 최적화를 통한 비용절감 중심	• 소비자 맞춤형 배송 경쟁 - 소비자가 원하는 시간과 장소에 배송 - 실시간 물류량, 교통량, 차량 정보 등 통합적 정보 분석을 통한 물류 배송의 소비자 맞춤형 최적화
제조 산업	• 대량 생산(Mass Production) 중심 - 소품종 대량 생산의 효율성 확보 경쟁 - 생산 설비, 시스템 도입을 통한 제조 자동화 - 생산성 증대(시간, 비용 등) 및 수율 개선 중심	• 맞춤형 적량 · 대량 생산(Mass Customization) 중심 - 다품종 제조 공정 자동화 - 제조 경쟁력을 확보(비용, 시간 등)하면서 다품종 제품을 유연하게 제조
	• 제조/판매 사업 - 고성능/고효율, 안전성 등 정교한 설계에 기반한 제조 경쟁 - 1회성 판매, 매출 수익	• 서비스(대여형 과금, 관리) 사업 - 데이터 분석에 기반한 사용 시간 및 상태 모니터링 - 사용 시간에 따른 과금, 사후 정비/관리 등을 수익화 - 데이터 분석을 통한 제품 성능 향상

인터넷이 핵심 경쟁 환경을 변화시킬 경우, 기존 기업들은 결국 새로운 기업에게 그 자리를 내주어야 하는 등 산업 내 경쟁의 패러다임이 바뀌고 있다([표 2-1] 참조).

[표 2-1]에서 언급된 경쟁 환경의 변화는 다음 소절에서 각각 설명한다.

2.1 냉장고를 무료로 제공하는 유통 기업

냉장고를 생산하는 가전 기업들은 그 동안 식품을 보다 신선하게 보관하려는 소비자들의 요구(Needs)를 충족시키기 위해 경쟁해 왔다. 이를 위해 냉장고의 용량을 키우고, 냉기 순환을 최적화하며, 전력 소비를 최소화하는 등 하드웨어 요소를 중심으로 기술 개발을 진행하였다.

하지만 소비하려는 식료품이 필요할 때 신선한 상태로 즉시 배송된다면, '신선 식품 소비'라는 소비자의 기본 요구조건은 소형의 냉장고로도 충족될 수 있다. 이것은 사물 인터넷 기술을 활용하여 냉장고 속 식품이 언제 구매되었고, 얼마나 소비되었으며, 언제쯤 새로 구매가 필요할지를 정확하게 분석함으로써 가능하다. 물론 센서만을 통해 냉장고 속 음식물의 상태를 정확히 판단하는 것이 아직까지는 어렵지만 소비자의 평소 구매 이력, 선호도 등의 정보가 종합적으로 분석되면 가능하다.

시장 조사 기관인 가트너(Gartner)의 짐 툴리(Jim Tully) 부사장은 '사물 인터넷 시대 하드웨어 업체들의 생존 전략'이라는 주제 발표에서, 하드웨어 업체들이 살아남기 위해 냉장고를 공짜로 팔아야 하는 시대가 온다고 예측하였다. 이는 냉장고 문을 여닫는 시간/횟수, 사용자의 식료품 구매 이력 등과 같은 정보를 효율적으로 활용할 수 있다면, 냉장고 판매보다 최대 5배의 수익을 거둘 수 있다고 한다([그림 2-2] 참조).

출처: 여성경제신문(2016. 6. 30, http://www.womaneconomy.kr/news/articleView.html?idxno=33267)

[그림 2-2] 사물 인터넷 냉장고

아마존, 월마트, 이마트 등과 같은 주요 유통 기업들은 소비자의 구매 이력을 축적하고 이를 분석해서 다양한 방법으로 활용해 왔다. 이 기업들이 여러 종류의 센서를 부착한 냉장고를 소비자에게 제공한다면 현재보다 더욱 정교하고 고도화된 방법으로 소비자의 정보를 수집하고 활용하는 것이 가능하다. 즉, 소비자의 사용방식이나 특정 식품을 어디에 놓는지 등의 정보 수집이 가능하다면, 이들 기업은 냉장고를 공짜로 소비자에게 제공하여 주기적으로 소비되는 식료품을 선제적으로 판매하여 수익을 낼 수 있다. 이미 아마존은 신선식품 배송과 관련한 '아마존 프레쉬(Amazon Fresh)' 사업을 시작하였다. 사용자가 버튼 한 번만 누르면 주문이 바로 가능한 '아마존 버튼(Dash Button)'을 구현해 판매하고 있다([그림 2-3] 참조). 또한 바코드를 읽거나 상품을 말하면 주문되는 '아마존 대쉬(Amazon Dash)'도 등장하였다. 사물 인터넷 기술의 활용은 이와 같은 모습으로 구체화되고 있다([그림 2-4] 참조).

이 경우 냉장고 제조산업의 경쟁은 기존 제조사 간의 경쟁이 아닌 제조사와 사물 인터넷 기술을 활용한 유통기업 간의 경쟁으로 변화될 수 있다. 제조사들은 기존의 용량, 디자인과 같은 하드웨어 중심의 경쟁에서 신선식품을 배송하는 유통 서비스 기업과 새로운 축에서 경쟁해야 한다.

출처: https://www.youtube.com/watch?v=w1lrQgXa6pY

[그림 2-3] 아마존 버튼

출처: http://youtube.com/watch?v=fUyUNjyC6Qs

[그림 2-4] 아마존 대쉬

2.2 사후 치료에서 사전 예방 중심의 의료 산업

의료산업은 그동안 환자가 병이 나면 병원을 찾아가 진단과 치료를 받는 사후적 질병치료 중심으로 이루어져 왔다. 질병을 조기에 발견하지 못하면, 치료를 위해 환자가 지불하게 되는 시간이나 비용 등이 커지는 경우가 많았다.

이러한 문제를 근본적으로 해결하기 위해 상시적 건강관리를 위한 다양한 시도가 이루어졌지만 기존 방식을 대체하기에는 많은 한계가 있었다. 최근 시계, 밴드와 같은 다양한 착용형(Wearable) 헬스케어 디바이스들은 사용자들의 운동량, 심박수, 혈당 수치 등을 측정하지만 대부분 단순 모니터링에 그칠 뿐 고부가 의료서비스로 연계되지 못하고 있다. 즉, 이들 디바이스를 통해 일상생활에서 사용자들의 각종 건강 관련 정보를 모니터링(Monitoring)은 할 수 있지만, 이상 징후를 조기에 발견할 수 있는 의학적 진단이나 치료를 위한 처방을 내리지 못하기 때문에 의료관련 사물 인터넷 디바이스들이 보편적으로 확산되는 데에는 한계가 있다. 이처럼 의료산업은 아직도 의료기관을 통한 사후 진단 및 치료 방식이 중심이 되고 있다.

의료기관 중심의 이러한 산업 구도 속에서 IT 기업인 IBM은 사물 인터넷 기술에 인공 지능 시스템을 접목해 산업 내 경쟁 구도를 바꾸고 있다. IBM은 자사가 개발한 인공 지능 시스템인 왓슨(Watson)을 의료 전문 서비스로 개발하였다([그림 2-5] 참조). 예를 들어, 컴퓨터 단층촬영(Computer Tomography, CT), 자기공명화상(Magnetic Resonance Imaging, MRI) 장비 등 영상 이미지를 판독해 특정 질병의 발병 여부를 판단하거나 환자의 혈당, 혈압, 심박수 등 다양한 생체 정보를 종합적으로 분석해 병을 진단한다. IBM은 이를 통해 의사가 진단하는 것에 비해 질병 발생 징후를 빠르게 발견하고 오진을 혁신적으로 줄일 수 있다고 한다. 이

출처: IBM

[그림 2-5] 왓슨 이미지

를 위해 IBM은 수년간에 걸쳐 왓슨을 의학 분야에 특화하여 개발해 왔다. IBM은 2012년 미국 메모리얼 슬로언 캐터링 암 센터(Memorial Sloan Kettering Cancer Center)와 제휴를 통해 약 60만 건 이상의 진단서, 200만 페이지의 의료 전문 서적, 150만 건의 환자 기록을 확보하여 왓슨에게 의학 관련 전문 지식을 학습시켰다. 또한 IBM은 1조원을 들여 의학 영상 솔루션 기업, 머지 헬스케어(Merge Healthcare)를 인수하는 등 의료산업 내 다양한 기업을 인수하며 왓슨의 의학 전문 지식을 높여 가고 있다.

다양한 헬스케어 디바이스들이 왓슨과 같은 지능형 의료 플랫폼을 활용한다면 단순한 건강 정보의 수집 및 모니터링이 아닌 질병의 진단과 처방에 이르는 의료 서비스가 구현될 수 있다. 이를 위해 IBM은 왓슨 생태계를 구축 중에 있으며 현장검사진단(Point of Care, POC), 'genineMD' 등과 같은 헬스케어 기업들이 참여하여 왓슨을 활용한 의료 서비스를 출시하고 있다([그림 2-6] 참조).

사물 인터넷을 기반으로 의료기관 자체를 지원하는 서비스도 나오고 있다. 환자의 각종 데이터, 각종 치료 기록, 최신 의학 정보 등을 기초로 의료기관이나 의사들이 환자에게 최적의 치료를 할 수 있도록 조언하는 서비스가 일본에서도 추진되고 있다. 엑스미디오(exMedio)는 전문의와 일반의 사이의 진료 지도를 지원하는 D2D(Doctor to Doctor) 플랫폼 서비스를 실시하고 있다. 이 회사의 중개 플랫폼은 의사들이 피부, 눈의 화상 데이터, 문진표를 보내면 24시간 이내에 전문의의 조언을 전달 받을 수 있다.

따라서 의료산업은 기존 의료기관이 중심이 된 사후 질병 치료 중심에서 다양한 사물 인

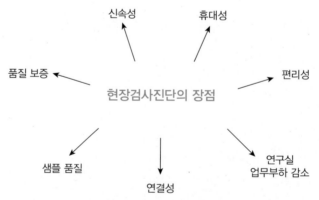

출처: http://www.woodleyequipment.com/clinical-trials/point-of-care-testing-for-clinical-trials-7.html

[그림 2-6] 현장검사진단의 장점

터넷 디바이스를 통해 일상생활에서 건강 상태를 모니터링하고 의료용 인공 지능 서비스가 이상 징후를 즉각적으로 발견하여 병을 예방하는 사전적 건강관리 중심으로 변화하고 있다.

2.3 가격에서 맞춤 배송 경쟁으로 변화하는 물류 산업

물류 산업 내 경쟁은 규모의 경제를 달성한 대형 물류 기업들의 가격 경쟁 중심으로 진행되어 왔다. 이러한 기업들은 거점 지역에 대규모 물류 창고를 운영하며 지역별 수송 물류량을 극대화하는 방법으로 비용 효율을 달성해 왔다. 기업은 일정 규모 이상의 배송 물량을 한 번에 배송함으로써 물류비용을 낮추었지만, 정작 물류 서비스를 이용하는 온라인 상점 및 일반 소비자들은 물류 업체의 상황에 따라 배송이 지연되거나 원하는 시간에 배송받지 못하는 등의 불편을 겪기도 한다. 물류 기업들의 기존 시스템으로 개별 소비자의 일정을 일일이 반영할 수 없고, 일단 배차가 확정되면 교통상황 등과 같은 실시간으로 변화하는 가변적 요소들에 유연하게 대응하는 데 한계가 있기 때문이다.

사물 인터넷 기술은 물류 산업 내 이러한 문제들을 혁신적으로 해결하는 데 도움을 줄 수 있다. 첫째, 다양한 센서를 통해 수집된 정보를 활용해 배송 물품의 정보, 차량들의 현재 위치, 주변 지역의 교통상황 등을 실시간으로 분석해 매 순간 최적의 배송 경로를 찾아 배송 시간을 단축한다. 또한 배송 차량 간의 자율적인 정보 교환을 통해 유기적으로 배송 일정을 조정함으로써 소비자의 상황을 반영해 배송 일정, 장소들을 실시간으로 다시 조율하는 것이 가능하다. 또한 물류 센터 내 설치된 수많은 센서를 통해 실시간으로 재고를 관리하고 이를 지역별, 시즌별 소비자들의 소비 패턴 정보와 종합적으로 비교 분석해 소비될 제품들의 재고를 미리 확보하여 배송 지연을 최소화하거나 즉각적 배송이 가능하다.

실제 아마존의 경우, 소비 예측을 통해 지역별 물류 센터에 재고를 미리 확보하여 배송 지연을 미연에 방지한다. 빠른 배송을 원하는 소비자에게 1시간 이내 원하는 물품을 배송하는 서비스까지 하고 있다. 게다가 기업들은 드론(Dron), 무인 자동차와 같은 사물 인터넷 기술의 집합체인 신개념의 배송 수단을 적극적으로 고려하고 있다([그림 2-7] 참조).

출처: Small Business Trends(https://smallbiztrends.com/2016/03/delivery-drones-grounded-by-faa.html)

[그림 2-7] 피자 배달하는 드론

이를 통해 배송 시간을 단축하고, 지리적으로 배송이 곤란한 지역에도 배송이 가능하게 함으로써 소비자는 언제, 어디서나 물건을 배송 받을 수 있다. 즉, 물류 산업은 사물 인터넷 기술을 활용하여 기존 가격 위주의 경쟁에서 소비자가 원하는 시간과 장소에 맞춰 물건을 배송하는 맞춤형 배송으로 경쟁의 핵심이 변화하고 있다([표 2-2] 참조).

[표 2-2] 물류 영역에 활용 중인 아마존의 사물 인터넷 기술 및 서비스

프라임 나우 (Prime Now)	– 센서를 통한 물류 센터의 재고 관리 및 소비 패턴 분석을 통한 소비 예측 기반의 즉시 배송 서비스 – 소비자가 주문 후, 1시간 이내 물품 배송. 생활용품으로 시작해서 식품, 주류 등으로 서비스 상품 확대 중
프라임 에어 (Prime Air)	– 드론을 통한 무인 항공 배송 서비스 – 지리적 여건으로 인해 차량 배송이 어려운 지역의 배송 가능 혹은 배송시간의 단축
물류 센터 내의 사물 인터넷 기술 적용 확대	– 물류 센터 내 로봇을 통한 물품 관리, 이동 자동화. 약 3만 여대의 로봇(Kiva) 운영 – 물류 센터 내 작업자들이 활용 가능한 스마트안경 발표(SmartPick). 물품별 정보 및 작업 안내 – 재고 관리 및 수요 예측을 통한 예상 포장/선적 서비스(Anticipatory Package Shipping)

2.4 정보통신 기술(ICT) 융합에 의해 선진화되는 제조업

2008년 금융위기를 겪은 이후 유독 제조업이 강한 국가들이 빠른 속도의 경기 회복세를 보이면서 제조업의 중요성이 다시 부각되고 있다. 선진기업들은 개도국으로 이전했던 제조공장을 다시 본국으로 **회귀**(Reshoring)시키고 있다. 예전에는 인건비가 비싸서 공장을 개도국으로 이전했지만, 이제는 공장 자동화로 인해 필요한 노동자 수가 감소하면서, 인건비보다는 운송비나 신기술 보호와 같은 기타 요소들이 중요해졌다.

이러한 제조업의 선진화 방향은 크게 제조의 **서비스화**(Servitization/Servicization), 제조과정의 **지능화**(Intelligence)라고 할 수 있다.

제조의 **서비스화**라는 것은 제품에 다양한 서비스를 결합하여 차별화 포인트를 부각시키는 것을 의미한다. 최근 제품의 일반화(평준화 또는 동일화)가 가속화되면서 제품 자체만으로는 타사 제품과 차별화가 어려워짐에 따라 제조업의 가치사슬에서 서비스의 역할을 높여 제품을 고부가가치화 하고자 한다. 애플의 아이폰, 나이키+, 필립스의 헬스시계, 캐터필러(Caterpillar)의 굴삭기 등 많은 예가 있다. 이는 기존 제조업이 서비스 분야로 사업 영역을 확대하고자 하는 예들이다.

제조과정의 **지능화**라는 것은 ICT 기술을 제조와 융합하여 그 과정을 자동화, 지능화시키는 것을 의미한다. 사물 인터넷, 유ㆍ무선 네트워크 인프라, 빅 데이터, 클라우드 컴퓨팅 등 첨단 ICT 기술을 전통 제조기술에 융합하여 자율적이고 지능화된 생산체계를 갖추고 생산성을 극대화하려는 노력이다.

미국 테슬라 모터스(Tesla Motors)사의 전기자동차를 만드는 프레몬트(Fremont) 공장은 세계 최고의 첨단기술이 적용된 공장으로 자동차뿐만 아니라 무엇이든 만들 수 있는 유연한 생산체계를 갖추고 있다. 이는 기존의 공장을 최첨단으로 선진화시킨 공장이라고 할 수 있다([그림 2-8 (a)] 참조). 반면, 미국 애리조나(Arizona)주 챈들러(Chandler)에 있는 로컬 모터스(Local Motors)사의 공장은 완전히 새로운 개념으로 운영되는 오픈 소스(Open Source) 자동차 공장으로, 웹(Web)으로 자동차를 만들겠다는 의지를 갖고 출발한 새로운 개념의 맞춤형 제조 공장이다([그림 2-8 (b)] 참조).

(a) 테슬라 모터스사 공장   (b) 로컬 모터스사 공장

[그림 2-8] 지능화된 공장의 예

또 다른 주목할 점은 3D 프린터나 지능형 로봇 등을 이용한 **맞춤 제조** 또는 **개인화 제조**를 통한 제조혁신이다. 대량 생산을 기반으로 하는 전통적인 제조방식에서 개인의 아이디어 또는 개인화 제품을 시장 제품으로 출시하기는 현실적으로 쉽지 않다. 하지만 최근 생산설비를 공유하는 소형 공작소 수준의 공간이 여러 사람의 아이디어 공유와 창작이 가능한 공간으로 확대되고 있다. 이러한 움직임은 3D 프린터와 같은 첨단 디지털 제조 도구와 결합하면서 신개념의 소형공장으로 발전할 개연성이 아주 높다. 즉, 전통적 제조의 장벽을 허물고, 누구나 제품을 만들 수 있는 제조의 민주화가 가시화되고 있다. 인터넷과 전자상거래를 통한 긴 꼬리(Long Tail) 소비 부각, 소득 증가로 인한 개인화 상품에 대한 욕구 증가가 창의적 아이디어가 적용된 개인화 상품 시장을 현실화하고 있으며 제조 민주화를 주목 받게 하고 있다.

2.4.1 맞춤 생산과 서비스 판매로 변화하는 제조업

① '대량 생산'에서 '맞춤형 적량·대량 생산'으로 변화

제조 현장에서는 그동안 제조 공정 최적화, 정상 품질 제품 이율 관리(Yield Management), 재고, 자재 관리 등 다양한 분야에 IT 기술을 접목해 왔다. 제조 공정의 IT화는 자동차, 전자 산업을 시작으로 소품종 제품의 **대량 생산**에 최적화된 제조 공정을 구축함으로써 비용 절감과 효율 극대화를 시키며 크게 확대되어 왔다. 하지만 이러한 소품종 대량 생산에 맞춰 구축된 제조 설비는 다품종 제품을 효율적으로 생산하지 못하는 한계가 있다. 매번 달라지

는 제품에 대한 공정 관리, 부품 및 자재 관리의 복잡성 증가, 제품 품질 및 작업자 역량 관리 등의 어려움으로 인해 다품종 제품을 생산해 내는데 필요한 시간과 비용이 급격하게 증가하게 된다.

그러나 사물 인터넷 기술이 제조 현장에 적용되면서 이러한 한계가 극복되고 있다. 제조 설비에 탑재된 다양한 센서로부터 제조공정 전반의 정보가 수집되어 분석되고, 사람의 개입 없이 제조 설비들은 서로 정보를 주고받으며 자율적으로 상황을 판단하고 작업을 수행한다. 즉, 생산 라인에 매번 다른 작업 과정이 필요할지라도 설비들이 자동적으로 상황에 맞게 작업을 수행할 수 있게 되었다. 사물 인터넷 기술 적용은 단순한 제조 공정 최적화에만 국한되지 않고 제조 라인의 예측 장비, 자재, 재고 관리, 물류 최적화 등 제조 시설 전반에 걸쳐 활용되며 제조 산업을 혁신하고 있다. 즉, 가격 경쟁력을 확보한 다품종 제품을 사물 인터넷을 통해 다양한 소비자의 필요에 유연하게 대응하며 생산할 수 있는 제조 설비와 시스템을 구현할 수 있다. 이와 같은 사물 인터넷 기술을 적용한 제조 산업의 혁신은 인더스트리 4.0 또는 산업 인터넷이라 불리며 지멘스, 보쉬, GE 등의 기업들을 중심으로 급속히 확산되고 있다.

이와 같은 사물 인터넷 기술을 통한 제조 공정의 혁신은 단순히 생산 비용 절감 및 품질 향상과 같은 수준을 넘어 기존 대량 생산 중심의 제조 산업을 **맞춤형 적량 · 대량 생산**으로 제조업의 패러다임을 바꾸어 놓고 있다([그림 2-9] 참조).

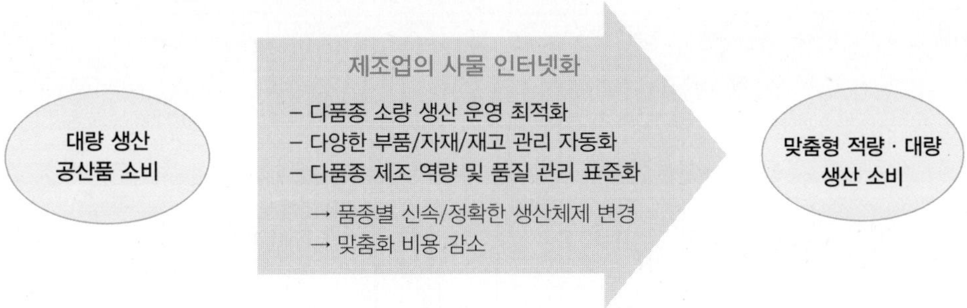

대량 생산
공산품 소비

제조업의 사물 인터넷화
- 다품종 소량 생산 운영 최적화
- 다양한 부품/자재/재고 관리 자동화
- 다품종 제조 역량 및 품질 관리 표준화

→ 품종별 신속/정확한 생산체제 변경
→ 맞춤화 비용 감소

맞춤형 적량 · 대량
생산 소비

출처: LG Business Insight (2016.2.17.)

[그림 2-9] 고객 맞춤형 적량 · 대량 생산으로의 제조업 혁신

② 제품에서 서비스 판매로 사업 모델 변화

GE, 롤스로이스와 같은 항공기 엔진 제조사들은 정교한 설계에 기반해 안정성 높은 고출력, 고효율의 엔진을 제조하기 위한 경쟁을 과거 수십 년에 걸쳐 진행해 왔다. 이들 기업 간 경쟁으로 항공기 엔진 산업은 빠르게 발전하였지만, 그만큼 엔진 제조 원가 또한 가파르게 상승했다. 항공기 제조에 있어 엔진의 원가 비중이 최소 25% 이상을 차지한다는 점에서 엔진 제조비용 상승은 보잉이나 에어버스와 같은 항공기 제조사들에게 부담 요소로 작용하기 시작했다.

이에 롤스로이스는 사업 모델을 기존 '판매' 방식에서 '대여 및 서비스' 방식으로 전환하기 시작했다. 즉, 엔진을 구매하는 항공기 제조사는 수백억에서 수천억에 달하는 엔진 비용을 구매 시 지불하는 것이 아니라 항공기가 운항되어 엔진이 가동되는 시간에 따라 사용료를 내는 것이다. 롤스로이스는 이를 위해 항공기 엔진에 다양한 센서를 부착해 온도, 공기압, 속도, 진동 등 항공기 운항과 관련된 각종 정보를 실시간으로 수집하고 분석한다. 이러한 정보는 단순히 요금을 부과하기 위해 사용하는 데 그치지 않고, 엔진의 상태를 진단해 사전적 정비를 하거나 연료 절감을 위한 엔진 제어 등 다양한 목적을 위해 분석되어 활용된다. 이는 엔진 정비, 사후 관리와 관련된 사업 기회로 연결되어 추가적인 수익 창출 수단으로 쓰이고 있다.

즉, 롤스로이스는 엔진 제조 산업의 사업 모델에 사물 인터넷 기술을 적용해 혁신적으로 변

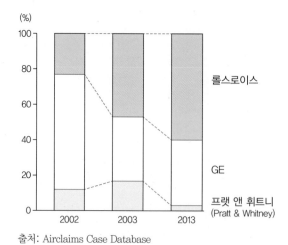

출처: Airclaims Case Database

[그림 2-10] 롤스로이스의 위상을 확대시킨 민간항공기 엔진의 시장 점유율

화시켰다. 이러한 변화로 인해 항공기 구매 시 항공사가 지불해야 했던 초기 비용 부담을 획기적으로 낮추게 되었고 항공기 엔진 정비 및 사전 점검에 지불했던 비용도 크게 절감하게 되었다. 이는 소비자 측의 명확한 효용 가치 인식으로 2002년부터 민간 항공기 엔진 시장에 새로운 사업 모델이 되었다. 이후 지속적인 매출의 확대로 시장 점유율이 증가하여 10년 만에 항공기 엔진 시장 점유율 1위가 되었다([그림 2-10] 참조).

2.4.2 맞춤형 및 개인화 제조 혁신

① 긴 꼬리 제조의 부각

2004년 와이어드 편집장인 크리스 앤더슨(Chris Anderson)은 인터넷과 전자상거래가 바꾸어 놓은 긴 꼬리(Long Tail) 경제에 대해 소개하였다. 지금까지의 경제가 수백만 개씩 팔릴 제품을 개발하는 기업들, 즉 20%의 짧은 머리(Short Head) 중심이었다면, 앞으로는 사소한 것으로 간주되던 나머지 80%의 긴 꼬리가 점점 더 중요하게 된다. 과거에 제품 구매를 위해 소비자가 마트의 전시공간에 가던 것이 이제는 인터넷 검색으로 바뀌고 있고, 이로 인해 기존에 소량으로 판매되던 제품이 장기간에 걸쳐 지속적으로 매출을 발생시켜, 결과적으로 큰 시장을 형성하게 된다. 나아가 크리스 앤더슨은 최근에 발간한 'Makers'에서 콘텐츠와 소프트웨어 같은 비트(Bit)세상에 집중되던 긴 꼬리 제품이 물리(Atom)세상으로 전파되고 있으며, 개방형 혁신(Open Innovation)으로 무장한 공통의 관심사를 가진 공동체가 이러한 움직임의 강한 추진력으로 동작하고 있다고 역설하였다.

이러한 개념은 전통적인 제조과정에 변화를 가져왔다. 즉, 음반이 MP3로, 책이 e-Book으로, 필름사진이 디지털사진으로 바뀌면서 '디지털 제품'으로 혁신이 있었듯이, 공장에서 생산되는 '물리적 제품'의 제조방식이 ICT에 의해 혁신되고 있다.

이러한 변화의 전제는 웹, 사물 인터넷, 소셜 네트워크, 클라우드 등의 ICT 기술을 기반으로 한 **맞춤형 제조** 또는 **개인화 제조**이다. 대량 생산이 필요한 곳에서는 여전히 지금과 같은 형태의 제조방식이 유지되지만, 획일화된 제품이 아닌 창의적 아이디어가 융합된 개인화된 제품의 제조를 담당하는 개인화 생산 공장이 도입되고 있다. [그림 2-11]은 이러한 긴 꼬리 제조의 특성을 보여준다.

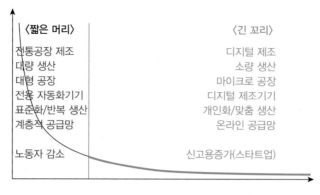

[그림 2-11] 긴 꼬리 제조의 특성

② 맞춤형 개인화 제조공간

2001년 MIT 미디어랩 닐 거셴펠드(Neil Gershenfeld) 교수가 설립한 팹랩(Fab Lab.)을 시작으로 현재 전 세계 수천여개의 소형 공작소가 운영되고 있다. 이 공간에서는 개인화 제조의 주요 장비인 3D 프린터, 컴퓨터 수치 제어(Computerized Numerical Control, CNC), 공작기계, 레이저커터, 3D 스캐너 등을 구비하고, 제품 활용에 대한 교육과 훈련, 개인 참여 개발 및 제조를 지원해주고 있다.

아직은 주로 교육기관, 지역 공동체 센터, 문화시설, 비영리기관, 비정부기구(Non-Governmental Organization, NGO) 등이 운영을 하고 있으며, DIY(Do It Yourself) 수준의 시제품 제조에 초점이 맞추어져 있으나, 이 작은 공간들은 향후 미래형 공장에 적지 않은 영향을 줄 것으로 예상되고 있다.

3D 프린터와 지능형로봇 등 첨단 디지털 제조도구와 공장 자동화 및 지능화를 위한 ICT 기술 즉, 스마트디바이스, 유·무선 네트워크 인프라, 웹 기반의 아이디어/부품/제품 유통, 생산 빅 데이터 분석, 지능형 제조운영/관리 등이 융합될 경우, 새로운 제조 패러다임을 이끌어갈 미래형 공장으로 재탄생하게 된다.

이러한 개인화 생산 공장은 대량생산 위주의 전통 제조시장과 DIY 수준의 소량 제조시장의 간극을 극복할 수 있는 수단이 되며, 새로운 스타트업(StartUp)을 장려하는 구조로써 새로운 형태의 고용창출이 가능하다.

| 용어 해설 |

- **D2D(Doctor to Doctor)** 원격 진단 협의로 병원 외부 또는 부서 외부에 산재한 의료 전문성을 하나로 모으는데 이용된다. X-레이, 컴퓨터 단층촬영(CT), 자기공명화상(MRI) 장비, 핵의학 치료와 초음파 진단 등에 의한 의료 이미지 판독 시 이미징(Imaging) 시스템을 활용하여 의사들 간의 협의 진단에 도움을 준다.

- **DIY(Do It Yourself)** 전문 업자나 업체에 맡기지 않고 스스로 직접 생활공간을 보다 쾌적하게 만들고 수리하는 개념을 말한다. "디 아이 와이"라고 읽으며 "네 자신이 직접 만들어라"라는 뜻이다.

- **공장 자동화(Factory Automation, FA)** 공장에서 컴퓨터를 이용하여 생산 작업을 자동화하는 일이다.

- **긴 꼬리(Long Tail)** 롱테일이라고도 한다. 파레토 법칙을 그래프에 나타냈을 때 꼬리처럼 긴 부분을 형성하는 80%의 부분을 일컫는다. 파레토 법칙에 의한 80:20의 집중현상을 나타내는 그래프에서는 발생확률 혹은 발생량이 상대적으로 적은 부분이 무시되는 경향이 있었다. 그러나 인터넷과 새로운 물류기술의 발달로 인해 이 부분도 경제적으로 의미가 있을 수 있게 되었는데 이를 롱테일이라고 한다.

- **비정부기구(Non-Governmental Organization, NGO)** 어떠한 종류의 정부도 간섭하지 않고, 시민 개개인 또는 민간 단체들에 의해 조직되는 단체를 의미한다. 비정부 단체, 비정부 조직이라고도 불린다.

- **회귀(Reshoring)** 해외에 나가 있는 자국기업들을 각종 세제 혜택과 규제 완화 등을 통해 자국으로 불러들이는 정책을 말한다. 싼 인건비나 판매시장을 찾아 해외로 생산기지를 옮기는 '오프쇼어링(Offshoring)'의 반대 개념이다.

사물 인터넷이 가져올 산업 변화 전망

3.1 사물 인터넷 시대의 신사업 분야 / 3.2 사물 인터넷의 도입 효과

우리는 이미 사물 인터넷 시대에 살고 있다. 사물 혹은 인간이, 내장된(Embedded) 통신시스템을 통해 긴밀하게 상호작용할 수 있도록 네트워크로 연결된 사물 인터넷은 사물과 사물 간 연결을 일컫는 '사물 통신(Machine to Machine)'에서 확장된 개념이다. ICT의 발전에 따라 '만물 인터넷'으로 확장되면서, 모든 종류의 네트워크를 통해 긴밀하게 연결된 초연결시대로 발전하고 있다([그림 3-1] 참조). 사물 인터넷 기술이 산업의 생산 분야에 도입되면서 공장의 생산 공정과 공급 사슬(Supply Chain)의 흐름을 시각적으로 확인할 수 있고, 공장이나 기업 등의 물리적인 경계를 초월한 통합적인 관리를 통해 효율성을 증가시킬 수 있어 제4차 산업혁명의 기폭제 역할을 한다.

출처: Ericsson white paper, 2011

[그림 3-1] 사물 인터넷 발전 3단계

사물 인터넷 기술이 제조업에 도입되면서 비용 절감과 생산 효율화를 달성하고 있다. 제4차 산업혁명은 인간의 일자리에도 큰 변화를 가져오고, 타산업과 융합되면서 새로운 사업 기회와 부가가치를 창출하고 있다. 사물 인터넷, 클라우드와 빅 데이터로 인해 기존에 없던 혁신적인 기업이 등장하고 있다. 사물 인터넷 혁명은 에너지, 의료, 제조업 등 다방면에 영향을 미치고 인간과 기계의 상호작용에 근본적인 변화를 가져오고 있다.

보건 · 의료 분야에 적용되면서 착용형 컴퓨터와 원격진료가 가능해졌고, 전력 분야의 스마트그리드(SmartGrid), 교통 분야의 커넥티드 카(Connected Car) 및 지능형 교통시스템(Intelligent Transportation System, ITS)으로 발전하고 있다. 특히, 제조업의 생산 공정에 도입되어 스마트공장(Smart Factory) 즉, 첨단 생산 관리 시스템으로 구축되고 있다. 농 · 수산 식품 산업에도 ICT가 적용되어 식물공장이나 스마트푸드(SmartFood) 시스템 등 고부가가치의 새로운 사업 영역을 창출하고 있다.

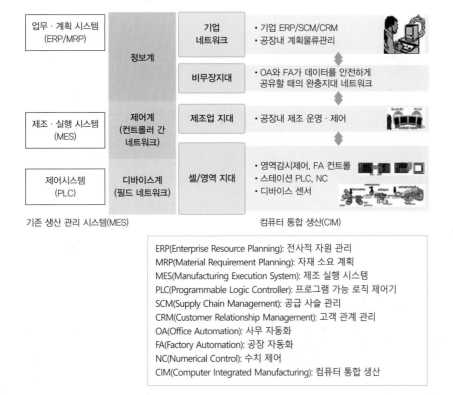

출처: KIET 산업경제, 2016

[그림 3-2] 생산 관리 시스템(MES, CIM)의 계층 구조

[그림 3-2]는 사물 인터넷 기술이 생산공정에 도입되어 초래한 공정혁신을 표시한 것이다. 예전에 생산 공정은 업무ㆍ계획 관리 시스템, 제조ㆍ실행 시스템, 제어 시스템 등이 독립적으로 운용되었다. 하지만, 컴퓨터 네트워크와 데이터베이스, 실시간 모니터링 시스템의 발전으로 인해 점차 생산 활동을 총괄적으로 제어ㆍ관리하는 **컴퓨터 통합 생산**(Computer Integrated Manufacturing, CIM) 시스템으로 진화하고 있다. 즉, 관리자는 원격으로 생산 현장을 모니터링하면서 실시간 데이터를 취합ㆍ분석하여 최적의 의사결정을 내릴 수 있게 되었으며, 이러한 의사결정은 즉각적으로 공장으로 전달된다.

제4차 산업혁명은 일자리에도 큰 변화를 가져오고 있다. 단순 노동직과 컴퓨터의 연산능력을 충분히 발휘할 수 있는 분야의 직업은 사라질 가능성이 높다. 프레이(Frey et al.)의 연구는 702개의 세부직종 중에서 컴퓨터가 대체 가능한 직업을 분석하여 사라질 가능성을 제시하고 있다. 이 연구에 따르면, 미국에 있는 일자리 중 약 47%가 위협 받을 수 있다. 향후 사라질 가능성이 높은 직업으로는 텔레마케터, 화물ㆍ수송업 종사자, 소매상인, 모델, 은행의 출납원, 회계사, 부동산 중개업자 등이 있다. 이러한 직종들 외에 의료계와 법조계의 전문직 종사자들의 업무도 상당 부분 ICT에 의해 대체될 것으로 전망된다.

3.1 사물 인터넷 시대의 신사업 분야

사물 인터넷 혁명은 에너지, 의료, 제조업 등 다방면에 영향을 미치고, 인간과 기계의 상호작용에 근본적인 변화를 가져오고 있다. 새로운 기반 기술로 인해 기존 시스템이나 제품을 향상시켜 생산성과 고객의 부가가치를 높일 수 있는 새로운 사업을 개척하거나, 기존에는 없었던 혁신적인 사업 기회가 창출되고 있다. 또한, 소품종ㆍ대량 생산에서 다품종ㆍ소량생산의 수직적인 공급 가치 사슬 체계로 빠르게 전환되고 있다. 즉, 소비자의 취향에 따라 맞춤형 제품과 서비스를 공급할 수 있도록 진화하고 있다. 따라서 기업들은 창조적인 아이디어를 통해 다양한 제품을 소량 생산할 수 있는 체계의 필요성이 증가하고 있다. 3D 프린터를 이용해 누구나 손쉽게 아이디어를 실제적인 프로토타입(Prototype)으로 제작하기 쉬워진 것도 맞춤형 제품 생산을 지원하는 요인 중 하나이다. 이러한 예로 인벤터블즈(Inventables)는 간단한 컴퓨터로 작동이 가능한 "3차원 조각 기계(3D Carving Machine)"를 만들었다.

뿐만 아니라, 기업들은 기존에 자신들이 보유한 역량과 사물 인터넷 기술을 접목하여 새로운 서비스를 제공하고 있다. 스포츠용품 전문기업 나이키의 퓨얼밴드(Fuel Band)는 이러한 경향을 반영한 좋은 사례이다([그림 3-3] 참조). 퓨얼밴드는 손목에 차기만 해도 가속센서를 이용해 걸음 수, 소진한 칼로리와 활동량을 확인할 수 있다. 하루 생활에 필요한 칼로리와 하루 동안 소비한 에너지량을 알 수 있는 퓨얼 포인트 수치를 제공한다.

출처: http://mindwatching.kr

[그림 3-3] 나이키 퓨얼밴드

향후 기업들의 사업 모델에 또 하나의 주목할만한 변화는 기존과는 전혀 다른 기업 간에 혁신적인 파트너십을 형성하는 것이다. 새로운 수요를 창출할 혁신적인 제품을 생산하고 시장을 선점하기 위해 거대 기업들은 소규모 혹은 신생 기업들의 인수 · 합병에 주력하게 된다. 구글의 스마트 온도조절장치 제조업체 네스트(Nest) 인수, 페이스북의 가상현실을 적용한 헤드셋 개발업체 오큘러스(Oculus) 인수 사례처럼, 향후에도 이러한 전략적인 인수 · 합병은 더욱 늘어날 전망이다([그림 3-4], [그림 3-5] 참조).

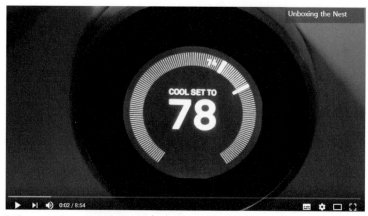

출처: https://www.youtube.com/watch?v=3UpaMQsk2eA

[그림 3-4] 네스트 온도계 데모 앱

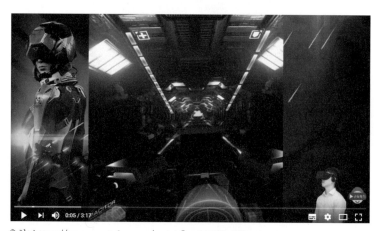

출처: https://www.youtube.com/watch?v=3ATfZa62Dm4

[그림 3-5] 오큘러스 헤드셋을 통한 가상현실 체험

ICT와 사물 인터넷 기술이 도입되면서 공급자 위주의 제품 중심에서 수요자 위주의 서비스 중심으로 변화하고 있다. 이러한 추세에 따라 소프트웨어의 중요성은 커지게 되었고, 이를 바탕으로 고객 각각의 수요에 부응하기 위한 다양한 서비스 산업이 성장하게 된다.

심지어 제조업의 대표격인 자동차 산업에서도 이러한 변화가 일어나고 있다. 자동차의 가치는 물리적 시스템의 성능 못지않게 점차 정확한 소프트웨어 플랫폼이나 응용 프로그램의 우수성에 따라 결정되고 있다([그림 3-6] 참조). 30개 이상의 자동차 기업들은 구글과 함께 차량용 안드로이드 운영체제를 개발하고 있다(Open Automotive Alliance). 사물 인터넷 산업은 제조업이라기보다는 서비스업에 가깝다. 사물 인터넷 기기로 수집된 방대한 데이터를 통해 지금까지 없었던 다양한 형태의 서비스 제공이 가능해지는 새로운 사업 모델이 될 수 있기 때문이다.

출처: GSMA 2013 Navigant Research 2013 재편집

[그림 3-6] 2025 커넥티드 카

또한, 여러 산업에서 고객과 기업 혹은 기업과 기업 간을 연결하는 각종 플랫폼이 만들어지면서 이전에는 예상하지 못한 각종 서비스가 개발되고 있다. 예를 들면, 숙박 공유 서비스인 에어비앤비(Airbnb)나 모바일 앱을 활용한 우버 택시(Uber Taxi)와 같이 기존업계를 혁신하는 사업이 다양한 형태의 신사업으로 확대될 수 있다.

사물 인터넷의 응용 분야는 아주 다양하며, 주요 응용 분야는 [표 3-1]과 같다.

[표 3-1] 사물 인터넷의 주요 응용 분야

응용 분야	설명
에너지 분야	전력 생산량과 소비량을 지속적으로 측정하여 배전회사와 소비자에게 유용한 정보를 제공하는 동시에 적절히 수요와 공급의 균형을 맞추도록 하는 분산 지능형 통합시스템
교통·운송 분야	사용자가 안전하고 편리하게 이용할 수 있도록 서로 다른 형태의 운송 및 교통체계를 관리하는 혁신적인 서비스 제공 기술

제조업 분야	전 생산 공정에서 적절한 정보를 필요한 시점에 유용한 형태로 가공하여 취합할 수 있는 실시간 통합처리 시스템
의료 분야	진보된 응용기기(모바일/스마트디바이스, 센서, 구동기 등)를 통해 환자와 의료진에게 의료서비스에 대한 접근성을 향상시키는 공공 및 개인 의료체계 구축
공공 분야	시민의 안전과 관련된 정보를 제공하고 한차원 높은 공공서비스를 제공할 수 있도록 실시간 정보체계 구축
고객 서비스	구매에서 엔터테인먼트에 이르기까지 기술과 개인의 삶이 상호작용할 수 있는 개인 맞춤형 응용서비스 제공
건축/주거 분야	스마트폰이나 모바일 디바이스를 통해 원격으로 건물에 전등, 난방, 가전기기 등을 조정할 수 있는 응용시스템
금융 분야	은행, 보험, 부동산, 대출 등 다양한 금융시장에 적용할 수 있는 지능형 통합시스템

출처: European Commission(2015)

다음 소절부터 사물 인터넷을 이용하여 개척되고 있는 신사업에 대하여 주로 일본의 사례를 살펴본다.

3.1.1 사물 인터넷화 지원 솔루션

기존 기업들은 생산성을 높이고 새로운 서비스를 개발하기 위해 사물 인터넷을 적극적으로 도입하려고 한다. 공장뿐만 아니라 유통점, 농장, 자치단체 등에서도 생산성 및 효율성을 제고하기 위해 노력하고 있다. IT 전문기업들은 이러한 수요에 대응하기 위해 고객 기업의 효율성을 실질적으로 제고하는 시스템의 개발에 주력하고 있다.

이에 따라 일본의 경우, 저출산과 고령화로 인해 노동력 부족 문제가 심각해지면서 기존 사업의 유지를 위해 사물 인터넷을 적극 활용하고 있다. 고객의 구매 예측 및 촉진에 도움이 되는 솔루션을 제공하는 사업이 확대되고 있다. 농기계 제조기업의 경우, 고객인 농가를 대상으로 2014년부터 농업지원 클라우드 서비스를 실시하고 있다. 농기계에 탑재된 센서를 통해 경작지별로 최적의 농사 작업 시기, 방법을 조언하여 평균 15%의 품질 향상 및 생산량 확대에 기여하고 부품의 고장여부나 보수를 도와준다([그림 3-7] 참조). 기업에 의한 농업 진출도 활발한 편이지만 개인 농가도 클라우드 시스템을 도입하여 국제적 경쟁력을 강화하고 있다.

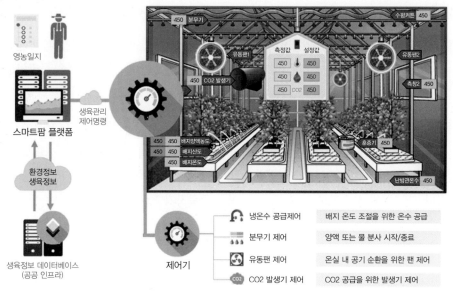

출처: http://www.herit.net/kr/platform/use_cases.php#self 재편집

[그림 3-7] 스마트 농장 구성도 예

새로운 서비스의 개발을 지원하는 사업도 등장하고 있다. IT화가 상대적으로 부진했던 아날로그형 산업이 사물 인터넷을 통해 새로운 서비스를 개발하고, IT 기업들은 이러한 서비스화를 지원하고 있다. 닛본 전기주식회사(Nippon Electric Company)는 의류업체인 군제와 함께 스마트의류를 개발했다. 이는 전도성 섬유를 활용하여 사용자의 소모 칼로리 양이나 심박수 등을 모니터링하고, 자세 교정 제안과 같은 서비스 개발을 지원한다. 또한 의류에 미세한 배선을 포함하였지만 세탁도 가능하다.

한편, 히타치(Hitachi)는 병원을 상대로 컴퓨터 단층촬영, 자기공명화상 장비 등 의료 장비를 판매하고 이들 장비에 대한 보수 서비스를 주로 해왔지만, 환자에 대한 빅 데이터를 분석하여 환자 진단 서비스로 영역을 확장하고 있다.

또한 각 기업이 **기업 간 거래**(Business-to-Business, B2B) 혹은 **기업과 소비자 간 거래**(Business-to-Customer, B2C) 사업에 생산성을 높이면서 보다 효율적으로 고객을 확보할 수 있는 사물 인터넷 솔루션 플랫폼을 구축한 후, 이를 기초로 각 산업 및 기업의 특성에 맞는 솔루션을 제공하는 사업을 확대하고 있다.

3.1.2 공유경제

개인의 **프로슈머(Prosumer)**화 현상이 가속화되고, 개인이 능력이나 자산을 활용한 공유 (sharing) 관련 신사업이 확대됨에 따라, 이를 뒷받침하는 인프라 사업도 속속 등장하고 있다. 사물 인터넷은 공유 서비스 영역을 확대하면서 신사업 개척에도 도움이 된다.

사물 인터넷으로 인해 자동차, 숙박시설 뿐만 아니라 사무실 공간, 노동력, 전문지식, 자금 등의 각종 재화를 공유하려는 수요와 공급을 연결시켜 거래 비용을 절감시키고 있다. 일본은 개인이나 기업이 가진 유휴 자산을 공유하기 위한 기술이나 인프라를 적극 발전시키고 있다. 저출산과 고령화로 인해 고령자, 여성 근로자가 확대되고 있어 일하는 방식이 변화하고 있고, 서민층 임금이 오랫동안 정체된 점도 이러한 공유 관련 사업의 성장 배경으로 작용하고 있다.

미국 등에서 확대되고 있는 공유 사업 유형이 일본에서도 확산되고 있다. 예를 들면 **자동차 공유(Car Sharing)** 업체인 타임즈카(Times Car)는 30분전에 예약 가능하며, 공항이나 역 주변에서도 이용 가능하다. 노테코(Notteco)는 장거리 동승형 서비스나 인력 매칭에 의해 시간제 도우미를 지원 받을 수 있는 애니타임(Anytime)을 제공한다. 또한 1시간 단위로 전문가의 조언을 중개(Match Consulting) 받을 수 있는 서비스인 비자스큐(VisasQ) 등의 벤처기업이 사물 인터넷을 활용하면서 사업을 확대 중이다([그림 3-8] 참조).

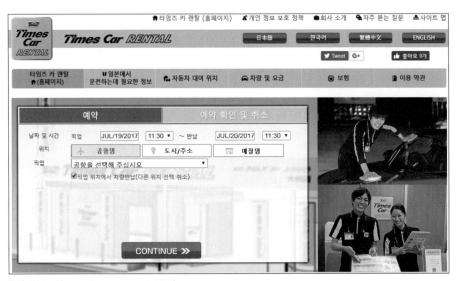

출처: http://www.timescar-rental.kr/

[그림 3-8] 타임즈카 홈페이지

공간 공유(Space Sharing) 업체로는 15분 단위로 개인 주차장 이용을 중개하는 아키파(Akippa), 기업의 회의실, 강당 등을 시간제로 중개하는 스페이스마켓(SpaceMarket)이 있다. 부동산 담보 특화 융자 사업을 위한 클라우드 펀딩(Funding)의 럭키뱅크(LuckyBank), 창조적 프로젝트별로 지원하는 레디퍼(ReadyFor)도 주목을 받고 있는 공유 사업이다.

한편, 블록체인을 활용한 기업으로서 가이악스(Gaiax)가 있다. 개인과 개인을 연결(Customer to Customer, C2C)하는 사업 인프라로서 이 회사는 수많은 셰어링 사업자와 제휴하여 개인 인증 서비스를 제공함으로써 상거래의 신뢰성 제고에 기여하고 있다. 블록체인 시스템과 스마트폰을 연계하는 디지털 ID(IDentification) 인프라를 제공하고 있으며, 점차 스마트폰 외에도 생체인증, 새로운 사물 인터넷 단말을 통한 인증 서비스를 모색할 방침이다([그림 3-9] 참조). 그리고 이를 기반으로 공유 서비스 이외의 영역도 개척하고 있다. 즉, 그동안 획득하고 축적한 각 개인의 속성, 전문성 정보를 활용하여 새로운 사업을 개발하고 있다.

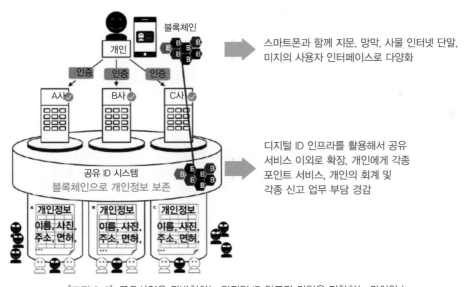

[그림 3-9] 공유사업을 뒷받침하는 디지털 ID 인프라 기업을 지향하는 가이악스

3.1.3 드론 활용

무인항공기 드론(Dron) 사업은 아직 초기 단계에 머물고 있지만 공중에서 대상을 촬영하는 카메라 센서의 기능이 고도화되면서 응용 범위가 확대되고 있다. 드론에 탑재된 각종 센서, 자율비행기능 처리기, 컨트롤러 및 다양한 기능의 장비들이 연계적으로 작업을 수행해 경비 업무 지원, 기계나 인프라의 내구성 관찰뿐만 아니라 제조 현장이나 물류 혁신도 모색하고 있다.

경비 및 정비 사업 측면에서 드론에 탑재한 화상 센서의 정확도 향상이 효과를 보고 있다. 센서, 모터 제어, 위성 위치 확인 시스템(Global Positioning System, GPS) 등의 개선과 카메라의 성능 향상으로 공중 화상 기능의 효과가 확대되고 있다. 또한 드론은 화상 센서와 함께 인공 지능, 통신 기능 등을 갖춘 일종의 로봇으로서 기능한다. 일본 유수의 경비회사인 알로스크(Alosk)사는 태양광 발전 패널의 감시 점검 서비스에 드론을 활용하고 있다. 닛본 전기주식회사는 드론이 수집한 데이터를 빅 데이터로 분석해 교량 등 인프라의 점검 작업을 자동화하고 있다. 이 회사는 망치로 교량을 치면서 내구성을 검증하는 업무를 드론으로 대체하는 연구도 진행하고, 드론이 건축물의 도장, 각종 설치 작업까지 수행하면서 건설 산업의 생산성이 향상되고 있다. 라크(LAC)사가 개발한 드론은 자동차의 외부를 닦는 업무를 수행할 수 있다([그림 3-10] 참조).

[그림 3-10] 라크사의 자동차 닦는 드론

제조 · 건설 · 농장 효율화에도 사물 인터넷과 연계된 드론이 활약하고 있다. 드론을 활용하여 제조, 건설, 농장의 작업 과정을 보다 명확하게 파악해 효율성을 개선하는 방안들이 개발되고 있다. 도요타(Toyota) 계열의 자동차 부품 기업인 덴소(Denso)는 드론에 탑재 가능한 초소형 **전파 식별**(Radio Frequency IDentification, RFID) 리더(Reader)를 개발해 창고에서 재고 상황을 단시간내에 점검할 수 있게 했다. 히타치(Hitach)는 드론으로 제조 현장의 3D 지도를 작성해 근로자의 움직임이나 동작을 효율화하는 노하우를 개발하고 있다. 예를 들면,

제철소에서 숙련공이 눈으로 대략 확인했던 원료 재고량 더미를 드론이 화상 데이터를 분석하여 순식간에 계산할 수 있다. 또한 코마츠(Komatsu)는 드론을 활용해서 건설 현장의 흙의 굴삭 효율을 높이는 등 건설 현장 관리의 자동화를 추진하고 있다([그림 3-11] 참조).

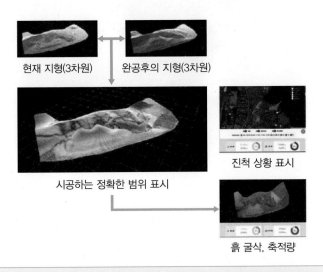

현재 지형(3차원)　　완공후의 지형(3차원)

진척 상황 표시

시공하는 정확한 범위 표시

흙 굴삭, 축적량

• 드론을 활용한 정확한 측량과 3차원 데이터화, 빅 데이터 분석 등을 통해 시공 이전에 정확한 건설 범위, 토량(土量)을 측정
• 공정 진척 상황도 드론을 통해 확인하면서 전체 공정의 생산성 향상, 건설 기계의 자동주행 등 가동 효율화에 주력

[그림 3-11] 코마츠의 스마트건설 현장 서비스

단순한 물류 혁신 측면에서도 일본기업이 아마존처럼, 드론을 수송 수단으로 활용하는 시범사업을 전개하고 있다. 각종 비상용품을 섬으로 배달하는 사업 등이 추진되고 있다. 히타치 조선은 준천정(準天頂) 위성과 드론을 연계한 물류 사업을 큐슈(Kyushu) 본토와 섬 사이에 추진하고 있다.

준천정 위성은 일본 열도 상공을 오가는 위성으로 위치정보를 제공하는 측위 위성의 일종이다. 기존의 GPS는 위성에서 포착한 전파를 바탕으로 위치를 파악해 오차 발생 가능성이 크다. 그러나 준천정 위성은 4기의 위성과 수신기 사이의 거리를 계산해 위치를 파악하고, 또한 위성이 열도의 바로 상공에 떠있기 때문에 고층빌딩이나 산의 그늘에 가려지지 않고 전파를 수신할 수 있다([그림 3-12] 참조).

출처: 니혼게이자이신문

[그림 3-12] 준천정 궤도

이 준천정 위성의 실현은 무인항공기를 사용할 계획인 배송업체에는 희소식이다. 미국 온라인쇼핑몰 아마존닷컴(Amazon.com)은 드론을 사용해 배송제품을 공중에서 배달한다는 계획이지만 안전은 물론, 위치오류 등의 문제는 해결해야할 과제이다. 준천정 위성 개발 업체는 이 위성이 위치를 정확하게 제공해 위치 오류를 잡아줄 것으로 기대하고 있다.

3.1.4 에너지 솔루션

사물 인터넷은 기존 에너지 솔루션(Energy Solution) 사업을 단순화 하거나 복합 솔루션개발을 용이하게 하여 신에너지 사업을 촉진하는 효과가 있다. 이에 따라 일본기업도 **가정 자동화**(Home Automation)의 기폭제로서 에너지 솔루션 신사업을 주목하고 있다.

전력망 신사업 측면에서는 전력 자유화와 함께 절전 인센티브를 거래하는 네가와트(Nega Watt) 사업, 다양해진 분산 발전 사업자를 결합하는 가상발전소(Virtual Power Plant, VPP) 사업이 추진되고 있다. 일본정부는 2016년에 40억엔의 예산을 들여 사물 인터넷을 활용한 가상발전소 실증실험을 하였다. 도쿄의 지역기업인 '민나노전력'은 세일즈포스(Salesforce)사의 간편 클라우드 플랫폼을 활용하여 지방자치단체와 가정을 대상으로 한 가상발전소형 전력 소매 솔루션 에네쿠숀(Enection)을 통해 고객관리, 요금계산, 전력 거래 등 서비스를 제공하고 있다.

또한 **건물 에너지 관리 솔루션**(Building Energy Management Solution, BEMS)의 진화를 도모하는 기업들에 의해 신사업이 개척되고 있다. 사물 인터넷은 건물 에너지 관리 솔루션 구축의 편리성, 간편화에 기여하며, 중소형 빌딩에서도 대규모 시스템과 같은 효율성을 제공할 수 있게 되었다. 보안 등 추가적인 솔루션의 복합화도 용이해진다. 후지쓰(Fujitsu)의 클라우드 기반 건물 에너지 관리 솔루션인 이네튠(Enetune)은 기업이나 자치 단체가 여러 거점의 건물 에너지 관리 솔루션을 클라우드 컴퓨팅 환경에서 일괄적으로 관리할 수 있다.

가정 에너지 관리 솔루션(Home Energy Management Solution, HEMS)의 경우도 사물 인터넷을 통해 핵심적인 고객가치의 추가적인 개발이 추진되고 있다([그림 3-13] 참조). 가정 에너지 관리 솔루션는 재생에너지의 확대와 사물 인터넷 확산의 호기를 맞아 각국 기업이 의욕적으로 사업을 강화 중이지만 가정 시장 보급은 부진한 양상이다. 이에 따라 파나소닉 등 일본기업이 다양한 전자 기기와 전력을 제어하는 가정 에너지 관리 솔루션 제어기(Controller)에 주력하고 있다. 가상발전소, 네가와트와 같은 전력시장의 사물 인터넷화, 신사업과 연계된 가정 에너지 관리 솔루션를 통해 가정에서 전력을 절약하거나 전력을 판매할 수 있는 기회의 확대와 함께 방범, 헬스케어, 콘텐츠, 전자상거래 등의 부가 서비스와 연계를 통해서 시장개척에 주력하고 있다.

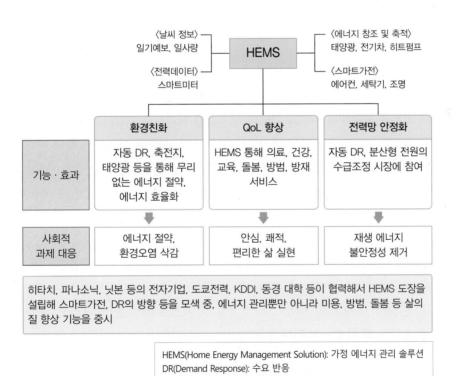

[그림 3-13] 'HEMS도장'사의 HEMS 사업 추진체제

3.1.5 자율주행 기반 사업

완전 자율주행차의 보급까지는 몇 년이 소요될 수 있으나 부분적 자율주행, 특정 지역 내의 자율주행 등이 현실화되고 있다. 자동차의 정보 단말기화가 추세이며, 사물 인터넷으로 이러한 추세는 더욱 강화되고, 이를 활용한 새로운 서비스가 계속 확대되고 있다.

자율주행을 선행적으로 실현하는 서비스는 일본에서도 확대되고 있다. 일본에서 자율주행은 건설 현장 등 사적 공간에서 조기 사업화가 진행되고 있으며, 무인물류, 짧은 거리의 공간에서 자율적으로 경로를 탐색하는 무인주차 및 무인 픽업(pick-up), 학교 내 무인 순회 버스 등이 현실화되고 있다. 사물 인터넷 센서와 무인자동차가 사적 공간 내에서 자동적으로 통신하면서 인간이 관여하지 않아도 효과적으로 수송, 물류, 건설 등의 작업을 수행할 수 있게 된 것이다.

예를 들면, 건설기계 회사인 코마츠는 이를 위해 자사 건설기계에 센서를 탑재하고, GPS, 클라우드 컴퓨팅 기반 등을 활용하면서 무인트럭 사업을 전개하고 있다. 이를 위해 야마토 운수(Yamato Transport)는 디엔에이(DeNA)사와 제휴해 국가전략특구에서 무인택배 사업을 추진하고 있으며, 유통업체인 이온은 자사의 대형 유통 시설에서 고객에게 이동 편의를 제공하는 자율주행 버스를 운행하고 있다.

클라우드 기능을 활용해서 주행과 관련한 부가적인 서비스도 개발하고 있다. 자동차의 커넥티드 로봇(Connected Robot)화에 따라 자동차와 각종 사물이 연결되는 **차량·사물 통신** (Vehicle to Everything Communication, V2X)으로 다양한 사업을 전개할 수 있기 때문이다. 예를 들면, 화물차 등의 운전자를 모니터링하면서 음주 등의 징후가 포착될 때 자동차가 자동으로 운전을 차단하는 기능 등이 개발되고 있다. 도요타와 닛세이(Nissei) 보험은 센서로 확인된 주행정보를 평가하면서 평가 실적에 따라 보험료를 차별화하는 서비스를 제공하고 있다. 소프트뱅크(SoftBank)는 도난 방지나 차세대 **차량용 인포테인먼트**(In-Vehicle Infotainment, IVI)의 기능 고도화에 주력하고 있다. 음성에 의한 단말기의 화면 전환 및 조작, 문자 메시지의 음성 낭독 서비스, 원격 보수 및 소프트웨어 갱신(Software Upgrade), 도요타가 우버(Uber)와 제휴한 자동차 합승(RideShare) 등의 기능을 고도화하고 있다.

이러한 자율주행 시스템과 사물 인터넷 디바이스의 확산은 자동차의 주행과 관련 없는 분야의 사업도 가능하게 한다. 일본기업도 자율주행차의 비주행 관련 신사업을 확대하고 있다. 자동차 주행 정보를 활용해서 도시 계획 등에 활용하는 사업, 고령자 모니터링 및 돌봄 서비스, 다른 자동차 및 건물, 도로 등과의 통신을 통해 범죄를 예방하거나 범죄자를 추적하는 기능, 스마트폰 및 착용형 기기와 연계된 건강 모니터링 서비스, 전력저장 및 공급, **핀테크(Fintech)** 기반 전자상거래 사업 등이 개발되고 있다.

일본의 벤처기업인 GMS(Global Mobility Service)사는 필리핀에서 신용도가 낮은 소비자도 심사 없이 할부로 자동차, 3륜차, 오토바이 등을 구매할 수 있도록 사물 인터넷 차량 판매 및 유지 관리 플랫폼을 구축하였다([그림 3-14] 참조). 자동차 구입자의 대금 지불 상황, 주행 상황을 센서로 모니터링 하면서 요금 변제에 지체가 생기면 차량을 원격 제어로 정지시켜서 GPS로 확인된 위치에서 차량을 회수하게 된다. 이 사업 모델은 금융기관의 대출(Loan)을 확보할 수 없는 저소득층에 대해서 안전하게 차량을 할부판매하고 요금도 휴대폰 요금 징수 인프라를 활용하여 월간 단위로 징수할 수 있어 선진국뿐만 아니라 신흥국에 확대할 수 있는 신사업이라 할 수 있다.

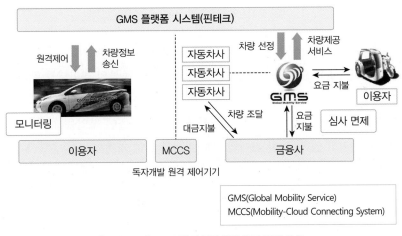

[그림 3-14] GMS의 자동차 클라우드 관리 사업

3.2 사물 인터넷의 도입 효과

3.2.1 거래 및 제조 비용 절감

단순히 재화와 서비스가 연결되는 사물 인터넷만으로 큰 부가가치를 창출하기 어렵다. 기업들은 비용보다 부가가치를 높이는 노력과 함께 사물 인터넷의 도입에 의한 비용 절감 방안을 중요하게 고려하고 있다([그림 3-15] 참조).

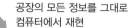

공장의 모든 정보를 그대로
컴퓨터에서 재현

데이터 분석, 모의 실험을 통해
생산공정 효율화로
불량 억제, 비용 절감

- 롤스로이스는 굿우드 공장에서 제조에 관한 모든 정보(부품, 기계, 로봇, 공구, 비품 등)를 디지털화하여 공장과 생산 라인을 그대로 컴퓨터 3차원 가상 공간에 재현하고, 모의 실험을 통해 제조 라인의 각종 문제점을 사전에 해결하여 원활한 생산 흐름을 보장하는 최적의 제조 라인 레이아웃을 설계
- 롤스로이스는 장인들의 수작업으로 생산하기 때문에 장인들의 작업 공간의 효율화, 동작의 낭비 억제라는 관점에서 개선

[그림 3-15] 롤스로이스의 굿우드(Goodwood) 3차원 디지털 공장

공장에서 사물 인터넷을 도입할 경우, 공장 내에서 다양한 종류의 데이터를 활용할 수 있게 됨에 따라 가공의 정확도는 높이고 재료의 낭비를 줄이며 생산 속도를 향상시킬 수 있다. 이를 위해 공장 건설의 기획 단계에서 설비설치 및 노동자들이 작업을 최적화 할 수 있는 모의 실험이 모색되고 있다. 또한 기계의 보수 관리를 위해 기계의 가동 중단시간을 최소화 하여 근무시간 중 생산에 차질이 없도록 하는 최적의 기계 보수 체계 구축도 가능하다.

생산자들은 시간을 허비하면서 돌아다니지 않아도 여러 공장에 있는 기계 설비들을 실시간 으로 모니터링 할 수 있어 의사결정 시간을 줄이면서 신속한 조치를 할 수 있다. 공장 안에 기계 장치와 시스템이 연결되어 다양한 정보가 제공되고, 이러한 정보를 바탕으로 인간의 간섭 없이 생산시스템 자동화가 가능하다. 따라서 제조에서 판매까지 전체 공급 사슬에 대한 정보를 실시간으로 제공하여 체계적인 관리가 쉬워진다. 센서와 무선통신망을 통해 예기치 않은 생산시스템의 오류에도 사전에 대응할 수 있다. 이 외에도 공장의 에너지 사용을 최적화하여 큰 운영비용을 차지하는 에너지 비용과 제품개발 시간을 단축시킬 수 있다.

이처럼 사물 인터넷이 여러 산업에서 활용된 경우에는 공급 사슬의 효율화, 부품 및 소재 공장과 조립공장의 일체화, 효율적 재고 관리 등이 가능해진다. 각종 부품이나 모듈 등이 공장의 기계 장비들과 가상공간에서 연결됨으로써 품질 수준의 사전 파악이 용이하고 제품 개발 시간과 비용 절감 효과가 나타나는 측면도 중요하다.

맥킨지 앤 컴퍼니(McKinsey & Company)의 보고서에 따르면, 사물 인터넷 응용기술을 생산 공정에 도입함으로써 10~20%의 에너지를 절감할 수 있고, 20~25%의 노동효율성 증가를 가져올 수 있다고 한다([그림 3-16] 참조).

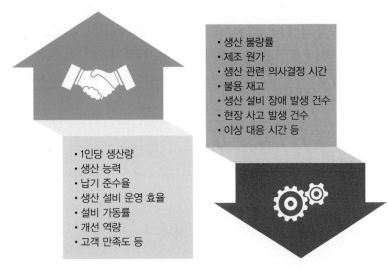

[그림 3-16] 생산에 사물 인터넷 기술의 도입효과

사회적 차원의 연결 효과로 기타 산업이나 인프라와의 연계성이 강화되는 효과가 있다. 예를 들면, 전력의 사물 인터넷화로 전력의 수요와 공급이 실시간 연결되는 스마트그리드가 효과적으로 활용되면, 발전용량 관리가 효율적으로 이루어져 발전소를 줄일 수 있다. 또한 수송 및 물류의 교통 흐름이 원활해지는 효과, 산업간 연계를 통해 관련 서비스의 신속성과 비용 절감 효과, 행정조직의 실태 파악 등이 용이해진다. 공장에서 생산이 완료되기 이전에 교통 흐름을 고려한 수송 및 물류 계획을 최적화하는 것도 가능하다. 기업 내부의 의사 결정 메커니즘의 비효율성 제거도 가능하다. 회계 데이터와 각종 기업 활동, 종업원 모니터링 등을 통해 경영 패턴을 분석하고 기업 내 비리나 비효율성, 정보유출 및 보안 이슈에 관한 사전, 사후적 추적, 투자 위험 등에 관한 조기 경보 시스템을 강화할 수 있다. 경영 효율화와 함께 정부 규제 등 행정적 측면에서 낭비의 파악이 쉽고, 경제 및 사회적 측면에서 효율성을 높일 수 있다.

3.2.2 제품 개발 과정의 혁신을 통한 성능 향상

사물 인터넷을 활용하면 제품의 불량률 감소, 부가서비스 결합, 고객 요구사항 신속 반영 등 부가가치의 제고가 가능한 점도 기업이 주목하는 이유 중 하나이다.

가상공간에서 제품개발 과정을 재현하면 제품의 생산과정에서 각종 불량품이 발생하는 요소를 파악하기 쉽다. 통상적으로 제품개발 과정은 개념을 잡고 설계한 다음 시제품을 만들고 실험 과정을 거쳐 그 결과를 반영하여 최종 설계를 완성한다. 이러한 통상적인 과정은 시제품 제작에 따른 소요 시간 및 비용 증가가 동반되기 때문에 성능 실험이 제약을 받을 수 있다. 그러나 이러한 제품개발 과정을 가상공간에서 미리 수행해 본다면 앞서 언급한 비용이나 시간을 단축할 수 있다. 소재, 부품, 제품의 사용 환경을 포함한 정보를 가상공간에 자세하게 재현하여 온갖 고장 요인을 검토할 수 있다. 컴퓨터 모의실험을 통해 극단적인 기후 조건, 소비자의 난폭한 사용 등을 시험하여 가상공간에서 고장의 위험 요소를 검증한 후, 이를 개선해 나간다면 제품의 고장 요소가 제거되고 품질이 향상된다.

예를 들면, 독일 보쉬의 터보엔진(Turbo Engine)을 만드는 자회사인 BMTS(BOSH Mahle Turbo Systems)의 경우, 가상제품 개발 방식을 채용하여 가상공간에 초기 개발제품 모델을 재현하면서 제품 성능을 개선하는 시스템을 갖추고 있다. 즉, 가상공간에서 터보엔진 제품의 내구성과 관련된 메커니즘을 분석하기 위해 내구성을 중심으로 각 부품과 부품 간의 상호 영향에 관한 시뮬레이션 모델을 개발하였다. 이는 현실적으로 매우 가혹한 환경 인자를 제품에 적용함으로써 터보엔진이 고장나는 상황을 관찰하여 치명적인 약점을 찾아내고 개선하는 과정이다. 이를 통해 현실의 시제품 개발 과정에서 개발 공정 및 기간, 비용을 절감하고 있다.

제품과 서비스를 결합하는 것도 사물 인터넷의 이점으로 인식되고 있다. 제품이나 부품이 판매된 이후에도 고객이 클라우드 등을 통해 자사 네트워크와 지속적으로 연계하여 품질을 향상시킬 수 있다. 이러한 사물 인터넷을 통한 고객과의 접점을 활용해 기업은 고객에게 지속적인 서비스를 제공할 수 있다. 제품의 유지보수, 소프트웨어 갱신 등이 가능하며 공조기나 전력장치도 타사 제품을 포함한 통합 제어 서비스를 제공할 수 있다. 지멘스는 발전회사에 발전기를 판매하던 사업에서 발전 서비스를 판매하는 사업으로 전환하며 경쟁사의 발전기도 함께 관리하는 서비스로 강화하고 있다.

고객이 필요로 하는 것을 효과적으로 반영하는 데도 사물 인터넷이 효과적이다. 사물 인터넷으로 고객과의 실시간 정보 교류가 가능한 네트워크 기반의 생산 시스템은 고객의 주문에 신속한 대응을 가능하게 한다. 지멘스의 경우, 고객의 주문에 따라 생산하는 자동차 생산라인을 개발하였다. 사물 인터넷을 활용해서 고객의 요구, 사용 습관, 사회 상황을 추정해 제품 개발에 활용하며, 이 과정에서 시제품을 대중에게 공개하여 소비자의 생각(Idea)을 반영하며 제품을 완성해 나갈 수 있다.

3.2.3 사물 인터넷을 활용한 신시장 창조

사물 인터넷을 활용하여 신시장을 개척하려는 다양한 시도들이 확대되고 있다. 사물 인터넷을 활용하여 기존의 사업을 진화시키려는 제조 혁신 지원 사업이 스마트공장에 대한 관심과 함께 부상하고 있다. 일본의 화낙(Fanuc) 등 기존의 산업용 로봇 제조 기업이 사물 인터넷을 활용하여 새로운 사업을 개척하기 시작했다. 이러한 진화형 사업은 기존의 공작기계 업체가 신흥 IT 기업들에게 시장을 잠식당할 수 있어 세계 사물 인터넷 환경의 변화를 예의주시하고 있다.

사물 인터넷을 활용한 벤처기업에 의해 기존의 사업 모델을 혁신하는 새로운 사업이 시도되고 있다. 스마트폰을 이용하여 실시간으로 빈 주차공간이나 회의 공간에 대한 정보를 제공하는 공유 서비스(Sharing Service) 사업이 한 예가 될 수 있다.

신에너지 솔루션, 차세대 교통시스템, 헬스케어, 차세대 농업, O2O(Online to Offline) 서비스 등에서 사물 인터넷을 보다 적극적으로 활용하고 있다([그림 3-17] 참조). 센서, 빅 데이터, 인공 지능 등의 능력이 제고되는 한편 비용은 떨어지기 때문에 각 분야에서 인간과 기계, 기계와 기계간의 밀접한 통신 기능은 고객에게 세밀한 서비스를 가능하게 한다. 이에 따라 거의 모든 분야에서 고객의 가치를 높이려는 새로운 시도와 경쟁이 치열해지면서 신사업으로 확대되고 있다.

제조 혁신 지원 사업	• 사물 인터넷을 뒷받침하는 센서, 클라우드, 산업별 플랫폼, 솔루션, 인공 지능 • 차세대 로봇, 3D 프린터, 공장 전체의 서비스화	헬스케어	• 사람과 기계의 인터넷 연계를 통한 의료비 절감, 맞춤형 의료 • 의료 기관 업무 효율화, 스마트폰 등을 활용한 원격 의료
신에너지 솔루션	• 전력의 스마트화로 DR, VPP, 주파수 조정 서비스, 예비 설비량 보장 등 신서비스 • HEMS, BEMS 관련 시장	차세대 농업	• 센서, 데이터 기반 고효율 농작업, 수송 물류 효율화 및 안심 제고 • 드론, 식물공장, 농업용 로봇 등으로 생산 효율화
차세대 교통	• 자동차와 도로의 네트워크화, 정체 없는 교통, 무인자동차 기반 무사고 수송인프라 • 자동차, 해운, 항공 등 연계 수송의 IT 연계	O2O 서비스	• 주문형 유통시스템, M2M통한 자동 주문 • 각종 서비스의 온라인·오프라인 융합화

HEMS(Home Energy Management Solution): 가정 에너지 관리 솔루션
BEMS(Building Energy Management Solution): 건물 에너지 관리 솔루션
DR(Demand Response): 수요 반응
VPP(Virtual Power Plant): 가상발전소
O2O(Online to Offline): 온·오프라인 연결
M2M(Machine to Machine): 사물 통신

출처: LG 경제연구원, 2016.

[그림 3-17] 사물 인터넷을 활용한 신사업 개척

글로벌 경쟁이 격화되면서 세계 공통적으로 근로자의 임금 상승세가 둔화되고 중산층의 어려움이 가중되고 있어 사물 인터넷을 활용한 시간제 노동이나 우버, 에어비엔비(Airbnb) 등과 같이 생활자금을 확보하려는 일반인들에 의한 신사업도 활발해지고 있다. 사물 인터넷의 확산으로 1인 기업이 다양한 형태로 자신의 아이디어나 능력을 소비자나 기업에게 공급할 수 있는 인프라가 강화되고, 이를 활용한 신사업이 확대되고 있다.

사물 인터넷은 기업의 이익 극대화를 위한 다양한 노력으로 발전하고 있으며, 그와 함께 여러 사회 문제의 해결에도 기여할 것으로 기대된다. 지구환경 문제의 경우, 사물 인터넷을 활용한 에너지 절약, 제조 과정의 자원 낭비 감소, 자동차 공유 등을 통한 경제적 재화의 활용, 오염 및 폐기물 감시 효율화 등을 통해 환경 개선에 기여하고 있다.

일본에서 심각한 문제로 대두하고 있는 인력 부족 문제의 해결에도 도움이 될 수 있다. 일본에서는 최근 일반인들을 음식점의 임시 택배원으로 활용하는 사업이 확대되고 있다. 일반인들이 스마트폰 앱을 통해서 집 근처의 음식점에서 음식을 수령하고 자전거로 소비자 집까지 배달하여 수익을 공유한다.

미국의 컨설팅 업체인 맥킨지 앤 컴퍼니(McKinsey & Company)는 고용의 증가세 둔화로 세

계경제 성장률이 과거 50년간의 3.3%에서 향후 50년은 2.1%로 하락할 것이라는 보고서를 낸 바 있다. 그만큼 인구의 감소 및 고령화가 심해지고 있는 국가는 인력 부족으로 인한 문제가 심각하다. 그러나 사물 인터넷과 로봇을 적절히 활용하면, 인력부족 문제를 해결할 수 있을 뿐만 아니라 생산성 향상에도 도움이 된다.

사물 인터넷 기반의 확충은 에너지 혁명 촉진, 헬스케어 사업의 활성화 등의 효과를 극대화하면서 신산업 전반을 활성화시키는 동력으로 작용하고 있다. 경영컨설팅 그룹 엑센추어(Accenture)는 사물 인터넷을 통해 2030년 주요 20개국 기준의 세계 GDP가 추가 조치가 있을 경우 10조 달러에서 14.2조 달러에 달할 것으로 전망하고 있다([그림 3-18] 참조).

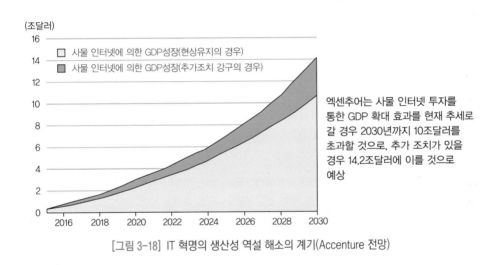

[그림 3-18] IT 혁명의 생산성 역설 해소의 계기(Accenture 전망)

과거 1980년대에서 1990년대 중반까지 정보화 투자에도 생산성과 GDP의 확대 효과가 나타나지 않는 생산성 역설(Paradox)이 지적된 바 있으며, 금융위기 이후 미국경제 및 세계적인 생산성 부진으로 인해 생산성 패러독스 문제가 다시 부각되고 있다. 하지만, 사물 인터넷은 IT 산업뿐만 아니라 기존 제조업, 에너지, 서비스 분야까지 혁신의 동력으로 작용하며 생산성을 높여나갈 것으로 기대되고 있다.

| 용어 해설 |

- **KDDI** 일본의 제2위의 민간 통신 회사로서 NTT(일본전신전화)의 최대의 라이벌이다. 일본의 휴대 전화 브랜드인 au를 운영 중에 있다.

- **가정 자동화(Home Automation)** 가정 내의 네트워크 시설을 이용하여 가정생활의 자동화를 실현하기 위해 각종 전기 및 전자 기기와 설비들을 제어, 감시하고 관리하는 지능형 홈 제어시스템으로 구체적 사례로는 홈뱅킹(Home Banking), 홈쇼핑(Home Shopping), 재택근무, 재택의료, 난방의 원격제어 등이 있다. 이는 공장 자동화(Factory Automation, FA), 사무 자동화(Office Automation, OA) 등의 개념과 유사하게 가정에서 여러 가지 전자기술을 이용하여 에너지를 절약하고 주거환경을 보다 쾌적하게 실현해 주는 시스템이다.

- **고객 관계 관리(Customer Relationship Management, CRM)** 소비자들을 자신의 고객으로 만들고, 이를 장기간 유지하고자 하는 경영 방식을 말한다.

- **공급 사슬 관리(Supply Chain Management, SCM)** 고객이 원하는 제품을 필요할 때 필요한 수량만큼 공급함으로써 고객에게 가치를 제공하는 관리 기법. 공급 사슬 관리(SCM)는 제품 계획, 원재료 구매, 제조, 배달 등 공급망에 관련된 구성 요소를 유기적으로 통합하고, 그 결과로 생성된 가치를 고객에게 전달한다.

- **기업 간 전자상거래(Business-to-Business, B2B)**: 기업 내 또는 기업과 기업 간에 이루어지는 전자상거래. 부품 조달 회사나 제조 회사와 판매 회사 간의 상거래가 이에 해당한다. 또 전자상거래에 참가하는 기업의 인증(認證)과 은행과의 결제가 시스템상의 열쇠가 된다.

- **기업 대 소비자 전자상거래(Business to Consumer, B2C)**: 기업 간 전자상거래(B2B)에 반하여, 기업과 소비자 간에 행해지는 전자상거래. 온라인 쇼핑이 대표적인 예이다. 소비자나 기업의 인증, 카드 회사/은행과의 결제가 시스템상 중요하다.

- **네트워크 컴퓨터(Network Computer, NC)** 개인용 컴퓨터(Personal Computer, PC)의 기능과 규격을 축소하여 가격은 크게 낮추고 망 접속 기능은 대폭 보강한 새로운 개념의 PC를 말한다. 방대한 양의 정보와 응용 프로그램을 저장하고 있는 서버에 연결해서 필요한 정보나 소프트웨어를 가져와 처리한다. 정보의 저장과 검색 등의 작업은 서버에서 이루어지므로, PC 기능의 축소와 그에 따른 가격의 인하가 가능하다.

- **블록체인(BlockChain)** 온라인 금융 거래 정보를 블록으로 연결하여 P2P(Peer to Peer) 네트워크 분산 환경에서 중앙 관리 서버가 아닌 참여자(Peer)들의 개인 디지털 장비에 분산·저장시켜 공동으로 관리하는 방식. 블록체인의 기본 구조는 블록(Block)을 잇따라 연결한(Chain) 모음의 형태이며 P2P 방식을 기반으로 한다. 일정 시간 동안 반수 이상의 사용자가 거래 내역을 서로 교환해 확인하고 승인하는 과정을 거쳐, 디지털 서명으로 동

의한 금융 거래 내역만 하나의 블록으로 만든다. 그리고 새로 만들어진 블록을 이전 블록체인에 연결하고, 그 사본을 만들어 각 사용자 컴퓨터에 분산시켜 저장한다. 따라서 기존 은행처럼 거래 장부용 데이터베이스로 관리할 필요가 없어 관리 비용이 절감되며, 분산 처리로 해킹이 어려워 금융 거래의 안전성도 향상된다. 블록체인을 사용한 대표적인 예가 가상 화폐인 비트코인(Bitcoin)이다.

- **비무장지대 (Demilitarized Zone, DMZ)**: 인터넷에 연결된 공개 서버에 부정 접속을 방지하기 위한 침입 차단(Firewall) 기능. 인터넷 측과 사내 통신망 측 사이에 비무장 지대(DMZ)를 설치해서 불법 침입 시도를 여과 처리함으로써 공개 서버에 부정 접속을 방지할 수 있다.

- **사무 자동화(Office Automation, OA)** 문서의 작성이나 보관 및 전달, 정보의 교환·저장 등의 작업을 개인용 컴퓨터와 같은 기기를 활용하여 자동화하는 일

- **삶의 질(Quality of Life, QoL)** 사람들의 복지나 행복의 정도를 말한다. 생활수준과는 달리, 삶의 질을 직접적으로 측정할 수는 없다. '삶의 질'이라는 개념에는 물질적인 측면(건강, 식사, 고통의 부재 등)과 정신적인 측면(스트레스나 걱정이 없고 즐거움 등)이 있다. 사람마다 어떤 것들이 갖추어진 상태에서 만족을 느끼는지가 다르므로, 특정한 사람의 삶의 질을 예측하는 것은 사실상 불가능하다. 그러나 일반적으로, 인구 집단이 누리는 식사나 주거, 안전, 자유 및 권리의 수준이 높을수록 집단에 속하는 이들의 전반적인 삶의 질이 높아질 것으로 예측할 수 있다. 또한, 인간이 요구하는 욕구를 단계적으로 나열하게 되면, 가장 기초적인 욕구는 건강이 되고, 다음으로는 물리적 요건, 마지막으로 문화와 여가, 사회 참여 등이 포함된다.

- **수요 반응(Demand Response, DR)**: 인프라의 신뢰성과 최적화를 위하여 부하(Load)를 전체적인 수요 변동에 따라 제어하는 기술. 예를 들어, AMI(Advanced Metering Infrastructure) 시스템 등에서 부하가 집중되는 피크 시간대의 요금을 높게 책정하여 에너지 사용을 줄이는 방향으로 수요 반응(DR)이 동작하게 한다.

- **스마트가전(Smart Home Appliances)** 스마트폰과 같은 스마트 기기와 연동해 원격으로 제품을 조작하거나 여러 가지 부가 정보 기능으로 편리성을 높인 가전제품. 스마트 기능과 정보통신 기술을 융합해 새로운 경험을 제공하고, 소비자들의 에너지, 시간, 관리 비용을 절감하며, 생활의 편리함을 높이는 가전제품이다.

- **스마트미터(Smart Meter, SM)** 스마트그리드를 구성하는 요소로 일반 가정에도 전기료를 시간 단위로 측정할 수 있게 하는 전력량계. 전력 사용량을 상세하게 측정하고 원격 공급 연결/차단, 전력 품질 모니터링, 원격 검침 및 과금 등의 기능을 수행한다.

- **온오프라인 연결 비즈니스(Online-to-Offline business, O2O)** 온라인(인터넷과 스마트폰 등)에서 오프라인(매장)으로 고객을 유치하는 마케팅 방법. 스마트폰과 소셜 미디어의 보급, 무선랜(Wireless Local Area Network, WLAN)을 활용한 지역 서비스 제공 기

업 확대와 근거리 무선 통신(Near Field Communication, NFC) 단말 보급 등을 기반으로 하며 오프라인 매장이나 이벤트 장소의 실시간 현장과 고객을 소셜 네트워킹 서비스(Social Network Service, SNS)를 통하여 연결하는 방법으로 프로모션(Promotion)을 진행한다.

- **위성 위치 확인 시스템(Global Positioning System, GPS)** 미국 국방부(DOD)가 개발하여 추진한 전 지구적 무선 항행 위성 시스템. 이 시스템은 고도 약 2만 km, 주기 약 12시간, 궤도 경사각 55도인 6개의 원궤도에 각각 4개씩 발사된 도합 24개의 항행 위성과 위성을 관리하는 지상 제어국, 이용자의 이동국으로 구성된다. 각 위성에는 원자 시계가 탑재되어 있다. 이 시스템은 지구 어디에서나 항상 4개 이상의 위성이 시계(視界) 내에 있도록 배치되기 때문에, 이용자는 이들 위성 중에서 적당한 4개를 선택하여 그것들로부터의 시각(時刻) 신호를 수신하여 각각의 거리를 측정한다. 4개 위성의 위치는 알려져 있으므로, 이 측정에서 이용자의 위도/경도/고도의 3차원의 위치와 시계(時計)의 시각 편차를 알 수 있다.

- **인포테인먼트(Infotainment)** 정보를 의미하는 인포메이션(Information)과 오락적인 요소를 말하는 엔터테인먼트(Entertainment)의 합성어로 정보와 재미를 같이 제공하는 것으로 차량용 인포테인먼트(IN-Vehicle Infotainment, IVI)는 차 안에 설치된 장비들이 차량 상태와 길 안내 등 운행과 관련된 정보는 물론이고, 사용자를 위한 재미적인 요소를 함께 제공하는 서비스를 지칭한다. 예를 들어, 인포테인먼트 시스템이 적용된 차량은 내비게이션을 통해 도로 정보를 안내해줄 뿐 아니라 운행 중인 지역 인근의 최근 맛집 정보를 공유하고 식당을 예약하는 등 IT 기술이 접목된 서비스 제공을 가능하게 한다.

- **자재 소요 계획(Material Requirement Planning, MRP)** 완제품의 생산수량 및 일정을 토대로 그 제품생산에 필요한 원자재 ,부분품, 공정품, 조립품 등의 소요량 및 소요시기를 연산하여 자제조달계획을 수립하며 일정관리를 겸하여 효율적인 재고관리를 모색할 수 있는 시스템 또는 방법이다.

- **차량 · 사물 통신(Vehicle to Everything communication, V2X):** 차량을 중심으로 유 · 무선망을 통해 정보를 제공하는 기술. V2X는 차량과 차량 사이의 무선 통신(Vehicle to Vehicle communication, V2V), 차량과 인프라 간 무선 통신(Vehicle to Infrastructure communication, V2I), 차량 내 유 · 무선 네트워킹(In-Vehicle Networking, IVN), 차량과 이동 단말 간 통신(Vehicle to Pedestrian communication, V2P) 등을 총칭한다. V2X를 이용하여 차량과 도로의 정보 환경, 안정성, 편리성 등을 향상시킬 수 있다.

- **컴퓨터 통합 생산(Computer Integrated Manufacturing, CIM)** 컴퓨터를 이용, 기술개발 · 설계 · 생산 · 판매에 이르기까지 하나의 통합된 체제를 구축하는 것이다.

- **프로그램 가능 로직 제어기(Programmable Logic Controller, PLC)** 기존의 각종 릴레이, 타이머(Timer), 카운터(Counter) 등의 기능을 마이크로프로세서(Microprocessor)를 이용한 프로그램으로 제어 될 수 있게 통합시킨 장치로 산업 플랜트의 자동 제어 및 감

시에 사용하는 제어 장치이다. PLC는 입력을 프로그램에 의해 순차적으로 논리 처리하고 그 출력 결과를 이용해 연결된 외부장치를 제어한다. 순차제어(Sequential Control)에 사용되는 대표적 장치로 산업현장에서 기계제어 등에 많이 사용한다.

- **프로슈머(Prosumer) 또는 생비자(生費者)**: 생산자와 소비자의 역할을 동시에 하는 사람을 나타내는 말이다. 생산 소비자 또는 참여형 소비자라고도 한다.

- **핀테크(FinTech)**: 금융(Financial)과 기술(Technology)의 합성어로, 금융과 IT의 융합을 통한 금융서비스 및 산업의 변화를 통칭한다. 금융서비스의 변화로는 모바일, 소셜 네트워크 서비스, 빅 데이터 등 새로운 IT기술 등을 활용하여 기존 금융기법과 차별화된 금융서비스를 제공하는 기술기반 금융서비스 혁신이 대표적이다. 최근 사례는 모바일뱅킹과 앱카드 등이 있다. 산업의 변화로는 혁신적 비금융기업이 보유 기술을 활용하여 지급결제와 같은 금융서비스를 이용자에게 직접 제공하는 현상이 있는데 애플페이(Apple Pay), 삼성페이(Samsung Pay) 등을 예로 들 수 있다.

연습문제

| 단답형 |

01 만물초지능 통신혁명은 모든 것이 인터넷으로 초연결됨으로써 인간과 사물, 공간의 상황과 데이터가 수집, 축적되고 활용되는 차세대 정보기술 패러다임이다. 이를 기반으로 산업 프로세스(Process)가 파괴적으로 혁신되고, 인류의 생활방식이 근원적으로 달라지는 거대 변혁의 총체가 (   )이다. 제조업과 정보통신 기술을 융합한 차세대 산업혁명을 의미하는 것이다.

02 전통적인 정보통신 기술(Information and Communication Technologies, ICT)로서의 ICT가 아니라 (   )로 그 본질이 바뀌고 있다.

03 (   ) 전략이란 "사물 및 서비스 인터넷(Internet of Things and Services)"을 제조업 및 서비스 프로세스에 총체적으로 적용하고자 하는 것이다. 공장 자동화를 추구하는 것이 아니라, 가상공간과 현실공간을 유기적으로 연결하고, 독일 내의 각 공장이 같은 플랫폼 기반에서 개발 및 생산 분업하고, 기계를 스마트기계(Smart Machine)으로 혁신하는 것이다.

04 사물 인터넷의 주도권이 곧 제조업의 두뇌 장악이자 미래서비스 경쟁력의 관건이라는 차원에서 미국의 관련 기업들이 역량을 결집하고 있다. 미국의 (   )은 독일의 인더스트리 4.0(Industry 4.0)과 유사하지만 데이터 기반의 소프트웨어 및 서비스를 중심으로 사업 모델의 혁신을 지향하는 특징이 있다.

05 일본 정부는 2015년 1월 '로봇혁명실현회의'를 통해 (   )을 발표하였다. 일본의 (   )은 미국과 독일 등의 신산업혁명에 대한 도전적 전략을 배경으로 자국이 확보한 로봇 기술력과 저출산·고령화 등 과제 해결력을 접목시킴으로써, 로봇을 기축으로 하는 일본형 신산업혁명 플랫폼 구상이라고 할 수 있다

06 사물 인터넷 기술을 통한 제조 공정의 혁신은 단순히 생산 비용 절감 및 품질 향상과 같은 수준을 넘어 기존 대량 생산 중심의 제조 산업을 (   )으로 제조업의 패러다임을 바꾸고 있다.

07 지금까지의 경제가 수백만 개씩 팔릴 제품을 개발하는 기업들, 즉 20%의 짧은 머리(Short Head) 중심이었다면, 앞으로는 사소한 것으로 간주되던 나머지 80%의 (   )가 점점 더 중요하게 된다.

08 전통적인 제조과정에 변화를 가져왔다. 즉, 음반이 MP3로, 책이 e-Book으로, 필름사진이 디지털사진으로 바뀌면서 '디지털 제품'으로 혁신이 있었듯이, 공장에서 생산되는 '물리적 제품'의 제조방식이 ICT에 의해 혁신되고 있다. 이러한 변화의 전제는 웹, 사물 인터넷, 소셜 네트워크, 클라우드 등의 ICT 기술을 기반으로 한 (   )이다.

09 사물 혹은 인간이 내장된(Embedded) 통신시스템을 통해 긴밀하게 상호작용할 수 있도록 네트워크로 연결된 사물 인터넷은 사물과 사물 간 연결을 일컫는 (   )에서 확장된 개념이다.

10 (   ) 업체로는 15분 단위로 개인 주차장 이용을 중개하는 아키파(Akippa), 기업의 회의실, 강당 등을 시간제로 중개하는 스페이스마켓(Space Market)이 있다.

11 (   )은 일본 열도의 바로 상공을 오가는 위성으로 위치정보를 제공하는 측위 위성의 일종이다. 이것은 4기의 위성과 수신기 사이의 거리를 계산해 위치를 파악하고, 또한 위성이 열도의 바로 상공에 떠있기 때문에 고층빌딩이나 산의 그늘에 가려지지 않고 전파를 수신할 수 있다.

| 선택형 |

01 기존 산업 내 경쟁의 핵심을 바꾸고 놓고 있으며, 사업의 패러다임을 변화시키고 있는 기술은 무엇인가?
　　① 사물 인터넷　　　　　　② 인공 지능
　　③ 사물 통신　　　　　　　④ 빅 데이터

02 제2차 산업혁명은 무엇의 보급으로 산업시스템의 혁신과 인류의 생활을 크게 향상시켰는가?
　　① 정보기술　　　　　　　② 육체 노동력
　　③ 증기기관　　　　　　　④ 전기에너지의 보급

03 21세기에 와서 정보기술의 지수함수적 변혁으로 만물초지능 통신혁명이라는 문명사적 대변혁이 진행되고 있다. 이러한 변혁을 이끄는 주요 기술이 아닌 것은?

　① 사이버 물리 시스템　　　　　　② 사물 인터넷
　③ 인공 지능　　　　　　　　　　④ 컴퓨터

04 사물 인터넷, 사이버 물리 시스템, 인공 지능 기반의 만물초지능혁명은 무엇인가?

　① 제1차 산업혁명　　　　　　　　② 제2차 산업혁명
　③ 제3차 산업혁명　　　　　　　　④ 제4차 산업혁명

05 사람 인터넷(Internet of People), 사물 인터넷, 공간 인터넷(Internet of Space)이 지능적인 복합시스템을 형성하는 시대는?

　① 1980년대　　　　　　　　　　② 2000년대
　③ 2010년대　　　　　　　　　　④ 2020년대

06 산업 인터넷(Industrial Internet), 즉 데이터 기반의 소프트웨어 및 서비스를 중심으로 사업 모델의 혁신을 지향하는 특징이 있는 나라는 어느 나라인가?

　① 독일　　　　　　　　　　　　② 미국
　③ 일본　　　　　　　　　　　　④ 중국

07 독일의 제4차 산업혁명의 접근법이 아닌 것은?

　① 대기업과 방대한 중소, 중견기업이 협업하는 제조업 생태계를 최대한 활용 한다.
　② 사물 인터넷과 사이버 물리 시스템으로 기계와 종업원, 공장과 소비자, 연구개발자 전체를 최적으로 연결하여 제조업의 근본적인 혁신을 구현 한다.
　③ 클라우드 서비스를 기축으로 하는 인터넷의 우위성을 최대한 활용 한다.
　④ 제품 개발, 생산공정 관리의 효율화 및 공급망의 최적화를 통해 다품종 적량 생산 시스템을 구축하고, 이 플랫폼을 전 세계로 확산하여 표준화를 확보 한다.

08 주요국의 제4차 산업혁명 접근전략을 비교한 것이다. 옳지 않은 것은?

　① 미국- 산업인터넷　　　　　　　② 중국- 인공지능전략
　③ 독일- 인더스트리4.0　　　　　　④ 일본-로봇 전략

09 초기의 사물 인터넷은 연결과 제어 중심이었다. 향후 사물 인터넷의 진화 방향은?

① 모니터링·제어   ② 모니터링·최적화

③ 지능화·고도화   ④ 서비스화·자율화

10 산업별 사물 인터넷으로 인한 경쟁 환경 변화가 아닌 것은?

① 의료 기관 중심의 사후 치료 방식   ② 유통 기업과 제조사 간 경쟁

③ 소비자 맞춤형 배송 경쟁   ④ 맞춤형 적량·대량 생산 중심

| 서술형 |

01 사물 인터넷은 기업들의 기존 사업방식과 경쟁의 핵심 축을 변화시키고 있다. 이런 경쟁의 변화를 크게 세 가지 관점으로 설명하시오.

02 제4차 산업혁명에 대해서 설명하시오.

03 제2차 산업혁명과 제4차 산업혁명의 차이점을 비교 설명하시오.

04 제4차 산업혁명은 혁신촉매형 ICT로 그 본질이 바뀌고 있다. 그 방향성에 대해 설명하시오.

05 미국의 제4차 산업혁명 접근법에 대해 3가지로 설명하시오.

06 제4차 산업혁명으로 인더스트리 4.0의 핵심 개념을 설명하시오.

07 독일의 제4차 산업혁명의 접근법에 대해 3가지로 설명하시오.

08 로봇신전략에서 로봇혁명의 배경을 3가지 관점으로 설명하시오.

09 산업 분야에서 사물 인터넷 도입 효과를 설명하시오.

사물 인터넷의 개념 및
주요 기술

contents

들어가며

추억의 만화영화 '미녀와 야수'를 보면, 찻잔과 주전자가 대화하고, 촛대와 꽃병, 시계 등 집안의 많은 물건들이 서로 협력하여 주인공을 돕는다([그림 1] 참조). 이런 영화 속의 말도 안 되던 이야기가 현실이 되어 가고 있다. 상상 속의 장면을 현실화 시켜주는 기술은 1999년부터 회자되기 시작해 기술이 발전하며 실제 생활에 구현되어 현실화되어 가고 있다.

기존에 통신의 주목적은 네트워크를 통하여 사람과 사람을 연결하는 것이었지만, 이제는 사람과 사람뿐만 아니라, 사람과 사물, 사물과 사물끼리도 통신을 가능하게 하는 것이다. 다양한 정보통신 기술의 발달은 언제, 어디서, 어떠한 장치를 사용하더라도 사물 인터넷을 빠르고 효율적으로 지원한다. 사물 인터넷은 사람과 사람간의 연결보다 복잡하고 훨씬 더 많은 수의 사물 간의 연결을 만들어 내고, 추후 사물과 공간까지 연결하는 **만물 인터넷**으로 그 영역을 확장하고 있다.

노키아(Nokia)의 분석에 따르면, 2025년까지 접속기기의 수는 약 300억 개까지 증가할 것으로 추산하고 있으며, 그 중 **저전력 광역 통신망**(Low Power Wide-Area Newtork, LPWAN) 접속기기는 2025년까지 대략 70억 개에 이를 것으로 예상하고 있다. 이는 스마트폰, 태블릿 PC와 비교하여 매우 빠른 성장세라 할 수 있다. 2000년대 중반 이후 급격히 보급된 스마트폰과 태블릿의 모바일 단말은 서비스의 급성장과 인터넷이 가능한 사물들의 증가에도 결정적 기여를 하고 있다. 이러한 성장세에 힘입어 주변의 모든 사물이 네트워크를 통해 서로 연결되는 **초연결 사회**(Hyper-Connected Society)로 진입하고 있다.

출처: http://blog.naver.com/PostView.nhn?blogId=aksu1119&logNo=220963396385&parentCategoryNo=&categoryNo=22&viewDate=&isShowPopularPosts=false&from=postView

[그림 1] 영화 미녀와 야수의 대화하는 물건들

사물 인터넷에는 PC, 태블릿, 스마트폰 등의 **개인용 장치**, 스마트안경, 스마트밴드, 스마트시계, 스마트의류 등의 **착용형 장치**, 스마트홈, 스마트오피스, 스마트공장에 설치된 **내장형 장치** 등이 연결되어 다양한 목적으로 활용되고 있다.

예를 들어, 공공 분야에서 재해, 재난, 기상, 질병 등의 상황 정보를 광범위하게 감지하고 분석할 필요가 증가함에 따라 사회간접자본이나 인프라 시스템 간 유기적인 연결과 통합적인 모니터링을 지원하는 사물 인터넷의 필요성이 증가하고 있다.

사물 인터넷 초기에는 핵심 기술이 되는 센서 디바이스, 센서 네트워크, 네트워크 인프라, 보안, 플랫폼 등의 개발에 관심이 많았다. 이후 사물 인터넷에 연결되는 사물들이 증가하고 생성된 데이터의 양이 방대해지면서 이를 수집, 관리, 분석하기 위한 기술의 필요성이 증가하고 있다. 여러 산업 분야에서 이러한 빅 데이터에 기반한 다양한 서비스 개발이 활발히 이루어지고 있다. 초기에 기업간(B2B) 서비스가 주를 이루었지만 점차 일반 소비자형(B2C) 서비스로 발전하고 있다.

2부에서는 사물 인터넷에 대한 개념, 진화 방향, 초연결 및 초지능 사회에 대해서 살펴보고, 주요 기술에 대한 이해와 이를 바탕으로 사물 인터넷 서비스의 확산 방향에 대해 살펴보고자 한다.

사물 인터넷의 개념 및 특징

4.1 사물 인터넷의 개념 / 4.2 사물 인터넷을 가능하게 하는 기술
4.3 사물 인터넷의 특징 및 주요 이슈 / 4.4 초연결 및 초지능 사회

정보통신 기술이 발전하고 스마트폰이 대중화되면서 일상생활에서 언제 어디서나 여러 종류의 사물들과 통신으로 다양한 서비스가 가능해지고 있다([그림 4-1], [그림 4-2] 참조).

(a) 주차(샌프란시스코)

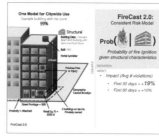

(b) 파이어캐스트2.0(시카고)

(c) 스마트 신호등(코펜하겐)

(d) 스마트크린(LG)

(e) 스마트가로등(바로셀로나)

(f) 사물 인터넷 실증단지(경기도)

[그림 4-1] 사물 인터넷 활용 사례

모든 기기 및 사물에 근거리 또는 원거리 통신 모듈이 탑재되고 사물이 소형화 및 지능화되면서, 사물과 사람 간 또는 사물과 사물 간에 데이터를 주고받을 수 있게 되었다. 여기서

사물이란 TV, 냉장고와 같은 가전제품, 자동차, 교량, 건물, 전용 목적의 센서들, 모바일 장비, 착용형 컴퓨터, 스마트폰 등 거의 모든 종류의 기기들을 의미한다.

사물 인터넷은 센싱, 사물 간 네트워킹, 정보처리 등을 인간의 개입 없이 수행하면서 지능적인 서비스를 제공하는 것을 의미한다. 센서와 이를 이용하는 디지털 기기 등이 널리 보급되고 활용되면서 실생활에서 방대한 양의 정보와 데이터를 생성하며, 이러한 데이터의 수집 및 관리를 위해 데이터 분석 기술의 필요성도 증가하고 있다.

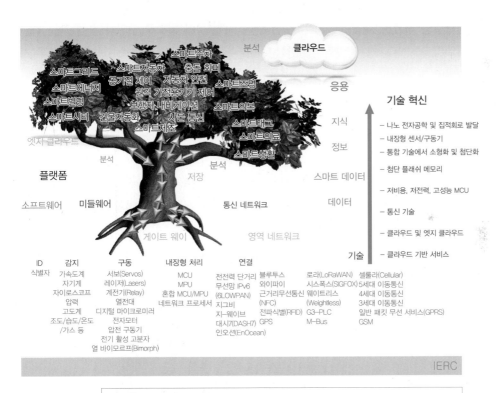

출처: http://www.eucnc.eu/files/2015/presentations/panel2/01_07_2015_EUCNC_Paris_IoT_5G_SD_Panel_O.Vermesan_SINTEF_Final.pdf

[그림 4-2] 사물 인터넷의 큰 그림

사물 인터넷의 궁극적인 목적은 주변의 모든 사물의 연결을 통해 정보를 공유하고 보다 지능적으로 동작하게 하는 것이다. 자동화를 통해 인간의 개입을 최소화하고, 사물 간의 정보교류 및 가공을 통해 인간에게 좋은 서비스를 제공하는 것이다.

4.1 사물 인터넷의 개념

사물 인터넷의 개념은 1999년 케빈 애쉬톤(Kevin Ashton)이 최초로 제안하였다. 그는 유·무선 네트워크의 단말 장치는 물론 인간과 주변환경을 구성하는 물리적 사물 등이 모두 사물 인터넷의 구성요소에 포함된다고 설명한다([그림 4-3] 참조).

사물 인터넷(Internet of Things)의 보다 일반적인 정의는 인간, 사물, 서비스 세 가지 환경요소에 대해 인간의 개입 없이 상호 협력적으로 센싱, 네트워킹, 정보처리 등 지능적인 관계를 형성하는 사물 공간 연결망을 의미한다. 즉, 주변 사물들이 유·무선 네트워크로 연결되어 유기적으로 정보를 수집 및 공유하면서 상호작용하는 지능형 네트워킹 기술 및 환경을 의미한다. 나아가 정보통신 기술을 기반으로 실세계(Physical World)와 가상 세계(Virtual World)의 다양한 사물들을 연결하여 진보된 서비스를 제공하기 위한 서비스 기반 기술이다.

출처: https://www.slideshare.net/ChoHyunghun/iot-39152087 재구성

[그림 4-3] 사물 인터넷 최초 제안자

유비쿼터스 공간을 구현하기 위한 컴퓨팅 장치들이 주변 사물에 이식되어 환경이나 사물 그 자체가 지능화되는 것부터, 사물 통신의 개념을 인터넷으로 확장하여 사물은 물론, 현실과 가상 세계의 모든 정보들이 언제 어디서나 상호작용하는 개념으로 진화하였다([그림 4-4] 참조). 광의적으로는 통신과 IT 기술을 결합하여 원격지의 사물, 시스템, 차량, 사람의 상태 및 위치정보 등을 확인하고 제어할 수 있는 솔루션을 의미한다.

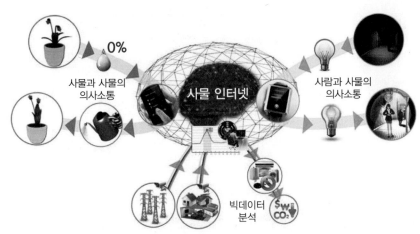

출처: 소프트웨어정책연구소의 네이버 지식백과 'IoT'(재편집), https://spri.kr/posts/view/21307?code= inderstry_trend

[그림 4-4] 사물 인터넷의 개념

사물 통신의 개념이 사물 인터넷에 흡수되어 차세대 지능통신으로 발전하고 있다. 이러한 사물 인터넷의 기본 개념과 개념적 변화 과정은 [그림 4-5]와 같다.

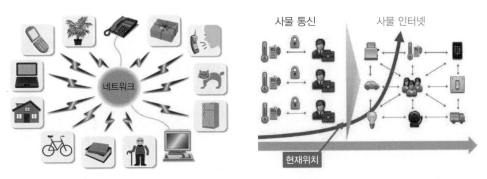

[사물 인터넷의 기본 개념]   [사물 인터넷의 개념적 변화 과정]

[그림 4-5] 사물 인터넷의 기본 개념과 개념적 변화 과정

사물 인터넷의 발전 방향이나 성숙도 모델에 대해서는 다양한 관점이 있는데, IBM은 사물 인터넷의 발전 단계를 **디바이스 연결 단계**(IoT 1.0), **인프라 구축 단계** (IoT 2.0), **산업별 혁신 솔루션 개발 단계**(IoT 3.0)의 3단계로 구분하고 있다([그림 4-6]).

출처: IBM GTO 2014 – IoT 3.0, http://klabcamss.blogspot.kr/2014/08/iot-30.html

[그림 4-6] 사물 인터넷 발전 단계

■ IoT 1.0: 디바이스 연결 단계

사물 인터넷의 초기 단계로 사물을 인터넷에 연결하는 기술이 중심이 되는 시기이다. 네트워크에 연결된 사물의 기능이나 정보가 제한적이어서 실시간으로 데이터를 조회하는 수준의 단계이다. 케빈 애쉬튼이 "RFID와 센서가 일상생활의 다양한 사물에 탑재되어 사물 인터넷이 구축될 것"이라고 언급한 데에서 볼 수 있듯이, RFID 기술은 사물 인터넷을 위한 기반 기술로 간주된다. RFID 태그를 통해 **스마트미터**(Smart Meter)나 냉장고, 휴지통 등 일상생활의 다양한 사물이 인터넷에 연결되며, 태그에서 인식된 식별 정보와 위치 정보는 중앙 서버로 전송되어 가공되고 분석된다. 네트워크에 연결된 사물의 기능이나 사물로부터 제공되는 정보가 제한적이므로 응용서비스는 주로 원격 모니터링, 위치 추적 등 수집된 데이터를 사용자가 대시보드를 통해 실시간으로 조회할 수 있는 수준의 기능을 지원한다.

■ IoT 2.0: 인프라 구축 단계

사물 인터넷의 중간 단계로 사물이 주변 환경을 센싱하는 능력으로 다른 사물과 연결이 가능해지는 시기이다. 센서와 통신모듈 가격 하락, 통신기술 발전 등으로 인터넷에 연결된 기기 수가 급격히 증가하고, 대량의 데이터 수집, 분석을 위한 빅 데이터 플랫폼, 예측분석, 사물 인터넷 미들웨어 등 다양한 인프라 기술이 개발되는 단계이다. 센서를 이용하여 반복적인 업무를 자동화하여 사람의 개입이 필요했던 프로세스를 부분적으로 줄일 수 있게 된다. 디바이스 간의 간단한 소통이 가능해져서, 센서가 직접 센싱한 데이터나 이벤트를 구동기에 보내고 구동기는 전달된 신호에 따라 기계를 작동시키거나 조명을 제어하는 것과 같은 간단한 동작을 할 수 있게 된다. 인터넷에 직접 연결된 집안의 자동온도조절장치는 스마트폰이나 웹 서비스를 통해 원격으로 제어되고, 사용자가 집 근처에 왔을 때 냉·난방기가 자동으로 가동되는 것처럼 사용자의 위치를 인식하여 스스로 조절할 수 있다.

또한, RFID가 기술적으로 성숙해지고 다양한 분야에 RFID 도입이 확산되는 시기이다. 수많은 센서와 장치들에서 다양한 종류의 대용량 데이터가 빠르게 생성됨에 따라, 사물 데이터의 실시간 수집 및 분석에 대한 요구가 증가한다.

■ IoT 3.0: 산업별 혁신 솔루션 개발 단계

사물 인터넷의 마지막 단계로 사물의 자동 수행 능력과 상호 연결성을 이용하여 산업혁신을 위한 솔루션을 만들어가는 시기이다. 자동차, 교통, 스마트홈, 에너지, 유틸리티, 보안, 금융, 헬스케어, 제조업 등 광범위한 분야에서 서비스가 구현되는 단계이다. 현실 세계의 물리적 원인과 그에 따른 물리적 결과의 복잡한 현상을 사물을 통해 관측되는 데이터를 기반으로 추상화하고 사업 문제 해결을 위해 프로그램화한 사업 솔루션은 행동 가능한 통찰력을 제공한다.

사물은 더욱 지능화되어 주변 환경을 센싱하는 것뿐만 아니라, 다른 사물이나 센서, 서비스 등과 상호작용하면서 스스로 정보를 수집하고 공유한다. 기업은 자체 인프라 구축보다는 저비용, 구축 신속성, 고가용성, 고확장성 등의 이유로 클라우드 기반 서비스를 점차 선호하게 된다. 즉 독자적으로 시스템을 구현하기 보다는 센서, 네트워크 제공자, 플랫폼 제공자, 응용 프로그램 및 서비스 제공자 등 가치 사슬 내의 연계 강화와 생태계 형성을 통해 새로운 가치를 창출하고자 한다.

사물 인터넷은 단순 디바이스 연결이 중심이던 IoT 1.0, 환경 정보를 수집하고 다른 기기를 구동시킬 수 있는 인프라를 구축하는 IoT 2.0를 거쳐, 산업을 변화시키는 솔루션 중심이 되는 IoT 3.0으로 발전하고 있다. IoT 3.0 단계는 기반 인프라와 서비스의 통합을 통해 신개념의 사업 최적화가 가능해지는 환경을 의미한다.

4.1.1 사물 인터넷과 유사한 개념

사물 인터넷과 유사한 용어로 **사물 통신**(Machine-to-Machine, M2M), **무선 센서 네트워크**(Wireless Sensor Network, WSN)/**유비쿼터스 센서 네트워크**(Ubiquitous Sensor Network, USN), **만물 인터넷**(Internet of Everything, IoE), **사물 웹**(Web of Things, WoT) 등 다양한 표현들이 있다. 개념적으로 사물에 부착된 통신장치를 통해 네트워크에 연결되거나 사물 간에 통신 네트워크를 구성하여 정보를 공유한다는 점은 유사하지만 각 개념마다 차이점을 가진다.

■ 사물 통신(M2M)

사물 통신 기술은 2000년대 초반 RFID 기술을 시작으로 발전해 왔다. 전기전자기술자협회(Institute of Electrical and Electronics Engineers, IEEE) 및 유럽통신표준협회(European Telecommunications Standards Institute, ETSI)는 사물 통신을 "사람이 개입하지 않는, 혹은 최소한의 개입 상태에서 기기 및 사물 간에 일어나는 통신"이라고 정의하고 있다. 최초의 통신은 사람 간 의사소통이 주목적이었으나, 기술의 발달과 함께 사람의 직접적인 제어 또는 개입 없이 기계 혹은 디바이스가 사람을 대신하여 통신할 수 있도록 배치하는 것이 사물 통신이다. 이때 사람의 개입 없이 디바이스가 스스로 통신하기 위해 각 장치마다 그 역할에 따른 지능화가 필요하다. 기계, 센서, 컴퓨터 등 다양한 디바이스들이 유·무선 통신 기술을 이용하여 서로 정보를 교환하게 함으로써 개별 디바이스들의 기능이나 성능을 개선시켜 주고 개별 디바이스들이 제공하지 못했던 새로운 지능형 서비스를 제공할 수 있게 한다.

사물 통신의 활용 분야는 매우 다양하다. 예를 들면 전기, 가스 등 원격 검침, 신용카드 조회, 위치 추적, 시설물 관리, 버스 운행 시스템 등의 분야에 주로 사용된다. 사물 통신의 개념을 일반 사물이나 사람은 물론 공간, 프로세스 등 세상에 존재하는 유·무형의 객체로 확장한 것이 사물 인터넷이다.

■ 무선 센서 네트워크(WSN)/유비쿼터스 센서 네트워크(USN)

무선 센서 네트워크는 센싱, 컴퓨팅, 무선통신이 가능한 수많은 센서 노드로 구성된 무선 네트워크를 의미한다. 장소에 제약받지 않고 언제 어디서나 컴퓨팅 환경에 접속할 수 있는 유비쿼터스 패러다임이 확대되면서 연구가 활발하게 진행되었다. 무선 센서 네트워크 기술은 사물에 내장된 무선 네트워크 기술로서 기본적으로 RFID 등과 같은 내용을 포함하고 있다. 유비쿼터스 센서 네트워크는 다양한 위치에 설치된 태그와 센서 노드를 통해 주변 환경이나 사물의 상태정보를 인식하고 수집하여 언제 어디서나 이용할 수 있도록 구성된 정보 네트워크를 의미한다. RFID 칩을 통한 사물 인식능력을 갖춘 센서를 포함하여 무선 센서 네트워크보다는 광의의 개념으로 사용되고 있다. 유비쿼터스 센서 네트워크의 주요 특징은 의사소통 수단으로 활용되던 기존 네트워크와 달리 초소형 센서 노드를 통해 실시간으로 각종 정보를 수집하고, 각종 무선 네트워킹 기술을 이용하여 상호작용할 수 있다.

■ 만물 인터넷(IoE)

만물 인터넷은 기존 사물 통신 및 사물 인터넷에서 진화된 개념으로, 사물뿐만 아니라 사람, 공간, 업무 및 데이터까지 모든 것들이 네트워크상에 연결되는 미래 인터넷을 말한다. 즉, 네트워크들의 네트워크라는 개념으로 전화망이나 컴퓨터망 같은 모든 네트워크들을 연결한다는 의미를 갖는다. 서로 다른 네트워크상에 있는 프로세스를 중심으로 연결된 수많은 사람, 사물, 공간 그리고 데이터가 다시 프로세스 간의 연계를 통해 수십억 또는 수조 개가 연결될 수 있는 네트워크이며, 프로세스와 데이터가 강조되었다는 점에서 사물 인터넷과 차이가 있다([그림 4-7] 참조).

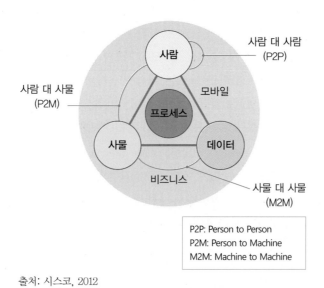

출처: 시스코, 2012

[그림 4-7] 만물 인터넷의 개념

따라서 만물 인터넷은 사물 인터넷의 진화된 단계로서, 사물 통신과 사물 인터넷을 포함하는 포괄적 개념으로 설명할 수 있다([그림 4-8] 참조).

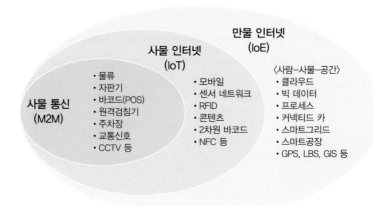

출처: 산업연구원

[그림 4-8] 사물 통신, 사물 인터넷, 만물 인터넷의 포괄적 개념

■ 사물 웹(WoT)

대부분의 센서나 장치에 낮은 성능이라 하더라도 프로세서가 내장되어 자체적으로 처리 능력을 보유하게 됨에 따라, 이 사물들끼리 통신을 위한 프로토콜로 웹 기술을 이용하려는 시도가 사물 웹이다. 이는 사물이 웹에 통합되고, 웹상의 각 사물은 접근 가능한 하나의 서비스로 보여지도록 하는 개념이다. 즉, 모든 사물이 인터넷으로 연결되는 사물 인터넷에서 유래한 용어로 스마트사회를 만드는 핵심 기술이다([그림 4-9] 참조). **인터넷 주소**(Uniform Resource Locator, URL)를 입력하여 특정 서버의 특정 페이지에 접속할 수 있는 것과 같이, **인터넷 식별자**(Uniform Resource Identifier, URI), HTTP(Hypertext Transfer Protocol), REST(Representational State Transfer), RSS(Rich Site Summary) 등과 같은 웹 기술을 이용하여 각 장치나 서비스에 접근할 수 있게 된다. 또한 각각의 서비스를 이용하여 새로운 매시업(Mashup) 서비스도 가능해진다. 한마디로 사물 웹은 "웹 기술을 통해 사물 인터넷 위에서 구동할 수 있는 응용 프로그램과 그 서비스 기술"이라고 정의할 수 있다.

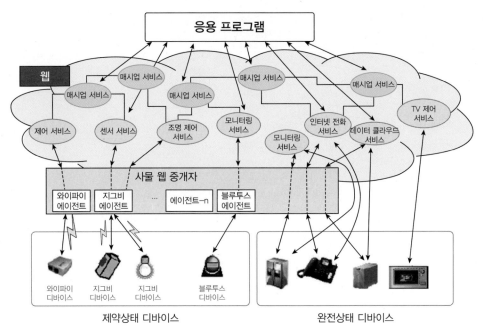

출처: ITU, 2005.

[그림 4-9] 사물 웹 개념 모델

4.1.2 사물 인터넷에서 사물의 의미

사물 인터넷이란 각종 사물에 프로세서와 통신 모듈을 내장하여 인터넷에 연결할 수 있는 기술을 의미하며, 이는 모든 종류의 사물들이 서로 연결되어 통신이 가능함을 말한다. 여기서 **사물**(Objects)이란 네트워크에 연결된 사용자 단말이나 다양한 형태의 장치를 의미한다. 임의의 프로세서를 장착한 일종의 내장형 시스템이라고 볼 수 있다.

예를 들면, 스마트폰이나 태블릿과 같은 모바일 기기, 안경이나 시계 같은 착용형 기기, 자동차, TV나 냉장고와 같은 가전제품, 폐쇄 회로 텔레비전(Closed Circuit Television, CCTV), 드론 등 거의 모든 물체가 사물이 될 수 있다. 이 사물들에 부착된 **장치**(Device)에는 주변 상황을 인지하고 필요한 데이터를 수집할 수 있는 **센서**, 수집한 데이터를 처리하거나 저장할 수 있는 **처리기**(Processor) 및 **저장 공간**, 인터넷 망과 연결하여 데이터를 주고받을 수 있는 **통신 모듈**, 그리고 자체 전원으로 구성되어 있다. 무엇보다도 이 사물들은 사람들이 제어하지 않더라도 스스로 자율적으로 동작하면서 필요한 정보를 공유할 수 있다.

사물 인터넷은 이러한 사물(센서), 네트워크, 데이터, 서비스의 융합으로 볼 수 있다. 사물

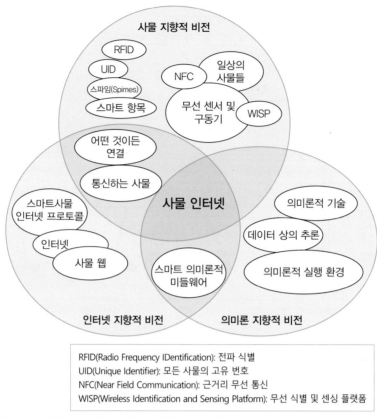

사물 지향적 비전

RFID

UID

스파임(Spimes)

스마트 항목

NFC

일상의 사물들

무선 센서 및 구동기

WISP

어떤 것이든 연결

통신하는 사물

사물 인터넷

스마트사물 인터넷 프로토콜

인터넷

사물 웹

스마트 의미론적 미들웨어

의미론적 기술

데이터 상의 추론

의미론적 실행 환경

인터넷 지향적 비전

의미론 지향적 비전

RFID(Radio Frequency IDentification): 전파 식별
UID(Unique Identifier): 모든 사물의 고유 번호
NFC(Near Field Communication): 근거리 무선 통신
WISP(Wireless Identification and Sensing Platform): 무선 식별 및 센싱 플랫폼

출처: "The Internet of Things: A Survey" in Int'l Journal of Computer and Telecommunications Networking, vol. 54, Issue 15, 2010. 10)

[그림 4-10] 여러 기술에 대한 비전들이 융합된 결과로 탄생한 사물 인터넷

에 설치된 센서를 이용하여 데이터를 수집하고, 네트워크를 통해 수집한 데이터를 전송하며, 이렇게 수집한 데이터를 가공하여 새로운 서비스를 가능하게 한다. 이것은 사물과 사물 간의 연결을 기반으로 한다.

최근 연구문헌이나 기술동향 조사에 의하면, 초소형 센서를 갖춘 사물들이 인터넷에 연결되는 초연결 디지털 혁명이 진행됨에 따라 2025년까지 약 300억 개의 사물들이 사물 인터넷에서 동작할 것으로 예측된다. 이에 따라 유럽연합(European Union, EU)과 미국을 비롯한 여러 기술 선진국은 사물 인터넷을 국가 핵심 기반 기술로 인식하여 기술 개발에 많은 노력을 기울이고 있다.

이러한 사물 인터넷은 다양한 기술적인 비전들(Visions)이 융합되어 탄생된 개념이다. [그림 4-10]에서 주요 개념이나 기술, 표준들을 적절하게 구분하였을 때 사물 인터넷의 위치를 보여준다. 사물의 구동이나 인식을 담당하는 디바이스 기술, 인터넷 관련 기술, 정보와 자원 사이의 관계-의미를 나타내는 시맨틱(Semantic) 기술들이 서로 융합되어 사물 인터넷이 가능해짐을 알 수 있다.

4.2 사물 인터넷을 가능하게 하는 기술

4.2.1 사물 인터넷의 기반 기술

사물 인터넷은 사물, 네트워킹, 이들을 이용한 응용 프로그램 또는 서비스로 구분할 수 있다. 이를 위한 주요 기술로는 사물과 주위 환경에서 정보를 얻기 위한 **센싱** 기술, 인간-사물-서비스를 연결하는 데 필요한 **유·무선 통신 및 네트워크 인프라** 기술, 그리고 인간-사물-서비스가 서로 연결하는 데 특정 기능을 수행하기 위해 필요한 **서비스 및 인터페이스** 기술로 구분할 수 있다.

센서는 대상으로부터 물리, 화학, 생물학적 속성값을 측정하여 사용자나 시스템에서 사용할 수 있게 해주는 기능을 제공한다. 온도, 습도, 열, 가스, 조도, 위치, 모션 센서 등 다양한 기능의 센서가 활용되고 있다. 최근 독립적으로 데이터를 수집하는 단순 기능의 센서보다는 지능적이고 차원 높은 서비스를 제공할 수 있는 센서에 대한 요구가 증가하고 있다. 따라서 센서 내에 프로세서를 내장하여, 스스로 판단하고, 정보를 처리할 수 있는 스마트 센서(Smart Sensors)가 등장하고 있다. 대개의 센서들은 내부 배터리를 이용하므로 동작하는 전력 소모가 적도록 저전력 관련 기술이 필수적이다. 센서들이 스스로 에너지를 생산해내는 **에너지 하비스팅**(Energy Harvesting) 관련 연구도 활발하게 이루어지고 있다. 센싱된 정보가 보다 다양한 응용에서 활용될 수 있도록 표준화된 인터페이스 및 정보 처리 기술도 요구된다.

유·무선 통신 및 네트워크 인프라 기술로는 근거리 통신, 와이파이(Wireless-Fidelity, Wi-Fi), **3세대 이동통신**(3rd Generation Mobile Communication, 3G)/**4세대 이동통신**(4th Generation Mobile Communication, 4G)/LTE(Long Term Evolution) 등이 대표적이다. **5세대 이동통신**(5th Generation Mobile Communication, 5G, IMT-2020)의 발전도 주목받고 있다. 기기 모두가 인

터넷 연결을 기반으로 데이터를 주고받는 IP 방식의 프로토콜과 달리, IP를 사용하지 않는 기기 간 통신은 USB(Universal Serial Bus), **블루투스**(Bluetooth), **지그비**(ZigBee), **전파 식별**(Radio Frequency IDentification, RFID), **근거리 무선 통신**(Near Field Communication, NFC) 등의 통신 방식을 사용한다. 센서들은 주로 배터리를 사용하기 때문에 상대적으로 전력 소모가 높은 IP 기반의 네트워킹보다는 전력 소모가 낮은 지그비 통신 등을 이용해 센싱한 데이터를 싱크 노드(Sink Node)에 전송한다. 그리고 싱크 노드를 통해 인터넷과 연결된다.

사람, 사물, 서비스가 주요 구성 요소인 사물 인터넷에서 사람과 사물, 사물과 사물, 사물과 서비스, 서비스와 특정 서비스 등 각 요소가 서로 원활하게 상호작용해야만 시너지 효과를 높일 수 있다. 그리고 각 사물 인터넷 구성 요소 간 연결 방법 및 형태를 가시적으로 보여주는 것은 **서비스 인터페이스** 기술을 통해 가능하다. 이것은 사물 인터넷의 주요 구성요소인 사람·사물·서비스를 통해 특정 기능을 수행하는 응용 서비스와 연동하는 역할을 한다. 즉, 단순한 네트워크 인터페이스 개념이라기보다 사물 인터넷 망을 통해 저장, 처리 및 변환, 검색 등 다양한 서비스를 제공할 수 있는 인터페이스 역할을 수행한다.

이를 위해 개방형 웹 아키텍처인 REST가 널리 사용되고 있다. REST는 웹 프로토콜을 활용하여 자원(Resource) 중심으로 네트워크 또는 아키텍처를 구성하는 개념이다. 웹 페이지, 이미지, 콘텐츠 등 웹에 있는 이름을 가진 모든 것은 본질적으로 자원이며 인터넷 주소(URL) 또는 인터넷 식별자(URI)를 이용하여 지정할 수 있다. 이러한 자원은 상태를 가지며, 시간이 지나면서 자원의 상태는 바뀔 수 있다. REST는 자원의 상태를 표현(Representation)하라는 뜻으로 명명되었다. 메시지에 의존하는 것이 아니라, 인터넷 식별자로 부여된 자원에 의존하기 때문에 시스템 간 느슨한 결합(Loosely Coupled)이 가능하고 이로 인해 확장성과 배포가 용이해진다. 또한 프로토콜을 사용하므로 네트워크 스위치 장비, 방화벽, 프락시 서버(Proxy Server) 등에서 수정 없이 전달할 수 있고, 거의 모든 운영체제에서 지원이 가능하다([그림 4-11] 참조).

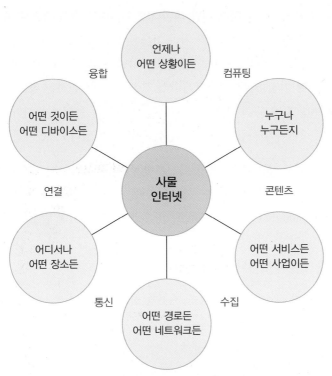

출처: CERO-IoT: Cluster of European Research Projects on the Internet of Things, http://bizhospital.
co.kr/04_info/knowhow_view.php?no=243&start=0&key=&keyfield=

[그림 4-11] 인터넷 인프라에 직접 연결에 중점 둔 사물 인터넷

4.2.2 사물 인터넷, 빅 데이터, 인공 지능 그리고 클라우드

기존의 사물 통신이 기기 중심, 하드웨어 중심의 접근이었다면 사물 인터넷은 솔루션 중심, 서비스 지향적인 접근이라 할 수 있다. 사물 인터넷 환경의 수많은 센서 네트워크에서 지속적으로 빈번히 발생하는 데이터는 방대한 양의 비정형 데이터이다. 이런 센싱 데이터 중 대다수는 의미없는 내용들일 수도 있지만, 그러한 데이터들조차 다양한 분석 방법으로 패턴, 연관관계 등을 추출함으로써 의미 있는 정보로 가공해내어 다양한 서비스에서 활용될 수 있다. 이를 위해 대용량의 저장장치와 분석을 위한 고성능의 컴퓨팅 처리능력이 필요하다. 따라서 사물 인터넷과 **클라우드 컴퓨팅**(Cloud Computing) 기술 접목의 필요성도 증가한다.

다수의 센서로부터 수집된 방대한 양의 **빅 데이터**에 대한 분석 및 가공의 필요성이 증가함

에 따라, 수많은 데이터를 학습하고 해당 데이터가 의미하는 바를 스스로 해독하여 목적에 맞는 최적의 답안을 찾아내는 빅 데이터 처리 기술이 지향하는 모델인 인공 지능의 **딥 러닝**(Deep Learning) 기술의 필요성도 증가 되었다. 딥 러닝을 활용하여 고객 개인의 취향과 수요(needs)를 예측하여 가장 적합한 맞춤 서비스 제공, 고객이 원하는 정보 검색, 고객 상황에 맞는 기기 제어(조명, 온도 등), 고객에게 필요한 상품 주문 등이 가능하다. 공유경제와 결합될 경우 다수의 소비자가 차량, 숙박시설 등을 공유할 수 있다.

인공 지능은 이와 같은 서비스 측면의 혁신뿐만 아니라 사람과의 인터페이스(Interface) 또는 상호작용(Interaction) 측면에서도 혁신을 만들고 있다. **인간과 컴퓨터 간 상호작용**(Human-Computer Interaction, HCI)은 키보드, 마우스, 터치를 거쳐 발전해 왔으며, 그 외에도 음성, 동작, 이미지 등 다양한 대안이 시험되고 있다. 그 중 음성이 여러 분야에서 활용되고 있으며 많은 연구도 진행되고 있다.

이처럼 사물이 수집된 데이터를 기반으로 스스로 학습하고 최적의 행동을 하는 모든 사물이 지능을 갖는 보다 진화한 형태의 사물 인터넷 환경인 '사물지능 환경'이 가속화되고 있다([그림 4-12] 참조).

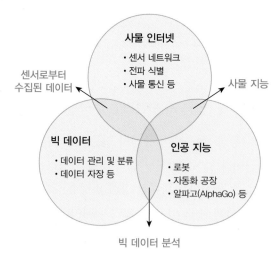

출처: 소프트웨어정책연구소

[그림 4-12] 빅 데이터 · 인공 지능과의 상호연관성

4.3 사물 인터넷의 특징 및 이슈

사물 인터넷은 다양한 사물을 연결하여 데이터를 수집하고 가공하여 가치를 높이는 기술이다. 여러 이종 기술을 유기적으로 결합하기 위한 플랫폼 시장에 대한 경쟁은 치열하다. 이절에서는 사물 인터넷의 기술 및 사업 측면에서 특징과 주요 이슈를 살펴 본다.

사물 인터넷 시스템에서는 실세계 데이터 스트림에 대한 실시간 처리, 시스템의 탄력성과 지속적인 가용성, 사물계 시스템의 인프라 전반에 걸친 보안 등의 문제가 발생할 수 있다. 사물이나 네트워크가 다양해지면서 이들 간의 원활한 상호운용을 위한 표준 확보, 스마트 센서의 원천기술 확보도 중요해지고 있다. 이외에도 배터리 수명, 저가 단말기 공급, 안정적인 네트워크 커버리지(Coverage) 등도 고려되어야 한다.

4.3.1 사물 인터넷의 특징

① 기술적인 특징

• **사물 인터넷 환경에서는 다양한 종류의 디바이스가 서로 다른 플랫폼에서 서로 다른 프로토콜을 이용하여 통신하며 동작한다.** 이와 같이 디바이스가 다양하고, 플랫폼 및 통신 프로토콜이 서로 다른 이종성(Heterogeneity)을 갖는다. 플랫폼이나 프로토콜 등이 다르면 상호운용성(Interoperability)을 저해하며 해석에 필요한 추가적인 시간과 비용을 발생시킨다. 또한 이종성으로 인하여 효율적인 보안 서비스 제공이 곤란하다. 즉, 모든 디바이스 및 프로토콜을 고려한 보안 정책 구현 및 관리가 어려워진다. 이런 문제들을 해결하기 위해 다양한 연구들이 진행되고 있다. 상호운용성 문제를 근본적으로 해결하기 위해 표준 제정이 필요한데, 사물 인터넷 표준화와 관련하여 ITU-T, ISO/IEC JTC1 등의 국제 표준화 기구와 유럽통신표준협회 등의 지역표준화 기구, 국제 인터넷 표준화 기구(Internet Engineering Task Force, IETF), oneM2M, 개방형 공간 정보 컨소시엄(Open Geospatial Consortium, OGC), 올씬얼라이언스(AllSeen Alliance) 및 OCF(Open Connectivity Foundation)와 같은 사내 표준화 기구들이 사물 인터넷 기술이나 보안 관련 표준을 제정하고 있다.

• **자원 제약성을 가진 사물 인터넷 기기들은 최소 자원(Minimum Resource) 요구사항을 만족해야 한다.** 사물 인터넷에 적용되는 기술 중 일부는 성능이 충분한 컴퓨팅 환경을 대상으로 설계되었기 때문에 사물 인터넷 환경에 그대로 구현하는 것은 적합하지 않다. 따라서 자원 제약성(Resource Constraints)을 가진 사물 인터넷 기기들은 최소 자원 필요성

을 만족해야 한다. 상대적으로 제한된 처리능력과 저장공간을 가진 기기 위에서 경량화된 기술을 사용하는 것이 필요하다. 즉, 사물 인터넷 디바이스의 프로세서, 배터리, 메모리의 성능 문제로 기존의 메커니즘, 서비스들을 사물 인터넷에 직접 적용하기는 어렵다.

- **사물 인터넷은 높은 이동성(Mobility)으로 인해 네트워크 토폴로지(Topology)가 동적이다.** 일반적으로 사물 인터넷 기기의 낮은 성능과 대역폭 때문에 연결성이 좋지 않다. 스마트 시티(Smart City) 정도의 규모가 되면 수많은 기기들이 수시로 재연결 요청과 함께 인증 요청을 수행해야 된다. 사물 인터넷 환경은 크게 구성될수록 유연해야 하며, 확장성을 가져야 한다. 노키아는 2025년까지 저전력 장거리통신 접속기기가 대략 70억 개에 이를 것으로 전망하였고, 그 보다 더 많아질 미래를 고려하면 사물 인터넷에서 유연성과 확장성은 경량화와 함께 앞으로 중요한 키워드가 될 것으로 분석된다.

② 시장의 특징

- **사물 인터넷은 완전히 새로운 카테고리의 상품이라기보다 기존상품의 가치를 높이는 경우가 많다.** 이것은 유사한 기능을 하는 기존 상품과 경쟁관계임을 의미한다. 예를 들어, 스마트냉장고는 기존의 일반적인 냉장고에서 제공할 수 없는 기능을 제공함으로써 소비자의 선택을 받을 수 있다. 물론 기능면에서 상대적으로 우수하더라도 그 차이가 크지 않다면 소비자들은 쓰고 있는 냉장고를 버리고 스마트냉장고를 구매하려 하지 않을 것이다.

- **기존 상품의 가치를 높이는 수단은 데이터의 생성, 전송, 분석 및 활용이다.** 데이터가 가치의 핵심이므로 보유한 데이터의 품질이 가치의 크기를 결정한다. 예를 들어 넷플릭스(Netflix)는 회원들의 영화 선호도와 관련된 축적된 데이터를 바탕으로 적중률 높은 추천 서비스를 제공하고 있지만, 그 데이터만 가지고 소비자가 어떤 선택을 할지 정확히 예측하기는 어렵다. 다수의 소비자로부터 방대한 데이터를 보유하고 있는 구글이 보다 더 정확한 예측을 할 수 있다.

- **하드웨어, 소프트웨어, 네트워크, 보안 등 여러 기술적 요소를 결합한 시스템 상품(System Goods)이다.** 따라서 다양한 요소를 결합하는 통합 역량이 중요하고 복잡성 관리가 사업의 관건이 된다. 과거 유비쿼터스 컴퓨팅에서도 가장 큰 문제 중 하나는 복잡성이었다. 네트워크가 복잡해질수록 정보의 복잡도도 기하급수적으로 높아지기 때문에 이를 효과적으로 제어하고 통제하는 기술 개발이 필요하다. 사물 인터넷 서비스 패키지는 (1) 모니터링 (2) 모니터링 + 제어 (3) 모니터링 + 제어 + 최적화 (4) 모니터링 + 제어 +

최적화 + 자율운영 4가지이다. 부가가치는 사물 인터넷 서비스 패키지가 많아질수록 증가하지만, 시스템의 복잡도나 보안 위협 등 위험(Risk)도 비례하여 증가한다. 따라서 복잡도 및 위험 관리가 시장 확대의 전제조건이 된다. 사물 인터넷의 막대한 시장 잠재력에도 불구하고 복잡도 및 위험 관리가 미흡할 경우 실제 시장형성은 모니터링이나 간단한 수준의 제어에 그칠 가능성도 있다.

- **사물 인터넷 솔루션을 제공하는 데 필요한 모든 요소를 제품 제조사, 통신 사업자, IT 기업 등 다양한 기업이 나누어 보유하고 있다.** 사물 인터넷 솔루션을 제공하는 데 필요한 모든 요소 기술을 보유하고 있는 기업은 거의 없으므로 가치 사슬을 구성하기 위해 기업 간의 제휴가 필수적이다.

- **플랫폼 주도권 경쟁이 치열하다.** 개인용 컴퓨터(PC) 시대에 '윈텔(Windows+Intel)'이라는 단일 플랫폼이 산업을 지배했고, 스마트폰 시대에는 애플과 구글이 플랫폼 시장을 양분하여 스마트폰과 관련 산업을 주도하고 있다. 사물 인터넷 시대에도 플랫폼이 산업을 주도하는 양상이 반복될 것으로 예측된다. 따라서 글로벌 대기업 및 벤처기업들은 이를 인지하고 하드웨어, 네트워크, 소프트웨어 등 자신의 영역에서 플랫폼을 선점하여 사물 인터넷 생태계를 주도하려는 전략을 전개하고 있다. 기업들은 대체로 사물 인터넷 플랫폼을 "응용 소프트웨어의 개발과 유통을 위한 인프라"로 정의하고 있으나 플랫폼은 산업별로 1개만 존재하는 것이 아니고, 하드웨어, 네트워크, 소프트웨어 등 다양한 계층에서 나타날 수 있다.

시장 참여자(예를 들면, 개인, 기업, 정부 등)의 관점에 따라 다소 차이는 있지만, 특정 단일 제품보다는 여러 기술이 결합된 제품에서 앞에서 언급한 특징들이 더 두드러진다. 그리고 이는 기존 제품들의 수명, 교체주기 등이 달라 단기간에 시장이 형성되기 어려운 구조이다.

기업 간 협업 과정 동안 데이터를 어느 기업이 보유할 것인지, 창출되는 부가가치의 큰 몫을 어느 기업이 차지할지 등에 대한 갈등도 예상된다. 과거부터 사업을 해왔던 기존 상품의 제조업체와 신규 진입한 통신 및 IT 기업 간 패권 경쟁이 치열할 것으로 예상된다.

4.3.2 사물 인터넷의 이슈

사물 인터넷 시대에는 사물 인터넷을 접목하여 기존 사업 영역을 확장하거나 업무 혁신을 이루고자 하는 기업들이 증가하고 있다. 하지만 이러한 기업들은 수많은 사물에서 생성될 방대한 데이터나 다양한 서비스로 인해 기업내 자체 IT 인프라가 감당하기 어려운 여러 가지 문제점에 직면할 수 있다.

① 보안 및 사생활의 침해 위협

사물 인터넷 시대에 보안이 취약할 경우, 개인정보 유출로 인한 사생활 침해뿐만 아니라 자동차 및 의료 분야 등의 경우 생명의 위협을 받을 가능성이 제기되고 있다.

내장형 스마트기기는 기기 자체의 내부 결함이나 악성 사이버 공격으로 문제가 발생할 수 있고, 그로 인해 사회 전체로 큰 혼란을 발생시킬 수 있기 때문이다. 특히 중요한 이슈는 데이터의 이동 과정에서 발생할 수 있는 보안 관련 문제이다. 상호 연결되는 사물이나 기기들 간의 보안은 센서를 포함한 하드웨어, 서비스, 응용 프로그램의 모든 수준에서 고려되어야 한다. 대상이 의료기기나 자동차 등일 경우, 취약한 보안은 생명과 직결되므로 더 중요하게 다루어져야 한다.

사물 인터넷의 응용 범위가 일상생활과 거의 모든 산업 영역으로 확대됨에 따라, 제조공장, 전력을 포함한 사회 인프라, 자동차, 의료, 가전제품 등 모든 사물이나 서비스가 악의적 공격의 대상이 될 수 있다. 금융이나 교통, 의료와 같은 특정 분야에서 보안에 대한 확실한 대응 방식을 제공하지 않으면 전면적인 사물 인터넷 기반 서비스 도입이 지연되거나 관련 시장의 성장이 예상보다 둔화될 수 있다. [표 4-1]은 이와 관련된 주요 보안 위협 사례를 보여준다.

따라서 사물 인터넷 도입 초기부터 보안을 위한 기술적 문제 해결책과 법·제도적 측면의 대비책 등 종합적인 방안 마련이 전제되어야 한다.

[표 4-1] 보안 위협 사례

분야	개요
사생활 침해	**(CCTV)** 보안 카메라 업체인 트렌드넷(Trendnet)의 유아용 CCTV에서 자체 소프트웨어 결함으로 인해 인터넷 주소만 알면 누구라도 쉽게 영상과 음성을 도·감청할 수 있게 됨. 실제 인터넷상에서 약 700개의 CCTV에서 촬영 중인 실시간 영상 링크가 유포되었음.
	(스마트TV) 2013년, 미국 라스베가스에서 스마트TV에 탑재된 카메라를 해킹해 사생활 영상을 유출하는 시연이 열려 인터넷에 연결된 가전제품의 보안 취약성이 노출됨.
	(구글 안경) 세계적인 정보보안 학회인 블랙햇(Black Hat) 2014에서 한 보안 전문가는 구글 안경이 시간과 장소에 구애받지 않고 개인정보를 수집할 수 있으며, 은행계좌의 비밀번호 등 금융정보까지 훔칠 수 있다는 것을 입증함.
스마트홈	**(가전)** 2014년, 미국 보안업체 프루프포인트(Proofpoint)는 스마트TV와 냉장고, 홈네트워크 라우터를 해킹하여 '좀비가전'을 만든 뒤 악성 이메일을 75만 건 발송한 사이버 공격 사례를 공개함.
	(로봇 청소기) 2014년, 서울 'ISEC 2014'에서 블랙펄 시큐리티(Blackperl Security)는 로봇 청소기의 앱 인증방식의 취약점과 로봇 청소기에 연결되는 접근점(Access Point)의 보안 설정상의 취약점 등을 이용한 해킹으로 로봇 청소기에 탑재된 카메라로 실시간 모니터링이 가능하다는 것을 시연함.
	(온도조절기) 블랙햇 2014에서 플로리다 대학 연구진은 해커가 가정의 온도조절기를 원격으로 제어할 수 있음을 보임.
	(가전기기) 중국에서 수입된 다리미, 주전자 등 가전기기 30여개에서 스파이 마이크로칩이 발견됨. 이들 칩은 보안설정이 되지 않은 무선 네트워크에 접속해 같은 망에 있는 컴퓨터로 악성코드와 스팸을 유포하고 외국에 있는 서버로 데이터 전송이 가능한 것으로 알려짐.
	(프린터) 2014년, 런던에서 개최된 44Con(정보보안 학회)에서 프린터를 해킹하여 PC 게임인 둠(Doom)을 프린터의 LED 화면을 통해 실행함. 이는 인쇄 요청이 걸린 문서의 인쇄기를 해킹하여 들여다보는 것이 가능하다는 걸 시사함.
	(호텔) 블랙햇 2014에서 KNX 프로토콜의 취약성으로 인해 '아이패드2'만으로 중국의 한 호텔의 방 온도, TV 전원, 블라인드, 문밖 표시 등에 이르기까지 원격 제어하는 장면을 시연함.
네트워크	**(차량네트워크)** 스페인 출신 해커 팀이 차량 네트워크에 침투할 수 있는 조립 회로보드(20달러)를 공개하였음. 이를 통해 자동차 업체가 컴퓨터 시스템 검사를 위해 설치한 차량 내부 네트워크(Controller Area Network, CAN)에 접근하여 브레이크 조작, 방향 설정, 경보장치 해제 등이 가능함.
	(홈네트워크) 보안 업체 카스퍼스키(Kaspersky)는 가정용 디지털 가입자 회선(Digital Subscriber Line, DSL) 라우터를 통해 홈 네트워크에 침입하여 14가지의 취약점을 찾아내는 데 20분도 걸리지 않았다고 보고함.
	(공유기) 2014년, 보안 컨설팅 업체인 팀심루(Team Cymru)는 해커들이 디링크(D-Link), 텐다(Tenda), 마이크로넷(Micronet), 티피링크(TP-Link) 등이 제조한 약 30만 개의 공유기를 해킹했다고 경고함.
제어 시스템	**(산업용 제어 시스템)** 미국 국토안보부는, 인터넷에 연결되어 있지만 방화벽, 인증 접속 제어 등으로 보호되지 않은 기계장비를 운용하는 산업용 제어 시스템에 대한 사이버 공격을 경고함.
	(냉·난방 시스템 통제) KISA는 냉·난방 시스템 통제에 쓰이는 셋톱박스가 기업을 대상으로 한 디도스(DDoS) 공격에 악용된 사례가 국내에서 발견되었음을 발표함.
의료	**(인슐린펌프)** 2012년, 블랙햇 보안 학회에서 해커가 800미터 밖에서 인슐린 펌프를 조작하여 치명적인 복용량을 주입할 수 있음을 증명함.

교통	보안업체 IO 액티브 랩(IO Active Labs)이 센시스 네트웍스(Sensys Networks)의 도로차량 감지기술을 조사한 결과, 광범위한 설계 및 보안 결함을 발견함. 특히 공격자는 센서를 가장해 교통관리 시스템에 위조 데이터를 전송하거나 신호등 같은 주요 인프라에 대한 권한을 획득할 수 있음.
사이버 범죄	2014년, 유로폴(Europol)은 수년 안에 자동차, 의료 기기, 착용형 기기 등의 사물 인터넷 기기의 해킹으로 인한 납치와 살인과 같은 사이버 범죄 발생을 우려하며, 정부에 대책방안을 요구함.
	미국 보안기업 IID는 수년 안에 사물 인터넷 기기를 통한 사이버 살인범죄가 발생할 가능성이 있다고 전망함. 실제 사물 인터넷 기기의 보안 취약점 정보를 거래하는 암시장이 존재함.
방송	**(티비싱(TVshing))** 2013년, 블랙햇에서 중간자 공격(Man In The Middle, MITM)을 사용한 티비싱을 공개함.

출처: 정보통신기술진흥센터(2014), IoT 현황 및 주요 이슈의 보안뉴스 등 각 언론매체 발표 내용 발췌, 재정리

② 상호운용성을 위한 글로벌 표준 확보

사물 인터넷 실현을 위해 수많은 사물들이 연결되어 서로 제약 없이 통신할 수 있도록 표준 정립이 중요하며, 이를 기반으로 규모의 경제가 확보되어야만 시장 확대가 가속화될 수 있다. 따라서, 글로벌 표준의 조기 정립이 중요한 이슈로 부각되고 있다.

글로벌 기업을 중심으로 많은 기업들은 사물 인터넷 표준 경쟁에서 뒤쳐질 경우, 기업의 경쟁력이 떨어질 가능성이 높아지기 때문에, 주도권을 갖기 위한 경쟁이 치열하게 진행되고 있다. 삼성전자, 시스코(Cisco), 인텔(Intel) 등의 몇몇 글로벌 기업들은 여러 표준 단체에 이중·삼중으로 가입하여 주도권 확보 노력은 물론, 만일의 상황에 대비하는 전략을 펼치고 있다.

사물 인터넷 표준 정립을 위해 IEEE를 비롯하여 산업 인터넷 컨소시엄(Industrial Internet Consortium, IIC), 올씬얼라이언스(AllSeen Alliance), 쓰레드그룹(Thread Group), 오픈 인터커넥트 컨소시엄(Open Interconnect Consortium, OIC) 등 다양한 표준 단체에서 활동을 전개하고 있다([표 4-2] 참조). 많은 업체들이 채택한 방식이 표준이 될 가능성이 높아, 향후 사물 인터넷을 주도하기 위한 글로벌 업체 간의 경쟁은 물론, 표준 활동을 위한 합종연횡의 협력도 빈번히 이루어질 전망이다.

[표 4-2] 사물 인터넷을 둘러싼 표준단체 개요

표준 단체	개요
키비콘 (Qivicon)	2011년, 독일 통신사 도이치텔레콤(Deutsche Telekom, DT)의 주도로 설립되었으며, 엔베베(Energie Baden-Wuerttemberg AG, EnBW), 미에레(Miele), 삼성전자, 필립스(Phillips) 등 통신, 에너지, 가전 분야의 약 30개 기업이 가입
oneM2M	2012년, 글로벌 사물 인터넷 서비스 플랫폼 표준 개발을 위해 유럽 전기 통신표준협회(ETSI), 미국 통신산업협회(Telecommunications Industry Association, TIA), 미국 통신정보표준협회(The Alliance for Telecommunications Industry Solutions, ATIS) 등 7개의 세계 주요 표준화 단체가 공동으로 oneM2M을 설립
올씬얼라이언스 (AllSeen Alliance)	2013년, 퀄컴(Qualcomm)과 리눅스 파운데이션(Linux Foundation), 시스코, 마이크로소프트, LG전자 등이 참가하여 결성한 표준화 단체
산업 인터넷 컨소시엄 (IIC)	2014년, 인텔과 시스코, AT&T, GE, IBM은 산업용 사물 인터넷에 목적을 둔 표준을 개발하기 위해 결성, 이후 마이크로소프트가 합류
IEEE P2413	2014년, IEEE는 사물 인터넷 아키텍쳐 구축을 통해 다양한 산업과 기술 영역의 확장을 목적으로 IEEE P2413 프로젝트를 공식 개시
쓰레드그룹 (Thread Group)	2014년, 구글(Nest Labs) 주도로 설립된 사물 인터넷 프로토콜 컨소시엄으로 삼성전자, 암(ARM), 프리스케일(Freescale), 실리콘 랩(Silicon Labs) 등이 참여
오픈 인터커넥트 컨소시엄 (OIC)	2014년, 인텔, 아트멜(Atmel), 델(Dell), 삼성전자 등은 퀄컴 주도의 올씬얼라이언스에 대항하고, 사물 인터넷 기기의 연결성 확보를 목표로 설립

출처: 각 표준단체 홈페이지, 언론매체 재정리

과거 정부나 표준화 기구 주도로 표준을 제정하던 것과 달리, 사물 인터넷 표준화 활동은 기업들의 이해득실에 따라 여러 표준화 기구들이 경쟁적으로 활동하는 상황이다.

국내에서도 사물 인터넷 산업을 주도하기 위해 표준과 관련한 국내 대표적인 기업들 간의 밀접한 협업 관계 구축이 중요하며, 중소기업을 포함한 산업계, 연구소, 대학 등이 상생의 생태계를 조성하여 글로벌 표준 확보에 적극적으로 나서야 경쟁력을 가질 수 있다.

③ 스마트센서 원천기술 확보

미세 전자 기계 시스템(Micro-Electro-Mechanical Systems, MEMS), 반도체 단일 칩 시스템(System-on-a-chip 또는 System on chip, SoC), 내장형 소프트웨어 기술의 발전으로 지능화된 스마트센서가 널리 활용되고 있다. 스마트센서는 마이크로 센서 기술에 반도체 기술을 결합시킨 것으로 우수한 데이터 처리 능력, 판단 기능, 저장 공간 및 통신 모듈 등을 갖추고 있어 사물 인터넷 기기의 핵심 요소로 자리 잡고 있다. 즉, 스마트센서의 기능이 발전함에 따라 사물 인터넷의 기존 활용 범위를 넘어 스마트홈, 의료 및 건강, 가전, 환경 등 다양한 분야에 활용되기 시작했다.

이처럼 사물 인터넷 기기의 성능과 가격의 핵심 요소 중의 하나인 센서의 중요성이 부각되고 있다. 현재 기술적으로 구현 가능한 센서의 종류는 약 350여종에 이른다. 인텔, 휴렛패커드(Hewlett-Packard, HP), 보쉬, 퀄컴 등 다양한 분야의 기업들은 향후 10년 이내에 지구상에 사용되는 센서의 개수가 1조 개를 넘어설 것으로 전망하고 있다. 센서 강국인 미국, 일본, 독일은 첨단센서 프로젝트를 기반으로 공공 연구개발(R&D) 인프라와 상용화 파운드리(Foundry)를 구축, 운영하고 있다.

국내의 경우 기술력이 미약하여 글로벌 경쟁력 확보가 쉽지 않으며, 따라서 센서 칩의 90% 이상을 수입해 모듈화하는 수준에 그치고 있다. 우리나라는 휴대폰, 정보가전, 메모리반도체, 디스플레이 등 하드웨어 분야에서 세계 최고의 기술력을 보유하고 있지만, 센서 개발지원 사업을 일관되고 체계적으로 추진하지 못하여 기술, 인프라 등 모든 면에서 열악하다. 사물 인터넷 센서의 원천기술을 확보하지 못하면, 향후 사물 인터넷 시대에 혁신과 가치창출의 한계에 직면할 가능성도 제기되고 있다. 사물 인터넷의 주도권을 잡기 위해 관련 스마트센서의 기술력 확보는 경쟁력을 갖추기 위한 산업계, 연구계, 학계 등의 주요한 이슈이다.

④ 기타 이슈

일부 사물 인터넷 응용에 사용되는 기기는 배터리 교체나 충전이 곤란한 경우가 있어 배터리 수명 연장 기술이나 저전력 기술이 필수적으로 요구된다. 예를 들어, 화재 발생 시, 화재 발생 정보를 소방서로 전달하는 센서가 배터리 부족으로 동작하지 않는다면 큰 문제가 된다. 관련 산업계에서 저전력 장거리 통신 접속 기기의 경우, 일상적인 동작모드에서 약 10년간 충전 없이 기기가 구동할 수 있어야 한다.

저전력 장거리 통신 접속기기를 이용하는 대다수의 사업자 입장에서 볼 때, 서비스 가입자 당 평균 수익(Average Revenue Per User, ARPU)이 낮아 센서 당 가격이 약 6,000원 이하의 저가로 공급되어야 한다. 초기 구축비용이나 운영비용도 최소화해야 한다. 저전력 장거리 통신망의 경우 단순한 네트워크 구축이 필수적이며, 시스템 갱신은 하드웨어를 교체하거나 추가하기 보다 소프트웨어 갱신을 통해 이루어지도록 설계되어야 한다.

사물 인터넷 서비스 제공을 위해 안정적인 커버리지 확보는 저전력 장거리 통신 기술의 중요한 요구 사항 중 하나이다. 일반적으로 전기 및 난방을 측정하는 스마트검침기기의 경우, 지하실이나 두꺼운 벽 뒤에 설치되는 경우가 대부분이다. 또한 산업용 기기의 경우 컨베이어 벨트나 엘리베이터 안에 접속기기가 설치될 수 있어 안정적인 커버리지 확보를 통한 데이터 송·수신이 필수적으로 보장되어야 한다.

대규모 단말기 접속 상황도 고려해야 한다. 2025년까지 저전력 장거리 통신 접속기기가 약 70억 개까지 증가할 것으로 추정하고 있다. 상당히 많은 수의 접속기기가 동시에 접속하여 데이터를 공유할 것으로 전망된다. 이에 따라 향후 얼마나 많은 수의 접속기기를 동시에 처리할 수 있는가도 중요한 기술적 이슈가 된다.

4.3.3 사물 인터넷의 진화 방향

스마트폰 등장 이후 클라우드, 모바일, 빅 데이터, 오픈 데이터, 인공 지능, 소셜 네트워크 서비스 등이 활성화되면서 인터넷 세계는 살아있는 거대 시스템처럼 자기진화와 자기증식을 가속화하고 있다. 또한, 대부분의 사람이 언제, 어디서나 인터넷을 전화처럼 범용으로 사용하는 초연결 사회(Hyper-connected Society)로 진입하고 있다. 웹서핑, e-메일, 소셜 네트워크 서비스, 신용카드, 스마트교통카드, 전자출입증 등을 통해 사람들의 일상생활이 시시각각 서버에 축적되어 디지털 흔적으로 남게 되는, 말 그대로 유비쿼터스 인터넷 시대라고 볼 수 있다. 이러한 인터넷 패러다임의 전개 방향을 살펴보면 [그림 4-13]과 같다.

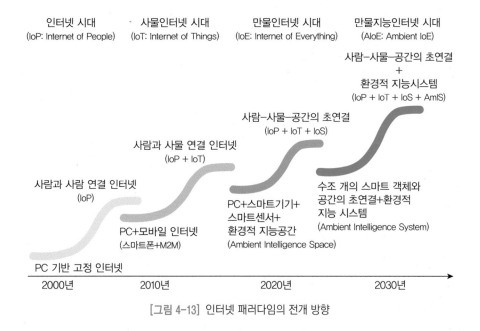

[그림 4-13] 인터넷 패러다임의 전개 방향

1980년대는 주로 유선 전화기를 이용하여 사람과 사람을 연결하며 단말과 단말을 필요할 때만 연결하였다. 1990년대부터 2000년대 중반 이전까지 인터넷은 PC를 기반으로 사람과 사람 간의 필요한 정보를 전달하는 **사람 간 인터넷**(Internet of People, IoP) 시대였다. 2000년대 중반 이후에는 유·무선 광대역 기반 정보처리 생태계가 형성되면서 사람과 정보들간 연결이 가능하게 되었다. 2010년대에는 모바일 기기나 스마트디바이스 등의 보급으로 사람과 사람 간의 정보뿐만 아니라 사람과 사물 그리고 사물과 사물 간의 데이터가 인터넷을 통해 연결·처리되는 사물 인터넷 환경으로 확장되었다.

2010년대 중반 이후, 사물통신(M2M)과 인터넷이 연동됨으로써 사람과 사물이 연결되어 상호 데이터 및 정보가 교환되는 사물 인터넷 환경이 성숙되고, 클라우드와 빅 데이터 기술이 발전하면서 사물 인터넷 기술의 성숙도 역시 높아지게 된다. 사물 인터넷, 사이버 물리 시스템, 빅 데이터, 인공 지능이 선형적 발전을 보이는 동시에 **지리 정보 시스템**(Geographical Information System, GIS) · **위치 기반 서비스**(Location Based Service, LBS) · GPS 등과 같은 지리공간(G공간)과 인터넷 간의 연결성이 한층 심화된다. 그렇게 되면, 생활공간은 지능이 공기처럼 둘러싸이는 환경적 지능 공간(Ambient Intelligence Space)으로 발전하게 된다.

그리고 2020년대 이후는 사람-사물-공간이라는 이질적 요소들 간의 초연결과 경제시스템이 시너지 효과를 창출하는 환경적 지능 시스템(Ambient Intelligence System)으로의 이행이 본격화된다. 사람 인터넷, 사물 인터넷, 공간 인터넷이 지능적인 복합시스템을 형성하게 된다. 만물 인터넷, 사이버 물리 시스템, 빅 데이터, 인공 지능 등이 지수함수적으로 발전하게 된다.

2030년대는 포스트 스마트 ICT시대로 사람-사물-공간이 인터넷 생태계로 편입되는 만물 인터넷과 이를 기반으로 국가의 경제 사회 시스템이 초지능화되는 **만물 지능 인터넷** (Ambient Internet of Everything, AIoE) 환경으로 발전하게 된다.

4.4 초연결 및 초지능 사회

캐나다 사회과학자 아나벨 콴 해세(Anabel Quan-Hasse)와 배리 웰맨(Barry Wellman)은 **초연결성**(Hyperconnectivity)이라는 용어를 제시하였다. 초연결성은 컴퓨팅과 통신의 대상이 사람과 사물 사이뿐만 아니라 사물과 공간으로 확대시킨 네트워킹의 수평적 확장 개념으로 미래 인터넷의 기본 축이 된다. 이러한 초연결성은 인터넷과 융합 기술들의 연결을 심화시키는 역할을 하게 된다.

반면, **초지능성**(Hyperintelligence, 또는 Superintelligence)은 인간의 생물적 지능의 한계를 초월하는 것으로, 학습이 아니라 폭 넓고 깊이 있게 주변의 사물들(Things)을 받아들이고 이해함으로써 상황을 인식하고 판단하여 결정을 내릴 수 있는 능력을 말한다. 초지능성은 초연결성을 지닌 인터넷과 경제ㆍ사회 시스템 간의 상호작용 관계가 한층 심화되는 네트워킹의 수직적 확장에 비중을 두는 개념이며, 미래 경제사회 시스템을 구성하는 기본 축이 된다. 이러한 초지능성은 미래 인터넷과 융합 기술 영역 간의 상호 의존성을 증대시키는 역할을 하게 된다.

이와 같은 사람-사물-공간의 초연결성과 초지능성의 확보는 경제사회 시스템까지 살아 있는 유기체처럼 총체적으로 연동되는 미래 인터넷의 핵심 조건이 된다. 따라서 향후에는 초연결성을 갖는 만물 인터넷 플랫폼과 플랫폼이 끊김 없이 안정되게 연결되고(Inter-Platform), 인프라와 인프라를 접목하여 연동되며(Inter-Infra), 산업과 산업을 연결하여 사람-사물-공간의 초연결성을 품는 경제사회 시스템으로 구축되어야 한다. 그리고 초연결성으로 상호 소통하는 하부구조 기반에 초지능성이 탑재된 시스템이 정교하게 서로 감응하여 초연결성과 초지능성의 융합이 이루어지면, **만물 지능 인터넷**(Ambient Internet of Everything, AIoE) 환경이 만들어지게 된다.

예를 들어, 초연결성과 초지능성이 완벽하게 교감하는 공명체계가 작동하는 만물 지능 인터넷 환경의 자율교통시스템이 개발되면, 구글의 무인자동차가 레이더와 카메라로 보행자, 주변 장애물, 교통신호 등을 스스로 판단해 주행할 수 있고, 차에 내장된 센서와 도로좌표 교통시스템이 실시간 반응하면서 시내 한복판을 달릴 수 있게 된다.

[그림 4-14]는 사람-사물-공간의 초연결축과 인식-판단-처리의 초지능축의 상호관계를 보여주고 있다. 사람-사물-공간이 **시간축ㆍ위치축ㆍ관계축**으로 연결된 만물 인터넷 생태계의 전체 구조에 **인식ㆍ판단ㆍ처리**라는 초지능성이 개입되면, 이들 구성요소들이 경제사회 시스템에 내재되어 안전을 보장하며 일상생활에 완전하게 파고들 수 있다.

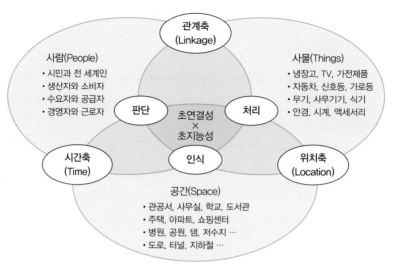

[그림 4-14] 사람-사물-공간의 초연결축과 인식-판단-처리의 초지능축의 상호관계

만물 지능 인터넷은 사람, 사물, 공간이 시간축, 위치축, 관계축에 따라 초연결되어 신체의 신경시스템처럼 실시간으로 상황을 감지하고, 목표로 하는 수준인 정상 범위 내에서 벗어나면 시스템이 반응하는 인프라의 인프라라고 할 수 있다. 앞으로 NBIC(NT · BT · IT · CT) 융합 기술에 자동차, 로봇, 3D 프린팅 영역의 제조 기술이 가세하게 되면, 기존 산업과 경제는 초지능성의 탑재 정도에 따라 그 역량이 좌우된다.

만물 지능 인터넷을 구성하는 핵심 기술 중의 하나는 상황인식 플랫폼이다. 상황인식 기술은 현재 내가 처해 있는 이 공간에서 나와 다른 사물들이 어떤 상황에 있는지를 시스템이 인지하고 최적의 조치를 취하도록 하는 기술이다. 즉, 스마트컴퓨터 등 다양한 환경적 디바이스(Ambient Device)가 주변 환경에 스며들어 있고, 설정된 상황 혹은 예기치 않은 상황이 발생하면 최적의 동작을 자동으로 판단하고 처리하게 된다. 여기서 환경이란, 사람의 개입을 최소화하면서 의식하지 않아도 자율적으로 인식 · 판단 · 처리하는 환경적 지능공간을 말한다.

이러한 환경적 지능공간과 상황인식 플랫폼이 완벽하게 구축된 신경체계를 갖추고 있는 것은 바로 인간의 신체이다. 인간의 신경계는 무엇을 인식하거나 판단을 내려야 할 때 필요한 정보를 적시에 제공하지만, 평상시에는 최소한의 생명유지를 위한 정보체계만을 가동하여 에너지 소비를 최소화한다. 이러한 인체의 신경망과 같은 디지털 신경체계가 바로 만물 지능 인터넷이다.

| 용어 해설 |

- **G공간** G(Geospatial)는 '지리'를 의미하며, G공간은 공간정보의 특정 지점이나 구역의 위치를 이용하여 증강 현실과 같이 컴퓨터와 현실계를 묶어 주는 작업이나 서비스를 가리키는 말이다.

- **G3-PLC(G3 Power-Line Communication)** 스마트그리드 비전을 실현가능하게 할 잠재적 유비쿼터스 전력선 통신(Power Line Communication)으로 산업의 필요에 의해 개발된 협대역 전력선 통신 표준. G3-PLC는 전력선 그리드 상에서 고속, 고신뢰성, 장거리 통신 기능이 있다.

- **GSM(Global System for Mobile Communications)** 유럽전기통신표준협회(ETSI)에서 제정한 디지털 셀룰러 이동 통신 시스템의 표준 규격. 유럽 통일 방식의 디지털 셀룰러 시스템의 주요 목표는 표준화를 통하여 호환성을 유지하고, 디지털화를 통하여 전송 품질을 향상시키면서 범유럽 로밍(Pan-European Roaming)을 가능하게 하고, 시스템 대용량화를 통하여 급증하는 가입자를 수용하면서 음성과 데이터 통신을 유연하게 제공하는 것 등이 있다.

- **HTTP(HyperText Transfer Protocol)** 인터넷의 월드 와이드 웹(WWW) 서버와 브라우저가 파일 등의 정보를 송수신하는 데 사용하는 클라이언트와 서버 사이의 통신 규약. 주로 하이퍼텍스트 생성언어(HTML) 문서를 주고받는 데 사용된다. 클라이언트인 웹 브라우저가 HTTP를 통하여 웹 서버로부터 웹페이지나 그림 정보를 요청하면, 웹 서버는 이 요청에 응답하여 필요한 정보를 해당 사용자에게 전달하게 된다. 예를 들면 'http://www.tta.or.kr'과 같이 'http://'로 시작되는 URL을 지정하면, 여기에 있는 데이터를 HTTP를 사용하여 서버에서 브라우저로 전송한다.

- **LTE(Long Term Evolution)** 3GPP 진영에서 추진한 3세대 이동 통신(3G) 방식인 광대역 부호 분할 다중 접속(W-CDMA)의 진화 기술. 광대역 부호 분할 다중 접속(W-CDMA)과 CDMA2000이 주도하는 3G와 4G의 중간 단계라 하여 3.9세대 이동통신(3.9G)이라 부른다. 패킷 데이터 전송에 기반을 둔 다양한 서비스 지원을 목표로 하는 기술로서, 최대 20MHz 대역폭에서 하향 링크 최대 전송 속도 300Mbps(4x4 사용시), 상향 링크 75Mbps의 전송 속도를 지원한다. 데이터 전송 효율 향상, 효율적인 주파수 자원 이용, 이동성, 낮은 지연 시간, 패킷 데이터 전송에 최적화된 기술과 서비스 품질 보장을 제공하는 이동통신 기술이다.

- **oneM2M(one Machine-To-Machine)** 사물 통신 분야 글로벌 표준화 협력체. 원엠투엠(oneM2M)에는 세계 표준화 단체인 한국정보통신기술협회(TTA), 유럽전기통신협회(ETSI), 미국 통신정보표준협회(ATIS)와 통신산업협회(TIA), 중국통신표준협회(CCSA), 일본 전파산업협회(ARIB)가 중심이 되고 이에 속한 수많은 기업과 연구 기관, 대학 등이 참여하고 있다. 협력체는 공통 M2M 서비스 플랫폼 표준 개발을 위한 사용 예(Use

Case) 및 요구 사항, 단 대 단(End-to-End) M2M 아키텍처 및 서비스 계층(플랫폼) 표준, M2M 단말·모듈 측면의 공통 사용 예 및 인터페이스, 응용 프로그래밍 인터페이스 등의 업무를 추진한다.

- **REST(Representational State Transfer)** 확장성 생성 언어(XML) 파일로 된 웹 페이지를 읽어서 원하는 정보를 수집하는 기능. 웹 페이지를 만드는 사람은 주기적으로 내용을 개정하고 사용자는 그 페이지의 인터넷 주소(URL)만 알면 웹 브라우저로 읽어서 정보를 얻을 수 있다.

- **RSS(Rich Site Summary)** 뉴스나 블로그 사이트에서 주로 사용하는 콘텐츠 표현 방식이다. 웹 사이트 관리자는 RSS 형식으로 웹 사이트 내용을 보여준다. 이 정보를 받는 사람은 다른 형식으로 이용할 수 있다. RSS 리더에는 웹기반형과 설치형이 있다. 웹기반형 리더는 간단한 계정등록으로 어디에서든 이용할 수 있는 장점이 있다. RSS 관련 프로그램(혹은 서비스)을 이용하여 자동 수집이 가능하기 때문에 사용자는 각각의 사이트 방문 없이 최신 정보들만 골라 한 자리에서 볼 수 있다. 또한 RSS는 팟캐스팅과 같은 미디어 배포의 용도로도 사용된다.

- **UID(Unique Identifier)** 모든 사물의 고유한 인식체계를 위해 부여한 고유한 번호

- **USB(Universal Serial Bus)** 범용 직렬 버스. 주변 기기 접속 인터페이스 규격으로, 키보드, 마우스, 프린터, 모뎀, 스피커 등의 주변 기기를 컴퓨터에 접속하기 위한 인터페이스의 표준화를 목적으로 한다. USB를 사용하면 주변 기기를 컴퓨터에 연결할 때 소프트웨어나 하드웨어를 별도로 설정할 필요 없이 모든 주변 기기를 동일한 접속기로 접속하기 때문에 포트 수를 획기적으로 줄일 수 있을 뿐만 아니라 설치가 간편하고, 휴대형 컴퓨터의 소형화가 가능하게 되는 장점이 있다.

- **개방형 공간 정보 컨소시엄(Open Geospatial Consortium, OGC)** 지리 공간 정보 데이터의 호환성과 기술 표준을 연구하고 제정하는 비영리 민관 참여 국제 기구. 개방형 공간 정보 컨소시엄의 지리 공간 정보 표준은 북미와 유럽 연합은 물론 대다수 정부 기관에서 국가 공간 정보 기반 시설(Spatial Data Infrastructure) 개발에 이미 활용하고 있거나 채택을 고려하고 있어 지리 공간 정보 산업계에 미치는 영향력이 매우 크다. 개방형 공간 정보 컨소시엄에는 구글, 마이크로소프트, 에스리(ESRI), 오라클 등 지리 공간 정보 관련 글로벌 정보 기술(IT) 기업과 미국의 연방지리정보국(NGA), 항공우주국(NASA), 영국 지리원(OS), 프랑스 지리원(IGN) 등 각국 정부 기관, 시민 단체 등 약 460여개 기관이 회원으로 참여하고 있다.

- **계전기(Relay)** 전압, 전류, 전력, 주파수 등의 전기 신호를 비롯하여 온도, 빛 등 여러 가지 입력 신호에 따라서 전기 회로를 열거나 닫거나 하는 구실을 하는 기기

- **근거리 무선 통신(Near Field Communication, NFC)** 고주파(HF)를 이용한 근거리 무선통신 기술. Ecma 340, ISO/IEC 18092 표준으로, 아주 가까운 거리에서 양방향 통

신을 지원하는 RFID 기술의 일종이다. 13.56MHz 주파수를 이용해 10cm 안에서 최고 424kbps의 속도로 데이터 전송을 지원한다. 모바일 기기에서 결제뿐만 아니라 슈퍼마켓이나 일반 상점에서 물품 정보나 방문객을 위한 여행 정보 전송, 교통, 출입 통제, 잠금장치 등에 광범위하게 활용된다.

• **단거리 무선망(Wireless Personal Area Network, WPAN)** 사용자 주변의 수 미터(m) 이내의 거리에서 휴대용 정보 단말기 등을 이용하여 필요한 정보를 처리할 수 있도록 구성한 통신망. IEEE 802.15에서 표준을 제정한 지그비, 블루투스, 저전력 단거리 무선망 IPv6(6LoWPAN), 고속 단거리 무선망(HR-WPAN) 등이 있다.

• **대시7(DASH7)** 능동 RFID을 활성화하려고 DASH7 얼라이언스에서 제정한 초저전력 무선 데이터 전송 기술. 433MHz 대역에서 전송 규격을 정의하는 국제 표준인 ISO/IEC 18000-70이 지니고 있는 운영의 한계를 극복하려고 새롭게 만든 무선 데이터 기술이다. 연 단위의 배터리 수명을 보장하고 최대 전송 거리는 2Km이며 전송 속도는 200kbps이다. 또한 전자기기 간에 간결하면서도 가볍고 안정적인 통신을 제공하는 기술이다.

• **딥 러닝(Deep Learning)** 컴퓨터가 마치 사람처럼 여러 데이터를 이용하여 스스로 학습할 수 있도록 인공 신경망(Artificial Neural Network, ANN)을 기반으로 하는 기계 학습 기술. 컴퓨터가 특정 업무를 수행할 때 정형화된 데이터를 입력받지 않고 스스로 필요한 데이터를 수집·분석하여 고속으로 처리할 수 있도록 한다.

• **라우터(Router)** 네트워크 간의 연결점에서 패킷에 담긴 정보를 분석하여 적절한 통신 경로를 선택하고 전달해 주는 장치. 라우터는 단순히 제2계층 네트워크를 연결해 주는 브리지 기능에 추가하여 제2계층 프로토콜이 서로 다른 네트워크도 인식하고, 가장 효율적인 경로를 선택하며, 흐름을 제어하고, 네트워크 내부에 여러 보조 네트워크를 구성하는 등의 다양한 네트워크 관리 기능을 수행한다.

• **레이저(Light Amplification by Stimulated Emission of Radiation, Laser)** 세기가 아주 강하며 멀리까지 퍼지지 않고 전달되는 단색광을 방출하는 광학 기기. 고에너지 준위를 지닌 원자를 함유한 물질을 2개의 반사경 사이에 넣어 이것을 여기 시켜 나오는 빛을 되풀이하여 왕복시키는 사이에 유도 방출이 이루어지면서 강한 빛이 방출된다. 레이저는 파장이 일정하고 결이 동일한 빛을 방출한다. 따라서, 레이저 빔은 세기가 강하고 한 가지 색을 띠며, 지름의 변화가 거의 없이 멀리까지 전달된다. 이러한 우수한 성질 때문에 광 디스크, 우주 통신, 정밀 공작, 의료, 군사, 물성 연구 등 광범위한 영역에서 이용된다.

• **레이저 레이더(Laser Radar, Lidar)** 전자파로서 레이저광을 이용한 레이더. '라이더'라고도 한다. 기존의 레이더에 비해 방위 분해능, 거리 분해능 등이 우수하다. 레이저광은 마이크로파에 비해 도플러 효과가 큰 것을 이용하여 미소한 저속도 목표물의 속도를 측정하는 레이저 도플러 레이더와 목표 물체의 분자의 라만 시프트(Raman-shift)에 의한 송신광과 다른 파장의 수신광을 검출하여 그 파장, 강도 등으로부터 대기의 성분 분석

등을 동시에 실행하는 레이저 라만 레이더 등이 있다.

- **마이크로 제어 장치(Microcontroller Unit, MCU)** 기기 등의 조작이나 프로세스를 제어하는 역할을 수행하는 집적 회로(IC). 1985년에 미국 모토롤라사가 세계 최초로 전기적 소거 및 프로그램 가능 읽기용 기억 장치(EEPROM)를 내장한 마이크로 제어 장치(MCU)의 양산에 성공하였다.

- **매시업(Mashup)** 웹에서 제공하는 정보 및 서비스를 이용하여 새로운 소프트웨어나 서비스, 데이터베이스 등을 만드는 기술로 다수의 정보원이 제공하는 콘텐츠를 조합하여 하나의 서비스로 제공하는 웹 사이트 또는 응용 프로그래밍을 말한다. 구글 지도에 부동산 매물 정보를 결합한 구글의 하우징맵스(HousingMaps)가 대표적이다.

- **미세 전자 기계 시스템(Micro-Electro-Mechanical Systems, MEMS)** 센서, 구동기 등 소형 기계 구조물에 반도체, 기계, 광 등 초정밀 반도체 제조 기술을 융합하고 미세 가공하여 전자기계적으로 동작할 수 있도록 한 마이크로 단위의 작은 부품 및 시스템 또는 이를 설계, 제작하고 응용하는 기술. 미세 전자 기계 시스템은 정보 기기의 센서나 잉크젯 프린터 헤드, HDD 자기 헤드, 프로젝터 등 초소형이면서 고도의 복잡한 동작을 필요로 하는 기기에 사용된다.

- **미터버스(Meter-bus, M-bus)** 전기, 가스, 수도 등의 원격 검침을 위한 스마트미터링(Smart Metering) 또는 AMI(Advanced Metering Infrastructure)에 사용되는 프로토콜. WM-bus는 유럽 표준(EN 13757-2, 3)에 정의되어 있다.

- **부호 분할 다중 접속(Code Division Multiple Access, CDMA)** 디지털 이동 통신 방식의 일종으로 스펙트럼 확산 기술을 채택한 방식. 미국 퀄컴(Qualcomm)사에서 제안한 북미의 디지털 셀룰러 자동차/휴대 전화의 표준 방식이다. 대역폭 1.25MHz의 부호 분할 다중 접속(CDMA) 방식을 제안하였는데, 이것을 1993년 7월 미국 전자 공업 협회(EIA)의 자율 표준 IS-95로 제정하였다.

- **블루투스(Bluetooth)** IEEE 802.15.1에서 표준화된 무선 통신 기기 간에 가까운 거리에서 낮은 전력으로 무선 통신을 하기 위한 표준. 10m 이내의 거리에서 3Mbps 정도의 데이터를 전송하는 기술로 복잡한 설정 없이도 블루투스 호환 기기라면 곧바로 인식해 동작한다. 블루투스의 적용 범위는 휴대 전화나 노트북, MP3를 비롯한 휴대용 IT 기기에서 자동차나 TV, 냉장고, 운동 기구, 의료 기기 등으로도 확대되고 있다.

- **4세대 이동통신(4th Generation Mobile Communication, 4G)** 3세대 이동통신 IMT 2000의 뒤를 잇는 차세대 이동통신 시스템으로 국제전기 통신연합(ITU)의 국제표준화 기구에서는 SBI2K(Systems Beyond IMT 2000)라는 용어를 사용한다. 휴대용 단말기를 이용해 전화를 비롯한 위성망 연결, 무선랜 접속, 인터넷 간의 끊김없는(Seamless) 이동 서비스가 가능하다. IMT 2000보다 전송 속도가 수십 배 이상 개선된 빠른 통신 속도를 바탕으로 동영상 전송, 인터넷 방송 등의 다양한 멀티미디어 서비스를 지원한다. 수십~

수백 Mbps의 전송 속도로 대용량 데이터를 송 · 수신할 수도 있다. 4세대 이동통신 서비스는 이동 중 100Mbps, 정지 중 1Gbps 전송 속도를 제공하는 무선통신 기술이다.

- **3세대 이동 통신(3rd Generation Mobile Communication, 3G)** 기존의 음성 및 패킷 전송은 물론 멀티미디어 서비스와 글로벌 로밍이 가능한 이통 통신 규격. 1980년대는 1세대로 아날로그 음성을, 1990년대에 등장한 디지털 개인 휴대 전화(PCS)는 음성과 저속의 데이터를, 2000년대 실용화된 영상 전화는 음성을 비롯하여 고속 데이터 서비스가 가능해 인터넷과 동영상 서비스를 제공하고 있다. 기존 서비스 진영의 기술이 양분되어 있고 이해가 상충되어 현재는 6개가 표준으로 승인되었다. 대표적인 표준은 동기식인 북미의 CDMA 2000, 비동기식인 유럽의 광대역 부호 분할 다중 접속(W-CDMA), 중국의 시분할 동기 코드 분할 다중 접속(TD-SCDMA) 그리고 우리나라의 와이브로(Wibro) 등이 있다. 3세대 이동 통신(3G) 서비스가 지연되면서 3.5세대 기술 개발이 완료되어 이동 시 전송 용량이 최대 14.4Mbp에 달하는 고속 하향 패킷 접속(HSDPA)도 3G와 함께 서비스를 제공하고 있다.

- **서보(Servo)** 서보메커니즘을 적용했다는 의미이며, 시스템에서 해당 기기를 시스템이 요구하는 특정 위치로 이동하거나, 특정한 수치(속도, 토크 등)만큼 가동시킬 때, 피드백이나 에러 정정을 통해 정확하게 제어할 수 있는 구조를 갖추고 있다는 의미이다.

- **셀룰러(Cellular)** 셀(cell) 구성을 갖는 이동 통신망을 통칭. 셀이란 하나의 넓은 서비스 지역을 세포 형태로 분할하여 소형 송신 전력 기지국을 설치하는 작은 구역을 가리킨다.

- **서비스 품질(Quality Of Service, QoS)** 통신 서비스에서 사용자가 이용하게 될 서비스의 품질 척도. 측정되는 품질 요소로 처리 능력, 전송 지연, 정확성 및 신뢰성 등 사용자가 받게될 서비스의 품질과 성능을 기본으로 하며, 사용자와의 이용 계약의 근거가 되기도 한다. 이외에도 통신 서비스의 품질에 관한 척도로는 망 성능(Network Performance, NP)과 체감 품질(Quality of Experience, QoE)이 있다.

- **셋톱박스 또는 방송수신기(Set-Top Box, STB)** 외부에서 들어오는 신호를 받아 적절히 변환하여 텔레비전으로 그 내용을 표시해 주는 멀티미디어 기기. 외부에서 들어오는 신호 소스는 지상파 방송, 위성 방송, 종합 유선 방송(CATV) 등은 물론 인터넷 방송인 IPTV까지 다양하고, 제공되는 콘텐츠도 영상, 음향, 데이터 등을 포함한다. 셋톱박스도 진화를 거듭하면서 매체별 셋톱박스에서 하나의 셋톱박스로 모든 기능을 수행하는 게이트웨이로서 역할을 수행할 것으로 예상하고 있다.

- **스마트미터(Smart Meter, SM)** 스마트그리드를 구성하는 요소로 일반 가정에도 전기료를 시간 단위로 측정할 수 있게 하는 전력량계. 전력 사용량을 상세하게 측정하고 원격 공급 연결/차단, 전력 품질 모니터링, 원격 검침 및 과금 등의 기능을 수행한다.

- **스마트사회(Smart Society)** 사람과 사물은 물론 사물과 사물 간에도 소통하면서 지능화된 서비스를 제공하는 환경을 말한다.

- **아르푸(Average Revenue Per User, ARPU)** 사업자의 서비스 가입자당 평균 수익. 매월 점검하는 게 일반적이며, 주로 통신서비스 사업 지표로 쓰인다. 상대적으로 비싼 요금제 상품(서비스)을 쓰는 고객이 많을수록 ARPU가 높아진다. 같은 요금제라도 무선 인터넷 같은 데이터 서비스 이용량에 따라 ARPU가 달라진다.

- **압전 구동기(Piezoelectric Actuator)** 압전은 기계적 일그러짐을 가함으로써 유전 분극을 일으키는 현상을 말한다. 0.1mm 보다 얇은 층으로 이루어진 다층 세라믹스 압전 장치는 150V보다 낮은 전압으로 높은 전기장을 형성할 수 있도록 해준다. 이런 압전 세라믹스는 직접 압전 액추에이터 사용되는데, 움직임이 0.1mm 보다 작은 움직임을 만들 수 있다.

- **에너지 하비스팅(Energy Harvesting)** 자연에 존재하는 에너지를 전기 에너지로 변환하여 사용하는 기술. 바람, 물, 진동, 온도, 태양광선 등의 자연 에너지를 전기에너지로 변환하는 것뿐만 아니라 사람이나 교량의 진동, 실내 조명광, 자동차의 폐열, 방송 전파 등과 같이 주변에 버려지는 에너지도 전기 에너지로 변환하여 사용하도록 하는 기술이다. 전자 기기들을 충전할 필요 없이 주변의 에너지를 이용하여 독립적으로 구동할 수 있다.

- **열전대(Thermocouple)** 서로 다른 종류의 금속을 접속한 것으로 열전 효과를 일으키는 금속선이다. 열전기쌍 혹은 열전쌍이라고도 한다.

- **5세대 이동통신(5th Generation Mobile Communication, 5G, IMT-2020)** 4세대 LTE-Advanced에 이은 차세대 통신 기술이다. 5세대 이동통신은 최고 전송 속도가 초당 1기가비트(Gbps) 수준이다. 초고화질 영상이나 3D 입체영상, 360도 동영상, 홀로그램 등 대용량 데이터 전송에 필수적이다. '5G 이동통신(5G, IMT-2020)'에서는 전달 속도(Latency, 지연)도 빨라진다. 전달 속도는 크기가 작은 데이터가 사용자 단말기와 기지국, 서버 등을 오가는 데 걸리는 시간을 의미한다. 5G 이동통신에서는 4G보다 10배쯤 더 빨라질 전망이다. 예를 들어, 전달 속도가 빨라지면 이동통신망을 사용하는 자율주행 자동차의 안전성이 강화된다. 데이터를 주고받는 시간이 짧아져 자동차가 장애물이나 다른 차량을 피하도록 하는 제어 속도가 빨라지는 셈이다. 멀리 떨어진 곳에서도 실제 현장에 있는 것처럼 상황을 판단할 수 있고, 아무런 지연 없이 장비나 로봇 등을 조작할 수도 있다. 5세대 이동통신은 오는 2020년경 상용화될 전망이다.

- **와이파이(Wireless-Fidelity, Wi-Fi)** 2.4GHz대를 사용하는 무선랜(WLAN) 규격(IEEE 802.11b)에서 정한 제반 규정에 적합한 제품에 주어진 인증 마크이다. 이 규격에 따라 제작된 제품 중에서 무선 네트워크 관련 기업이 만든 업계 단체인 WECA(Wireless Ethernet Compatibility Alliance)가 자체 시험을 통해 상호 접속성 등을 확인한 후 인정을 취득한 제품에 한해 이 마크를 붙일 수 있다.

- **웨이트리스(Weightless)** 기지국과 그 주변의 수천 개의 기계가 데이터 교환을 하기 위한 저전력 광역 네트워크(LPWAN) 개방형 무선 기술 표준 집합 이름. 이러한 기술은 개

발자가 저전력 광역 네트워크를 만드는 것을 가능하게 한다.

- **위치 기반 서비스(Location Based Service, LBS)** GPS나 통신망을 활용하여 얻은 위치 정보를 기반으로 여러 가지 응용 프로그램을 제공하는 서비스. 이동통신 기술이 발달함과 스마트폰 같은 모바일 기기 확산과 같이 위치 기반 서비스가 중요한 앱으로 떠오르고 있다. 교통, 물류, 전자 상거래, 게임, 광고 같은 응용 분야가 매우 넓은 서비스이다.

- **인오션(EnOcean)** 주로 건물 자동화나 산업, 교통, 물류, 스마트홈 분야의 응용에 적용되는 에너지 하비스팅(Harvesting) 무선 기술이다. 인오션 기술에 기반한 모듈은 마이크로 에너지를 초저전력 전기로 전환하는 기술과 배터리 없이 무선 센서, 스위치, 제어기, 게이트웨이 사이의 무선 통신을 가능하게 하는 기술이 결합되어 있다. 컴팩트한 패키지로 배터리 교환 등 유지보수가 필요 없을 뿐 아니라 전원 케이블, 통신 케이블도 없기 때문에 공장의 기존 설비에 추가하는 것만으로 사물 인터넷화를 실현할 수 있다.

- **인터넷 식별자(Uniform Resource Identifier, URI)** 인터넷 서비스를 전제로 한 인터넷 상의 정보 자원의 통일된 식별체계. 인터넷에서 서비스 되는 텍스트, 비디오, 음향, 이미지 또는 애니메이션 이미지 등의 식별을 위해 사용된다. 인터넷 식별자의 가장 공통적인 형식은 웹 페이지 주소로서 모든 자원 접근 메커니즘, 자원 소속 컴퓨터, 자원 명칭등을 이 형식으로 표현한다. 인터넷 식별자의 하위 집합으로는 네트워크상의 위치 식별인 인터넷 주소(URL)와 고유 이름의 식별인 URN(Uniform Resource Names) 그리고 특정 콘텐츠의 저자, 위치, 제목 등의 정보를 표현하는 메타데이터 URC(Uniform Resource Characteristics)가 있다. URL은 컨텐츠와 상관없이 단지 대상물의 위치를 알려주는 데 반해 URN은 유일, 영속, 확장 그리고 규모성 등을 제공할 수 있는 특정 콘텐츠 전용의 인터넷 ID라고 할 수 있다.

- **인터넷 주소(Uniform Resource Locator, URL)** 인터넷에서 파일, 뉴스그룹과 같은 각종 자원을 표시하기 위한 표준화된 논리 주소. 사용할 프로토콜(Http, Ftp 등), 주 컴퓨터의 이름과 주소, 파일이 있는 디렉토리 위치, 파일 이름으로 구성된다. 예를 들어, http://www.snu.ac.kr/index.html, 또는 ftp:/tb.ac.kr/pub/public.zip과 같이 표시한다. 여기에서 http와 ftp는 접속할 때 사용할 프로토콜, 뒷부분은 해당 자료가 위치한 컴퓨터의 주소와 디렉토리를 나타낸다. 즉, tb.ac.kr은 컴퓨터의 인터넷 주소가 되고, /pub/public.zip은 파일이 위치한 경로가 된다.

- **일반 패킷 무선서비스(General Packet Radio Service, GPRS)** 스웨덴 에릭슨사가 중심이 되어 개발한 세계 최초의 무선 데이터 통신 서비스. 유럽전기통신표준협회(ETSI)가 표준화한 유럽 디지털 이동 전화 방식 GSM(global system for communication)망을 기초로 한 패킷 통신 서비스를 말한다. 동시에 통화가 이루어졌을 때 이론적인 최대 속도는 171.2kbps 이지만 GPRS 이용자가 실제로 이용할 수 있는 속도는 28.8kbps로 고정 전화망의 속도와 같으며, GSM망에서 패킷 통신을 위한 기술이다. 이 서비스는 이동통신 환경에서 웹 브라우징 등 각종 인터넷 프로토콜(IP) 기반 서비스와 데이터 통신 서비스를

효과적으로 구현해 준다.

- **저전력 광역 통신망(Low-Power Wide-Area Network, LPWAN)**: 서비스 범위(커버리지)가 10이상의 광역으로 매우 넓고, 초당 최대 수백 킬로비트(kbps) 이하의 통신 속도를 제공하는 전력 소모가 적은 무선 광역 통신망. 저전력 광역 통신망은 10 킬로미터(km) 안팎의 거리에서 기지국당 수백 bps에서 수백 Kbps 정도의 통신 속도를 제공하여 사물 인터넷 전용 네트워크로 사용된다. 예를 들어, 수도 · 가스 · 전기 검침, 자전거 도난 방지, 자산 관리 등을 위해 넓은 지역에 걸쳐 산재되어 있고 생성되는 데이터의 양이 매우 적으며 교환되는 빈도가 낮아 배터리 하나로 수년 이상 동작해야 하는 사물 인터넷 기기 및 응용 분야에 매우 적합하다. LPWAN을 실현하기 위한 기술에는 ISM 면허 불필요 대역을 사용하는 로라(LoRaWAN), 시그폭스(SIGFOX) 등과 이동통신 면허 대역을 이용하는 LTE-MTC(LTE Machine-Type Communications), 협대역 사물 인터넷(NB-IoT) 기술 등이 있다.

- **전기 활성 고분자(ElectroActive Polymer, EAP)**: 전기장이 가해지면 모양이 바뀌는 고분자. 전기장이 가해지면 모양이 바뀌는 특성을 이용하여 액추에이터나 센서를 만들고, 반대로 모양을 바꾸면 전기 에너지가 발생하는 특성을 이용하여 발전기로도 활용이 가능하다.

- **전력선 통신(Power Line Communication, PLC)** 전력을 공급하는 전력선을 매개체로 음성과 데이터를 고주파 신호에 실어 통신하는 기술. 이 기술은 중/저속 분야에서 가전 기기, 조명 기기, 냉 · 난방 기기, 홈 시큐리티 시스템 제어에 사용되는 등 홈 네트워킹 솔루션으로 확산되는 추세이며, 고속 분야에서도 10Mbps를 넘는 초고속 기술이 개발되고 있어 전력선 통신의 우수성과 필요성이 대두되고 있다.

- **저전력 단거리 무선망 IPv6(IPv6 over Low Power Wireless Personal Area Network, 6LoWPAN)** 저전력, 저비용, 적은 대역폭 기반의 장치들을 기존 인터넷에 바로 연결하기 위해 IPv6 주소를 적용하는 단거리 무선망 기술. 인터넷 엔지니어링 태스크 포스(IETF) 내 6LoWPAN 작업 그룹에서 기술 표준 RFC 4944(기본), RFC 6282(헤더 압축), RFC 6775(이웃 탐색 최적화) 등을 제정하였다.

- **전파 식별(Radio Frequency IDentification, RFID)** 전파 신호를 통해 비접촉식으로 사물에 부착된 얇은 평면 형태의 태그를 식별하여 정보를 처리하는 시스템. 판독 및 해독 기능을 하는 판독기(RF reader)와 고유 정보를 내장한 RFID 태그(RFID tag), 운용 소프트웨어 및 네트워크로 구성된다. RFID 태그는 반도체로 된 트랜스폰더 칩과 안테나로 구성된다. RFID 태그는 내부 전원 없이 판독기의 전파 신호로부터 에너지를 공급받아 동작하는 수동식과 전지가 포함된 능동식이 있다. 고유 정보 기록 방식에 따라 읽기 전용(read-only)형과 판독 기록(read-write)형으로도 구분된다. RFID는 150KHz 이하 저주파로부터 5GHz 이상 마이크로파까지의 다양한 주파수대 시스템이 상용화되어 물류, 교통, 보안, 안전 등의 다양한 응용 분야에 활용된다.

- **접근점(Access Point, AP)** 무선랜을 구성하는 네트워크 장치 중의 하나로서, 유선랜 또는 이기종 망(와이브로, 3G, 4G 등)과 연결하여 무선랜 서비스를 제공하는 장치이다. 접근점은 대체로 독립형 장치로서 이더넷 허브 등에 연결하여 사용할 수 있다.

- **지그비(ZigBee)** 저속, 저비용, 저전력의 무선 망을 위한 기술. 주로 양방향 무선 개인 영역 통신망(WPAN) 기반의 홈 네트워크 및 무선 센서망에서 사용되는 기술로 지그비 협회(Zigbee Alliance)에서 IEEE 802.15.4 물리 계층(PHY, MAC) 표준 기술을 기반으로 상위 프로토콜 및 응용 프로파일을 표준화하였다. 버튼 하나의 동작으로 집안 어느 곳에 서나 전등 제어나 홈 보안 시스템 등을 제어 관리할 수 있고, 인터넷을 통한 전화 접속 으로 가정 자동화를 편리하게 달성하려는 것에서 출발한 기술이다.

- **지리 정보 시스템(Geographical Information System, GIS)** 지도 정보 시스템이라고 도 하며, 지도에 관한 속성 정보를 컴퓨터를 이용하여 해석하는 시스템. 취급하는 정보 는 인구 밀도나 토지 이용 등의 인위적 요소, 기상 조건이나 지질 등의 자연적 환경 요 소 등 다양하다. 속성 정보를 가공하여 특정 목적을 위해 해석하고 계획 수립을 지원하 며, 도시 계획, 토지 관리, 기업의 판매 전략 계획 등 여러 가지 용도에 활용된다.

- **초소형 연산 처리 장치(Micro Processing Unit, MPU)** ① 개인용 컴퓨터(PC)에서 중앙 처리 장치(CPU)와 거의 같은 의미로 사용된다. PC의 CPU는 마이크로프로세서 1개에 약 간의 주변 대규모 집적 회로(LSI)를 부가한 회로로서 그 역할을 수행하고 있다. 따라서 PC 분야에서 CPU라고 하면 인텔 i486, 펜티엄, 모토로라사의 MC 68030 등 마이크로 프로세서를 가리키는 경우가 많다. ② 모토로라사가 자사에서 만든 16비트 마이크로프 로세서인 MC 68000을 16비트 MPU, 32비트 마이크로프로세서인 MC 68030을 32비트 MPU 등으로 호칭하듯이 마이크로프로세서와 같은 의미로 사용된다.

- **초연결성(Hyperconnectivity)** 디지털 기술에 의해 사람과 사람, 사람과 사물, 사물과 사물, 온라인과 오프라인이 1:1, 1:다, 다:다로 긴밀하게 연결되는 것을 의미한다. 이에 초 연결 사회는 이전 하나의 컴퓨터(PC) · 인터넷 · 모바일 중심의 정보화 사회에서 진화하 여 온 · 오프라인 경계가 없어지고 세상의 모든 것이 연결되는 사회를 의미한다. 초연결 기술은 컴퓨터가 사람 · 사물 · 환경 속에 내재되고 지능화됨과 동시에 네트워크로 연결 되어 상황에 맞춰 적합한 서비스를 상시 제공할 수 있게 한다.

- **초연결 사회(Hyper-connected Society)** 일상생활에 정보 기술이 깊숙이 들어오면서 모든 사물들이 거미줄처럼 인간과 연결되어 있는 사회. 센서 기술과 데이터 처리 기술의 발달로 많은 데이터들이 수집되고 스마트폰 보급으로 개인을 둘러싼 네트워크는 점점 더 촘촘해지고 있다. 초연결 사회 도래는 소셜 네트워킹 서비스, 증강 현실(AR) 같은 서 비스로 이어지고 있다. 하지만 사생활 보호와 새로운 윤리, 질서 규범 정립 같은 문제도 함께 늘어나고 있다.

- **파운드리(Foundry)** 반도체 산업에서 외부 업체가 설계한 반도체 제품을 위탁 받아 생 산 · 공급하는 공장을 가진 전문 생산 업체를 지칭한다.

· **폐쇄 회로 텔레비전(Closed Circuit Television, CCTV)** 특정한 수신자에게만 서비스하는 것을 목적으로 하는 텔레비전 전송 시스템. 카메라, 모니터, 디지털 비디오 녹화기(Digital Video Recorder, DVR), 네트워크로 구성된다. 산업, 교육, 의료 및 지역 정보 서비스 등 산업 분야 전반에 이용되고 있지만 영상 보안 시스템용으로 시장이 확대되고 있다. DVR은 촬영에서 전송까지 모두 디지털로 처리하는 네트워크 비디오 녹화기(Network Video Recorder, NVR)로 발전하고 있다.

· **프락시 서버(Proxy Server)** 컴퓨터 사용자와 인터넷 사이에서 중개자 역할을 수행하는 서버로서, 보안이나 관리적 차원의 규제, 캐시 서비스 등을 제공하는 서버. 기업의 네트워크를 외부 네트워크로부터 분리시켜 주는 게이트웨이 서버, 기업의 네트워크를 외부의 침입으로부터 보호하는 방화벽 서버 등의 역할을 하거나 그 일부가 된다. 또 프락시 서버에 요청된 내용들을 캐시를 이용하여 저장해 둔다. 이렇게 캐시를 해 둔 후에, 캐시 안에 있는 정보를 요구하는 요청에 대해 원격 서버에 접속하여 데이터를 가져올 필요가 없어 전송 시간을 절약할 수 있으며, 불필요하게 외부와 연결을 하지 않아도 된다. 또한 외부와의 트래픽을 줄여 네트워크 병목 현상을 방지하는 효과도 얻을 수 있다.

· **티비싱(TVshing=TV+Smishing)** TV와 셋톱박스의 통신을 가로채 원래 방송자막 대신 공격자의 자막을 송출하는 기법이다.

사물 인터넷의 주요 기술

5.1 센서 기술 / 5.2 센서 디바이스 플랫폼 기술
5.3 초연결 네트워크 인프라 기술 / 5.4 데이터/사물 인터넷 통합 플랫폼 기술

사물 인터넷 세상에서 사물 간의 연결은 복잡해지고 중요해지고 있다. 사물 인터넷은 "각종 사물에 컴퓨터 칩과 통신기능을 내장하여 인터넷으로 연결하는 기술"이라고 정의할 수 있다. 이 정의에 따르면, 사물은 임의의 소형 컴퓨터 디바이스가 내장될 수 있는 모든 물체를 의미한다. 예를 들어, 스마트폰, 태블릿, 스마트안경, 스마트밴드, 스마트시계 등의 모바일 디바이스로부터 차량, CCTV, 가전제품, 드론 등을 포함하여 심지어 ICT와 관련 없는 가로등, 전등, 책상, 의자 등에 이르는 모든 물체가 사물에 포함될 수 있다. 이러한 다양한 종류의 물체들이 내장되는 컴퓨팅 디바이스를 통해 특별한 기능을 구현할 수 있게 된다. 구체적으로 사물에 내장되는 컴퓨팅 디바이스는 센서, 통신 모듈, 데이터 처리 모듈, 전원으로 구성되어 사람의 관여 없이 자율적으로 새로운 정보를 생성하고 전달하며, 이렇게 모인 정보를 이용하여 새로운 의미를 갖게 한다.

일반적으로 사물 인터넷의 핵심 기반 기술은 센싱 기술, 네트워킹 기술, 서비스 인터페이스 기술로 구분된다. **센싱** 기술은 다양한 센서를 이용하여 원격 감지, 위치 및 모션 추적 등을 통해 사물과 주위 환경으로부터 정보를 획득하는 기능이다. **네트워킹** 기술은 인간과 사물, 서비스 등 분산된 환경 요소들을 서로 연결하는 유·무선 네트워킹 기능이다. **서비스 인터페이스** 기술은 사물 인터넷의 주요 구성 요소를 통해 특정 기능을 수행하는 응용 서비스와 연동하는 역할로, 정보의 검출, 가공, 정형화, 추출, 처리 및 저장 기능을 의미하는 검출 정보 기반 기술과 위치 정보 기반 기술, 보안 기술, 데이터 마이닝 기술, 웹 서비스 기술 등으로 구성된다.

한편, 가트너(Gartner)는 사물 인터넷 실현을 위해 필요한 핵심 기술로 **저전력 네트워킹** 기술, **센싱 데이터 경로 최적화 및 관리** 기술, **저전력 내장형 운영체제(OS)** 기술, 새로운 **전력 공급 및 저장** 기술, **저가격·저전력 프로세서** 기술 등 5개 요소를 지목하고 있다([표 5-1] 참조).

[표 5-1] 가트너의 사물 인터넷 핵심 기술

요소 기술	개요
저전력 네트워킹 기술	사물의 통신방식에 따라 단말에서 지원되는 통신반경, 데이터 전송율, 단말 가격, 소모전력이 많이 달라짐. 데이터 전송율은 낮지만 저전력을 사용하는 지그비, 블루투스 LE, Sub-GHz방식의 802.11ah 및 지-웨이브(Z-Wave) 방식이 사용되고 있음.
센싱 데이터 경로 최적화 및 관리 기술	사물 인터넷 서비스는 수많은 단말로 구성되고, 단말 간 데이터 전송이 빈번하게 발생할 수 있어 단말의 전력 소모가 많아지게 됨. 이러한 환경에서 저전력 네트워킹 수행을 위해 데이터의 경로 설정 및 흐름 제어 등의 데이터 전송 효율화 기술이 중요.
저전력 내장형 운영체제 기술	사물 단말에 사용되는 저가격·저전력 하드웨어 모듈은 제한적 메모리와 성능을 가지게 되며, 이에 따라 데이터 수집 및 데이터 전송을 효율적으로 관리해 주는 경량운영체제가 필요. TinyOS, Contiki, NanoQplus 등의 경량운영체제가 사용되고 있음.
새로운 전력공급 및 저장 기술	사물 인터넷 단말들은 직선뿐 아니라 곡선 등 다양한 형태를 가지며, 이를 위한 플렉시블(flexible) 전력공급 장치와 보다 장기간 사용할 수 있는 고밀도 배터리 기술이 필요. 또한 반영구적인 사용을 위해 전력을 자가 생산하거나 무선 충전하는 기술이 요구됨.
저가격·저전력 프로세서 기술	단말의 빠른 확산을 위해 제품의 가격이 낮아야 큰 저항 없이 소비자의 삶에 스며들 수 있어 단말 재확산에 선순환을 가져올 수 있음.

출처: ETRI(Gartner 자료 인용), 재구성

특히, 한정된 전원으로 단말에서 최대한 오래 견딜 수 있는 저전력 혹은 전원 공급 기술과 시장에 빠르게 확산될 수 있는 저가격의 단말 개발 기술은 중요하다.

반면, 닉 웨인라이트(Nick Wainwright)는 사물 인터넷을 [그림 5-1]과 같이 센서, 네트워크, 데이터, 서비스의 융합으로 정의하였다. 이는 사물에 설치된 센서를 이용하여 새로운 데이터를 수집하고, 네트워크를 통해 사람이나 사물들에 데이터를 전송하며, 전송된 데이터를 활용하여 서비스가 가능할 때, 비로소 사물과 사물 간의 연결이 의미 있음을 표현하고 있다. 사물 인터넷 분야에서 서비스 확산에 요구되는 센서, 네트워크, 데이터, 서비스 기술에 대한 해결책을 찾기 위해 센서 디바이스 플랫폼, 네트워크 인프라, 사물 인터넷 통합 플랫폼, 사물 인터넷 서비스 기술에 대한 연구개발 및 표준화 작업이 활발히 진행되고 있다.

사물 인터넷의 핵심 기반 기술은 '4.2 사물 인터넷을 가능하게 하는 기술'에서 살펴보았으므로, 이 장에서는 닉 웨인라이트의 사물 인터넷 핵심 기술인 **센서 디바이스 플랫폼** 기술, **초연결 네트워크 인프라** 기술, **데이터/사물 인터넷 통합 플랫폼** 기술을 살펴본다. 그리고 사물 인터넷 서비스는 스마트홈, 헬스케어, 스마트그리드, 스마트농장, 스마트자동차, 스마트공장 등 다양하며 응용 분야에 따라 세부적인 부분의 차이가 있어 이 장에서 자세히 다루지 않는다. 사물 인터넷 서비스 확산 방향에 대해 6장에서 살펴보고, 부가가치 창출 가능

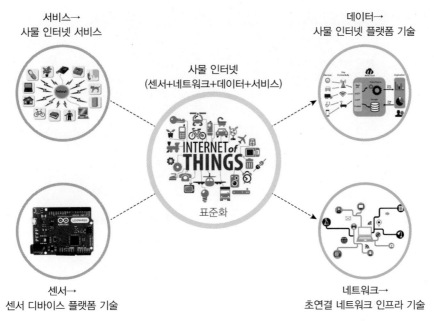

서비스→
사물 인터넷 서비스

데이터→
사물 인터넷 플랫폼 기술

사물 인터넷
(센서+네트워크+데이터+서비스)

표준화

센서→
센서 디바이스 플랫폼 기술

네트워크→
초연결 네트워크 인프라 기술

[그림 5-1] 사물 인터넷의 개념 및 핵심 기술 구성

성이 높은 스마트자동차는 4부에서 4차 산업혁명의 근간이 되는 스마트공장은 5부에서 자세히 살펴본다.

5.1 센서 기술

사물 인터넷의 기본 구성요소는 센서, 내장 프로세서, 유 · 무선통신 및 SW · 응용 프로그램 · 플랫폼으로 이루어져 있다. 이 중에서 **센서**(Sensor)는 이미지, 동작, 소리, 빛, 열, 가스, 온도, 습도 등 주변의 물리 · 화학 · 생물학적 정보를 감지하여 전기적 신호로 변환하는 장치로, 데이터를 수집하고 이를 처리하여 전달하는 기능을 수행한다([그림 5-2] 참조). 인간으로 비유하면 감각기관들이라고 할 수 있다. 인간의 뇌는 감각기관들이 보내온 데이터, 즉, 보고 듣고 냄새 맡고 맛보고 만져보면서 얻은 정보를 처리한다. 수십 종류의 센서가 이와 유사한 일을 인간보다 더 잘하고 있으며 계속 진화하고 있다.

[그림 5-2] 센서 시장 전망

예를 들어, 자동차를 타고 가다가 앞차가 급정거를 하는 경우, 충돌 방지 레이더나 충돌 방지 센서, 카메라 등이 이를 감지한다. 단거리 레이더인 라이더(Laser Radar, LIDAR)나 장거리 극초단파 레이더가 앞차와 뒤차의 움직임을 감지하고, 카메라는 시각적으로 확인하여 위험을 감지한다. 위험이 감지되면 자동차의 제동과 관련된 부품에 신호를 보내 브레이크 패드(Brake Pad)와 디스크 브레이크(Disc Brake) 사이의 간격을 미리 좁혀놓는 등의 준비를 한다. 이 센서들이 제 역할을 하면 급정거 시에 앞차와 충돌할 일이 대폭 줄어들게 된다. 여기서 제 역할은 센서와 사물 인터넷, 인공 지능 알고리즘 등의 협업으로 수행되며, 관련 기술이 더 발전되면 자율주행 자동차가 된다.

2017 소비자 전자제품 박람회(Consumer Electronics Show, CES)에서 미국 일리노이 대학 (UIUC) 재학생 5명이 만든 앰버 애그리컬쳐(Amber Agriculture) 회사가 내놓은 농업 센서는 최고의 스타트업으로 뽑혔다. 이 센서는 곡물을 저장하는 창고(Silo)에 설치해 온도와 습도를 감지하고, 잘 보관되고 있는지 출하하기에 적정한지를 평가하는 데이터를 스마트폰으로 보낸다. 따라서 사람이 일일이 창고의 곡물 상태를 확인할 필요가 없다.

미세 전자 기계 시스템 기술, 반도체 SoC 기술, 내장형 소프트웨어 기술의 발전으로 과거보다 지능화된 스마트센서가 널리 활용되고 있다. 스마트센서는 마이크로 센서 기술에 반도체 기술을 결합시킨 것으로 우수한 데이터 처리 능력, 판단 기능, 메모리, 통신 기능 등을 내장하고 있어 그 활용 범위가 커지고 있다([그림 5-3] 참조).

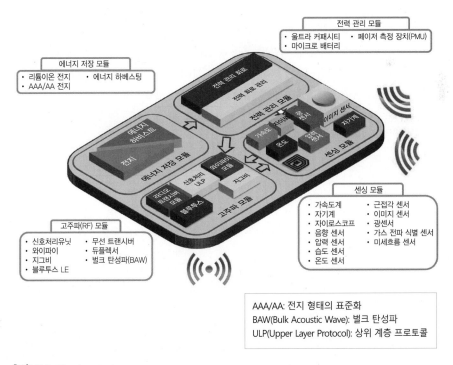

출처: Yole Development

[그림 5-3] 사물 인터넷 무선 센서의 구성

스마트라는 이름이 붙는 거의 모든 곳에 센서가 동작하고 있다. 최신 냉장고에 온도, 습도, 노크(Knock), 동작 감지, 거리 측정, 문 여닫기 등의 20가지 센서가 부착되어 있다. 스마트폰에 탑재된 센서의 수도 약 20개에 이르고, 자동차의 경우 약 200개 이상, 스마트홈에는 수백 개의 센서가 설치되어 데이터를 수집한다. 또한, 착용형 기기에서 활용도가 높아지고 있으며, 의료 및 건강, 가전, 공장, 도시, 환경 등 새로운 분야에도 센서들이 설치되어 활용되고 있다.

일본의 조사기관인 닛케이 베리타스(Nikkei Veritas)는 빛, 열, 먼지, 압력, 속도, 전자파, 자기, 중력, 위치, 맛, 생체신호 등을 감지하는 진화된 센서들이 개발되어 사용될 것으로 예측하였다. 이 센서들이 데이터를 수집하면 사물 인터넷은 신경망 도로와 같은 역할로 데이터를 전송하고, 대용량 데이터 처리장치들은 이 데이터를 효율적으로 저장한 후 분석한다. 인공 지능 알고리즘과 프로그램은 뇌처럼 추론 및 판단을 한 후 최적의 해결책을 제시하게 된다.

인텔, 휴렛패커드, 보쉬, 퀄컴 등 다양한 분야의 기업들은 향후 10년 이내에 지구상에 사용되는 센서의 개수가 1조 개를 넘어설 것으로 전망하고 있다. 현재 기술적으로 구현 가능한 센서의 종류는 약 350여종에 이른다. [표 5-2]는 사물 인터넷 플랫폼 업체인 리벨리움(Libelium)이 센서의 응용을 12개의 분야로 구분한 것이다.

[표 5-2] 사물 인터넷 서비스 부문별 센서 응용 예

분야	응용 예	구체적 응용	활용 센서
스마트 시티	구조적 건전성	– 빌딩, 다리 등 구조물 상태 모니터링	균열 검출, 균열 전파, 가속도계, 선형변위 센서
	스마트조명	– 날씨 적응형 가로등 조명	광 센서(LDR), 구동기 릴레이
스마트 환경	산불 조사	– 연소가스 및 화재예방 조건 모니터링	CO, CO_2, 온도, 습도 센서
	공기 오염	– 공장 CO_2 배출, 차량 오염가스 배출 등 제어	NO_2, SH_2, CO, CO_2, 탄화수소, 메탄 검출 센서
스마트 계측	스마트그리드	– 에너지 소비 모니터링 및 관리	전류 및 전압 센서
	저장 탱크 관리	– 저장탱크에서의 물, 오일, 가스 감시	레벨 센서(수위검지기), 초음파 센서(용량 측정)
안전·긴급	주변 접근 제어	– 제한구역 내 침입자 감시 및 접근 제어	적외선(Pyroelectric Infrared Ray, PIR), 홀효과(창문 등), RFID · NFC 태그
	폭발 · 유해가스	– 산업 환경에서 가스 레벨 및 누출 감시	O_2, H_2, CH_2, 이소부탄, 에탄올 검출 센서
소매	공급망 제어	– 저장 제품 상태 모니터링 및 제품 이력 추적	RFID · NFC 태그
	제품 관리	– 선반, 창고에서의 제품 회전 제어	하중 센서(로드 셀), RFID · NFC 태그

물류	선적물 품질 감시	- 진동, 컨테이너 개방, 저온유통 등 모니터링	빛, 온도, 습도, 충격, 진동 가속도계 센서
	근접 저장 회피	- 인화성 제품을 보관한 컨테이너의 경고 발령	O_2, H_2, CH_4, 이소부탄, 에탄올, RFID · NFC 태그
산업 제어	사물 통신 응용	- 기계 자가 진단 및 자산 통제	전압, 진동, 가속도계, 전류 센서
	실내 공기 품질	- 화학공장 내부 독가스 및 산소 수준 감시	CO, CO_2, NH_3, NO_2, SH_2, O_3 검출 센서
스마트 농업	그린하우스	- 과일 생산 및 품질제고를 위한 농작물 생육환경 제어	토양 온도, 습도, 잎 습기, 기압, 일사량 센서
	와인 품질 제고	- 포도 당도 제어를 위한 토양 수분 모니터링	
스마트 동물 농장	새끼 돌봄	- 생존 및 건강을 위한 새끼 성장 환경 제어	CH_4, SH_2, NH_3, 온도, 습도 센서
	동물 추적	- 개방 목장에서 동물 위치 파악 및 식별	수동태그(RFID, NFC), 능동태그(Zigbee, WiFi 등)
스마트 홈	에너지 · 물 사용	- 에너지 · 물 공급과 소비 모니터링	전류 및 전압 센서, 액체유동 센서
	원격 제어 가전	- 원격으로 가전제품 제어	구동기 릴레이
헬스 케어	의료용 냉장고	- 백신, 의약품 저장 냉장고의 상태 제어	빛, 온도, 습도, 임팩트, 진동, 가속도계 센서
	환자 모니터링	- 병원 및 환자 자택에서 환자 상태 모니터링	ECG(심전도), 펄스, 가속도계, 호흡 센서

출처: Libelium(2014) 요약 발췌, 재정리

5.2 센서 디바이스 플랫폼 기술

사물 인터넷을 구현하는 데 필요한 기술은 다양하지만 가장 중요한 것 중 하나가 플랫폼 (Platform)이다. 플랫폼이라는 용어는 기차 플랫폼 등 일상생활에서도 많이 사용되지만 여기서는 사업 환경에서의 플랫폼을 의미한다([그림 5-4] 참조). 플랫폼을 간단히 정의하면 '다양한 제품이나 서비스를 제공하고 사용하기 위한 토대'이다. 이러한 플랫폼의 개념은 다양한 분야에서 사용되고 있으며 컴퓨터 분야로 확대하면, 플랫폼은 소프트웨어 응용 프로그램들을 실행하는 데 쓰이는 하드웨어와 소프트웨어의 결합이다. 플랫폼은 하나의 운영체제 또는 컴퓨터 아키텍처라고 할 수 있으며, 이 두 가지를 통칭할 수도 있다. 즉, 플랫폼은 소프트웨어를 실행할 수 있는 기반이다.

출처: https://pixabay.com/p-1306030/?no_redirect

[그림 5-4] 플랫폼

예를 들면, 마이크로소프트 윈도우, 리눅스, 맥(Mac) OS X 같은 개인용 컴퓨터의 운영체제나 iOS, 안드로이드 같은 스마트폰의 운영체제는 다양한 응용 프로그램을 개발할 수 있는 소프트웨어 개발 플랫폼이 된다.

일반적으로 컴퓨터 플랫폼은 컴퓨터의 아키텍처, 운영체제, 프로그램 언어, 그리고 관련 프로그램 실행 시 활용되는 라이브러리(Runtime Library)나 그래픽 사용자 인터페이스(GUI)를 포함하며, 소프트웨어 중에서도 핵심적이기 때문에 기술적으로 어려운 부분이다. 사물 인터넷은 ICT 기술을 활용해 사람과 개체들을 연결하고 여기서 얻어진 데이터를 통해 부가가치를 창출하는 것으로 이 과정에 다수 기업이 참여하게 되고 필연적으로 이들을 연결하고 부가가치를 만드는 플랫폼의 역할이 중요하다.

사물 인터넷에서 **센서 디바이스**는 칩셋과 모듈을 이용하여 통신이 가능하고, 주변상황을 인지하는 센서가 포함되며, 간단한 데이터 처리를 수행하는 경량 소프트웨어가 포함된 형태를 의미한다. 이러한 센서 디바이스는 주변상황에 대한 새로운 데이터를 수집하고 사용자 또는 사물 인터넷 플랫폼으로 전송하여 다양한 서비스 개발을 가능하게 한다. 센서 디바이스 기술은 세부적으로 프로세서, 통신 모듈, 센서 모듈, 구동기 모듈로 구성되며, 내부 모듈을 용이하게 활용할 수 있도록 **개방형 응용 프로그래밍 인터페이스**(Open Application Programming Interface, Open API) 소프트웨어도 포함하고 있다.

다양한 종류의 센서 디바이스를 필요로 하는 사물 인터넷 서비스 개발을 효율적으로 지원할 수 있는 이런 개방형 센서 디바이스 플랫폼이 크게 각광받고 있다. **개방형 센서 디바이스 플랫폼**(Open Sensor Device Platform)은 센서 디바이스의 기능을 쉽게 이용하고 센서 내부 모듈에 대한 접근 및 제어를 효율적으로 제공할 수 있는 개방형 응용 프로그래밍 인터페이스 소프트웨어를 오픈 소스(Open Source) 기반으로 제공하고 있다. 따라서 서비스 개발자들은 개방형 응용 프로그래밍 인터페이스를 이용하여 자신이 원하는 서비스들을 손쉽게 개발할 수 있을 뿐만 아니라, 센서 디바이스에 대한 제어도 훨씬 간편하게 이용할 수 있다. [표 5-3]은 최근에 주로 활용되고 있는 대표적인 개방형 센서 디바이스 플랫폼의 주요 특징을 보여주고 있다.

[표 5-3] 대표적인 개방형 센서 디바이스 플랫폼 사례

센서 디바이스 플랫폼		기업	주요특징
아두이노 (Arduino)		아트멜 (Atmel)	– ATMega 계열 저전력 프로세서 이용 – 아두이노 통합 개발 환경 제공, C++ 언어 기반 개발(넓은 사용자) – 윈도, 리눅스, 맥 OS X의 크로스 플랫폼 지원 – http://www.arduino.cc
라즈베리 파이 (Rasberry Pi)		브로드컴 (Broadcom)	– Broadcom BCM2835 Soc, ARM Cortex-A7 0.9Ghz 프로세서 – 이클립스(Eclipse) 같은 기존의 통합 개발 환경 이용 – 리눅스 운영체제 플랫폼 중심, 파이썬(Python) 언어 기반 개발 – http://www.raspberrypi.org
비글보드 (Beagle Board)		텍사스 인스트루먼트 (Texas Instruments, TI)	– ARM Cortex-A8 시리즈 프로세서 이용 – 이클립스 같은 기존의 통합 개발 환경 이용 – 리눅스, 안드로이드 운영체제(Ardroid OS) 플랫폼 – http://Beagloboard.org
갈릴레오 (Galileo)		인텔(Intel)	– Intel Quark X1000 프로세서 이용 – 아두이노 통합 개발 환경 호환 지원 – 윈도, 리눅스, 맥 OS X 플랫폼 지원 – http://software.intel.com/en-us/iot/hardware/galileo

출처: www.iitp.kr

5.3 초연결 네트워크 인프라 기술

사물 인터넷은 기존의 유·무선 인터넷보다 확장된 개념으로 사물 간의 연결을 포함하여 통신의 범위가 크게 확대됨을 의미한다. 부호 분할 다중 접속(Code Division Multiple Access, CDMA), 광대역 부호 분할 다중 접속(Wideband Code Division Multiple Access, Wideband CDMA, WCDMA), 와이파이, LTE 등의 무선통신 기술은 사람들 간의 고속 무선인터넷을 가능하게 한 반면, 지그비, 블루투스, NFC 등의 저전력·저비용 근거리 무선통신 기술은 사물 간의 네트워크 인프라 구축을 가능하게 한다. 사물 인터넷은 기존의 유·무선 통신기술과 근거리 무선통신 기술을 융합하여 네트워크 인프라를 구축하게 된다. 또한 저비용·저전력이 가능하고, 폭넓은 통신 커버리지, **서비스 품질**(Quality Of Service, QoS)이 보장되며, 보안에도 강한 새로운 사물 인터넷 전용 네트워크 구축을 위한 기술도 관심이 크게 증가하고 있다.

국내는 이동통신사들이 중심이 되어 사물 인터넷 네트워크 인프라 구축을 주도하고 있다. SKT는 사물 인터넷 관련 다양한 표준화 기구에 참여하여 LTE 망의 이용방법을 모색하고 있으며, KT는 노키아와 함께 LTE-M(Machine) 기술에 대한 표준화를 추진하고, LG U+는 스마트홈 시장과 관련하여 지-웨이브 규격을 활용하고 있다. [표 5-4]는 사물 인터넷 네트워크 인프라의 초소형·저전력·저비용의 제약 조건을 고려하여 활용되는 지그비, 블루투스, 지-웨이브, 와이파이 기술의 특징을 보여준다.

[표 5-4] 사물 인터넷 네트워크 인프라를 위한 주요 네트워크 방식 및 특징

네트워크 방식	주요 특징
지그비	- IEEE 802.15.4 PHY 표준, 그물형 망(Mesh Network) - 초소형, 저비용, 저전력의 무선 센서 네트워크 구축 가능 - 블루투스 방식과 경쟁 - 868mhz(20kbps), 915MHz(40kbps), 2.4GHz(205kbps) - 통신거리 10~100m
블루투스	- IEEE 802. 15.1 - 초소형, 저비용, 저전력(Bluetooth Low Energy), 방사형 망(Star Network) - 블루투스를 채택한 다양한 제품들 존재(마우스, 키보드, 이어폰, 스피커) - 2.4~2.485GHz의 단파 UHF 전파 이용 - 통신거리 10m 이내(블루투스 5에서는 더 길어짐)
지-웨이브	- 스마트홈 서비스를 위해 개발된 표준(유럽 중심의 지-웨이브 연합), 그물형 망 - 저비용, 저전력의 무선 센서 네트워크 구축 가능 - 869MHz(9.6kbps), 908MHz(40kbps) - 통신거리 30m

	– IEEE 802.11 표준, 방사형/그물형 망
	– 무선 인터넷을 가능하게 해주는 접근점(Access Point, AP) 근처에서만 이용 가능
와이파이	– 고속(~54Mbps) 무선 네트워크 구축 가능, 이기종 접속 장치 간 로밍 불가
	– 지그비, 블루투스에 비해 고비용/고전력 소모
	– 접속 장치와의 통신거리 100m

출처: www.iitp.kr

5.4 데이터/사물 인터넷 통합 플랫폼 기술

사물 인터넷 플랫폼은 기본적으로 상호 이질적인 센서 디바이스들에 대한 연결 방법, 제어 기능, 대규모로 수집되는 데이터에 대한 효율적인 수집 · 저장 관리 기능, 수집된 대용량 데이터를 효율적으로 검색 · 분석 · 시각화 기능, 웹 등을 이용한 개방형 서비스 제공 등을 수행한다. 각 기능에 대해 살펴보면 다음과 같다.

■ 이기종 센서 디바이스 연결 및 제어

이기종 센서 디바이스들을 효율적으로 연결하기 위한 사물 인터넷 플랫폼의 핵심 기술로서, **센서 디바이스 플랫폼**, **초연결 네트워크 인프라** 기술, **통신 프로토콜** 등이 필요하다. 통신 프로토콜은 MQTT(Message Queuing Telemetry Transport), 단순 객체 접근 프로토콜(Simple Object Access Protocol, SOAP), TCP/IP(Transmission Control Protocol/Internet Protocol), HTTP 등이 이용된다.

예를 들어, 개방형 공간 정보 컨소시엄은 센서 디바이스들의 기능을 웹 기반 개방형 응용 프로그래밍 인터페이스로 제공하기 위해 센서 디바이스에 내장 가능한 센서씽스(SensorThings) 응용 프로그래밍 인터페이스 표준을 제정하고 있다.

■ 사물 정보 수집 및 저장

센서 디바이스가 내장된 사물들의 수가 증가할수록 사물들이 생성하는 데이터 양도 증가할 것이며, 텍스트, 오디오, 이미지, 동영상 등과 같이 데이터 형식도 다양해질 것이다. 사물 인터넷 플랫폼은 대용량이면서 다양한 형식을 가진 센서 데이터를 효율적으로 수집하고 저장하기 위한 방법을 제공한다. 특히, 실시간 처리가 필요한 데이터에 대해 메인 메모리 기반 데이터 저장 관리, 배치 처리가 필요한 데이터에 대해 데이터베이스 기반 데이터 저장 관리 방법 등을 제공한다. 대규모 데이터 처리가 필요한 경우, 클라우드 인프라 기반의 분산 빅 데이터 저장 관리 방법을 제공하기도 한다.

■ 사물 정보 검색 · 분석 · 시각화

사물들로부터 광범위하게 수집되거나 축적된 데이터를 분석하여 지능형 서비스를 제공하기 위해 활용한다. 스트림 처리를 포함한 실시간 분석 및 배치 분석을 제공하며, 축척된 데이터 규모에 따라 빅 데이터 분석도 제공한다. 사물 인터넷 서비스에 따라서 필터링, 통계, 데이터 마이닝, 의미 분석 등의 다양한 분석 기법들이 제공된다. 최근에 사물 정보 분석 결과의 효과적인 시각화를 위해 구글맵(Google Maps) 서비스와 같이 지도 매핑 기능을 융합한 **히트맵**(Heatmap) 분석도 이용되고 있다([그림 5-5] 참조).

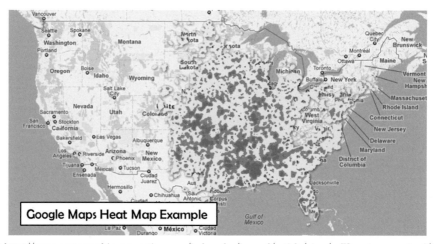

출처: http://www.cartographicperspectives.org/index.php/journal/article/view/cp72-peterson-et-al/479

[그림 5-5] 1950~2010까지 토네이도 이동을 추적한 히트맵

■ 사물 정보의 개방형 웹 서비스

사물 인터넷 플랫폼은 서비스의 개발을 효율적으로 지원하기 위해 자신이 보유한 기능들을 개방형 응용 프로그래밍 인터페이스를 통해 외부에 지원할 수 있어야 한다. 개발자들은 이러한 개방형 응용 프로그래밍 인터페이스를 기반으로 사물 인터넷 플랫폼 기능을 활용하거나 외부 시스템과의 매시업 작업 등을 용이하게 하여 사물 인터넷 서비스를 효율적으로 개발할 수 있다. 예를 들어, SWE(Sensor Web Enablement)는 사물 정보 수집 및 제어와 관련된

웹 서비스 응용 프로그래밍 인터페이스 표준을 제시하고, 구글맵에서 제공되는 개방형 응용 프로그래밍 인터페이스와 매시업되어 활용된다.

대규모 사물들과 대용량 데이터를 효율적으로 처리할 수 있는 개방형 사물 인터넷 플랫폼을 기반으로 사물 인터넷의 시장은 지속적으로 확산되고 있다([그림 5-6] 참조).

[초연결 사회(Hyper-connected Society)를 준비]

사물 통신 (M2M)	사물 인터넷 (IoT)	만물 인터넷 (IoE)
· 물류/자판기 · 바코드(POS) · 원격검침기 · 주차장, 교통신호 · CCTV 등	· 모바일 · 센서 네트워크 · RFID · 콘텐츠 · 2차원 바코드 · NFC 등	〈사람-사물-공간〉 · 클라우드 · 커넥티드 카 · 스마트그리드 · 스마트공장 · GPS, LBS, GIS 등 · 빅 데이터

[스마트 상호 연결 제품(Smart Connected Product)]

스마트 상호 연결 제품
- 다 대 다(Many-to Many) 연결
- 허브 앤 스포크(Hub and Spoke) 연결
- 간헐적(Intermittent) 연결

스마트 제품
- 디지털 사용자 인터페이스 (상호작용 가능)
- 소프트웨어(생각 가능)
- 센서(감지 가능)
- 전자 및 제어(처리 가능)

물리적 제품 / 전기적 / 기계적

사물 인터넷의 핵심 키워드: 사물, 연결, 서비스(사물을 상호 연결하여 어떤 서비스를 제공할 것인가?)

M2M(Machine to Machine): 사물 통신
IoE(Internet of Everything): 만물 인터넷
RFID(Radio Frequency IDentification): 전파 식별
CCTV(Closed Circuit Television): 폐쇄 회로 텔레비전
NFC(Near Field Communication): 근거리 무선 통신
GPS(Global Positioning System): 위성 위치 확인 시스템
LBS(Location Based Service): 위치 기반 서비스
GIS(Geographical Information System): 지리 정보 시스템

출처: https://www.slideshare.net/ssuser4adfd7/io-t-case-study-integral-modular-62470199 재편집

[그림 5-6] 사물 인터넷과 사물 인터넷 플랫폼

5.4.1 사물 인터넷 아키텍처

사물 인터넷의 특징은 사물 스스로 데이터를 수집하고 전달하는 것이다. 사물이 네트워크에 연결됨으로써 고부가 서비스가 가능해졌고, 이러한 사물을 사용한 다양한 형태의 서비스가 거의 모든 산업에서 나타나고 있다. 체계적인 사물 인터넷 아키텍처가 구성되면, 효율적인 사물 인터넷 서비스 제공도 가능하다.

① 사물 인터넷 모델의 변화

사물 인터넷 개념이 나오기 이전에도 사물을 활용한 정보 수집은 존재했지만, 필요에 의해 사물이 별도의 네트워크에 연결되었고 수집되는 데이터도 제한적이었다. 즉, 미리 정의된 필요한 데이터만 수집하고 수집하는 데이터 양도 적으며, 데이터 활용 방식도 한정되어 있었다. 하지만 최근 빅 데이터 기술에 의해 데이터 속에서 사람들이 생각하지 못한 행동 양식이나 가치(insight)를 찾아낼 수 있게 되면서 데이터를 수시로 수집할 수 있는 사물 인터넷에 대해 관심을 더 갖게 되었다.

또한 기존에는 각 산업이나 서비스에서 직접적으로 필요한 정보만을 수집하다 보니 소프트웨어의 규모가 크지 않았지만, 최근 다양하고 방대한 양의 정보가 수집되면서 이를 처리해야 하는 소프트웨어의 규모나 기능이 커지고 그에 적합한 아키텍처도 다양해지고 있다. 정보를 한 곳으로 모았다가 다시 필요한 곳으로 제공하는 중앙 집중식 클라우드 형태가 많이 사용되고, 분산 클라우드 형태의 사물 인터넷도 많이 연구되고 있다([그림 5-7]).

2005년 이전	현재	2025년 이후
폐쇄형 중앙집중식 사물 인터넷 네트워크	개방형 접근 사물 인터넷 네트워크, 중앙집중식 클라우드	개방형 접근 사물 인터넷 네트워크, 분산 클라우드

출처: "분산형 데이터베이스 기반 비중앙식 IoT 플랫폼을 이용한 스마트 홈 서비스"

[그림 5-7] 사물 인터넷 모델 변화

② 사물 인터넷 아키텍처의 기본 구성

사물 인터넷은 사물 기반이기 때문에 내장형 아키텍처와 유사하게 보일 수 있다. 하지만 사물이 인터넷에 연결되어 있고 다양한 데이터를 수집하는 것이 주목적이기 때문에 내장형 아키텍처와 다소 차이가 있다. 인텔에서는 사물 인터넷 아키텍처 구성도를 제시하고 사물 인터넷 아키텍처의 특징을 5가지로 정의하였으며, 이러한 특징을 고려하여 소프트웨어를 설계하도록 안내하고 있다([그림 5-8], [표 5-5] 참조).

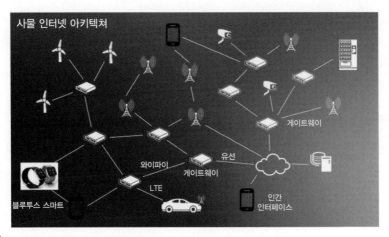

출처: Intel

[그림 5-8] 사물 인터넷 아키텍처 구성도의 예

[표 5-5] 인텔에서 제시하는 사물 인터넷 아키텍처의 특징

구분	내용
확대성(Expansion)	다량의 디바이스 지원
자율성(Autonomy)	사람의 제어가 거의 불필요
탄력성(Resiliency)	장애를 극복하고 기능을 지속적으로 수행
내구성(Durability)	장시간 사용에도 견딜 수 있는 성능
접속성(Connectivity)	사물 간 (M2M) 또는 사람과 사물 간의 원활한 통신

출처: www.seminartoday.net

[그림 5-9] 사물 인터넷 게이트웨이

사물 인터넷으로 연결된 디바이스는 일반적으로 게이트웨이를 거쳐 시스템으로 연결된다. 무선 네트워크 노드에서 수집된 정보가 게이트웨이에서 걸러져서 빅 데이터로 저장되고 필요한 서비스에 제공된다([그림 5-9] 참조).

③ 사물 인터넷 서비스 아키텍처

사물 인터넷 서비스의 주요 기능은 자원 및 서비스 관리, 수집 데이터의 가공 및 처리, 사물 인터넷 보안 인증 등이 있다. 이러한 서비스는 맞춤형 서비스인 응용 서비스형, 빅 데이터 기반으로 데이터 분석 정보를 제공하는 지식정보(Semantics & Knowledge)형, 사물 인터넷과 소프트웨어의 인증, 연동 등을 제공하는 보안인증(Security & Privacy)형 등이 있다. 이를 기반으로 [그림 5-10]과 같은 사물 인터넷 서비스 아키텍처가 구성될 수 있다.

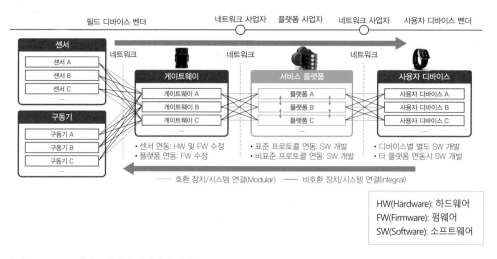

출처: KT - IoT 서비스 플랫폼 아키텍처 분석

[그림 5-10] 사물 인터넷 서비스 아키텍처

[그림 5-10]을 살펴보면, 센서 등을 통해 수집된 데이터는 게이트웨이를 통해 전달되고, 사용자에게 제공되는 서비스별로 별도의 서비스 플랫폼을 가지게 된다. 사물 인터넷 서비스 플랫폼은 앞 단의 사물 인터넷 구성요소를 연결하는 역할과 데이터 기반 서비스를 제공하는 역할을 수행하게 된다. 서비스 플랫폼을 표준형으로 구성하면 초기 비용과 노력은 많이 들 수 있지만 확장이 용이하다. 반면, 사물 인터넷 서비스들을 독립적인 모듈 형태로 제공하도록 구성하면 사물 인터넷 서비스 아키텍처에 사물 인터넷 서비스를 쉽게 추가할 수 있다.

④ 사례 - KETI의 모비우스

사물 인터넷 통합 플랫폼과 관련하여 국내의 경우, 전자부품연구원(KETI)의 **모비우스** (Mobius)와 한국전자통신연구원(ETRI)의 **개방형 시맨틱 USN/사물 인터넷 서비스 플랫폼** (Common Open seMantic USN Service Platform, COMUS)이 발표되었다. 특히 모비우스는 웹 기반의 개방형 응용 프로그래밍 인터페이스 제공 및 개발자 사이트 지원을 통해 사물 인터넷 서비스 생태계를 활성화시키고 있다.

모비우스는 개방형 사물 인터넷 플랫폼으로 기업 간 거래 영역의 사물 통신 단말뿐 아니라 착용형이나 스마트 **앱세서리(Appcessory)** 등 기업과 소비자 간의 거래에서 다양한 사물 인터넷 기기를 지원하고, 누구나 자유롭게 사용할 수 있다. 향후 사물 인터넷 기기가 폭발적으로 증가하더라도 플랫폼에 등록된 수많은 기기 중 필요한 대상을 쉽게 찾을 수 있는 기능과 검색된 기기에 맞는 앱을 찾아서 내려 받을 수 있는 앱스토어 기능을 제공한다([그림 5-11] 참조).

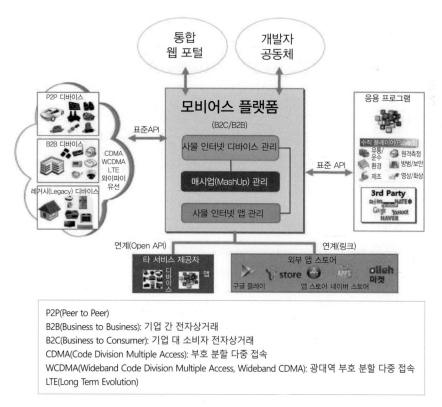

출처: http://www.edaily.co.kr/news/NewsRead.edy?SCD=JE31&newsid=01095526609339400&DCD=A00503&OutLnkChk=Y

[그림 5-11] 개방형 사물 인터넷 플랫폼 모비우스 구성도

모비우스의 구조는 **플래닛 플랫폼**(Planet Platform), **스토어 플랫폼**(Store Platform), **매시업 플랫폼**(Mashup Platform), **디바이스 플랫폼**(Device Platform)으로 구성된다.

개방형 응용 프로그래밍 인터페이스 기반 검색 서비스인 **플래닛 플랫폼**은 장치 ID, 이름, 위치, 키워드, 접근 네트워크 주소, 보안 설정 등의 글로벌 환경에서 디바이스 프로파일 (Device Profile)의 등록 및 검색을 지원한다. 정보를 색인화 한 후 데이터베이스에 저장하고 검색 질의에 대한 응답을 제공하며 디바이스의 ID, 이름, 위치, 키워드 기반으로 다양한 검색을 지원한다.

스토어 플랫폼은 사물 인터넷 디바이스에 탑재되는 다양한 앱/웹 응용 프로그램 개발자가 등록 및 업로드할 수 있고, 사용자는 이 플랫폼에서 필요한 응용 프로그램을 다운로드할 수 있다.

매시업(Mashup)은 웹에서 제공하는 정보 및 서비스를 이용하여 새로운 소프트웨어나 서비스, 데이터베이스 등을 만드는 기술이며, **매시업 플랫폼**은 실세계의 디바이스로부터 수집된 데이터를 기반으로 사용자에게 사물 인터넷 정보를 제공한다. 즉, 사물 인터넷 디바이스로부터 주기적으로 데이터를 전달받아 보관하고 사물 인터넷 디바이스 데이터에 관한 시계열 통계정보 및 관련 있는 사물 인터넷 디바이스 데이터들 사이의 융합을 통해 유용한 정보를 사용자에게 제공할 수 있다. 단계를 살펴보면, 사물 인터넷 디바이스가 검색을 위해 플래닛 플랫폼에 등록된 이후, 센싱 데이터를 매시업 플랫폼에 전달하면 사용자에게 가공 및 융합된 데이터를 전달하게 된다. 사물 인터넷 단말 간에 직접적인 네트워크 접속이 어려운 경우 요청한 디바이스가 매시업 플랫폼에 접속해 데이터를 전달받거나 목적한 디바이스로의 제어명령을 매시업 플랫폼에게 요청할 수 있는 구조를 가진다.([그림 5-12] 참조).

디바이스 플랫폼은 다양한 사물을 사물 인터넷 인프라에 연결시키고 사물 인터넷 서비스 플랫폼들과의 연동을 통해 사물이 사물 인터넷 서비스를 제공할 수 있도록 한다. 디바이스 플랫폼은 사물 인터넷 디바이스, 게이트웨이에 탑재되는 소프트웨어 플랫폼이며 엔큐브 (&Cube)가 있다.

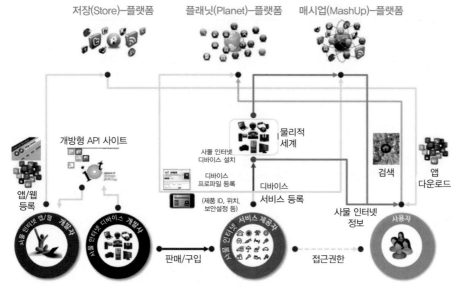

[그림 5-12] 모비어스를 통한 사물 인터넷 서비스 시나리오

국외의 경우, 사물 통신 기반의 개방형 사물 인터넷 플랫폼인 **씽웍스**(ThingWorx)가 있다. 씽웍스는 복잡하고 급변하는 사물 인터넷 환경에서, 기업이 간편하고 신속하게 응용 프로 그램을 개발할 수 있도록 지원하는 소프트웨어 플랫폼이다. 오라클(Oracle), 구글, 마이크 로소프트, IBM 등의 글로벌 기업들은 사물 정보 기반의 지능형 서비스의 개방형 사물 인 터넷 플랫폼을 제공하며, 사물 인터넷 관련 글로벌 생태계를 주도하기 위해 경쟁을 벌이고 있다.

⑤ 사례 – KT에서 제공하는 사물 인터넷 서비스

사물 인터넷 서비스의 아키텍처는 아직 표준화 작업이 진행 중이다. 표준계발이 완료되지 않았다는 것은 사물 인터넷 서비스와 아키텍처의 확장이나 사용자, 디바이스 추가가 쉽지 않음을 의미한다. 최근에는 사물 인터넷 서비스나 디바이스에도 표준을 적용하려고 하고 있다. 예를 들면, KT는 비표준방식의 **완전형**(Integral)과 표준방식의 **모듈형**(Modular)으로 구분하여 사물 인터넷 아키텍처에 변화를 제시하고 있다([그림 5-13] 참조).

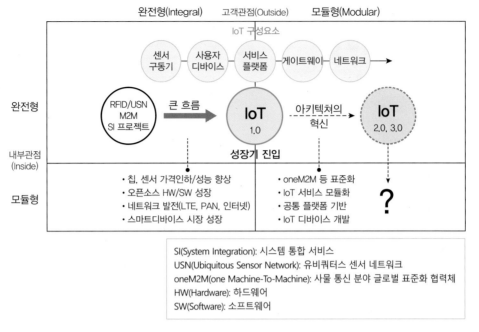

출처: KT – IoT 서비스 플랫폼 아키텍처 분석

[그림 5-13] KT의 사물 인터넷 아키텍처 변화

초기에는 표준화 영향이 적은 하드웨어 기반의 센서, 디바이스 위주로 사물 인터넷 발전이 이루어졌지만 점차 사물 인터넷 서비스 전용 플랫폼 개발, 사물 인터넷 전용 디바이스 개발, 표준화와 모듈화가 적용된 사물 인터넷 서비스가 필요하게 된다. 표준화된 플랫폼에

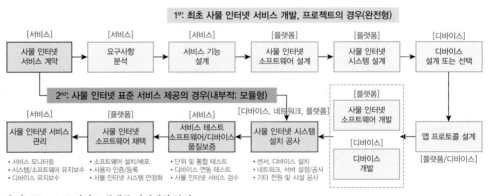

출처: KT – IoT 서비스 플랫폼 아키텍처 분석

[그림 5-14] KT의 사물 인터넷 서비스 개발 프로세스

따라 사물 인터넷이 구성되면 센서, 디바이스 등의 표준화도 쉽게 이루어질 수 있다. KT는 완전형과 모듈형 방식에 따라 사물 인터넷 서비스와 소프트웨어 개발 방식도 [그림 5-14]와 같이 달라진다고 말한다.

완전형의 경우, 요구사항에 따라 서비스 기능과 소프트웨어, 시스템을 별개로 설계해야 하고, 이에 따른 플랫폼과 디바이스 등을 고민해야 한다. 반면, 표준이 적용된 모듈형의 경우 표준화된 환경에 맞춰 플랫폼, 소프트웨어, 시스템 등을 개발하기 때문에 그 시간을 대폭 줄일 수 있다. 모듈형으로 발전하기 위해 오픈 소스를 활용하는 것도 방법이다.

5.4.2 보안 기술

사물 인터넷은 ICT 관련 핵심 기술로 간주되고 있다. 특히, 모바일 디바이스나 무선 네트워크 기술의 발전으로 사물 인터넷 디바이스의 활용 폭이 지속적으로 커지고 있고, 빅 데이터 기술을 활용하여 다양한 산업에 접목시키려는 노력이 활발하게 이루어짐에 따라 사물 인터넷을 활용하기 위한 여건이 성숙되고 있다. 하지만 사물 인터넷이 빠른 속도로 대중화됨에 따라 보안 문제에 대해 체계적인 대비책이 있어야 안정적인 서비스 제공이 가능하다.

① 사물 인터넷 보안 위협 수준

모바일 디바이스와 무선 인터넷이 일반화되면서 보안 문제는 지속적으로 증가하고 있다. 여기에 사물까지 네트워크에 연결되어 활용되는 사물 인터넷의 보급으로 보안 문제의 해결방안이 더 중요해졌다. 가전제품이나 자동차처럼 사용자가 직접 사용하는 것부터 가정, 공장, 공공인프라 내의 기기들까지 사회생활 전반에 걸쳐 보안 위협에 노출되어 있는 상황이다.

사물 인터넷 역시 디바이스부터 서비스까지 거의 모든 부분에서 보안 이슈가 발생할 수 있다([그림 5-15] 참조). 각 디바이스의 경우, 검증되지 않은 부품 등을 통해 비정상적인 동작이나 시스템 내·외부의 공격을 받을 수 있고, 펌웨어 해킹으로 비인가 접속 권한을 탈취할 수도 있다. 네트워크의 경우, 정보 패킷 변조, 파밍, 인터페이스 해킹, 정보 노출, 위·변조 등의 문제가 발생할 수 있다. 서비스 자체도 보안 공격 대상이 될 수 있지만, 공격받은 장치나 네트워크에 의해 거짓 정보 서비스를 제공할 수 있다. 이 경우 서비스 자체에 대한 보안 문제도 있지만 디바이스나 네트워크 보안 문제로 인해 오염된 정보 서비스를 제공할 수 있어 더 심각한 결과를 초래할 수 있다.

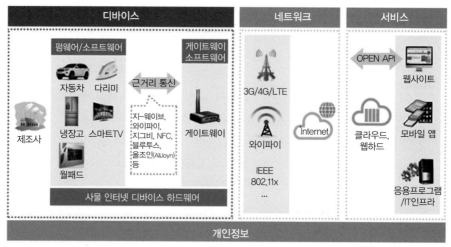

출처: LG CNS

[그림 5-15] 사물 인터넷 보안 위협 요소들

사물 인터넷 보안을 다른 보안보다 더 심각하게 인식하는 이유는 사람을 통한 제어 없이 디바이스 스스로 자율적으로 구동하기 때문이다. 다른 ICT 서비스는 관리자가 지속적으로 모니터링하면서 서비스에 대한 보안 문제 발생 시 적절한 대처를 하지만, 사물 인터넷의 경우 보안 문제가 발생해도 방치되거나 늦게 인식할 여지가 있기 때문에 서비스 전에 체계적인 보안 설계와 보안 점검이 필요하다.

사물 인터넷이 보안에 취약한 또 다른 이유는 무선 네트워크의 구조적인 취약점 때문이다. 사물 인터넷 관련 디바이스 대부분이 저전력에서 동작하는 저사양기기이기 때문에 쉽게 해킹될 수 있다. 다양하고 많은 장치들이 빈번하게 출시되지만, 표준화나 인증 수단이 못 따라가다 보니 뒤늦게 보안 이슈가 발생하기도 한다. 또한 각 산업에서 빠르게 진화하는 ICT 기술에 비해 보안과 관련된 규제나 가이드라인(Guideline)을 적시에 제시하지 못하고 있다 ([그림 5-16] 참조).

무선 인터넷의 구조적 취약성

낮은 디바이스 단가

적절한 인증 수단의 부재

보안규제, 가이드라인 전무

출처: 비주얼라이즈

[그림 5-16] 사물 인터넷이 보안에 취약한 이유

② 개방형 사물 인터넷 플랫폼

사물 인터넷 플랫폼은 범위가 넓고 다양한 컴포넌트들이 존재하기 때문에 고민해야 할 사항들이 많다. 플랫폼에는 사물 인터넷 서비스를 위한 구성 요소인 서버, 게이트웨이, 디바이스 별로 필요한 보안 요소들을 포함시켜야 한다. 서버, 게이트웨이, 엣지 디바이스(Edge Device)는 기기 간 인증이 필요하고 모바일 디바이스는 사용자 인증이 필요하다. 인증이 된

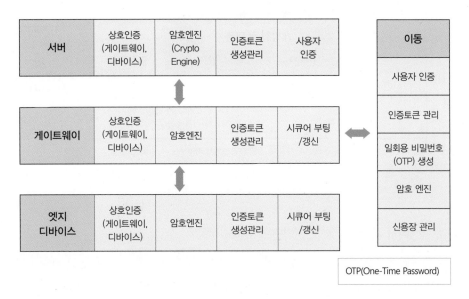

출처: LG CNS

[그림 5-17] 사물 인터넷 보안 플랫폼의 예

후에 각 계층간 데이터 이동이 이루어진다. [그림 5-17]은 사물 인터넷 플랫폼에 보안 기능을 추가한 예를 보여주고 있다.

통합된 단일 플랫폼이 제공되면, 사물 인터넷 플랫폼 구성을 단순화시킬 수 있어 보안 문제 해결에 도움이 된다. 개방형 사물 인터넷 플랫폼으로 오픈 소스는 상호운용성을 기반으로 표준화가 자동으로 이루어지는 장점이 있다. 특히 새로운 장치 및 기술들, 서비스들이 지속적으로 개발되어 추가되는 사물 인터넷에서 상호호환성을 확보하기 위해 오픈 소스는 상당히 효과적이다.

[그림 5-18]에서 '현재 상황(As is)'에서 나열된 각 기능들을 '향후 상황(To be)'에서 개방형 사물 인터넷 플랫폼으로 구성한 후, '사물 인터넷 제품'을 등록하고 '응용 소프트웨어'만 개발하도록 한다. 즉, 기존에는 '현재 상황'에 언급된 세부 기술들을 모두 고민하고 개발해야 했지만, 개방형 사물 인터넷 플랫폼에서는 '향후 상황'과 같이 필요한 부분만 개발하면 된다.

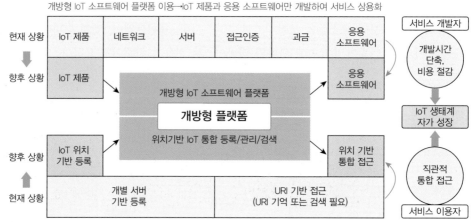

출처: 전자부품연구원 – 개방형 IoT 소프트웨어 플랫폼 기술

[그림 5-18] 개방형 사물 인터넷 플랫폼의 예

③ 사례- LG에서 제시하는 사물 인터넷의 보안

제품이 출시되기 전에 보안 취약점이 해결되지 않는다면 제품뿐만 아니라 그 제품을 이용하는 서비스도 문제가 될 수 있어 출시 전부터 보안에 대한 진단과 점검이 필요하다. LG의 경우, 디바이스, 앱, 게이트웨이, 네트워크, 서비스로 구분하여 각 영역별로 상세한 보안

확인목록(Check List)을 작성하여 보안 취약점 분석을 실시한다([그림 5-19] 참조).

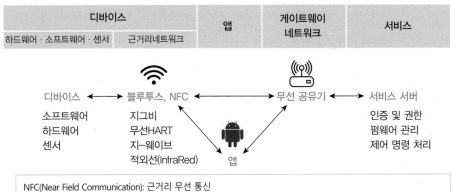

디바이스		앱	게이트웨이 네트워크	서비스
하드웨어 · 소프트웨어 · 센서	근거리네트워크			

디바이스 ⟷ 블루투스, NFC ⟷ 무선 공유기 ⟷ 서비스 서버

소프트웨어	지그비		인증 및 권한
하드웨어	무선HART		펌웨어 관리
센서	지-웨이브		제어 명령 처리
	적외선(InfraRed)	앱	

NFC(Near Field Communication): 근거리 무선 통신
무선HART(Wireless Highway Addressable Remote Transducer): HART 프로토콜 기반의 무선 센서 네트워킹 기술

출처: LG CNS

[그림 5-19] 사물 인터넷 서비스 상의 보안 진단 범위

사물 인터넷 보안 확인 목록		
사물 인터넷 보안		스마트폰 앱 보안
I. 서비스 영역	1.1. 등록정보 배포	1. 취약한 서버 설정
	1.2. 등록(Enrolment)	2. 중요 정보 디바이스 내 저장
	1.3. 인증(Authentication)	3. 불충분한 전송 계층 보호
	1.4. 권한 설정(Authorization)	4. 의도치 않은 데이터 유출
	1.5. 구성(Configuration)	5. 취약한 인증 및 인가
II. 네트워크		6. 취약한 암호화
III. 펌웨어 관리		7. 클라이언트 기반 인젝션
IV. 소프트웨어 관리		8. 앱 배포 시 보안 설정 및 권한 설정 미흡
V. 암호화 저장		9. 불충분한 세션 관리
VI. 하드웨어 설계 · 제조		10. 바이너리 보호 부족
클라이언트 · 서버 보안		클라우드 서버 보안
–		–

출처: LG CNS

[그림 5-20] 사물 인터넷 보안 확인 목록

그리고 각 서비스에 대하여 사물 인터넷 보안, 스마트폰 앱 보안, 클라이언트/서버 보안, 클라우드 서버 보안으로 분류하고 있다. 클라이언트/서버 보안과 클라우드 서버 보안, 스마트폰 앱 보안의 경우, 기존 ICT에서 제시되는 보안 진단과 유사하게 구성되었고, 사물 인터넷 보안 진단의 경우, 앞에서 언급한 사물 인터넷 특성에 적합하게 진단하도록 되었다 ([그림 5-20] 참조).

다양한 사물 인터넷 서비스를 출시하기 전에 [그림 5-20]과 같은 진단 점검을 실시하고, 출시 후에도 디바이스에 탑재된 소프트웨어의 취약점이 발견될 때 펌웨어 업데이트를 통해 제거될 수 있어야 한다. 보안 취약점 해소를 위해 디바이스 자체의 보안성뿐만 아니라 인증, 네트워크 구간 보호, 저장 데이터 보호 등을 확보할 필요가 있다. 이를 위해 암호화, 접근 제어, 키 관리 등이 중요한 요소가 되며, 이러한 요소를 기반으로 점검 기준이 마련될 필요가 있다([그림 5-21] 참조).

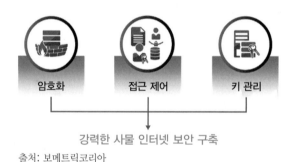

강력한 사물 인터넷 보안 구축

출처: 보메트릭코리아

[그림 5-21] 사물 인터넷 보안 구축을 위한 요소

보안 사고의 경우, 복잡한 보안 구성, 비표준 보안 적용으로 인한 오동작과 해킹, 체계적인 보안 모니터링을 할 수 없는 관리 구조로 인한 경우가 많다. 즉, 보안에서 살펴봐야 할 기밀성, 무결성, 가용성을 무시한 경우가 많다. 따라서 급속하게 증가하는 사물 인터넷 관련 장비와 서비스에 대처하기 위해 체계적인 표준화 개발이 필요하다. 관련 기관과 전문가들에 의해 연구되고 있으며, 업계나 사용자들도 보안은 중요하다는 인식의 변화가 필요하다.

5.4.3 정보 분석 및 판단 기술

센서를 통해 수집된 정보를 축적해 분석하고 이를 지능형 서비스로 구현하는 것은 사물 인터넷의 고도화를 의미한다. 사물 인터넷 시대에 엄청난 양(Volume)의 다양한(Variety)

데이터가 빠른 속도(Velocity)로 쏟아져 나오므로 빅 데이터의 역할도 중요하다. 빅 데이터 분석을 통한 고도화된 사물 인터넷은 스스로 상황을 판단하고 자율적으로 후속 작업을 실행하게 된다. 이는 사람이 판단하기 어려울 정도로 정교하고 복잡한 작업을 수행하거나 혹은 사람의 개입을 최소화시켜 결국 인간을 대체하며 자율적 동작까지 가능하게 한다.

이렇게 고도화된 사물 인터넷은 사용자에게 고부가가치 서비스를 제공하며 지속적으로 활용 영역을 확대하게 된다.

① 빅 데이터 및 클라우드 연계

사물 인터넷에서 수집하는 데이터는 실시간 데이터가 대부분이기 때문에 사물은 24시간 동안 계속적으로 데이터를 수집하여 전송한다([그림 5-22] 참조). 디바이스 역시 점점 소형화되고 비용이 저렴해지며, 거의 모든 산업에서 사물이 수집한 데이터를 활용하기 위해 빅 데이터 기술을 접목하고 있다.

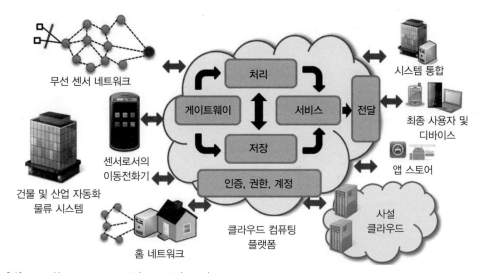

출처: http://www.tkt.cs.tut.fi/research/waps/

[그림 5-22] 사물 인터넷의 데이터 수집과 전달

각종 센서를 통해 수집된 데이터를 디지털화하여 정제, 분석한 후 디지털 세상에 저장하고, 분석된 결과를 실제 세상에 다시 제공한다. 이 때 실제 세상과 디지털 세상을 이어주기 위해 클라우드가 필요하다([그림 5-23] 참조). 즉, 수집된 빅 데이터를 정제하고 분석한 후 서비스하기 위해 클라우드 환경이 구축되어야 한다. 따라서 사물 인터넷, 클라우드, 빅 데이터는 '제3의 IT 혁명'이라고 부를 정도로 각 산업에 미치는 파급효과가 크다.

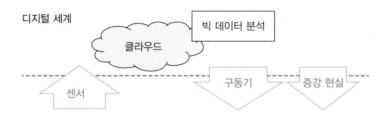

출처: SK Telecom – The ERA of Smart things

[그림 5-23] 사물 인터넷, 클라우드, 빅 데이터의 연결

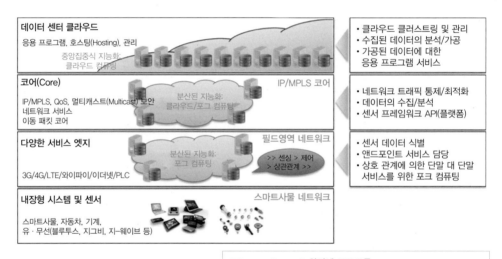

출처: Cisco blog – IoT Platform Architecture

[그림 5-24] 사물 인터넷, 클라우드, 빅 데이터의 연결의 예

최근까지 수집된 데이터는 대부분 실시간으로 저장하는 경우가 많았다. 하지만, 사물 인터넷이 쏟아내는 데이터의 양은 시간이 갈수록 기하급수적으로 늘어나기 때문에 데이터센터

를 구축해도 감당하기 힘든 경우가 발생할 수 있다. 따라서 센서에서 데이터를 효율적으로 수집 및 분석하는 것뿐만 아니라 효율적으로 데이터 전송 및 저장하는 방법도 중요한 요소이다([그림 5-24] 참조).

② 사물 인터넷을 통한 실시간 빅 데이터 분석의 필요성 증대

사물 인터넷에서 수집하는 데이터의 양이 증가함에 따라 수집된 데이터를 저장하는 데 드는 시간·공간 비용도 증가하고 있다. 이로 인해, 실시간 빅 데이터 분석의 필요성이 커지고 있다. 일반적인 데이터 분석은 데이터의 생성 시점과 분석 시점을 크게 고민할 필요가 없지만, 실시간 분석은 데이터가 생성되는 시점에 분석을 해야 하기 때문에 다양한 방법들이 연구되고 있다. 센서나 소셜 미디어에서 생성되는 시계열 데이터 또는 로그 데이터가 주 대상이며, 사물 인터넷 영역도 실시간 빅 데이터의 분석이 다양하게 활용되고 있으며 증가세가 빠른 영역이다. 사물 인터넷에서 실시간 빅 데이터 분석이 중요한 이유는 사물 인터넷에서 수집하는 데이터가 워낙 방대하여 계속 쌓아 놓고 데이터를 볼 경우, 원하는 사물 인터넷 활용이 어렵기 때문이다. 사물 인터넷을 활용한 실시간 데이터 분석은 [그림 5-25]와 같은 방법으로 가능하다.

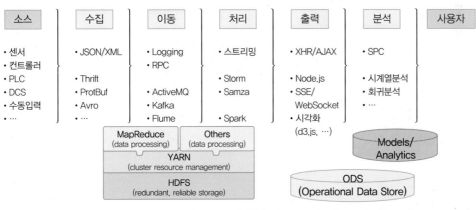

출처: http://www.openwith.net/?page_id=976

[그림 5-25] 실시간 데이터 분석 방법

③ 포그 컴퓨팅(Fog Computing)

사물 인터넷의 확산과 빅 데이터 실시간 처리의 필요성이 증가하면서 클라우드 컴퓨팅보다 더 확대된 역할이 필요하게 되었다. 클라우드 컴퓨팅 시스템을 실제 네트워크에 보다 근접한 경계 영역까지 확장하는 새로운 아키텍처로 포그 컴퓨팅(Fog Computing)이 제시되었다([그림 5-26] 참조).

포그 컴퓨팅은 센서나 디바이스에서 생성된 데이터를 실시간으로 처리할 수 있는 노드를 기지국처럼 두고 컴퓨팅 파워가 필요한 데이터만 클라우드로 넘겨서 처리하는 방식이다. 노드는 컴퓨팅에 필요한 메모리나 저장 기능을 가지고 있어 즉각적인 데이터 분석이 가능하다. 디바이스에서 생성된 데이터를 근거리 통신망을 이용해 포그 노드(Fog Node)에 연결하여 분석하고, 그 이상의 컴퓨팅 파워가 필요한 작업은 클라우드로 보내 처리한다. 이러한 방식은 간단한 데이터 분석을 포그 노드에서 해결하기 때문에 데이터 분석에 필요한 비용과 시간을 절약할 수 있다.

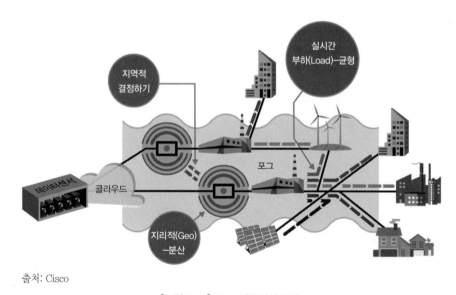

출처: Cisco

[그림 5-26] 포그 컴퓨팅의 구성

또한 데이터 분석이 완료된 데이터가 네트워크를 통해 저장되므로 빅 데이터 저장 공간도 줄일 수 있다. 아키텍처를 보면 컴퓨터, 네트워크, 저장 장치, 사용자의 위치를 파악해 주는 엔진이 있고, 그 위에서 응용 프로그램이 구동된다. 이러한 아키텍처는 라우터나 셋톱박스, 접속 장치 등에 탑재될 수 있다. 즉, 전통적인 컴퓨팅 모델과 비교하면, 물리적인 디바이스와 인터넷 사이에 분산 플랫폼이 있게 된다.([그림 5-27] 참조).

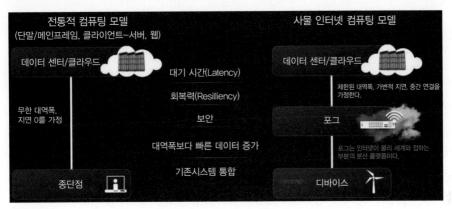

출처: Cisco

[그림 5-27] 전통적 컴퓨팅 모델과 포그 컴퓨팅 모델의 비교

④ 사물 인터넷을 통한 실시간 데이터 처리

고성능 압축 비트맵 인덱스(High Performance Compressed Index, HPCI) 기술을 사용하는 **파스트림**(ParStream)은 수십억 건의 데이터도 1초 이내에 분석 결과를 얻을 수 있다고 알려져 있다. 사물 인터넷을 통한 빅 데이터 분석에 강점을 가지는 파스트림의 특징은 하둡(Hadoop) 기반이 아닌 관계형 데이터베이스 기술을 적용한다. 따라서 사용자가 기존에 사용하던 SQL과 관련 기술을 그대로 사용할 수 있는 장점이 있다. HPCI 기술은 압축 해제 없이 바로 쿼리가 가능하여 압축 해제로 인한 필요한 성능 저하나 별도의 처리 시간이 필요 없다([그림 5-28] 참조).

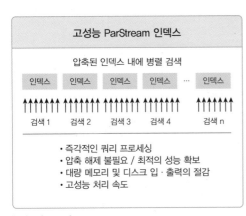

출처: 파스트림

[그림 5-28] HPCI 개념

반면, 데이터스트림즈는 사물 인터넷을 통한 빅 데이터 실시간 분석을 위한 메모리 기반 플랫폼으로 테라스트림 바쓰(TeraStream BASS)를 제시하고 있다([그림 5-29] 참조). 전력 장비, 보안 장비, 로그 데이터 등을 실시간으로 수집하여 실시간 인덱싱을 수행한(Realtime Indexing) 후 데이터를 메모리에 분산 저장하는 방식이다.

오래된 데이터나 사용자 설정을 벗어나는 데이터는 하둡의 분산 파일 시스템(Hadoop Distributed File System, HDFS)에 분산 저장 처리한다. 이 시스템은 실시간 처리 요건과 일괄 처리 요건을 동시에 만족할 수 있는 혼합 분석 기능을 제공하는 것이 특징이다. 수집된 데이터를 메모리와 디스크에 분산 저장하기 때문에 사용 빈도가 높은 것은 메모리에 위치할 수 있어 분석과 검색 속도가 빠르다. 메타데이터를 활용해 메모리와 하둡에 저장하는 데이터를 구분하여 좀 더 체계적인 기준으로 데이터를 분산 배치할 수 있다.

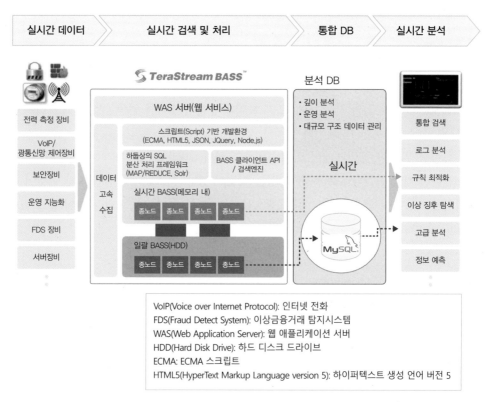

출처: 데이터스트림즈

[그림 5-29] 데이터스트림즈의 사물 인터넷을 통한 실시간 데이터 처리

사물 인터넷과 빅 데이터 간의 연계는 소프트웨어적인 요소보다는 아키텍처적 요소가 많이 반영되어 있지만, 센서나 디바이스의 네트워크 연계, 빅 데이터의 분석, 저장 등을 위한 입력 데이터의 연계 방법에 대해서도 알고 있어야 전체 아키텍처를 효율적으로 구성할 수 있다. 사물 인터넷을 통한 빅 데이터 실시간 분석을 하기 위해 센서나 디바이스의 데이터 수집, 분석, 저장의 부담을 줄이기 위한 노력이 계속되고 있다.

- **ECMA 스크립트(ECMAScript)** 유럽 컴퓨터 제조업자 협회(ECMA) 인터내셔널의 ECMA-262 기술 규격에 정의된 표준화된 스크립트 언어. 웹상에서 널리 쓰이며, 자바스 크립트와 J스크립트 모두 ECMA 스크립트와의 호환을 목표로 하면서, ECMA 규격에 포 함되지 않는 확장 기능을 제공한다.

- **HDD(Hard Disk Drive)** 하드 디스크의 위치, 읽기, 쓰기, 저장 등을 제어하는 기계 장 치. 회전 속도는 데이터의 입·출력 속도를 결정짓는 중요한 요소로서 이것이 높을수록 고급 제품이고 가격도 비싸다. 보통 3,600, 4,500, 5,400, 7,200rpm이다.

- **HTML5(HyperText Markup Language version 5)** 월드 와이드 웹 컨소시엄(W3C)에 서 개발한 웹 표준. HTML5는 하이퍼텍스트 생성 언어(HTML)의 5번째 버전으로 플러그 인(plug-in) 같은 것 없이 웹에서 원하는 응용 프로그램을 만들 수 있도록 HTML을 발전 시킨 것이다. 액티브엑스(ActiveX)나 플래시 플러그인을 설치하지 않고 자바 언어와 웹 브라우저만으로 웹 응용 프로그램은 물론 고급 벡터 그래픽 기능까지 구현할 수 있다.

- **JQuery** 자바 스크립트 라이브러리 시스템. MIT가 특허권을 가지고 있는 자바스크립트 를 많이 보유하고 있는 라이브러리 시스템이다. 애니메이션과 플러그인 개발은 물론, 웹 페이지에 상호성과 역동성을 더해 준다.

- **JSON(Javascript Object Notation)** 자바 스크립트 객체 표기법. 인터넷에서 자료를 주 고받을 때 그 자료를 표현하는 방법이다. 자료의 종류에 큰 제한이 없으며, 데이터 교환 을 할 때 객체 형식으로 주고받을 수 있어 가볍고 조절하기 쉽다. 형식은 자바 스크립트 의 구문 형식을 따르지만, 프로그래밍 언어나 플랫폼에 독립적이므로 C, C++, 자바, 자 바 스크립트, 펄, 파이썬 같은 많은 언어에서 이용할 수 있다.

- **MQTT(Message Queuing Telemetry Transport)** 사물 통신, 사물 인터넷과 같이 대역 폭이 제한된 통신 환경에 최적화하여 개발된 푸시 기술(Push Technology) 기반의 경량 메시지 전송 프로토콜. 이 프로토콜은 푸시 기술에서 일반적으로 사용되는 클라이언트/ 서버 방식 대신, 메시지 매개자(Broker)를 통해 송신자가 특정 메시지를 발행(Publish)하 고 수신자가 메시지를 구독(Subscribe)하는 방식을 사용한다. 즉, 매개자를 통해 메시지 가 송·수신된다. 메시지 길이가 가장 작게는 2바이트까지 가능하고, 초당 1,000단위의 메시지 전송이 가능하여 가볍고 빠른 장점이 있다. 따라서 원격 검침, 원격 의료 등 다양 한 분야에 효율적으로 사용될 수 있다.

- **Node.js** 확장성 있는 네트워크 애플리케이션(특히 서버 사이드) 개발에 사용되는 소프 트웨어 플랫폼. 작성 언어로 자바스크립트를 활용하며 Non-blocking 입·출력과 단일 스레드 이벤트 루프를 통한 높은 처리 성능을 가지고 있다. 내장 HTTP 서버 라이 브러리를 포함하고 있어 웹 서버에서 아파치 등의 별도의 소프트웨어 없이 동작하는 것

이 가능하며 이를 통해 웹 서버의 동작에 있어 더 많은 통제를 가능케 한다.

- **TCP(Transmission Control Protocol)** OSI 기본 참조 모델을 기준으로 제4계층(전송 계층)에 해당되는 프로토콜. 인터넷 프로토콜(IP)과 함께 TCP/IP를 구성하고 있다. 패킷 의 도착 순서대로 배열하거나 오류 수정 등이 행해지므로 전송 제어 프로토콜(TCP)보다 상위층에서 보았을 때는 2대의 컴퓨터가 신뢰성이 높은 전용선으로 연결된 것 같이 보 인다.

- **AA 전지(AA Battery)** 더블에이(Double-A) 전지는 휴대용 전자 기기에 많이 쓰이는 고체 전지이다. 1947년 ANSI가 AA 전지 형태를 표준화하였다. 미국 외 지역에서는 국제 적으로 LR6(알칼리), FR6(리튬), R6(탄소-아연), RX6(니켈-카드뮴) 혹은 미그논(Mignon) 전지라고 알려져 있다. 일반적으로 AA 전지는 AAA 전지보다 오래 간다. AA 전지가 AAA 전지보다 크므로, 전력 생성에 필요한 이온과 같은 화학 물질들을 AA 전지가 AAA 전지보다 더 많이 함유하고 있기 때문이다.

- **SQL(Structured Query Language)** 관계형 데이터베이스(RDB)의 조작과 관리에 사 용되는 데이터베이스 질의 언어. 데이터베이스의 모든 속성과 성질(예: 레코드 설계, 필 드 정의, 파일 위치 등)을 정의하는 데이터 정의어(Data Definition Language, DDL), 데 이터베이스 내의 데이터를 검색, 삽입, 갱신, 삭제하는 데 사용되는 데이터 조작 처리 언 어(Data Manipulation Language, DML), 데이터 접근 제어 언어(Data Control Language, DCL)로 구성되어 있다.

- **개방형 응용 프로그래밍 인터페이스(Open Application Programming Interface, Open API)** 개방형 응용 프로그래밍 인터페이스를 가능하게 하는 기술로는 단순 객체 접근 프로토콜(Simple Object Access Protocol, SOAP)과 웹 서비스 기술 언어(Web Services Description Language, WSDL)와 같은 웹 서비스 기술, JavaScript, XML-원격절차호출 (Remote Procedure Call, RPC), REST(Representational State Transfer) 같은 기술들이 있다.

- **광대역 부호 분할 다중 접속(Wideband Code Division Multiple Access, W-CDMA)** 국제 전기 통신 연합(ITU)이 표준화를 추진하고 있는 국제 이동 통신-2000(IMT-2000) 을 위해 부호 분할 다중 접속(CDMA) 방식을 광대역화하는 기술. 광대역 부호 분 할 다중 접속(W-CDMA) 방식에는 CDMA 방식의 디지털 셀룰러 시스템 표준화 단 체인 CDG(CDMA Development Group)가 제안하고 있는 광대역 부호 분할 다중 접 속-1(Wideband CDMA One), 일본의 NTT나 KDD 등이 독자적으로 제안하고 있는 방식 등이 있다.

- **그물형 망 또는 메시 네트워크(Mesh Network)** 스스로 네트워크 환경을 인지하고, 통 신하는 자가 통제 네트워크로, 다른 국을 향하는 모든 호출이 중계에 의하지 않고 직접 접속되는 그물(Mesh) 모양의 네트워크. 무선 그물형 망은 대용량 데이터를 빠르고 안전 하게 전달할 수 있어 대형 행사장이나 군대에서 많이 활용한다.

- **네트워크 프로세서(Network Processor)** 다양한 네트워크 알고리즘이나 프로토콜을 프로그램할 수 있는 구조의 전용화된 프로세서 칩. 기존의 ASIC(Application Specific IC)이나 FPGA(Field Programmable Gate Array) 등 하드웨어에 의해 수행되던 고속의 패킷 처리 기능들이 소프트웨어 기반으로 바뀜으로써 단시간 내에 다양한 기능들을 개발할 수 있게 되었으며, 최근 SoC(System on Chip) 기술의 발전으로 최대 10Gbps 이상의 처리율을 갖는 네트워크 프로세서가 개발되고 있다.

- **다중 프로토콜 라벨 스위칭(Multi-Protocol Label Switching, MPLS)** 데이터 패킷에 IP 주소 대신 별도의 라벨을 붙여 스위칭하고 라우팅하는 기술. 패킷이 발생하면 기존 라우터 기반의 백본에서는 라우터가 IP를 보고 패킷을 전달했으나, MPLS 네트워크에서는 2계층(데이터 링크계층) 기반의 라벨을 보고 스위칭한다. 즉, 소프트웨어 기반 처리에서 하드웨어 기반 처리로 바꾸면서 고속 스위칭을 가능하게 했다. MPLS는 다양한 프로토콜을 수용하기 때문에 IP망은 물론 ATM, 프레임 릴레이에도 적용할 수 있다.

- **단순 객체 접근 프로토콜(Simple Object Access Protocol, SOAP)** 확장성 생성 언어(XML)와 HTTP 등을 기반으로 하여 다른 컴퓨터에 있는 데이터나 서비스를 호출하기 위한 통신 규약. SOAP에 의한 통신에서는 XML 문서에 봉투(envelope)로 불리는 부가 정보가 붙은 메시지를 HTTP 등의 프로토콜로 교환한다. 서비스를 이용하는 클라이언트와 서비스를 제공하는 서버 쌍방이 SOAP의 생성/해석 엔진을 가지는 것으로 다른 환경에서 객체 호출을 가능하게 한다.

- **디스크 브레이크(Disc Brake)** 차량 축처럼 샤프트(Shaft)의 회전을 지연시키는 마찰력을 만들기 위해 디스크(회전자)에 한 쌍의 브레이크 패드를 끼워 넣는 캘리퍼스(Calipers)를 사용하는 브레이크의 일종으로, 회전 속도를 줄이거나 유지시키기 위해 사용한다.

- **무선 HART(Wireless Highway Addressable Remote Transducer)** 스마트 장비 및 제어 또는 모니터링 시스템 간 아날로그 전선을 통한 디지털 정보 전송 및 수신을 위한 글로벌 표준인 HART 프로토콜 기반의 무선 센서 기술. 다양한 회사(vendor)의 상호운영이 가능하도록 필드 디바이스 네트워크 처리에 필요한 요구사항을 정의하고 있다.

- **벌크 탄성파(Bulk Acoustic Wave, BAW)** 탄성체의 기판(Substrate) 전체에 전파되는 음향파. 벌크 탄성파가 전파되는 기판은 황산카드뮴(CDS) 등 압전 반도체(Piezo-Electric Semiconductor)이며, 압전 효과의 결과로서 전기 신호로부터 음향파가 생성된다. 음향파의 전계 벡터(Electric Field Vector)는 반도체의 전도 전자(Conduction Electrons)와 상호 작용하는데, 이 전도 전자는 외부에서 가해지는 직류 전계에 따라 이동 속도(Drift Velocity)를 갖게 된다. 이동 속도가 어떤 충분한 값이 되면 이동 전자의 운동 에너지(Kinetic Energy)는 음향파의 전계와 상호 작용의 결과로 고주파(RF) 에너지로 변환되며, 그 결과로 원래 신호의 증폭이 이루어진다. 신호 처리에 널리 사용되는 음향파 소자 중에서 증폭기 등은 벌크 탄성파의 전파(傳播)를 이용하는 반도체 소자이다.

- **상위 계층 프로토콜(Upper Layer Protocol, ULP)** 계층화되어 있는 프로토콜 구조에서 상위 계층 간의 통신 기능을 제공하는 프로토콜. OSI 기본 참조 모델의 경우, 상위 계층인 세션 계층, 표현 계층 및 응용 계층에서 응용 프로그램 상호 간에 대화하면서 협동하여 분산 처리를 실현하기 위한 기반이 되는 통신 기능을 제공하는 프로토콜의 집합을 말한다.

- **소비자 전자제품 박람회(Consumer Electronics Show, CES)** 대중에게 공개가 되지 않으며 해마다 1월이 되면 네바다 라스베이거스 컨벤션 센터에서 열리는 견본전시이다. 주로, 미국의 소비자 기술 협회의 지원을 받고, 수많은 제품 프리뷰가 쏟아지며 새로운 제품들을 선보인다.

- **시스템 통합 서비스(System Integration, SI)** 고객(의뢰자)과의 계약에 의하여 정보 시스템의 기획에서 시스템의 구축, 운용까지 일괄적으로 제공하는 서비스. 보통 SI 또는 SI 서비스라고 하고, SI 서비스를 제공하는 사업자를 시스템 통합 사업자(System Integrator) 또는 SI 벤더(vendor)라고 한다. SI 사업자는 사용자(의뢰자)에게 최적의 정보 시스템의 기획/입안에서 설계와 구축, 운용과 보수에 이르기까지 다양한 서비스를 일괄적으로 제공한다. 응용 프로그램의 개발이나 하드웨어의 선정과 조달도 포함된다. 대규모 시스템의 구축에는 복수의 사업자가 분담하여 서비스를 제공하기도 하고, 응용 소프트웨어의 개발을 소프트웨어 하우스 등에 위탁하거나 하청하기도 한다.

- **앱세서리(Appcessory)** 컴퓨터 응용 프로그램(Application)과 액세서리(Accessory)를 합쳐 만든 용어. 스마트폰 이용 편의를 높여 주는 제반 응용 프로그램과 액세서리를 가리키는 것으로, 액세서리가 단순한 장식물에 머무르지 않고 스마트폰 내 응용 프로그램의 쓰임새를 넓히거나 기능적으로 보완해 주는 것이 특징이다. 스마트폰 응용 프로그래밍과 연결해 특별한 경험과 서비스를 제공해주는 프로그램과 제품군이다. 스마트폰 내 사진을 간단히 인쇄하고, 여러 가전제품용 리모컨을 스마트폰 하나로 대체하며, 다기능 CCTV(Closed Circuit Television) 등이 잇따라 등장했다. 자동차 문을 열고 닫거나 정비 상태를 살피는가 하면, 운전자의 음주 정도를 측정하거나 건강까지 점검해 주는 등 날로 쓰임새가 넓어지는 추세다. '스마트시계'나 '구글 안경' 같은 제품도 스마트폰 내 응용 프로그램과 연계해 소비자의 이용 편의를 높여 준다는 측면에서 '앱세서리'로 볼 수 있다.

- **웹 애플리케이션 서버(Web Application Server, WAS)** 클라이언트/서버 환경에서 트랜잭션 처리 및 관리, 응용 프로그램 실행 환경을 제공하는 미들웨어 소프트웨어 서버. 웹 서버, 응용 프로그램, 데이터베이스의 3계층 웹 컴퓨팅 환경으로 구축되며 기존 클라이언트/서버 환경의 애플리케이션 서버와 같은 역할을 한다. 웹 애플리케이션 서버(WAS)의 주요 기능은 응용 프로그램 실행 환경과 데이터베이스 접속 기능을 제공하고, 트랜잭션을 관리하며, 업무를 처리하는 비즈니스 로직을 수행하고, 다른 기종 시스템 간의 응용 프로그램 연동 등을 수행한다.

- **이상금융거래 탐지시스템(Fraud Detect System, FDS)** 전자금융거래에 사용되는 단말기정보 · 접속정보 · 거래내용 등을 종합적으로 분석하여 의심거래를 탐지하고 이상금융

거래를 차단하는 시스템을 의미한다.

- **인터넷 전화(Voice over Internet Protocol, VoIP)** 공중 교환 전화망(PSTN)을 통해 이루어졌던 음성 서비스를 IP 네트워크를 통해 음성을 디지털 패킷의 형태로 전달하는 기술. 기존의 인터넷을 이용하기 때문에 구축 비용과 요금이 저렴하나 사용자간 회선을 독점으로 보장해주지 않으므로 트래픽이 많아지면 통화 품질이 떨어질 수 있다. VoIP 기술은 인터넷 뿐만 아니라 사설 IP 기반망. 공중 교환 전화망(PSTN) 또는 이들의 복합 망에서도 연동되어야 하기 때문에 기술 및 프로토콜의 표준화가 중요하다.

- **일회용 비밀번호(One-Time Password, OTP)** 고정된 비밀번호 대신 무작위로 생성한 비밀번호로 사용자를 인증하는 방법으로, 보안을 강화하려고 도입한 시스템이다. 로그인 할 때마다 일회성 비밀번호를 생성한다. 동일한 비밀번호가 사용되지 않아 보안을 강화할 수 있다. 주로 전자금융 거래에서 사용된다. 사용자는 '일회용 비밀번호(OTP: One-Time Password)'를 생성하는 하드웨어인 OTP 생성기(OTP Token)를 이용한다. 별도 OTP 생성기를 소지해야 하는 불편함으로 전자금융 거래에만 주로 사용된다.

- **지-웨이브(Z-Wave)** 젠시스(Zensys)사가 주축이 된 지-웨이브 협회(Z-Wave Alliance)에서 제정한 가정 자동화(Home Automation) 무선 전송 방식 표준. 900㎒ 대 주파수로 10~40kbps의 전송 속도를 갖는 무선 RF 기술로 양방향 통신을 지원하는 무선 메시 기술을 사용하며 지그비에 비해 전력 효율이 우수하다.

- **하둡 분산 파일 시스템(Hadoop Distributed File System, HDFS)** 하둡 프레임워크를 위해 자바 언어로 작성된 분산 확장 파일 시스템. HDFS는 여러 기계에 대용량 파일들을 나누어서 저장하고, 데이터들은 여러 서버에 중복해서 저장함으로써 데이터 안정성을 얻는다. 따라서 여러 개의 하드 디스크에 일부 중복된 데이터를 나누어서 저장하는 RAID(Redundant Array of Independent Disk 혹은 Redundant Array of Inexpensive Disk) 저장장치를 호스트에 사용하지 않아도 된다.

- **히트맵(Heatmap)** 열을 뜻하는 히트(heat)와 지도를 뜻하는 맵(map)을 결합시킨 단어로, 색상으로 표현할 수 있는 다양한 정보를 일정한 이미지 위에 열분포 형태의 비쥬얼한 그래픽으로 출력하는 것이 특징. 주로 웹페이지에서 발생하는 방문자의 클릭을 이미지와 같은 시각적 리포트로 제공하는 비쥬얼 분석 서비스다.

사물 인터넷의 서비스 확산 방향

6.1 사물 인터넷의 서비스 확산과 정보통신 기술의 융합
6.2 사물 인터넷의 서비스 확산 방향 / 6.3 사물 인터넷 시장의 현황과 전망

2010년을 전후로 하여 언제, 어디서나 접속할 수 있는 유·무선 네트워크가 널리 보급되었고 스마트단말기가 대중화되면서 산업 전반에서 스마트혁명이 일어났다. 이러한 스마트혁명은 기존 산업에 ICT 기술을 융합하여 새로운 사업 기회와 서비스 시장의 창출을 가능하게 한다. 사람들은 스마트단말을 이용하여 언제, 어디서나 인터넷으로 검색하고, 쇼핑·예약을 하며, 콘텐츠를 보면서 정보를 공유할 수도 있다. 이는 PC에서만 가능했던 사업에서 시공간적인 제약이 없는 모바일 시장의 창출을 의미하며, 실제로 모바일앱 서비스 시장이 성장하게 되었다.

사물 인터넷 서비스의 확산은 모바일 서비스 시장 이후의 2차 스마트혁명을 일으키고 있다. 사물 인터넷 서비스의 본격적인 확산을 위해 몇 가지 기술적 또는 사회적 문제들이 해결되어야 한다. 우선, 기술적으로 센서 디바이스, 네트워크, 통합 플랫폼 관련 핵심 기술이 확보되어야 한다.

이 장에서는 사물 인터넷 서비스의 본격적인 확산 과정에서 요구되는 ICT 기술들의 융합 방향과 개인·산업·공공 영역 측면에서 확산 방향에 대해 살펴본다.

6.1 사물 인터넷의 서비스 확산과 정보통신 기술의 융합

정부는 2014년 사물 인터넷 기본계획에서 ICBM(IoT, Cloud, BigData, Mobile) 신융합 서비스의 발굴 및 확산을 추진하겠다고 발표하였다. ICBM은 사물 인터넷에서 수집된 데이터를 클라우드 인프라에 저장하고, 저장된 데이터를 빅 데이터 기술로 분석하며, 분석된 결과를 모바일 단말로 서비스하는 것을 목표로 한다. 이는 대규모의 사물 인터넷 서비스를 제공하고자 할 때, 클라우드 컴퓨팅, 빅 데이터 분석, 모바일 기술들이 필연적으로 융합될 수밖에

없음을 의미한다. 구체적으로 사물 인터넷과 이러한 기술들을 융합하는 목적은 다음과 같다.

첫째, 클라우드 인프라 기술은 사물 네트워크를 통해 수집되는 대용량 데이터의 효율적인 저장·관리, 센서 데이터에 대한 상호 공유·서비스, 사물 네트워크의 확장 서비스 등의 목적을 위해 융합한다.

둘째, 빅 데이터 분석 기술은 사물 인터넷에서 실시간으로 수집되는 대용량 센서 데이터에 대한 스트림 분석, 지속적으로 수집·축적되어 있는 대규모 데이터에 대한 배치 분석, 센서 데이터와 연계되는 외부 빅 데이터와 융합 분석을 효율적으로 수행하기 위해 융합한다.

셋째, 모바일 단말 및 서비스 기술은 기존의 스마트폰 또는 태블릿 PC 등을 활용하여 다양한 사물 인터넷 서비스를 제공하기 위해 융합한다. 이는 사물 간의 연결을 중요시하는 사물 인터넷이지만, 결국 사물 인터넷 서비스의 최종 수혜자는 사람으로, 이들에게 효율적으로 서비스를 제공하기 위한 방법은 모바일 단말 및 서비스 기술을 이용하는 것이다.

이러한 사물 인터넷, 클라우드, 빅 데이터, 모바일 기술과 같은 최신 ICT 기술의 상호 융합 및 활용은 사물 인터넷 기반의 다양한 상품 및 시장 창출에 있어서 무한한 잠재력을 제공할 수 있다.

6.2 사물 인터넷의 서비스 확산 방향

사물 인터넷은 개인·산업·공공 부문의 사회 전반에 걸쳐 다양한 종류의 서비스를 창출하고 있다. 특히, 개방형 센서 디바이스 플랫폼 기술개발, 블루투스와 같은 초소형/저비용/저전력 통신기술 개발, 사물 인터넷 통합 플랫폼 기술의 발전 등은 RFID/USN에서의 많은 기술적인 문제를 해결하였다. 또한, 무선 인터넷에 항상 연결이 가능한 스마트폰 기술의 발전은 사물 인터넷 서비스 확산의 기폭제가 되고 있다. 이는 사물 인터넷을 이용하여 수집되고 분석된 정보를 사용자에게 제공할 수 있는 강력하고도 확실한 수단이기 때문이다.

개인의 상태 및 주변 환경 정보를 수집하는 기술은 맞춤형 헬스케어 및 웰니스(Healthcare and Wellness) 서비스, 개인 안전 및 보호 서비스, 스마트홈(Smart Home), 스마트오피스(Smart Office)와 같이 사람을 편리하게 하고 보조하는 서비스에서 활용되고 있다.

기업들은 자동차, 선박, 로봇, 에너지, 건설, 공장, 농업 등과 같은 주력 산업 분야에서 모니터링하고 원격제어할 수 있는 사물 인터넷 기술을 이용하여 스마트공장, 스마트그리드, 스마트자동차, 스마트농장, 사물 인터넷 기반 물류 최적화 서비스 등과 같이 산업 경쟁력을 향상시킬 수 있는 서비스를 개발하고 있다([그림 6-1] 참조). 정부의 경우는 재난재해 대응, 기상정보 예측, 도시관리, 스마트교육, 스마트교통, 보건 등의 다양한 공공부문 서비스에 사물 인터넷 기술을 적용하여 서비스 만족도를 개선할 수 있다.

출처: 소프트웨어정책연구소, https://opentechdiary.wordpress.com/category/iot-basics/(재편집)

[그림 6-1] 사물 인터넷 응용분야

6.2.1 주요 사물 인터넷의 서비스 분야

이 소절에서는 사물 인터넷 기반 서비스를 개인, 산업, 공공 부분으로 구분하여 간단히 살펴본다.

① 개인 편리를 위한 서비스

사물 인터넷 기술이 고도화될수록 개인 맞춤형 서비스가 활성화될 것으로 예측된다. 구체적으로 개인 주위의 모든 사물들이 스스로 정보를 수집하고 상호 연결하여 사람에게 필요한 생활 밀착형 서비스를 제공할 수 있게 된다. 이러한 생활 밀착형 서비스들은 사람들에게 편리함을 제공할 뿐만 아니라, 개인의 안전과 건강도 지켜준다. 스마트홈의 경우 기존의 스마트폰을 이용한 가전제품에 대한 단순 원격제어 수준을 넘어 가전기구들이 스스로 주변 상황을 감지·판단하고 스스로 동작하여 청소와 요리를 하고, 세탁도 할 수 있는 수준으로 발전하고 있다.

헬스케어의 경우는 단순한 생체신호 수집의 수준을 넘어 실시간 분석도 가능하며, 개인 운동량, 가족 병력, 개인 환경 분석 등 복합적인 정보의 수집 및 분석도 가능하여 개인 맞춤형 평생 주치의 수준으로 발전하고 있다. 이와 같이 개인의 편리를 위한 서비스는 개인에게 편리하고, 쾌적하며, 안전한 생활밀착형 서비스를 항상 제공하여 최종적으로 삶의 질을 향상시킬 수 있을 것으로 기대된다. 단, 개인의 위치, 상태, 취향, 병력 등과 같은 중요한 정보에 대한 보안 문제, 개인정보를 악용하는 문제 등이 먼저 해결되어야 한다.

② 산업 경쟁력 향상 및 효율화 서비스

사물 인터넷은 산업 분야에서 생산 · 관리 · 품질 · 유통에서 소요되는 비용문제나 생산효용성 제고 등에 대한 경쟁력 확보를 위해 활용도가 커지고 있다.

차량, 도로, 운전자 사이에 다양한 센서가 설치된 사물 인터넷을 기반으로 교통사고 예방 및 최적화된 주행을 지원할 수 있는 **스마트자동차** 산업과, 사람의 건강 및 심리 상태를 파악하여 도움을 줄 수 있는 **감성 로봇** 산업, 사물 인터넷 기반의 실시간 에너지 생산 및 수요 감지, 에너지 공유 및 거래 등을 관리하여 에너지 수요/공급의 효율을 최적화할 수 있는 **스마트그리드** 산업, 대량 물품의 주문 · 생산 · 유통 과정에서 생산성 향상 및 물류 최적화를 달성할 수 있는 **스마트물류** 산업 등과 같이 주력 산업 전반에 걸쳐 다양한 서비스가 나타나고 있다.

③ 공공부문 서비스

사물 인터넷 기술은 정확한 서비스를 실시간으로 제공함으로써 공공부문 서비스 만족도에도 큰 영향을 끼치고 있다. 재난재해 예측/대응, 기상정보 예측, 전염병 예측/대응 등과 같은 공공 서비스는 실시간성과 정확성이 중요한 서비스로 국민들의 기대치가 높다. 사물 인터넷은 다양한 센서 디바이스를 활용하여 재난재해, 기상, 전염병 상황정보들을 광범위하게 감지하고 분석함으로써 정보에 대한 신뢰를 높일 수 있다. 또한, 도시 내의 교통, 주거, 환경, 에너지, 안전, 의료, 복지 서비스 등과 관련된 정보를 수집하고 융합하여 해당 서비스를 효율적으로 제공하는 스마트시티도 도입되고 있다.

6.3 사물 인터넷 시장의 현황 및 전망

사물 간 연결망을 기반으로 방대한 정보를 수집·활용하는 사물 인터넷 시장이 빠르게 성장하고 있다. 현재 세계 사물 인터넷 시장은 네트워크, 단말기 등의 하드웨어뿐 아니라, 사물 인터넷 관련 서비스 및 소프트웨어 분야도 높은 성장세를 보이고 있다. 2020년까지 세계 사물 인터넷 시장은 연평균 28.8%, 국내 사물 인터넷 시장은 연평균 38.5% 성장할 것으로 전망된다.

사물 인터넷 기술은 다양한 산업에 적용되어 새로운 부가가치를 창출하고 있다. 유·무선 네트워크, 통신모듈 및 센서, 스마트 단말 등의 기술 발전 및 보급, 확산으로 전 산업 분야는 물론, 일상생활까지 파급될 것으로 보인다([그림 6-2] 참조). 그리고 의료, 교통, 제조, 유통, 교육, 가전, 유틸리티 등 다양한 분야에 도입되어 기존의 프로세스와 서비스에 획기적인 변화를 가져올 것이다. 사물 인터넷이 실제 생활영역에 적용되면서 경제적 가치 창출, 효율성 증대, 편의 제공 등이 현실화되는 상황이다. 또한, 정보 기기는 소형화, 저가격화, 기능분화, 다양화, 휴대성, 편의성, 생필품화, 소비재화로 변모하고 있다. 서비스 통합 및 매체통합을 통해 사물 정보를 활용한 증강 현실 서비스 등 새로운 지능형 융합서비스가 출현하고 있다.

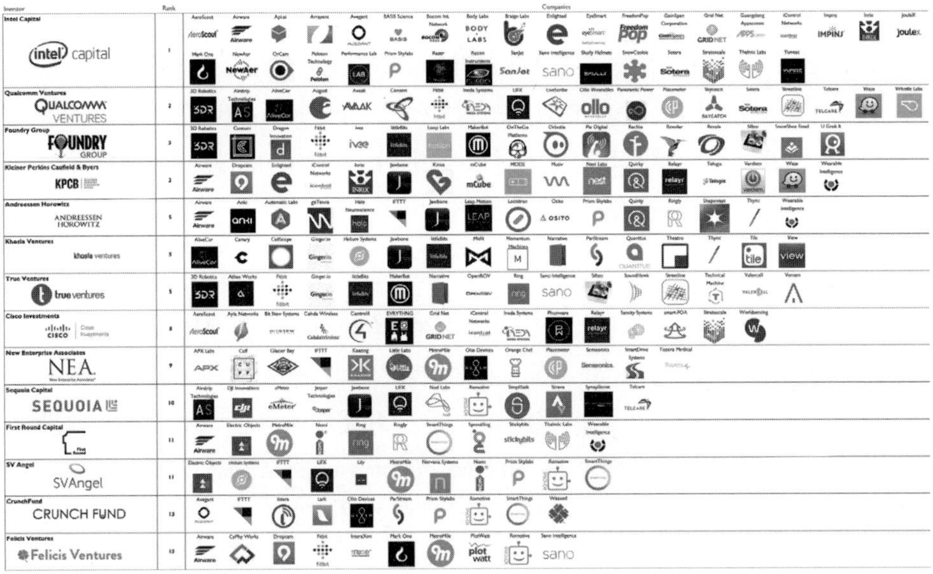

출처: CB Insights

[그림 6-2] 활발한 사물 인터넷 투자 기업들

가트너의 부회장은 "멀지 않은 미래에 많은 기기들이 연결될 것이며, 이 기기들은 인공 지능이 장착된 기기들 또는 서비스가 될 것이다."라고 말하고 있다. 이러한 변화가 진행되면서 새로운 사업 플랫폼뿐 아니라 관련법이나 규정들도 생겨날 것으로 전망되고 있다.

각국 정부는 경제·사회 혁신을 위한 실현수단으로 사물 인터넷을 선정해 잇따른 진흥정책을 발표하였다. 이를 통해 국가경쟁력 강화, 대국민 삶의 질 향상 등 공공의 목적 및 관련 기업 육성에 주목하고 있다.

다음 절에서는 주요 국가의 사물 인터넷 추진 전략 및 정책, 연구개발 추진방향, 특성 등을 살펴보고 사물 인터넷 시장 현황 및 전망을 살펴본다.

6.3.1 사물 인터넷 관련 주요 국가별 정책 동향

시장 선점 및 기술 경쟁력 확보를 위한 업체들의 활발한 움직임과 함께 주요 국가는 국가차원에서 사물 인터넷 관련 정책들을 수립하고 시행하고 있다([표 6-1] 참조).

미국은 국가정보위원회(National Intelligence Council, NIC)에서 2025년까지 국가 경쟁력에 영향을 미칠 '혁신적인 파괴적 기술(Disruptive Civil Technology)' 중 하나로 사물 인터넷을 선정하고, 기술로드맵을 수립하여 추진하고 있다.

EU는 2009년에 사물 인터넷 연구 개발과 클러스터 구축 등과 관련된 '사물 인터넷 액션 플랜'을 발표하였으며, FP7이 주요 추진되는 상황에서 '미래 네트워크-인프라'를 선정하여 수십억 명의 사람과 수조 개에 달하는 사물이 연결되는 상황에 대비한 사물 인터넷 인프라 구축을 목표로 하는 액션 플랜(Action Plan)을 수립하고, 연구개발 및 시범 서비스를 추진하고 있다.

일본은 센서 네트워크 기반의 사물 통신 기술과 서비스를 개발하는 계획이 'i-Japan 2015 전략(2009)'에 포함되었고, 'Active Japan ICT 전략'(2012), '신로봇전략'(2015) 등에서 연관 산업 분야로 사물 인터넷을 선정해 육성하고 있다. ICT 융합에 따른 새로운 산업의 창출을 위해 '디지털화, 네트워크화에 의한 IoC(Internet of Computer)에서 사물 인터넷으로'라는 방향 하에 '6대 전략중점분야 육성'과 '기반 육성과제'를 제시하였다.

우리나라도 '사물 인터넷 기본계획'(2014) 등 종합전략을 수립해 사업을 추진하고 있다. 초연결 디지털 혁명 선도국가를 실현하기 위해 국민, 기업, 정부가 세계에서 가장 활발하게 사물 인터넷 서비스를 개발·이용하도록 하는 것이다.

사물 인터넷의 **비전과 목표**에서 미국, EU, 일본은 경제성장과 소비자 서비스 개선, 사물 인터넷 혁신과 보안 간의 적절한 균형, 사물 인터넷을 통한 복지, 치안 등 국가 현안 해결, 융합서비스를 접목한 신산업 및 시장 창출 등 포괄적인 내용을 담고 있는 반면, 우리나라는 2020년 국내시장 30조원, 중소 수출기업 수 350개, 고용 3만 명 등 명확하고 실제적인 달성목표를 제시하고 있다.

추진정책도 미국, EU, 일본이 신융합서비스 상용화를 촉진하는 규제정비, 실생활 적용 중시, 사용자 보호/보안, 상황인지 등 규제 정비 및 사이버 보안에 중점을 두는 반면, 우리나라는 생태계 참여자 간 협업 강화, 개방적 혁신 추진, 기업 규모별 맞춤형 전략 등 우리 실정에 맞춰 훨씬 다양하고 구체적이다.

연구개발 측면에서 미국, EU, 일본이 공공과 민간 부문으로 구분해 R&D를 추진하고, 센서의 끊김없는 연결 중시, 기술 개발 및 사업화 지원, 사물 인터넷 관련 R&D 프로젝트를 추진해 M2M 확대에 치중하고 있다. 반면, 우리나라는 '사물 인터넷 R&D계획'(2014.11)을 세워 핵심 기술 개발 이외도 사물 인터넷 플래그십 토탈 솔루션, 플랫폼, 네트워크, 보안, 표준화 개발 등 체계적 전략 하에 세부적으로 실천하고 있다.

추진체제를 보면, 사물 인터넷이 빅 데이터, 클라우드, 착용형 디바이스, 로봇 등을 포함하는 포괄적 분야라 국내·외 모두 민간기업 중심으로 수행되고 있다. 정부 내에는 컨트롤타워를 두지 않고, 사안에 따라 개별 부처 중심으로 분산되어 수행되고 있다.

국가별 정책에 따른 **특성**으로 미국, EU, 일본 등은 종합적인 사물 인터넷 전략의 부재, 민간기업 중심의 추진, 사이버 보안 및 개인정보 중시, 스마트시티 등 공공부문에서 사물 인터넷의 적용이 활발하다. 하지만, 우리나라는 선진국에 비해 핵심 원천기술이 취약해 상당한 기술 격차를 보이고 있고, 사물 인터넷의 핵심부품인 센서는 거의 대다수를 수입에 의존하고 있다. 또 전문인력 부족, 혁신적 서비스 부재 등의 문제점을 지니고 있으며, 특히 미국, 유럽 등에 비해 공공분야에서 사물 인터넷의 적용을 찾아보기가 어려울 정도로 부진하다. 앞으로 의료, 교통, 치안, 소방 등 공공분야에서 사물 인터넷이 다양하게 활용되어야 한다.

[표 6-1] 각국의 사물 인터넷 정책 및 특성 비교

구분	미국	EU	일본	한국
전략	• 국가정보위원회는 2025년까지 '혁신적 파괴기술'의 하나로 선정해 기술로드맵 수립 • 미 상원 IoT 개발 국가전략 수립 촉구	• 사물 인터넷 인프라 구축을 목표로 14대 액션플랜 수립·추진 • Horizon 2020에서 IoT 연구와 혁신 촉진	• U-Japan(2004), i Japan 2015(2009), Active Japan ICT전략(2012), 신로봇전략(2015) 등에서 IoT 산업정책 추진	• 사물 인터넷 기반구축 기본계획(2009), 인터넷 신산업 육성방안(2013), 사물 인터넷 기본계획(2014)
비전 및 목표	• 경제성장과 소비자 서비스 개선 • IoT 혁신과 보안 간 적절한 균형	• IoT 통해 복지, 치안 현안 해결 • 다양한 분야 IoT 기술과 융합서비스 접목해 신산업 및 시장 창출	• 원격진료, 지진감시 등 미래 디지털 안전사회 구현 • IoT로 신서비스 및 산업 창출	• 2020년 국내시장 30조원, 중소 수출기업 수 350개, 고용 3만명, 이용기업 생산성·효율성 30% 증가
추진 정책	• IoT 관련 신융합서비스 상용화 촉진하는 규제 정비 • IoT의 실생활 적용 중시 • 사용자 보호/보안	• 연구개발 및 시범 서비스 수행 • 상황인지, 실시간 대응 등 스마트 라이프 서비스 구현	• 전략 중점 분야 육성 • IoT, 로봇 집중 투자 • CPS/IoT 관련 다양한 연구개발 사업 수행	• 생태계 참여자 간 협업 강화, 개방형 혁신 추진, 글로벌 시장 겨냥한 서비스 개발·확산, 기업 규모별 맞춤형 전략
R&D	• 공공과 민간부문으로 구분 R&D 추진 • 센서나 RFID와 끊김없는 연결 중시 • 기술개발 및 사업화 지원	• IoT 관련 R&D 프로젝트 추진해 M2M 확대 • 5G 이동통신, 미래 인터넷, 클라우드, 빅 데이터와 연계한 에코시스템 구축	• 글로벌 시장을 목표로 한 IoT 개발 • 센서 네트워크 기반의 M2M 기술과 서비스 개발 • 지능형 분산처리 기능 기술 개발	• 사물 인터넷 R&D계획(2014.11) • IoT 플래그십 토탈 솔루션, 플랫폼, 네트워크, 보안, 표준화 개발
추진 체제	• 국가정보위원회, 에너지부, FBI, NIST, FTC 등 부서 중심	• 유럽위원회(EC) IoT 정책 수립 • 유럽의회는 IoT 보고서 발간	• 경제재생본부, 문부과학성, 자원에너지청 등 부서 중심	• 미래부가 주관부처로 정책 입안 • 이통사와 단말업체가 개발 주도
주력 업체	• 시스코, HP, IBM 등 HW업체 • 구글, 애플, 오라클 등 혁신기업	• 필립스 등 HW업체, BMW 등 자동차업체, T-모바일 등 이통사	• NTT, 도코모 등 통신사, 소니, 후지쓰 등 HW업체	• SKT, KT 등 이통사, 삼성전자, LG 전자 등 HW업체
상용화 제품	• 스마트홈, 스마트밴드, 스마트시계, 스마트자동차, 지능형 주차서비스	• 스마트홈, 스마트자동차, IoT 앱, LED 전구, RGB 조명	• 스마트홈, 식물공장, e-Factory 등 IoT 솔루션, 스마트시계 등	• 스마트홈 서비스, 텔레메틱스, 스마트농장, 착용형 디바이스
특성	• 정부 IoT 전략의 부재 • 시스코, IBM 등 민간기업 중심 • 사이버 보안 중시 • 스마트시티 등 공공부문 IoT 적용 활발	• 사물 인터넷의 보안 위협 강조 • 표준화 중시 • 글래스고시, 바르셀로나시 등에서 스마트시티 등 공공부문의 IoT 적용	• IoT 연구개발 통해 신융합서비스 발굴 및 육성 • 후쿠시마현 등 공공 분야의 IoT 적용 • IoT와 로봇 간 연계 강조	• 기술격차, 센서는 수입의존 • 컨트롤타워 부재 • 전문인력 부족 • 혁신 서비스 부재 • 공공부문 IoT 활용 부진

출처: ETRI 산업전략연구부, 2015.11

6.3.2 사물 인터넷 시장의 현황과 전망

스마트홈, 스마트미터, 스마트자동차, 스마트그리드 등으로 사물 인터넷 생태계가 성장함에 따라 많은 회사들이 사물 인터넷에 기반을 둔 플랫폼과 서비스를 개발하고 있다.

사물 인터넷 시장은 단말기기, 이동통신망, 시스템 및 솔루션 사업자, 응용 프로그램 및 서비스 시장으로 구성되어 있으며, 이와 관련된 생태계는 칩제조 업체, 단말 업체, 네트워크 서비스 업체, 플랫폼 및 솔루션 업체 등과 같은 네 가지 업체들로 형성되어 있다고 볼 수 있다.

국내 사물 인터넷 관련 칩셋은 삼성전자, 삼성전기 등이 주도하고 있으며, 단말 모듈의 경우 삼성전자, LG전자, 이동통신망은 SKT, KT, LG U+, 플랫폼 및 솔루션은 LG CNS, 삼성SDS, 현대차, 포스코 ICT 등의 기업에 의해 생산 및 공급되는 상황이다([그림 6-3] 참조).

해외 사물 인터넷 관련 칩셋은 퀄컴, 텍사스 인스트루먼트, 인피니온(Infineon) 등이 주도하고 있으며, 단말 모듈의 경우 전 세계 공급량의 78%를 신테리온(Cinterion), 텔리트(Telit), 시에라(Sierra), 심컴(SIMCom)과 같은 네 개 회사가 공급하는 등 소수의 글로벌 기업에 의해 생산 및 공급이 독점되고 있는 상황이다.

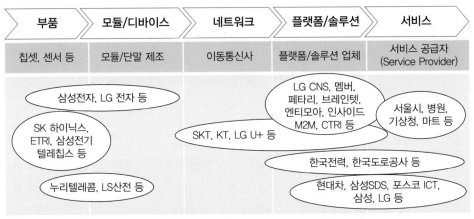

출처: 주대영, 김종기, "초연결시대 사물인터넷의 창조적융합—활성화방안", 산업연구원, 2014

[그림 6-3] 국내 사물 인터넷 가치사슬별 주요 업체 현황

KT 경제경영연구소의 자료에 따르면, 사물 인터넷 산업은 1995년 이후부터 단말, 네트워크 중심에서 솔루션, 정보 서비스 중심으로 변화하기 시작했으며, 특히 플랫폼 및 솔루션

업체를 비롯한 네트워크 서비스 업체들은 새로운 에코시스템을 구축하기 위해 다양한 방법을 모색하고 있는 것으로 파악되고 있다.

국내 사물 인터넷 시장 규모는 2015년 3.8조 원에서 2022년 총 22.9조 원 규모로 확대될 전망이다. 특히, 사물 인터넷 디바이스뿐만 아니라 이동통신망, 시스템 사업자, 서비스 및 응용 프로그램으로 분류했을 때, 2013년 디바이스가 2.3조원으로 97%를 차지하고 있고 2022년에도 10조 2,199억 원으로 44.8%를 차지하면서 가장 많은 비중을 차지할 것으로 예측된다([그림 6-4] 참조). 나머지 55.2%는 응용 프로그램 및 서비스 분야가 7조 5,433억원인 33.1%를 차지하고 시스템 사업자가 4조 4,493억 원인 19.5%를, 이동통신망이 6,075억 원으로 2%를 차지할 것으로 분석된다.

출처: 임정선, "IoT-가속화되는 연결의 빅뱅과 플랫폼 경쟁의 서막", 2015 ICT 10대 주목이슈, KT 경제경영연구소, Special Report, 2015.

[그림 6-4] 국내 사물 인터넷 시장 규모 및 전망

마시나 리서치(Machina Research), 스트라콥(Stracorp) 등의 자료에 의하면 전 세계 사물 인터넷 시장 규모는 2022년 1조 2,000억 달러로 성장할 것으로 전망된다. 플랫폼 시장은 연평균 66.1% 성장률을 보이며 3,555억 달러, 전문 서비스 부분은 연평균 90%의 성장률로 3,552억 달러로 성장할 것으로 전망된다([그림 6-5], [그림 6-6] 참조).

이와 같이 사물 인터넷 시장 규모는 점차 확대될 전망이며, 성장 가능성이 큰 시장으로 평가 받고 있다. 특히, 응용 프로그램 및 서비스 시장이 주목 받고 있는 상황이다.

	하드웨어			소프트웨어		
	반도체칩	통신모듈	단말기	플랫폼	통신	전문서비스
유형	무선 송·수신칩, 센서	IoT 모듈	다양한 IoT 단말기	플랫폼 SW, 관리솔루션	유·무선 네트워크	전문 IoT서비스
평균성장률	19.2%	18.3%	8.8%	66.1%	17.0%	90%

* '13~'22년 GAGR

출처: Machina Research, 한국수출입은행 해외경제연구소

[그림 6-5] 세계 사물 인터넷 부문별 연평균성장률

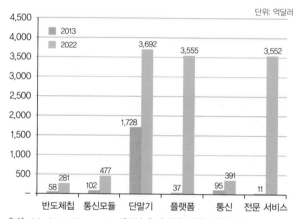

출처: Machina Research, 한국수출입은행 해외경제연구소

[그림 6-6] 세계 사물 인터넷 시장 규모 및 전망

또한, 사물 인터넷의 영향을 받는 각종 전자 기기 및 사물들의 개수도 증가할 것으로 예측
된다. 전 세계적으로 사물 인터넷을 통해 연결 가능한 기기는 520억 여개로 추정되며, 기
기의 유형 및 유형별 규모는 [그림 6-7]과 같다.

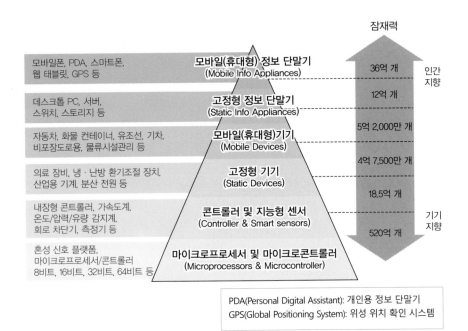

[그림 6-7] 사물 인터넷 기기의 계층별 구조 및 시장규모

• **개인용 정보 단말기(Personal Digital Assistant, PDA)** 미국 애플 컴퓨터 회사가 제창한 무선 통신과 정보 처리 기능을 결합한 차세대 개인 휴대 기기의 개념. 개인 정보 처리기 또는 개인 휴대 통신 단말기라고도 한다. 국내에서는 경쟁적으로 초소형(149×64×27mm) 초경량(250g)의 PDA 제품 개발을 완료하여 1996년 하반기부터 발매하였다.

연습문제

01 (   )의 보다 일반적인 정의는 인간, 사물, 서비스 세 가지 환경요소에 대해 인간의 개입 없이 상호 협력적으로 센싱, 네트워킹, 정보처리 등 지능적인 관계를 형성하는 사물 공간 연결망을 의미한다. 즉, 주변 사물들이 유·무선 네트워크로 연결되어 유기적으로 정보를 수집 및 공유하면서 상호작용하는 지능형 네트워킹 기술 및 환경을 의미한다.

02 사물 인터넷의 개념은 1999년 (   )이 최초로 제안하였다.

03 유비쿼터스 공간을 구현하기 위한 인프라 컴퓨팅 장치들이 주변 사물에 이식되어 환경이나 사물 그 자체가 지능화되는 것부터, (   )의 개념을 인터넷으로 확장하여 사물은 물론, 현실과 가상 세계의 모든 정보들이 언제 어디서나 상호작용하는 개념으로 진화하였다.

04 사물 인터넷의 마지막 단계로 사물의 자동 수행 능력과 상호 연결성을 이용하여 산업혁신을 위한 솔루션을 만들어가는 시기로 자동차, 교통, 스마트홈, 에너지, 유틸리티, 보안, 금융, 헬스케어, 제조업 등 광범위한 분야에서 서비스가 구현되는 단계는 무엇인가?

05 사물 인터넷과 유사한 용어로 (   )는 센싱, 컴퓨팅, 무선통신이 가능한 수많은 센서 노드로 구성된 무선 네트워크를 의미하며, 장소에 제약받지 않고 언제 어디서나 컴퓨팅 환경에 접속할 수 있는 유비쿼터스 패러다임이 확대되면서 활발하게 연구가 진행되었다.

06 (   )은 기존 사물 통신 및 사물 인터넷에서 진화된 개념으로, 사물뿐만 아니라 사람, 공간, 업무 및 데이터까지 모든 것들이 네트워크상에 연결되는 미래 인터넷을 말한다. 즉, 네트워크들의 네트워크라는 개념으로 전화망이나 컴퓨터망 같은 모든 네트워크들을 연결한다는 의미를 갖는다.

07 사물 인터넷이란 각종 사물에 프로세서와 통신 모듈을 내장하여 인터넷에 연결할 수 있는 기술을 의미하며, 이는 모든 종류의 (   )들이 서로 연결되어 통신이 가능함을 의미한다. 여기서 (   )이란 네트워크에 연결된 사용자 단말이나 다양한 형태의 장치를 의미한다. 임의의 프로세서를 장착한 일종의 내장형 시스템이라고 볼 수 있다.

01 사물 인터넷의 발전 방향이나 성숙도 모델에 대해 다양한 관점이 존재하는데, IBM이
    사물 인터넷의 발전 단계를 3단계로 구분한 것이 아닌 것은 무엇인가?

    ① 디바이스 연결 단계(IoT 1.0)   ② 인프라 구축 단계(IoT 2.0)
    ③ 산업별 혁신 솔루션 개발 단계(IoT 3.0)   ④ 초연결 구축 단계(IoT 4.0)

02 다음 중 사물 인터넷과 유사한 개념이 아닌 것은 무엇인가?

    ① 사물 통신   ② 유비쿼터스 센서 네트워크
    ③ 사물 웹   ④ 소셜 네트워크 서비스

03 다음 중 사물 인터넷에서 사물(Objects)이란 네트워크에 연결된 사용자 단말이나 다
    양한 형태의 장치를 의미한다. 여기서 사물을 구성하는 요소가 아닌 것은 무엇인가?

    ① 센서   ② 통신 모듈
    ③ 처리기 및 저장 공간   ④ 매시업(Mashup)

04 다음 중 사물 인터넷을 탄생하게 융합된 여러 기술에 대한 비전이 아닌 것은 무엇
    인가?

    ① 임베디드 지향적 비전   ② 사물 지향적 비전
    ③ 인터넷 지향적 비전   ④ 의미론 지향적 비전

05 다음 중 사물 인터넷의 기반 기술이 아닌 것은 무엇인가?

    ① 센싱 기술   ② 유·무선 통신 및 네트워크 인프라 기술
    ③ 인공 지능 기술   ④ 서비스 및 인터페이스 기술

06 다음 중 인터넷 인프라에 직접 연결에 중점 둔 사물 인터넷의 특성으로 맞지 않는 것
    은 무엇인가?

    ① 어떤 응용이든/어떤 소프트웨어든   ② 어디서나/어떤 장소든
    ③ 어떤 경로든/어떤 네트워크든   ④ 언제나/어떤 상황이든

07 기존의 하드웨어 중심의 접근인 사물 통신이 솔루션 중심의 서비스 지향적인 접근인
사물 인터넷과 접목되는 기술이 아닌 것은 무엇인가?

① 빅 데이터　　　　　　　　　　② 자동 제어
③ 인공 지능　　　　　　　　　　④ 클라우드 컴퓨팅

08 다음 중 사물 인터넷의 주요 이슈가 아닌 것은 무엇인가?

① 보안 및 사생활 침해 위협　　　② 상호운용성을 위하 글로벌 표준 확보
③ 휴대의 편리성 확보　　　　　　④ 스마트센서 원천기술 확보

09 인터넷 패러다임의 전개 방향을 살펴보면, 2030년대 이후는 무슨 시대인가?

① 만물지능 인터넷 시대　　　　　② 만물 인터넷 시대
③ 사물 인터넷 시대　　　　　　　④ 인터넷 시대

10 가트너(Gartner)는 사물 인터넷 실현을 위한 필요 핵심 기술이 아닌 것은 무엇인가?

① 저전력 네트워킹 기술　　　　　② 사물 인터넷 서비스 기술
③ 센싱 데이터 경로 최적화 및 관리　④ 저전력 내장형 운영체제(OS) 기술

11 닉 웨인라이트(Nick Wainwright)의 사물 인터넷 실현을 위한 필요 핵심 기술이 아
닌 것은 무엇인가?

① 사물 인터넷 서비스 기술　　　　② 서비스 인터페이스 기술
③ 센서 디바이스 플랫폼 기술　　　④ 초연결 네트워크 인프라 기술

12. 다음 중 대표적인 개방형 센서 디바이스 플랫폼이 아닌 것은 무엇인가?

① 아두이노(Arduino)　　　　　　② 라즈베리 파이(Rasberry Pi)
③ 갈릴레오(Galileo)　　　　　　④ 메자닌(Mezzanine)

| 서술형 |

01 사물 인터넷의 기술적 특성과 시장의 특성을 설명하시오.

02 초지능성(Hyperintelligence, 또는 Superintelligence)에 대해 설명하시오.

03 닉 웨인라이트(Nick Wainwright)의 사물 인터넷 실현을 위한 필요 핵심 기술 중 개방형 센서 디바이스 플랫폼, 네트워크 인프라, 사물 인터넷 통합 플랫폼에 대해 설명하시오.

04 사물 인터넷 네트워크 인프라의 초소형·저전력·저비용의 제약 조건을 고려하여 주로 활용되고 있는 4가지 통신 기술의 특징에 대하여 설명하시오.

05 사물 인터넷의 보안 위협에 대해 설명하시오.

06 사물 인터넷의 서비스 확산 방향을 크게 3가지로 구분하여 설명하시오.

PART

III

인공 지능, 로봇, 가상 및
증강 현실과의 연계

---

contents

들어가며

IT 혁명은 산업 사회의 혁신을 견인해 왔다. 2000년대 후반부터 독일, 미국 등 선진국에서 제조업을 부활시키기 위해 사물 인터넷을 제조 현장의 혁신에 활용하려는 움직임이 구체화되었다. 사물 인터넷 적용 분야를 넓히기 위해 **인공 지능**(Artificial Intelligence, AI), **로봇**(Robot), **가상 현실**(Virtual Reality, VR) 및 **증강 현실**(Argument Reality, AR) 등 신기술과 연계 전략도 활발해지고 있다([그림 1] 참조).

> 개념의 유사성: 사물 인터넷의 개념은 인터넷 혁명 초기부터 존재했으며, 유비쿼터스, 사물 통신 등의 개념과 유사. 사물 인터넷 기술을 적용하는 공장 자동화도 산업용 로봇이 도입되고 생산, 물류, 설계 분야의 IT화가 진행됨.

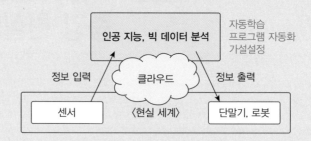

> 사물 인터넷 단계의 의미: 센서 기술의 고도화로 현실 세계의 다양한 정보를 가상 세계에서 분석 가능. 인공 지능이 학습 능력을 확보. 자동으로 프로그램할 수 있어 각종 기기의 컴퓨팅 환경 고도화 가능. 인공 지능이 빅 데이터 분석을 통해 가설설정 가능(데이터 과학자 일부 대체). 클라우드 컴퓨팅 환경의 속도, 비용적 한계 극복이 과제.

출처: LG 경제연구원, 2016.

[그림 1] IT 혁명의 새로운 단계로서의 사물 인터넷

인공 지능은 실세계의 다양한 상황에 효율적으로 대처할 수 있는 장점으로 주목을 받고 있다. 클라우드를 비롯하여 대용량 데이터 처리 기술을 다수 보유한 미국도 인공 지능의 기반 기술뿐만 아니라 인공 지능을 사물 인터넷에 적용할 수 있는 기술 개발에 매진하고 있다. 일본의 경우, **엣지 컴퓨팅**(Edge Computing) 기반의 인공 지능 전략을 중시하고 있다. **엣지**(Edge, 단말), **포그**(Fog, 기지국 등), **클라우드**(Data Center) 간에서 정보 전달, 인공 지능 판단 등을 분담해 실시간 처리의 성능 향상에 주력하는 전략적인 목적으로 출발하였다.

로봇에 강점을 가진 기업은 사물 인터넷 시대에도 로봇 기술을 강화해 새로운 제조업의 주도력을 강

화시키려 하고 있다. 화낙 등의 로봇 기업과 히타치, 닛폰사(NEC) 등의 IT 기업들이 연합하여 개방화 플랫폼을 만들어 미국계 IT 기업들에 비해 상대적으로 열세인 인공 지능의 약점을 보완하려고 한다.

제품 개발, 생산, 물류, 판매 등 기업의 가치 사슬 전반의 사물 인터넷화를 뒷받침하기 위해 가상공 간과 실제공간을 연결하는 틀을 고도화할 필요성을 인식하고, 기업은 그 핵심 기술로서 **가상 현실/ 증강 현실**을 활용한 공장의 효율성 제고에도 주력하고 있다. 공장 건설과 제품의 생산 라인 개선에 도 가상 현실/증강 현실 기술이 활용되고 있다. 공장의 건설 단계에서 가상의 생산라인을 구동시킨 후 미비점을 수정하거나 핵심 근로자를 미리 가상 생산라인에서 훈련하면서 업무를 개선하는 데 활 용하고 있다.

사물 인터넷은 심각하게 대두되는 인력 부족 문제를 해결하는데도 효과가 있을 것으로 보고 있다. 일본의 경우, 사물 인터넷에 로봇이나 인공 지능 등을 활용하여 제조공장을 재구축하고 건설이나 서 비스업, 인프라 분야까지 혁신하는데 활용하기 시작했다.

사물 인터넷은 장기적으로 모든 산업의 형태, 사업 모델을 혁신할 것으로 보이며, 따라서 이에 능동 적으로 대응할 수 있는 역량을 지속적으로 축적해 나갈 필요가 있다. 독일이나 미국, 일본의 동향이 나 사례를 지속적으로 살펴보면서 사물 인터넷을 뒷받침하는 기초 기술을 강화하며 실질적으로 생 산성과 부가가치를 제고할 수 있는 방안을 강구하고, 서비스를 포함한 사업 모델의 혁신 기회를 모 색할 필요가 있다.

3부에서는 사물 인터넷과 연계될 수 있는 인공 지능, 로봇, 가상 및 증강 현실 기술을 살펴보고, 이 를 연계하여 활용하는 사례도 살펴보고자 한다.

인공 지능을 활용한 혁신

7.1 인공 지능의 개념

세계 경제포럼(World Economic Forum)은 제4차 산업혁명을 현실과 가상의 통합이며, 사물들이 자동·지능적으로 제어되는 '사이버 물리 시스템'(Cyber-Physical Systems)의 시대로 정의했다. 이를 이끄는 핵심적인 기술 중 하나가 바로 인공 지능(Artificial Intelligence, AI)이다. 2016년 3월 개최된 알파고와 이세돌 기사의 대국은 인공 지능 기술이 어느새 우리에게 성큼 다가와 있음을 실감나게 해주었다. 알파고로 인해 사람들의 관심이 폭발적으로 증가하였지만, 이미 그 이전부터 인공 지능은 제조, 의료, 교통 등 다양한 산업 분야에서 적용되고 있었다. 산업용 로봇, 도로와 교통 상황을 인식하는 자율주행 자동차, 사람의 자연어를 이해하는 번역 등 다양한 분야에 인공 지능이 활용되고 있다. 유통도 인공 지능이 선도적으로 적용되고 있는 분야 중 하나이다.

인공 지능은 기계(컴퓨터)가 인간 수준의 인지, 이해, 추론, 학습 등의 사고 능력을 모방할 수 있도록 고안된 것이다. 등장 초기 "지능형 기계(컴퓨터), 특히 지능형 컴퓨터 프로그램을 만드는 과학 및 공학"으로 정의되었다. 그동안 여러 기관 및 연구자들로부터 다양한 개념 정의가 이루어졌으나, 초기의 개념과 크게 달라지지는 않았다.

인공 지능은 비교적 역사가 오래되었지만, 최근 들어 관련 기반 기술이 발전함에 따라 이전에는 처리가 곤란했던 것이 가능해지면서 새롭게 주목받게 되었다. 초기의 인공 지능 기술은 미리 정의된 파라미터를 이용해 특정 문제를 해결하는 것으로 한정되었다. 이러한 정적(Static) 지능으로부터 증분(Incremental) 지능으로 발전하면서 최근 인공 지능이 혁신적인 기술로서 재등장하게 된 것이다. 인간의 학습 방법과 유사한 점진적 학습(Incremental Learning) 방법에 따라, 컴퓨터는 데이터의 학습으로 지식을 생성하고, 새로운 데이터가 추가되면 현재의 지식을 점차적으로 수정·개선한다.

미래에는 모든 영역에서 인간의 능력을 뛰어넘는 인공 지능 시스템인 **'강(强) 인공 지능'**이 개발될 것으로 예상된다. 인간과 동일하게 범용 분야에서 자율적 사고와 활동이 가능한 인 공 지능을 실현하는 강(强) 인공 지능과 달리 **약(弱) 인공 지능**은 한정된 분야에서 문제해결, 추론을 수행하는 소프트웨어를 만드는데 중점을 둔다. 따라서 일부에서는 강(强) 인공 지능 으로 기계가 인간의 노동력을 완전히 대체하고, 더 나아가 기계가 인간을 지배하는 사회가 도래할 가능성을 경고한다. 현재 인공 지능이 놀라운 속도로 발전하고 있고, 전 산업에 걸 친 영향력 확대가 명확해지면서 인공 지능 개발 중단 및 통제에 대한 의견도 존재한다. 스 티븐 호킹 박사는 인공 지능의 발전으로 인하여 인류의 종말이 올 수 있다고 경고하기도 했 다. 하지만 강(强) 인공 지능의 실현까지 아직 해결하지 못한 난제들이 많이 있고, 인간이 통제 가능한 방법으로 발전해 나갈 것으로 예상된다.

7.2 인공 지능의 주요 기술 및 개발 현황

인공 지능 기술은 컴퓨터 과학의 여러 세부 영역과 연계되어 있다. 인공 지능을 활용하는 기술에 대한 정확한 분류 체계는 아직 없으며, 다만 자료 작성이나 활용 목적에 따라 다양 하게 구분하고 있다([표 7-1], [표 7-2] 참조).

이 소절에서는 기존 인공 지능 관련 보고서 및 전문가 의견 등을 토대로 하여 기계 학습, 신경망, 딥 러닝, 퍼지논리, 서포트 벡터 머신, 인지 컴퓨팅과 같이 6가지 기술로 구분하여 간단히 살펴본다.

[표 7-1] 인공 지능 관련 기술 분류(해외)

기술	내용
인지 컴퓨팅 (Cognitive Computing)	o 컴퓨터가 인간처럼 정보를 습득하고 그 정보를 이용해 의사결정할 수 있는 모델의 과정을 시뮬레이션하는 기술 – 인지 시스템은 데이터들로부터 그 자신만의 추론을 통해 결론을 도출함
기계 학습 (Machine Learning)	o 기존에 프로그램화된 논리(로직)나 정형화된 규칙 등을 바탕으로 발생되는 데이터를 통해 학습하는 수리/수학적 알고리즘을 의미 – 기계 학습 알고리즘은 확률적 모델을 세우고 비슷한 데이터 집합과 관련된 내용 을 토대로 가정하고 예측하는 과정을 거침

딥 러닝 (Deep Learning)	o 기계 학습과 유사하지만 인간 신경망을 모델화하여 새로운 데이터 집합을 예측하는 기술 – 예를 들어, 특정 이미지나 음향, 동영상 데이터에 대한 수없이 많은 학습을 통하여 패턴 분석을 수행한 후 무엇인지 스스로 인지하는 기술
응용 프로그래밍 인터페이스 예측 (Predictive Application Programming Interfaces)	o 응용 프로그래밍 인터페이스(API)는 표준화된 입·출력 방식을 통해 소프트웨어 모듈에 접근하도록 공식화 해줌 – 이런 응용 프로그래밍 인터페이스에 대한 예측화를 통해 프로그래머가 실제 적용해야될 입·출력 방식을 보다 빠르게 제안해줄 수 있음
자연어 처리 (Natural Language Processing)	o 컴퓨터가 인간의 언어를 알아들을 수 있게 하여 인간처럼 말하고 쓸 수 있도록 하는 기술 – 다양한 인간의 언어를 가지더라도 의사소통을 가능하게 하는 것 역시 자연어 처리로 볼 수 있음
이미지 인식 (Image Recognition)	o 사람들이 보고 있는 특정 피사체 사진의 정체를 확인하고자 시도하는 기술 – 사람이 볼 수 없거나 지진계와 같은 파형 등도 이미지 패턴인식에 포함될 수 있음
음성 인식 (Speech Recognition)	o 인간이 발성하는 음성을 이해하여 컴퓨터가 다룰 수 있는 문자(코드) 정보로 변환하는 기술

[표 7-2] 인공 지능 관련 기술 분류(국내)

기술	내용
패턴인식 (Pattern Recognition)	o 기계에 의하여 도형·문자·음성 등을 식별 o 제한된 분야에서 실용화되고 있고, 본격적인 패턴인식은 아직 연구 단계
자연어 처리 (Natural Language Processing)	o 인간이 실생활에서 사용하는 언어를 컴퓨터에 인식시켜서 처리하는 일 o 정보검색·질의응답 시스템·자동번역 및 통역 등이 포함
자동제어 (Automatic Control)	o 제어 대상에 미리 설정한 목표값과 검출된 되먹임(feedback) 신호를 비교하여 그 오차를 자동으로 조정하는 제어
로봇틱스 인지로봇공학 (Robotics)	o 로봇에 관한 과학이자 기술학으로 로봇의 설계, 제조, 응용 분야를 다룸 o 인지로봇공학은 제한된 계산 자원을 사용해 복잡한 환경의 복잡한 목표를 달성하도록 하는 인식능력을 로봇에게 부여하는 기술
컴퓨터 비전 (Computer Vision)	o 로봇의 눈을 만드는 연구분야로 컴퓨터가 실세계 정보를 취득하는 모든 과정을 다룸
자동추론 (Automated Reasoning)	o 계산기과학의 한 분야로 추론의 다양한 측면을 이해함으로써 컴퓨터에 의한 완전한 자동추론을 가능하게 하는 기술 o 인공 지능 연구의 일부로 이론 계산기과학 및 철학과도 깊은 관계가 있음

사이버네틱스 (Cybernetics)	o 생물 및 기계를 포함하는 계(系)에서 제어와 통신 문제를 종합적으로 연구하는 학문
지능엔진 (Intelligent Agent)	o 인공 지능적 기능을 가진 소프트웨어 엔진 o 사용자를 보조하고 반복된 컴퓨터 관련 업무를 인간을 대신하여 실시하는 엔진

① 기계 학습(Machine Learning)

기계 학습이란 경험적 데이터를 통해 컴퓨터 스스로 새로운 지식과 능력을 개발하는 기술을 의미한다([그림 7-1] 참조). "훈련된 지식을 기반으로 주어진 상황에 유용한 답을 찾고자하는 일련의 컴퓨터 알고리즘 혹은 기술을 총칭"하며, "주어진 데이터로부터 일반화된 지식을 추출해 내는 것"이 주요 목표이다. 기계학습은 데이터를 해독하여 예측모델을 만들며, 그 자신이 바로 학습의 대상이기도 하다. 과학적인 수단으로 예측모델을 개발 가능하게 하며, 증분(Incremental) 지능으로 급격한 변화를 이끌어낸 주요 기술이다. 컴퓨터는 기계 학습 알고리즘을 통해 방대한 데이터를 학습하여 지능을 습득하고, 이를 기반으로 새로운 데이터 및 문제에 대해 스스로 판단을 내릴 수 있게 된다.

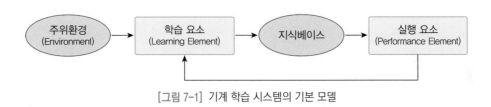

[그림 7-1] 기계 학습 시스템의 기본 모델

기계 학습은 주로 **지도 학습**(Supervised Learning), **비지도 학습**(Unsupervised Learning), **강화 학습**(Reinforcement Learning)으로 구분한다.

지도 학습은 입력 데이터에 올바른 출력값을 갖는 라벨을 붙여두고 그 데이터를 컴퓨터가 학습하면서 입력과 출력에 대한 일반적인 규칙이나 모델을 만드는 것을 의미한다. 예를 들면, 여러 장의 이미지에 사과라는 라벨을 붙여두고 컴퓨터가 그 이미지를 사과로 인식할 수 있는 모델을 만드는 학습 방식이다. 그 이후 새로운 이미지가 입력되면 컴퓨터가 스스로 사과인지를 판단할 수 있다.

비지도 학습은 컴퓨터가 라벨을 붙이지 않은 데이터를 토대로 데이터의 고유한 특성을 파악하여 그룹으로 분류하는 방법으로 학습을 수행하는 방법이다. **강화 학습**을 기계 학습의 또 다른 종류로 구분하기도 한다. 강화 학습은 어느 환경에서 정의된 에이전트가 현재 상태를 인식하여 최선의 행동이나 행동 순서를 선택하는 방법이다. 입력과 출력이라는 학습 데이터 쌍을 이용하지 않으면 잘못된 결과에 대해서 명시적인 정정 과정을 거치지 않으므로 지도 학습과 다르다. 학습 과정에서 성능에 초점을 맞추고 있다.

② 신경망(Neural Network)

신경망은 기계 학습의 일부로 인간의 두뇌 처리기능을 형상화한 기술이며, 뇌의 뉴런과 비슷하게 인공 뉴런을 배치하고 네트워크로 연결하여 모델링한 것이다. **인공신경망**(Artificial Neural Network)이라고도 하며, 다수의 상호 연결된 노드(Node, 인공뉴런)로 구성된 층으로 이루어진 논리 구조이다([그림 7-2] 참조). 인간이 수많은 정보를 구분하고 습득하며, 경험 및 지식을 토대로 종합적·추상적 사고를 수행하는 것과 유사한 방식으로 학습하고 문제를 해결하도록 설계되었다.

신경망은 복잡한 데이터를 사용하거나, 사람의 주관적인 판단이 필요한 부분에 유용하게 사용 할 수 있다. 신경망 모델로 학습한 컴퓨터는 어느 정도의 일반화 능력을 보유하여 특정한 답이 정해지지 않은 문제도 해결이 가능하다. 기존의 규칙 기반 정보처리 방식(Rule Based Approach)은 규칙에서 벗어난 문제에 대한 해답을 도출할 수 없지만, 신경망 모델은 학습결과에 따른 판단이 가능하다. 예를 들어, IBM의 왓슨은 특정한 답이 없는 물음에 자신이 학습한 정보를 바탕으로 내놓은 결과를 신뢰도와 함께 표시하고, 광범위하고, 복잡한 영역에서 결과 도출이 가능해 사람의 의사결정을 지원하는 역할을 한다. 인공신경망의 발전으로 계량적 의사결정과 주가 및 환율 예측, 기업 신용평가, 재무 및 회계, 경영 전략 지원 역할을 수행할 수 있다. 하지만, 최고경영자의 비정형적 의사결정을 대신할 수는 없다.

신경망은 관찰된 데이터를 학습하여 원하는 근사 함수 추론이 가능하나, 최적화의 어려움 등으로 연구에 한계가 있다. 입력층과 출력층, 그 사이의 은닉층으로 구성되며 층수가 높아질수록 더 추상화된 정보 표현이 가능하지만 구조 복잡성도 크게 증가하게 된다. 또는 수많은 노드의 연결마다 연결강도를 달리하는 파라미터 값을 할당(Parameter Training)하는데 많은 어려움이 있다. 한 동안 연구의 암흑기가 존재했으나, 데이터의 전처리(Pre-training) 과정을 통해 이러한 문제를 해결할 가능성을 보인 딥 러닝 방식의 등장으로 다시 주목받게 되었다.

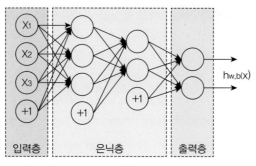

*입력값: x1, x2, x3
*출력값: hw,b(x)
*Bias Unit: +1

[그림 7-2] 다층 인공신경망 구조

③ 딥 러닝(Deep Learning)

기존 다층 구조 인공신경망 학습의 문제점을 개선하여 데이터 추상화 능력을 획기적으로 향상시킨 기술이다. 여기서 추상화는 다량의 복잡한 데이터 속에서 핵심적인 내용 또는 기능을 요약하는 작업을 의미한다. 단순하게 딥 러닝은 인공신경망이 적절히 학습할 수 있도록 돕는 새로운 알고리즘으로 설명이 가능하다. 기존 인공신경망 연구는 지역최적해(Local Minimum)와 과적합(Overfitting) 문제로 한계가 있었으나 딥 러닝 방식을 통해 극복하였다. 지역최적해는 정답을 찾기 전에 미리 결론에 수렴하여 학습이 도중에 중단되는 문제이고, 과적합은 주어진 특정 학습 데이터에 과도하게 적합되어 실제로 풀어야 할 문제를 풀지 못하는 문제이다. 하지만 최근 충분한 학습 데이터 및 고속 병렬처리가 가능한 하드웨어 성능 향상으로 인해 딥 러닝이 다시 주목받게 되었다.

딥 러닝 도입으로 **이미지 인식, 음성 인식** 등의 분야에서 문제 해결 성능이 기존 알고리즘에 비해 비약적으로 향상되고 있다([그림 7-3] 참조). 이미지 인식은 매년 정확도가 개선되어 현재 사람의 오차율 보다 적은 수준까지 도달하였다. 2015년 구글, 바이두, MS 등이 오차율을 5%로 줄인 프로그램을 개발하였으며, 2016년 구글은 구글 클라우드 서버를 활용 3.08%까지 오차율을 줄였다고 발표하였다. 음성 인식은 딥 러닝을 통해 오차율이 5% 이하로 성능 개선이 이루어졌으며, 애플 Siri, 삼성 빅스비, MS Cortana, 구글 Now, 아마존 알렉사(Alexa) 등 주요 상업용 음성 인식 시스템에 적용되고 있다.

딥 러닝은 해당 분야 전문가 지식이나 응용 분야의 제한을 적게 받는 장점이 있지만, 학습 데이터의 양과 질은 중요하다. 최적 모델을 설계하는데 많은 노력을 기울이지 않더라도 데이터를 통해 인식하려는 객체의 자연스러운 특징을 자가훈련으로 학습이 가능하므로, 정확하고 방대한 데이터를 가진 데이터 집합이 성능을 직접적으로 좌우한다.

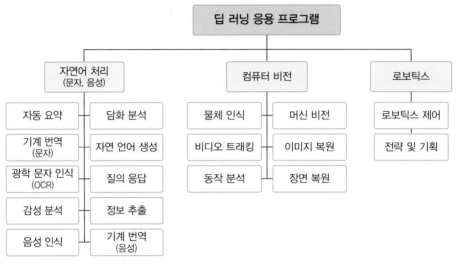

[그림 7-3] 분야별 딥 러닝 응용 프로그램

④ 퍼지논리(Fuzzy Logic)

인간의 언어나 사고가 가진 애매한 정도를 수학적으로 다루고자 하는 논리체계로서 부정확한 현실 세계를 표현하는데 효과적이다. 'Fuzzy'는 '분명하지 않은', '애매한'이라는 사전적 의미를 가지며, '0'과 '1', '예' 또는 '아니오'로 명료하게 다룰 수 없는 영역을 고려한다. 퍼지논리에 기반한 집합의 경우, 얼굴이 예쁘다, 키가 크다 등 주관적 표현에 대해 집합에 속한다(1)와 그렇지 않다(0)가 아닌 0~1 사이 값으로 표현한다. 따라서 일부는 퍼지논리를 '과학의 주관화'라고 규정하기도 하며, 인간의 주관을 반영할 수 있는 것이 주요 특징이다.

퍼지논리는 인공 지능 컴퓨팅 시스템에서 논리적 추리능력을 향상시키며, 전통적 방법으로 시스템 모델링을 할 수 없을 때 선택 가능하다. 퍼지상태로 볼 수 있는 인간의 추론방식을 기계가 이해할 수 있도록 함으로써 기계와 인간의 원활한 의사소통 가능성을 제고한다. 퍼지논리는 공장 자동화, 전문가 시스템, 자연어 처리, 인공 지능 로봇, 퍼지 컴퓨터 등에 응용되고 있으며, 공학 외에 의학, 경영, 정보처리 등의 분야에서도 자연스러운 방법론으로 인식되고 있다.

⑤ 서포트 벡터 머신(Support Vector Machines; SVM)

서로 다른 계층 자료들 간 간격을 최대화하는 선(평면)을 구하여 데이터 분류를 최적화하기 위한 알고리즘이다. 지도학습 방법으로 분류의 정확성 측면에 있어 뛰어난 성능을 보이며, 선형 분류 및 비선형 분류 모두 가능하다. 데이터를 분류하는 초평면은 여러 개가 있을 수 있으나, 서로 다른 데이터 사이 가장 큰 마진(Margin, 간격)을 가진 초평면 즉, '최대 마진 초평면(Maximum-Margin Hyperplane)'을 선택한다. 여기서 초평면이란 n차원 공간을 둘로 나누는 n-1 차원의 면을 의미한다. 최대 여백 초평면이 데이터 분류의 기준이 되며, 이와 가장 가까운 분류에 속한 샘플이 서포트 벡터(Support Vector)이다([그림 7-4] 참조). 비선형 데이터의 경우 주어진 데이터를 고차원 공간으로 변환한 뒤 초평면을 찾는 커널 트릭(Kernel Trick)기법을 사용한다.

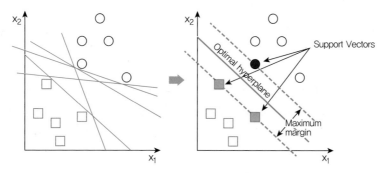

[그림 7-4] 서포트 벡터 머신을 통한 선형 분류

서포터 백터 머신 분류뿐만 아니라 회귀 분석에도 우수한 해결능력을 보유하여 범주나 수치 예측 문제에 활용한다. 또한 이론적 근거에 기반하여 결과 해석이 용이하고, 실제 응용에 있어서 인공신경망 수준의 높은 성과를 보이며, 적은 학습 자료만으로 신속하게 분별학습이 가능한 장점이 있다. 문자 및 문서 인식, 생체인식, 로봇 비전, 금융데이터 분석, 뇌신호처리 등의 응용 분야에서 활용된다.

⑥ 인지 컴퓨팅(Cognitive Computing)

'3세대 컴퓨팅'으로 불리는 인지 컴퓨팅은 학습하고 추론하며, 인간과 자연스럽게 상호 작용하는 시스템을 의미한다. 인지 컴퓨팅은 인공 지능과 거의 유사한 개념으로 사용된다.

많은 비구조적 데이터가 빠르게 생성되는 환경에서 이를 적절히 다룰 컴퓨팅 모델이 필요하게 되었다. 이에 인지 컴퓨팅은 인간능력을 단순 모방하는 기계 중심적 시스템이 아니라 데이터를 통한 인간과 현실 세계의 이해를 바탕으로 보다 인간 중심적인 문제를 해결할 수 있는 시스템을 구현한 것이다.

정보의 습득, 인지, 학습, 추론 등 인간의 사고방식을 컴퓨터에 적용시키기 위해 기술 및 생물학적 개념을 함께 고려하고 있다. '컴퓨터 두뇌'를 설계하기 위해 인간의 두뇌가 실제로 어떻게 작동하는지에 대한 연구가 다학제적으로 진행되고 있다. '컴퓨터 두뇌'를 설계하기 위해 IBM은 뇌를 역공학(Reverse-Engineering) 방법으로 분석하여 두뇌와 같은 컴퓨팅 모델을 만들고자 하며, 원숭이의 뇌를 모델링하고 있다. 미국, 유럽 등 선진국은 국가 정책으로 뇌 연구가 활발히 진행 중이며, 우리나라도 관련 프로젝트를 수행하고 있다. 인간이 기계와 대비되는 특징 중 하나인 감정을 인식하고 이에 적절히 반응하는 감정인식 분야도 인지 컴퓨팅의 주요 분야이다. MS의 '프로젝트 옥스퍼드' 기술팀은 얼굴 표정을 인식하여 행복, 슬픔, 분노, 불쾌, 공포, 무관심 등의 감정을 구분하여 이를 숫자로 나타내는 기술을 개발하였다.

인지 컴퓨팅은 의사결정이 요구되는 거의 모든 분야에서 빅 데이터에 대한 인간의 해석을 향상시키고, 전문 지식을 제공하여 의사결정에 도움을 줄 것으로 기대된다. 인지 컴퓨팅 기반 분석 서비스가 등장하고 있으며, 향후 자율 인지 서비스와 같은 고도화된 지능 서비스로 발전할 전망이다.

7.2.1 인공 지능의 개발 현황

인공 지능에 관한 연구개발을 가장 활발하게 하고 있는 기업은 IBM과 구글, 마이크로소프트, 애플, 페이스북 등 글로벌 IT 기업들이다. 이들은 우수한 인공 지능 기술을 보유한 스타트업을 인수하고 관련 사업 조직을 신설하면서 인공 지능 기술 개발에 주력하고 있다.

IBM의 인공 지능 왓슨은 2011년 미국의 인기 퀴즈쇼 '제퍼디(Jeopardy)'에서 인간 챔피언을 이긴 바 있는데, 이는 왓슨이 인간의 자연어로 된 질문을 상당히 정확하게 이해할 수 있게 되었다는 의미이다. 이후 왓슨은 제조, 의료, 금융, 교육 등 다양한 산업 분야에서 활용되고 있다. 항공기 제조업체 에어버스(Airbus)는 생산공정에 왓슨을 투입하여 항공기에 필요한 수억 개 부품의 마모 정도와 교체주기를 파악하여 정비에 활용하고 있다. 그리고 미국, 일본, 한국 등 여러 국가의 병원에서 암 진단 및 치료법에 왓슨이 활용되고 있으며, 날씨와 미래 기후변화 예측에도 활용되고 있다. 또한, 왓슨은 인공 지능 로봇의 개발에도 적용되고 있다. IBM은 일본 소프트뱅크, 프랑스 알데바란 로보틱스와 '**페퍼**(Pepper)'를, 호텔 체인 힐튼 역시 프랑스 알데바란 로보틱스와 '**코니**(Connie)'를 공동 개발하였다. 이 인공 지능 로봇들은 자연어 처리능력을 갖추고 사람과 자연스럽게 대화할 수 있게 됨에 따라 쇼핑 매장이나 피자 가게, 호텔 등에서 고객을 응대하는 데 활용되고 있다.

구글은 2015년 11월 기계 학습을 위한 오픈 소스 라이브러리인 **텐서플로우**(Tensorflow)를 공개하였으며, 내부적으로 보유하고 있는 데이터를 이용하여 '구글포토', '랭크브레인', '스마트 답장' 등의 서비스에 적용하고 있다. '구글포토'는 수많은 사진 자료를 분석하여 고양이, 자동차, 사람 얼굴, 장소 등을 구분할 수 있는 이미지 인식 서비스이며, '랭크브레인'은 구글 검색창에 애매한 키워드나 문장을 입력해도 검색 결과를 보여주는 서비스이다. '**스마트 답장**'은 구글의 메일(gmail) 인박스가 e메일의 내용을 이해하여 적절하고 짧은 답장을 스스로 만들어주는 서비스이다. 그리고 구글은 2016년에 인공 지능 바둑프로그램인 알파고를 선보였으며, 이세돌이나 중국의 커제와의 대국에서 승리를 거두었다.

마이크로소프트는 음성을 인식하는 인공 지능 개인비서 '**코타나**(Cortana)'를 개발하였으며, 스카이프(Skype)에서 실시간 언어 번역, 이미지 내의 물체를 인식하는 화상인식 기술인 아담 프로젝트를 진행 중이다. 애플 역시 음성 인식 개인비서인 '**시리**(Siri)'를 개발하였다. 시리는 고객의 음성을 인식하여 원하는 상품정보를 검색해주고, 개인의 일정 관리까지 도와주는 방식으로 발전하고 있다. 페이스북은 사진에서 사용자 얼굴을 자동으로 파악하여 이름 태그를 달아주는 인공 지능 기술을 선보인데 이어, 최근에는 사람과 대화를 나누는 인공 지능 프로그램 '**챗봇**(Chatbot)'을 공개하였다. 아마존에서도 사람의 말투와 억양, 문맥을 파악하는 클라우드 기반 음성 인식 인공 지능인 '알렉사(Alexa)'를 출시하였다.

국내에서는 네이버가 2012년부터 네이버랩을 운영하면서 음성 인식 검색 서비스, 사진 분류 서비스를 제공하고 지식iN에 딥 러닝 기술을 적용 중이다. 엔씨소프트는 인공 지능 기반의 게임을 개발하고 있고, 다음 카카오는 여행지 추천 서비스 및 즉답검색 서비스에 인공 지능 기술을 활용하고 있다. 그 외 대학 및 연구소 등에서 인공 지능 연구개발을 진행하고 있다. 그러나 글로벌 기업들을 중심으로 인공 지능 기술이 빠르게 발전하고 있는데 비해 국내 인공 지능 관련 투자 및 기술 수준은 상당히 미흡한 편이다.

7.3 인공 지능의 적용 분야

인공 지능 기술의 발전은 다양한 분야에 큰 영향을 미치고 있으며, 인공 지능을 이용한 많은 적용 사례가 개발 중이다. 많은 전문가가 향후 인공 지능이 전 산업으로 확대되고, 인간이 할 수 있는 대부분의 영역을 보완 또는 대체할 수 있을 것으로 예측하고 있다. 최적해를 가지고 있지 않고 휴리스틱 알고리즘을 가지며, 불확실하고 불완전한 비정형 데이터에 대해 탐색형 추론을 필요한 분야에도 적용이 가능하다. 이는 IT 분야를 비롯해 의료, 농업, 에너지, 자동차, 로봇, 기타 서비스 분야 등 모든 산업에 걸쳐서 인공 지능 기술이 이용될 수 있음을 보여주는 것이다([표 7-3] 참조).

아직까지 인공 지능은 완전히 새로운 가치나 경험을 제공하는 것 보다 좀 더 나은 성능 향상 및 비용 절감을 위해 기존의 시스템을 일부 대체 또는 통합하는 형태로 발전하고 있다. 구글, 페이스북, IBM, 바이두 등 ICT 혁신 기업 및 다양한 스타트업들이 인공 지능을 활용한 새로운 플랫폼, 제품, 서비스 등을 활발하게 개발하고 있으며, 일부는 구체적인 시제품 형태로 활용하고 있다.

[표 7-3] 인공 지능 적용 분야 및 관련 내용

적용 산업	적용 분야	내용	해당 기업
IT	SW 분석 솔루션	의료, 보험, 제조 등 다양한 분야	– IBM: Watson – GE: Predix – ETRI: 엑소브레인
의료	인공 지능 기반 의료서비스	의료 데이터 수집 및 제공, 진단, 신약개발 등	– Aircure: HIPAA–compliant – IBM: Watson
농업	기상 데이터 활용 상품 개발	위험 분석, 기후 조건 모델링, 기상 변화 관련 위험 회피	– Mansanto: Climate Insurance
에너지	실시간 석유시추 의사결정	사례 기반 추런 SW 활용, 유전관리 적용	– Verdande Tech: DrillEdge
자동차	무인 자동차	사고, 차량, 인간 인식 및 차량 제어	– TESLA, Audi, GM, 폭스바겐 등 주요 제조사
로봇	제조 및 서비스용 로봇	인간과 협업, 스마트폰 기반 바이오닉스 등	– ABB: FRIDA – KUKA: LWR – Rethink Robotics: Baxter

	유통	옴니채널 플랫폼	다양한 고객 채널의 데이터를 통해 O2O(Online to Offline) 솔루션 제공	– Sailthru: Delivers A 360
지 식 서 비 스	금융	대출 서비스 플랫폼	신용평가, 사기방지, 대출 연체율 감소	– Lending Club – Bloomberg: Trade book – IBM: Watson
	법률	문서 검색 및 분석 서비스	판례, 계약서 등 법률 문서 검토	– Lex Machina: Legal Analytics – Kira: Quick Study
	교육	온라인 교육 서비스	개인 맞춤형 온라인 강좌 및 학위 과정	– Coursera: MOOC – KNEWTON
	부동산	부동산 마케팅 솔루션	부동산 매물 분석 및 예측	– SmartZip
	광고	광고 및 미디어 플랫폼	실시간 사용자 기반 광고 매칭	– ROCKET FUEL – DSTILLERY
	통신	지능형 토폴로지 (Topology)	트래픽 데이터 분석 및 주파수 자원 효율적 배분 등	– NEC – Qualcomm

인공 지능 관련 주요 적용 분야로 **게임 및 엔터테인먼트, 자연어 처리, 컴퓨터 비전, 기업용 응용 프로그램, 로보틱스** 등이 주목을 받고 있다.

게임 및 엔터테인먼트 분야는 게임 사용자들이 가상 캐릭터가 실제처럼 행동하는 게임을 선호함에 따라 사용자와 높은 상호작용이 가능한 인공 지능 게임이 개발되고 있다. 액티비전의 인공 지능 기술을 사용한 1인칭 슈팅 게임인 '콜 오브 듀티(Call of Duty)' 시리즈가 유명하며, 캐릭터마다 특수 임무가 부여되어 사용자가 직접 군사작전에 참여하는 것과 같이 현실감을 느낄 수 있다.

자연어 처리 분야는 인공 지능을 통해 자연어를 분석, 이해, 생성할 수 있게 되면서 기계 언어를 이용한 통신이 거의 필요 없게 되었다. 음성 인식, 내용 분석, 음성 기반 사용자 인터페이스, 텍스트 분석, 번역, 정보 검색 등 다양한 방면에서 편리성과 효율성이 증대되고 있다. 애플의 모바일 개인 비서인 시리, 구글의 구글 나우(Google Now), 마이크로소프트의 코타나가 대표적이며, 사용자가 말하는 음성을 그대로 이해하고, 필요한 기능을 수행한다.

컴퓨터 비전 분야는 이미지, 사물, 얼굴, 문자 인식, 감정 분석, 동작 인식·추적, 이미지 마이닝 등에 활용되며, 증강 현실이나 자율주행차를 가능하게 하는 핵심 기술이다. 구글의 스트리트뷰, 구글포토 기능은 인공 지능 이미지 인식 알고리즘을 이용하여 인식, 식별, 분류를 수행할 수 있다. 탱고 프로젝트를 통해 컴퓨터 비전 알고리즘 처리 전문 프로세서가 탑재된 3D 스캐닝이 가능한 모바일 디바이스를 개발하였다. 크런치피쉬(Crunchfish)사는 제스처를 통한 모바일 제어 기술인 터치리스 A3DTM 개발했는데, 이것은 손짓이나 안구의 움직임을 해석하여 사용자가 스크린을 터치하지 않고도 상호작용이 가능하다.

기업용 응용 프로그램 분야는 의사결정 보조시스템, 가상 비서, 지식 관리, 예측 분석, 일기예보, 사이버 보안 솔루션 등과 같은 기업용 지능형 응용 프로그램이 있으며, 인공 지능을 통한 업무 프로세스 향상을 꾀하는 기관들이 지속적으로 관심을 보이고 있다. 딥인스팅트(Deep Instinct)사는 종단점(Endpoint) 보안 분야에서 독점적 딥 러닝 알고리즘을 이용하여 사이버 보안 분야에서 두각을 나타내고 있다. 기존의 사후 대응형 보안이 아닌 악의적인 공격을 미리 식별하고 방지할 수 있는 예방적 보안 솔루션을 개발하였다.

로보틱스 분야는 제조, 농업, 의료, 국방 등 다양한 분야에서 활용되고 있으며, 인공 지능에서 가장 중요한 응용 부문 중 하나로 손꼽히는 분야이다. ABB사는 비캐리어스(Vicarious)의 통합 알고리즘 아키텍쳐와 로봇 제작 기술을 접목하여 지능형 산업용 로봇을 개발하였다. 산업 로봇에 고급형 동작 제어, 시각 및 자연어 처리 기능 등을 부여하여 한층 향상된 성능을 보여주었다.

7.4 분산형 엣지 컴퓨팅 기반 인공 지능의 강점 추구

사물 인터넷의 센서 네트워크에 기반한 각종 사업을 실현하기 위해 인공 지능이 중요한 역할을 한다. 인공 지능 분야에서 클라우드 컴퓨팅 시장을 글로벌하게 장악한 미국계 IT 기업은 빅 데이터 분석에서 우위에 있고 대량 데이터를 활용한 학습형 인공 지능에서도 독보적인 위치에 있다. 일본의 경우 이러한 클라우드 컴퓨팅 기반의 빅 데이터를 활용한 인공 지능보다 공장이나 공작기계 차원에서 전문적인 노하우를 활용하는 방향으로 기술 개발에 노력하고 있다. 이와 관련하여 분산형 엣지 컴퓨팅 기반 인공 지능에 주목하고 있다.

사물 인터넷 시대의 컴퓨팅 환경에서 클라우드만으로 모든 것을 해결하기 어려우며, 따라서 분산형 컴퓨팅을 보완적으로 활용하는 방향으로 진행되고 있다. 즉, 각종 단말기의 데이터가 클라우드로 집중될 경우, 각종 지연 문제가 발생하므로 이를 극복할 수 있는 방안은 새로운 기회의 요인으로 인식되고 있다.

클라우드 컴퓨팅의 데이터 센터가 물리적으로 떨어져 있는 곳에서 중앙 집중형으로 데이터를 관리하는 것과 반대로, **엣지 컴퓨팅**(Edge Computing)은 기기와 가까운 네트워크의 '가장자리'에서 컴퓨팅을 지원하는 것으로 각각의 기기에서 개별 데이터를 분석하고 활용하는 기술이다. 종단점에서 센서나 기기에 의해 직접 데이터가 수집되므로 광대역이 필요하지 않고, 응답속도가 빠른 장점이 있다. 반면, 엣지 컴퓨팅의 **그래픽스 처리 장치**(Graphics Processor Unit, GPU)는 클라우드 컴퓨팅의 중앙 처리 장치(CPU)에 비해 상대적으로 연산능력이 떨어지는 단점이 있다.

사물 인터넷 기기들이 실용화되면서 실시간으로 막대한 양의 데이터를 저장하고 효율적으로 전송하고 처리할 수 있는 능력이 필수적으로 요구된다. 기기로부터 수집된 데이터를 직접 처리하고 분석하며, 그 결과를 활용할 수 있는 엣지 컴퓨팅은 클라우드와 협업이 이루어질 때 효과적이다.

이러한 환경에서 엣지는 산업 데이터를 최적화하는 게이트웨이 역할을 하며, 이를 기반으로 작업과 관련된 조치를 즉시 취할 수 있다. 엣지와 클라우드 컴퓨팅은 많은 양의 데이터를 보다 효율적이고 신속하며 안전하게 대응하여 분석하고 이를 적용할 수 있기 때문에 모든 사업 분야에서 주목받고 있다.

예를 들어, 자율주행 등에서 도처에 데이터를 수집하는 센서를 설치하여 인공 지능으로 효과적인 판단을 내리기 위해 클라우드 컴퓨팅만으로는 빠른 응답성에 한계가 있다. 서버의 필요 용량 폭증 문제도 발생하기 때문에 클라우드와 연계하는 형태로 단말기 차원에서 인공 지능 처리가 필요하다. **엣지, 포그, 클라우드** 간에 정보전달, 인공 지능에 의한 판단 등을 분담해 실시간 처리하여 성능을 향상시킬 필요가 있다. 교차정보는 엣지, 포그에서 처리하고, 고도의 인공 지능 제어가 필요한 사고 방지 학습 경험 등은 클라우드로 전달해 각 영역에서 널리 활용할 수 있도록 처리한다. ([그림 7-5] 참조).

이러한 사물 인터넷 시대의 3층 구조로 이루어진 컴퓨팅 환경에서 엣지와 포그는 중요하다. 일본의 경우, 센서 등 하드웨어의 강점과 결합된 단말 차원의 컴퓨팅이나, 클라우드에서 하향 엣지로 부가가치의 이동은 이점으로 작용하고 있다. 제조업체를 중심으로 자사가 개발한 인공 지능에 기초한 분산형 인공 지능 구축 사례들이 늘어나고 있으며, 향후 어떠한 개방화 전략으로 아키텍처를 구축할 것인가가 관건이 되고 있다.

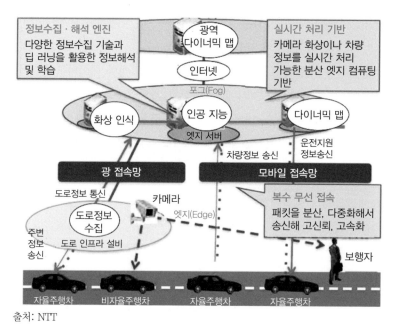

정보수집·해석 엔진
다양한 정보수집 기술과
딥 러닝을 활용한 정보해석
및 학습

광역
다이너믹 맵

실시간 처리 기반
카메라 화상이나 차량
정보를 실시간 처리
가능한 분산 엣지 컴퓨팅
기반

인터넷

포그(Fog)

화상 인식

인공 지능

다이너믹 맵

엣지 서버

운전지원
정보송신

차량정보 송신

광 접속망

모바일 접속망

도로정보 통신

카메라

엣지(Edge)

복수 무선 접속
패킷을 분산, 다중화해서
송신해 고신뢰, 고속화

도로정보
수집

주변
정보
송신

도로 인프라 설비

보행자

자율주행차   비자율주행차   자율주행차   자율주행차

출처: NTT

[그림 7-5] NTT 엣지 컴퓨팅 기반 자율주행 모델

예를 들면, 화낙(Fanuc)은 벤처기업과 협업하여 로봇 등에서 수집한 데이터를 여러 기계를 묶은 엣지서버에서 분석하는 시스템을 개발하였다. 그리고 딥 러닝을 활용하여 기계의 이상 등을 감지하는 학습 기능을 자동화 기계에 탑재하였다. NTT는 딥 러닝을 탑재한 엣지서버를 5G 기지국에 설치하고 자율주행과 함께 다양한 사물 인터넷 서비스를 개발하고 있다. 엣지 단말기 차원에서 수집 및 처리된 '신호등이 바뀌었다' 등과 같은 도로 상황 정보나 데이터는 단말기 차원에서 처리한다. 그리고 '축구공이 뛰어나온 다음에 애들이 도로에 뛰어나올 수 있다' 등의 중요한 운전 경험이나 노하우에 관한 지식은 클라우드 컴퓨팅 시스템에 전달한다. 5G을 통해 자동차 간, 자동차와 사물 간 고속으로 통신함으로써 엣지, 포그, 클라우드 간의 실시간으로 데이터 전달이 가능하여 데이터의 실시간 분담 처리 설계에 주력하고 있다.

| 용어 해설 |

- **그래픽스 처리 장치(Graphics Processor Unit, GPU)** 컴퓨터에서 그래픽스 연산 처리를 전담하는 반도체 코어 칩, 또는 장치. 컴퓨터의 영상 정보 처리, 가속화, 신호전환, 화면 출력 등을 담당한다. 중앙 처리 장치가 처리하던 기능 중에서 그래픽스 부분을 대신 처리하여 중앙 처리 장치의 부담을 줄이고 그래픽스 처리 능력을 최대화 할 목적으로, 99년 8월, 엔비디아(nVIDIA)사에서 처음 내놓았다. 중앙 처리 장치와 마찬가지로 많은 열이 발생하여 전용 방열판이나 냉각팬이 설치되는 경우가 많다.

- **엣지 컴퓨팅(Edge Computing)** '엣지(Edge)'는 데이터 소스와 더 가까운 물리적인 위치를 지칭하는 말로, 엣지 컴퓨팅은 데이터 소스가 되는 기계와 더 가까운 위치에서 데이터를 분석하고 통찰력을 얻을 수 있게 네트워크 가장자리에 위치한 기기에서 컴퓨팅을 지원하는 것이다. 엣지 센서, 제어장치, 게이트웨이, 인프라 기계, 사내 기기와 서버 랙, 클라우드 등 다양한 수준에서 실시간 분석과 응용 프로그램 로직이 구현된다.

- **중앙 처리 장치(Central Processing Unit, CPU)** 컴퓨터의 가장 중요한 부분으로 프로그램의 명령을 해독하여 그에 따라 실행하는 장치. 컴퓨터의 구성단위 중 기억, 연산, 제어의 3대 기능을 종합하는 것이라고 할 수 있다. 중앙 처리 장치는 입출력 장치, 외부 기억 장치가 부가되어 컴퓨터 시스템을 구성한다.

- **역공학(Reverse Engineering)** 완성된 제품을 상세하게 분석하여 제품의 기본적인 설계 개념과 적용 기술들을 파악하고 재현하는 것. 설계 개념 → 개발 작업 → 제품화의 통상적인 추진 과정을 거꾸로 수행하는 공학 기법이다. 보통 소프트웨어 제품은 판매 때 소스는 제공하지 않으나 각종 도구를 활용하여 컴파일된 실행 파일과 동작 상태를 정밀 분석하면 그 프로그램의 소스와 설계 개념을 어느 정도는 추적할 수 있다. 이러한 정보를 이용하면 실행 파일을 수정하거나 프로그램의 동작을 변경하는 것이 가능하고, 또 비슷한 동작의 복제 프로그램이나 더욱 기능이 향상된 프로그램도 개발해 낼 수가 있다. 대부분의 제품이 이의 금지를 명문화하고 있고, 이러한 수법으로 개발한 제품은 지적 재산권을 침해할 위험성이 있다.

- **휴리스틱 방법** 컴퓨터로 어떤 문제를 풀 때 경험적 지식을 이용하여 답을 구하는 방법.

8.1 로봇과 IT의 결합

최근 여러 가지 이유로 인하여 로봇 산업이 크게 관심을 받고 있으며 몇 가지 원인을 살펴 보면 다음과 같다.

- 글로벌 경제위기 이후 각국은 지속적인 경제성장을 위해 제조업의 역할에 주목하게 되 었다. 산업의 고부가가치화, 생산성 향상 등 제조업 경쟁력 제고를 위해 로봇 산업의 발 전을 중요하게 인식하게 되었다.
- 후쿠시마 원전 사태와 같은 안전 문제가 빈번하게 발생함에 따라 사람이 접근하기 어려 운 현장의 대응이나 복구에 로봇의 역할이 증가하고 있다.
- 저출산, 고령화라는 전 세계적인 경향에 따라 산업현장의 생산 인력 부족, 노약자 보호 를 위해 로봇 수요가 증가하고 있다.

인건비의 지속적인 상승과 숙련된 노동력의 부족한 상황을 타개하기 위해 로봇은 제조 공 장에서 주로 사용되었으며, 자동차 공장은 로봇을 이용하여 자동화를 이룬 대표적인 경우 이다. 최근에 로봇 가격의 하락, 로봇의 지능화로 인하여 그 활용 범위가 더 넓어지고 있다.

로봇은 본래 인간의 행동을 모방하는 기계를 의미한다. 사람이 행동하기 위해 오감을 이용 하여 주변 상황을 살피고, 그에 따라 두뇌에서 상황을 이해하고 손, 발 등에게 명령을 내린 다. 로봇 역시 주변 환경을 인식(Sensing)하고 주어진 상황에 적당한 판단(Thinking)을 한 후 자율적으로 동작(Acting)한다.

로봇은 제조용과 서비스용으로 구분하며, 서비스용 로봇은 다시 전문서비스용과 개인 서비 스용으로 구분한다([표 8-1] 참조).

[표 8-1] 로봇의 분류

구분		역할
제조용 로봇		제조 현장에서 생산, 출하 등의 작업 수행
서비스용 로봇	전문 서비스용	국방, 의료 분야 등에서 다수를 위한 전문 작업 수행
	개인 서비스용	가사, 건강, 교육 등 생활 전반에 걸쳐 개인 활동 지원

출처: 로봇산업의 국내외 동향 및 전망, 2015

전 세계 로봇 시장은 대부분 제조용 로봇이 차지하고 있지만, 최근에 헬스케어 산업의 성장으로 인하여 개인 서비스용 로봇이 빠르게 성장하고 있다. 로봇 산업은 로봇 시스템, 시스템 하드웨어, 소프트웨어, 로봇 관련 서비스, 애프터마켓 로봇 하드웨어 등이 포함된다.

최근 이러한 로봇 산업이 이전과 다른 방향으로 발전하고 있다. 인공 지능이나 사물 인터넷, 클라우드 컴퓨팅과 같은 기술이 접목되어 새로운 기능이 가능해지고 있기 때문이다. 로봇 분야에서 주목받고 있는 것은 협업 로봇, 커넥티드 로봇, 지능형 로봇이다.

① 협업 로봇

협업 로봇은 산업용 로봇 대신 사람과 협업하여 일할 수 있는 로봇을 의미하며, 이를 **코봇** **(Cobot)**이라고도 부른다. 코봇은 안전 보호망이나 특별한 보호 장치 없이 사람과 함께 산업 현장에서 설비 자동화를 구현한 로봇이다([그림 8-1] 참조). 기존 제조현장에서 사용되는 제조용 로봇은 비싸고 안전망도 필요하며 이를 구동할 수 있는 전용 프로그램도 필요하다. 또

출처: 리싱크 로보틱스

[그림 8-1] 협업 로봇 – 소이어(Saywer)의 동작 모습

한 다른 목적으로 활용하려면 프로그램을 재설정해야 하는 문제가 있었다. 이러한 문제를 해결하기 위해 코봇은 작업자 옆에서 반복적인 작업을 도와주는 기능을 가진다. 직원이 코봇의 손을 잡고 특정 동작을 반복해 가르친 후 버튼 몇 개 누르면 코봇이 해당 작업을 반복할 수 있다. 이를 위해 코봇에 카메라를 장착하여 주변을 살필 수 있고, 팔 관절에 다수의 센서를 장착하여 사람과 부딪치지 않게 한다.

② 커넥티드 로봇

커넥티드 로봇은 로봇과 스마트디바이스, 사물 인터넷, 클라우드 간 상호연결 및 융합을 통해 다양한 분야에 활용될 수 있는 로봇이다. 이 로봇은 주로 일상생활에서 활용하기 위해 만들어진다. 따라서 스마트홈이나 사물 인터넷용 다양한 제품과 연동되는 기능을 가지고 있다. 커넥티드 로봇은 카메라, 레이저 센서, 이미지 센서 등을 탑재하여 가정이나 사무실의 여러 생활 가전, 모바일 기기와 연결하여 사용자가 원격으로 기기를 조정할 수 있고, 사람의 생활 패턴을 분석하여 온도조절, 청소, 조명 제어 등을 수행할 수도 있다. 특히 고령화 시대에 노인 돌봄 서비스와 연계한 기능을 수행할 수 있다([그림 8-2] 참조). 최근 컴퓨터 프로그램은 빅 데이터 및 클라우드 시스템, 인공 지능 등의 발전으로 사람의 언어를 이해하거나 대화할 수 있는 수준으로 높아지고 있다. 이러한 수준으로 개발된 응용은 사용자의 자연어 명령을 인식하는 명령어 인터페이스로 응대 서비스 로봇에 활용되고 있다.

③ 지능형 로봇

지능형 로봇은 인공 지능 기술을 적용하여 사람과 교감할 수 있는 로봇을 의미한다. 이를 위해 외부 환경을 스스로 인식하고 상황을 판단해 자율적으로 동작할 수 있다. 이러한 로봇은 제조 현장이나 서비스 분야에 모두 활용이 가능하다. 지능형 로봇은 일반적인 로봇 기능 외에 물건을 쥐거나 조작할 수 있는 조작제어 기술, 자유롭게 이동할 수 있는 자율이동 기술, 미리 학습한 지식 정보를 기반으로 인식하는 물체 인식 기술, 로봇 스스로 공간지각 능력을 갖출 수 있는 위치 인식 기술, 인간의 감성을 이해하기 위한 인간 대 로봇 인터페이스(Human Robot Interface, HRI) 기술 등이 필수적이다([그림 8-3] 참조). 이런 기술들은 제조현장에서 보던 제조용 로봇과 다른 목적의 로봇을 제작하고 활용하는데 사용된다. 특히 미래 공상과학 영화에서 보던 인간과 교감하고 함께 생활할 수 있는 로봇이 될 수 있다. 물론 관련 기술이 성숙하지 못하여 단순 기능만 수행하고 있지만, 최근에 보다 섬세한 동작도 가능해지고 있다. 이러한 로봇들은 가사 지원이나 노인 돌봄, 교육/오락, 국방/안전, 해양/환경 분야 등 거의 모든 분야에 활용될 수 있다.

출처: 마스터카드

[그림 8-2] 커넥티드 로봇 - 피자헛에 취직한 페퍼

출처: Honda

[그림 8-3] 지능형 로봇 - 아시모

특히 지능형 로봇은 이전 제조형 로봇에 비해 그 활용 범위가 크다는 점에서 앞으로 높은 성장 가능성이 예상된다. 로봇은 단순히 몇 개의 반도체 칩으로 구성된 것이 아니며, PC 처럼 정적인 환경에서 구동되는 시스템도 아니다. 로봇은 자동차처럼 외부세계의 다양한 환경에서 동작한다. 로봇의 핵심부품은 시각 센서, 공간 인식 센서, 위치 센서 등의 센서들, 구동 모터, 모터 드라이브, 감속기, 구동 메커니즘 등 구동기, 운동제어 SoC(System on Chip), 정보처리 SoC 등 로봇의 두뇌 역할을 하는 SoC로 분류할 수 있다. 과거에는 주로 센서나 구동기 등 하드웨어 부품의 기능 향상에 많은 연구가 진행되었다. 하지만 로봇 산업은 대개 IT 산업으로 분류된다. 로봇의 3대 기능인 지능, 정보, 제어 중 2개가 IT 기술과 관련되어 있기 때문이다. 로봇은 IT 기술을 융합한 메카트로닉스 기술(Mechatronics Technology) 산업으로 구분 된다.

과거의 로봇은 공장이나 광산 등에서 조립이나 파내기 작업 등에 활용되던 큰 기계장치가 대부분이었다. 이러한 로봇은 대개 전용 목적으로 활용되었고, 각 제작 회사들은 독자 규격과 사양을 고수하여 호환성이 부족하였다. 이러한 회사들이 발전된 IT 기술을 적극적으로 받아들이기 위해 개방형 플랫폼을 지향하고 다른 분야의 회사들과 기술 제휴를 통해 다양한 기능을 구현하고 있다. 예를 들면, 제조용 로봇 분야의 세계 1위 기업인 일본 화낙 (FANUC)은 시스코(Cisco), 록웰(Rockwell) 등과 제휴하고, 일본의 인공 지능 벤처기업 등과 공동 연구를 하여 개방형 플랫폼을 발표하였다.

이는 제조현장의 스마트화를 실현하여 QCD(Quality, Cost, Delivery)의 개선, 즉, '생산량은 높게, 비용은 낮게, 납기는 빠르게'라는 목표를 달성하기 위한 것이다. 독일 역시 제조업에서 기존 경쟁우위를 더욱 확고히 하기 위해 인더스터리 4.0을 추진하고 있다. 이처럼 세계 각국이 제조업 경쟁력 강화를 위해 스마트공장 정책을 추진하고 있고, 그 중심에 생산 현장의 스마트한 로봇이 있다.

8.2 로봇 기업의 진화 사례

8.2.1 화낙의 필드(FIELD) 플랫폼

화낙은 세계 제조용 로봇 시장의 1위 기업이다. 과거 제조 현장에서 활용되던 로봇들은 미리 정해진 방식대로만 동작하였지만, 최근 로봇은 스스로 효율적으로 동작하도록 개발되고 있다. 이를 위해 화낙은 보유하고 있는 최고 수준의 생산 로봇과 제어기술에 사물 인터넷, 딥 러닝을 적극 활용하고 있다. 이는 스마트공장이라는 최근 경향을 반영한 것이며, FIELD(FANUC Intelligence Edge Link & Drive system) 플랫폼을 통해 구체화하고 있다([그림 8-4] 참조).

FIELD는 컴퓨터 수치 제어(Computer Numerical Control, CNC), 공작기계, 로봇, 센서, 컴퓨터 주변장치 등과 연동하는 개방형 플랫폼이며, 시스코, 록웰, 프리버드네트워크 등과 협력하여 로봇 사물 인터넷(Internet of Robotic Things, IoRT)을 발표하였다. 이 플랫폼은 고급 분석 기능, 미들웨어, 그리고 화낙 컴퓨터 수치 제어, 공작기계 및 로봇을 위한 사물 인터넷 인프라스트럭처 플랫폼으로 이뤄진다. 즉, 공정의 끝과 끝을 모두 연결하고 클라우드를 구성하겠다는 의미다. 이 플랫폼을 활용하면 외부 컴퓨팅 장치를 안전한 방식으로 공장 네트워크에 추가할 수 있다. 여기서 IT 시설의 끝, 외부 네트워크와 연결을 담당하는 역할의 컴퓨팅은 에지 컴퓨팅(Edge Computing) 기술로 구현하였고, 방대한 양의 데이터를 발생 지점 근처에서 처리하는 시스코의 포그 컴퓨팅(Fog Computing) 기술을 적용하였다. 구체적으로 플랫폼 내에서 각 기업의 역할은 다음과 같다.

출처: 한국 화낙

[그림 8-4] 화낙의 FIELD 플랫폼

- 화낙: 컴퓨터 수치 제어, 공작기계, 로봇들, 내장형 센서들 제공
- 시스코: 사물 인터넷 플랫폼 소프트웨어 제공
- PN(Preferred Networks inc): 도쿄의 사물 인터넷 기업으로 전반적인 소프트웨어 구성
- 록웰(Rockwell): 자동화 서비스 제공

초기에 아이디어 수준이었지만 최근에 통신 모듈, 사물 인터넷 등 구체적인 장비나 소프트웨어, 관련 응용 프로그램까지 발표하고 있다. 특히 이 플랫폼은 오픈 소스 및 독점 라이선스 제품으로 구성되어 있어서, 공작기계나 로봇을 포함한 모든 자동화 장비의 기계 데이터는 개방형 응용 프로그래밍 인터페이스(Open API)를 통해 제3의 응용 개발자도 접근할 수 있도록 하였다. 이렇게 로봇이 데이터를 쉽게 이용할 수 있도록 하여 타사도 FIELD 플랫폼에서 실행되는 응용 프로그램을 개발 할 때 노력을 크게 줄일 수 있고, 다양한 모니터링 도구, 분석 툴, 실시간 처리 기능을 개발할 때 도움이 된다. FIELD 플랫폼의 최종 목표는 생산 가동 중단 시간의 감소, 불량률 감소, 전체 장비 효율성 제고이다. 과거 산업용 로봇은 고비용 구조여서 가격경쟁력을 갖추는 것이 중요하였다. 그러나 스마트공장이 구체화되면서 로봇의 가격보다 제조 현장에서 로봇이 생성하는 데이터를 얼마나 효율적으로 활용할 수 있는가가 더 중요하게 되었다. 화낙의 플랫폼은 이러한 역할을 효율적으로 수행하여 최종 목표를 달성하고자 한다.

8.2.2 리싱크 로보틱스의 백스터와 소이어

리싱크 로보틱스(Rethink Robotics)는 인간과 협업이 가능한 협업 로봇인 코봇을 생산하는 업체이다. 협업 로봇은 인공 지능 기술의 인지, 학습 기능을 기반으로 사람과 로봇이 함께 같은 공간에서 생산 작업을 할 수 있는 로봇이다. 즉 협업 로봇은 인간의 작업수행 과정을 보고, 딥 러닝을 통하여 인지하고 학습하여 인간과 동일한 작업을 수행할 수 있다.

작업 현장에서 로봇으로 인한 작업자의 안전은 중요한 이슈이다. 폭스바겐은 로봇 팔에 센서를 내장하여 물체와 접촉하는 순간 자동으로 멈추는 로봇팔을 개발하였다. 하지만 아직도 대부분의 작업장에 설치된 로봇은 비싸고 안전망도 필요하고 전용 프로그램도 있어야 한다. 게다가 또 다른 작업에 투입하려면 다시 프로그래밍해야 하고 이동시간도 많이 걸려 다른 작업으로 옮겨가기도 힘들다. 이에 리싱크 로보틱스는 안전망 없이 작업자 바로 옆에서 반복적이고 지루한 작업을 도와줄 수 있고, 협력할 줄 아는 로봇 **백스터**(Baxter)와 **소이어**(Sawyer)를 개발하였다([그림 8-5] 참조).

(a) 두 팔을 가진 백스터 로봇   (b) 한 팔로 작업하는 소이어 로봇

출처: Rethink Robotics, 유투브

[그림 8-5] 리싱크 로보틱스의 로봇 제품

백스터는 두 팔을 가지고 작업하는 로봇이고, 소이어는 한 팔로 작업하는 로봇이다. 백스터와 소이어의 머리에 카메라가 장착되어 있어 주변을 살필 수 있다. 소이어는 백스터와 달리 기계 관리 작업을 수행하기 용이한 모터와 기어 부품을 장착하고, 손에 광원이 내장된 코그넥스(Cognex) 카메라를 장착하여 보다 정밀한 비전 작업이 가능하다. 따라서 소이어는 차지하는 면적도 작고, 고도의 민첩성과 유연성이 필요한 정밀 작업에 적합하다. 소이어와 백스터 모두 작업자가 직접 작업 범위를 가르칠 수 있고, 인테라 소프트웨어 플랫폼을 통한

직관적인 사용자 인터페이스 구현으로 개발도 용이하다.

리싱크 로보틱스는 단일 로봇 제어기기로 모든 것을 연결하기 위한 소프트웨어 플랫폼인 인테라 5(Intera(R) 5)를 발표하였다. 이 플랫폼은 로봇들의 손쉬운 배치를 지원하고 간소화된 자동화 기능을 제공한다. 그래픽 사용자 인터페이스 기반으로 로봇을 훈련시키기 편리하고, 인테라 스튜디오(Intera Studio)를 통해 사용자가 로봇 동작의 미세한 부분까지 컴퓨터를 통해 제어할 수 있도록 지원한다. 인테라 5는 스마트공장을 지원하며 산업 사물 인터넷(IIoT)의 게이트웨이 역할도 수행한다([그림 8-6] 참조).

(a) 그래픽스 사용자 인터페이스

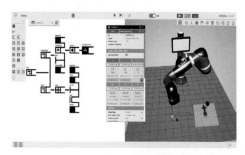
(b) 인테라 스튜디오

출처: Rethink Robotics

[그림 8-6] 인테라 5의 주요 기능

2016년 글로벌 연구 및 교육 시장을 위한 고성능 소이어 로봇도 개발하였다. 이는 오픈 소스 로봇 운영체제(ROS)로 만들어졌고 소프트웨어 개발 도구(SDK)를 장착하여 여러 연구자들이 기계 학습, 인간 대 로봇 상호작용(HRI), 메카트로닉스와 퍼지, 머신 비전(Machine Vision), 생산 기술을 포함하는 영역에서 혁신을 돕고 있다.

· **컴퓨터 수치 제어(Computer Numerical Control, Computerized Numerical Control, CNC)** 선반(旋盤)이나 절삭기 등 공작 기계에 의한 가공을 컴퓨터를 이용하여 제어하는 것. 1940년대에 가공 위치, 방위, 속도 등을 지정하는 수치 정보에 의해 공작 기계를 제어하는 방안이 미국에서 제안되었다. 이것을 기초로 하여 개발된 초기의 수치 제어는 종이테이프에 수치 데이터를 천공하고, 그것을 서보 기구(Servo Mechanism)에 대한 명령 펄스열로 변환하여 그 명령대로 기계를 작동시키는 것이었다. 이 수치 제어 방식으로 작동하는 공작 기계가 NC 공작 기계(NC Machine Tool)이다. 그 후 저가격, 소형 컴퓨터의 등장으로 종전에 설계자가 수행하던, 수치정보의 계산과 수치 정보를 명령 펄스로 변환하는 작업을 컴퓨터가 대신하게 되면서 컴퓨터 수치 제어(CNC)라고 부르고, CNC로 작동하는 기계를 컴퓨터 수치 제어 공작 기계라고 부르게 되었다. 현재는 대부분이 마이크로프로세서를 내장한 CNC와 동의어가 되었다. 이것을 초기의 NC와 구별하기 위해 소프트와이어드(Soft-Wired) NC라고도 한다. 제어 프로그램을 소프트웨어적으로 자유로이 변경할 수 있으므로 기계의 가공 능력과 유연성을 비약적으로 향상시켰다.

가상 및 증강 현실의 활용

9.1 가상 및 증강 현실의 개념 / 9.2 가상 현실의 주요 기술 및 발전 방향
9.3 가상 및 증강 현실의 적용 분야

9.1 가상 및 증강 현실의 개념

가상 및 증강 현실은 실제로 존재하지 않은 환경이나 상황을 컴퓨터 등으로 구현한 후 인간의 감각을 이용하여 체험하게 하는 기술이다. 구체적으로, **가상 현실**(Virtual Reality, VR)은 실제로 존재하지 않는 완전히 허구적 환경이나 상황을 가능하게 한다. 즉, 인공적인 기술을 활용하여 실제로 얻기 힘들거나 혹은 아예 얻을 수 없는 경험이나 환경 등을 제공해 인체의 오감을 자극함으로써 실제와 같이 체험하게 하는 기술이다. 반면, **증강 현실**(Augmented Reality, AR)은 단말 소프트웨어 등을 활용해 현실에 가상의 정보를 추가한, '실재와 허구가 혼합된' 환경을 구현하는 기술이다. 특정 장소에 도달하면 스마트폰으로 가상의 게임 캐릭터인 포켓몬을 잡을 수 있는 포켓몬GO 게임은 증강 현실의 대표적인 예이다.

넓은 의미의 가상 현실은 증강 현실을 포함하기도 하지만, 증강 현실은 현실에 가상정보를 추가하는 형태임에 비해 가상 현실은 현실의 물리적 공간과 관련성이 필수적이지 않다는 점에서 다르게 구분된다([표 9-1] 참조).

기술의 발달은 가상 세계를 단지 보는 것에 그치지 않고 가상 현실 속에 구현된 것들과 상호작용을 가능하게 만든다. 가상 현실 내에서 사용자와 상호작용이 가능하고, 그 과정에서 사용자가 새로운 경험을 할 수 있어 일방적으로 구현된 시뮬레이션과 구분된다. 가상 현실에서 사용자는 현실과 단절되어 가상 세계에 '몰입'하는 반면, 증강 현실은 실제 현실 속에서 사용자를 '보조'하는 차이가 있다. 따라서 가상 현실은 집중이 필요한 교육 훈련 등에, 증강 현실 기술은 현실 개체 간 상호작용이 필요한 유통이나 서비스 산업 등에 주로 활용된다.

이처럼 증강 현실과 가상 현실은 일부 차이점이 존재하지만, 두 기술 모두 전부 또는 일부 허구적 정보를 이용한다는 개념적 유사성이 있고 세부 기술이나 생태계가 연관되어 성장하고 있어 관련 기술 및 산업으로 분류한다.

[표 9-1] 증강 현실과 가상 현실의 개념

	실제 현실	증강 현실	가상 현실
개념	현실	현실의 상황에 가상의 정보를 추가	현실·허구의 상황을 100% 가상으로 구현
현실과 가상의 비율	현실	가상 / 현실	가상
예시	일상	'포켓몬GO'	가상의 군사훈련

출처: 국내외 AR·VR 산업 현황 및 시사점, 현대경제연구원, 2017

이와 관련된 세부 기술은 콘텐츠, 플랫폼, 네트워크, 디바이스로 구분할 수 있다. 가상 현실이나 증강 현실을 응용한 제품이나 서비스는 만들어진 특정 환경이나 상황이 있으며, 이를 **콘텐츠**(Contents)라고 한다. 가상 현실 콘텐츠 사용자는 특수한 디스플레이 장비를 착용한 후 오감을 자극하며 실제와 유사한 체험을 하게 된다. 또한 **디바이스**(Device)를 이용하여 콘텐츠 내에서 조작이나 명령을 내리는 등 가상 현실 속에서 구현된 것들과 상호작용도 가능하다. 다양한 콘텐츠를 사용자에게 제공할 수 있는 **플랫폼**(Platform)과 이를 지원하는 **네트워크**(Network)도 필요하다. 이처럼 가상 현실 및 증강 현실을 이용한 산업은 몰입감과 상호작용을 제공하는 컴퓨터 그래픽스(Computer Graphics, CG) 기술부터 디스플레이 기술까지 CPND(Contents, Platform, Network, Device) 계층별 다양한 기술요소를 포함하고 있다([그림 9-1] 참조).

이러한 기술을 응용한 제품이나 서비스가 보다 대중화되기 위해 고기능, 고사양의 디바이스 개발뿐만 아니라 핵심 콘텐츠, 소프트웨어 및 서비스 플랫폼, 고도화된 네트워크 등의 생태계 형성이 무엇보다 중요하다. 특히 가상 현실의 응용 사례가 게임, 영화, 테마파크와 같이 엔터테인먼트 시장에서 벗어나 교육, 의료, 유통 등 다양한 산업과 융합되면서 관련 시장을 확산시키는 파급효과를 가져오고 있다.

출처: 국내외 AR · VR 산업 현황 및 시사점, 현대경제연구원, 2017

[그림 9-1] 가상 현실의 CPND 생태계(예시)

9.1.1 유사한 용어 – 혼합 현실과 360도 영상

가상성의 연속성(Virtuality Continuum)이란 현실과 가상 세계 사이에서 가상성의 정도를 구분하기 위해 제시된 개념이다. 즉, 이 개념은 현실에 얼마나 많은 가상적인 요소가 포함되어 있는지를 의미하는데, 이는 단계적인 개념이라기보다는 현실과 가상 세계 간 연속적인 속성을 보인다([그림 9-2] 참조).

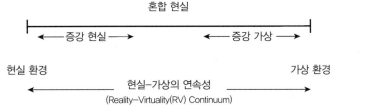

출처: 정동훈, "가상현실에 관한 사용자 관점의 이론과 실제", 정보화정책 제24권 제1호, 2017년 봄호, pp. 3-29

[그림 9-2] 가상성의 연속성

증강 가상(Augmented Virtuality)은 디스플레이에 보여지는 내용이 현실보다 컴퓨터 그래픽으로 만든 가상 요소의 활용이 상대적으로 더 많은 단계를 의미한다. 궁극적으로 컴퓨터 그래픽으로만 제공된 환경일 때 **가상 현실**이라는 용어를 사용할 수 있다. 이에 반해 증강 현실은 디스플레이에 현실적인 요소에 비해 컴퓨터 그래픽의 활용이 상대적으로 적은 환경을 의미한다. 가상 현실은 이용자를 가상 세계에 완전히 몰입하게 하지만, 증강 현실은 현실 세계에 가상의 대상물을 구현하게 함으로써 실재(Reality, 實在)를 대체(Replace)하는 것이 아닝 실재를 보완(Supplement) 하는 역할을 한다.

현실과 가상 현실 사이에 존재하는 모든 것이 바로 **혼합 현실**(Mixed Reality, MR)이며, 따라서 증강 현실은 혼합 현실의 한 부류이다. 혼합 현실은 현실 세계와 가상의 대상물이 함께 존재하는 것을 의미한다. 여기서 가상의 대상물이 많다 또는 적다라는 기준은 주관적이기 때문에 증강된 현실의 수준을 절대적 단위로 나누는 것은 곤란하다.

360도 동영상이란 한 대 또는 몇 대의 동영상 카메라를 이용하여 360도 전방위를 촬영한 영상을 의미한다. 카메라 한 대로 전면부만 촬영하는 일반적인 영상과 달리, 360도 동영상은 주변 360도 모두를 촬영한 영상이다. 가상의 대상물로 구성된 동영상이 아닌 현실을 360도로 재현한 동영상이며 새로운 영상정보 전달 방식이지만, 가상 현실은 아니다.

9.2 가상 현실의 주요 기술 및 발전 방향

가상 현실 기술은 사용자가 가상 현실을 체험하고 상호작용하는 **입 · 출력 인터페이스**, 가상 현실 콘텐츠를 개발하고 제작하기 위한 **저작도구**, 가상 현실 콘텐츠를 사용자에게 제공하는 서비스 기술로 분류된다([표 9-2] 참조).

[표 9-2] 가상 현실 관련 주요 기술 특징

기술 분류	기술 설명
입력 인터페이스	– 사용자 동작을 인식하여 사용자 의도를 전달하기 위한 제스처 인식 하드웨어 기술 – 음성으로 사용자의 의도를 전달하는 음성 인식 기술 – BCI(Brain Computer Interaction) 등 생체신호를 이용하여 사용자의 의도 및 상태 인식 기술 – 몰입감 향상을 위해 주변 환경을 자율적 · 지능적으로 인식하는 상황인식 기술
출력 인터페이스	– 가상 현실을 표현하고 상호작용하기 위한 컴퓨터 그래픽스 기술, HMD(Head Mounted Display), 디스플레이 기술 – 공간 내 이동과 상호작용에 따른 입체음향 표현과 음향을 출력하기 위한 하드웨어 기술 – 몰입감 향상을 위한 촉각, 후각 등 감각 요소별 표현 기술 및 감각 유형별 디바이스 기술 – 6자유도(Degrees Of Freedom, 6DOF) 지원 모션 축의 자유로운 움직임을 지원하는 모션 플랫폼 및 모션 하드웨어 기술
저작도구	– 하드웨어와 소프트웨어를 통합하여 가상 현실 환경 구성과 응용 프로그램을 개발하는 도구 기술
콘텐츠 서비스	– 실제 세계의 자연규칙이 가상객체에도 적용되는 물리 시뮬레이션 기술 – 원격지 사용자가 가상에서 콘텐츠를 공유하고 인지할 수 있는 네트워크 기반 기술 – 온라인에서 가상 현실 콘텐츠를 유통하고 서비스하는 플랫폼 기술

출처: ETRI, 가상현실 기술동향, 2016

가상 현실은 단일 기술로 실현되기 보다는 CPND에 걸친 여러 세부 기술들의 융합으로 구현될 수 있는 생태계형 기술이라는 특징이 있다. 특히 컴퓨터 그래픽스 활용 비중이 높으며, 몰입감을 향상시킬 수 있는 입체감 표현을 위해 3차원 입체 기술의 활용도가 높다. 또한 상호작용을 위한 영상 기반의 제스처 인식과 하드웨어 센서를 활용한 동작 인식 및 상황 인지 기술 등이 함께 활용된다. 다양한 하드웨어와 호환성이 유지되도록 물리 시뮬레이션 등이 내재된 플랫폼으로 제공되며, 온라인 서비스를 통해 유통된다. 네트워크 기반 기술을 활용하여 지리적 공간제약을 극복하고 가상공간 내 다중 사용자는 스마트폰을 통해 참여할 수 있다.

HMD(Head Mounted Display)와 같은 착용형 디스플레이와 제스처나 생체신호 인식을 위한 센서 디바이스 등 하드웨어 기술 의존도가 높다. 또한 가상 현실에서 현실 영상이 차단되므로 고정된 자세에서 영상을 바라보는 것은 무리가 없지만, 사용자가 이동하거나 가상 객체와 상호작용을 지원하려면 부수적 요소기술의 활용이 필요하다. 이처럼 가상 현실이나 증강 현실을 구현하기 위해 다양한 센서로부터 데이터를 수집하고 분석하여 의미 있는 정보를 제공하는 측면에서, 사물 인터넷과 기술적으로 겹치는 부분이 많다.

① 출력 기술

가상 및 증강 현실의 핵심 기술인 출력 기술은 기본 감각인 시각을 통해 정보전달을 하기 위한 영상 출력 인터페이스 기술로 발전하고 있다.

임장감(Presence)과 몰입감(Immersion)은 시각을 통해 효과적으로 향상될 수 있으며, 가상 현실에서 어지러움과 모션 블러(Motion Blur) 현상을 제거하기 위해 해상도 및 성능을 향상시키는 방향으로 기술이 발전하고 있다([표 9-3] 참조). 가상 현실 기술에서 가장 활발하게 연구개발이 이루어지고 있는 분야이며, **HMD, 증강 현실 안경**(Augmented Reality Glass), **프로젝션 맵핑**(Projection Mapping), **홀로그램**(Hologram) 등의 기술이 개발되고 있다.

HMD는 머리에 착용하는 디스플레이로 넓은 시야각(Field of View)으로 몰입감을 향상시키며, 좌우 양안 시차를 이용하여 입체감을 표현하는 **스테레오스코픽**(Steroscopic 3D)방식을 주로 사용한다. 스테레오스코픽은 좌우에 깊이감을 표현할 수 있는 영상을 투사하여 입체감을 표현하는 방식이다. 증강 현실 안경은 실사와 가상을 결합하는 증강 현실을 목적으로 투명 패널에 편광을 이용하는 방식과 투과형 디스플레이로 구현된다. 프로젝션 맵핑은 대상물의 표면에 빛으로 이루어진 영상을 투사하여 변화를 줌으로써, 현실에 존재하는 대상

[표 9-3] 가상 현실 디스플레이 성능 개선 사례

오큘러스 VR(Oculus VR)	앤비디아(Nvidia)
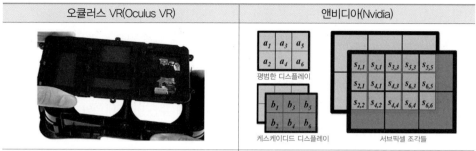	
랜더링된 영상을 어안(FishEye)렌즈를 이용하여 75도 이상의 넓은 시야각을 확보	복수 패널조합으로 화소를 분할하는 케스케이디드 디스플레이 기술로 저해상도 LCD로도 고화질 구현

출처: ETRI, 가상현실의 동향분석, 2016.

이 다른 성격을 가진 것처럼 보이게 하는 기술이다. 홀로그램은 홀로그래피 기술로 촬영된 것을 의미하는데, 홀로그래피는 두 개의 레이저 광이 서로 만나 일으키는 빛의 간섭 현상을 이용하여 입체 정보를 기록하고 재생하는 기술이다.

② 음향 기술

시각과 함께 콘텐츠를 인지하는 음향 기술은 기본 감각인 청각을 통해 정보를 전달하는 기술로 시점 이동에 따른 입체표현과 임장감 및 몰입감을 극대화할 수 있는 3차원 실감음향 기술로 발전하고 있다. 이 기술은 영상객체의 움직임, 사용자의 움직임 등을 실시간으로 추적하고 예측함으로써 음향에 방향성을 부여하는 음향 기술이다. 3D TV 등 3D 입체영상 콘텐츠가 대중화됨에 따라 입체감을 표현하는 3차원 실감음향이 주요 기술 요소가 되고 있다.

3차원 실감음향은 크게 헤드폰 방식과 스피커 방식으로 구분된다. 헤드폰 방식은 HMD 기기 일체형이거나 연결하는 방식으로 지원된다. 이 방식은 음향이 출력되는 공간 제어가 가능하여 3차원 실감음향 표현이 용이하다. 스피커 방식은 공간 내 음향 출력을 움직임에 따라 제어하는 기술이며, 기술적으로 어렵지만 헤드폰 방식에 비해 입체감이 좋다. 향후 홀로그램 등 안경 없이 볼 수 있는 무안경 방식의 3D 입체표현 및 가상 현실 기술로 발전하면, 사용자가 아무것도 착용하지 않아도 되면 스피커 방식의 음향 기술 수요는 증가할 것으로 보인다.

③ 오감 기술

시각, 청각 외에도, 가상 현실 콘텐츠의 실감성과 몰입감 향상을 위해 오감 기술은 촉각·후각·미각 기관 등 오감을 자극하여 정보를 전달하는 인터페이스 기술로 발전하고 있다. 보다 자연스러운 3차원 영상을 제공하기 위해 하드웨어 성능을 개선하고 초점 문제 등 인간의 인지 방식을 고려한 새로운 기술도 등장하고 있다.

기존의 청각 기술은 음원이 움직이지 않는 청취자 환경을 가정하여 입체감을 표현하였으나 청취자의 움직임을 반영한 상대적 방향과 속도를 표현하기 위한 기술로 발전하고 있다. 기존에 전용 시뮬레이터 장치로 촉각을 제공하였으나 범용성이 있는 장갑이나 슈트 같은 착용형 기기로 발전하고 있다. 촉감 등을 포함하는 촉각 인터페이스는 스마트폰의 진동 표현이 대표적 사례이며, 진동 강도와 패턴으로 입체감을 표현하는 수준으로 진화하고 있다. 물체의 접촉을 통한 촉각 이외에도 압축 공기를 이용한 촉각 기반 인터페이스(Tactile Based Interface) 개발 등 감각을 확장하는 기술도 등장하고 있다. 예를 들어, 디즈니 연구팀에서 개발한 에어리얼(Aireal)은 인터페이스 장치로부터 사용자의 손이나 얼굴 같은 대상까지의 거리를 계산하여 링 형태의 압축 공기를 분사함으로 촉각을 느끼게 한다.

후각, 미각과 같은 화학적 감각기관은 감각전달체계가 복잡하며 화학적 감각 표현을 위한 원천기술 개발이 선행되어야 한다. 사용자별로 선호도나 느끼는 정도가 달라 다른 감각에 비해 활용영역이 제한적이고 발전 속도가 늦어 상용화 보다는 실험적인 수준에서 진행되고 있다. 후각과 미각을 콘텐츠의 입·출력 인터페이스에 적용하기 위해 장기적인 연구가 필

[표 9-4] 오감을 자극하는 인터페이스 사례

핸즈 옴니(미국 라이스대학)	가상 현실 마스크(FEELREAL 사)

외부 센서를 통해 사용자의 손가락 위치를 인식하고 손가락 좌표와 가상물체 형태에 따라 손끝의 압력을 조절하여 사용자에게 가상의 촉감 전달	기존의 가상 현실 출력기기와 연동하여 사용자에게 냄새, 바람, 진동, 분무 등을 제공하며, 후각자극(냄새)의 경우 카트리지에서 인공향을 출력하는 방식

출처: ETRI, 가상현실의 동향분석, 2016.

요하다. 아직은 공간에서 후각의 전달 제어나 미각의 전달이 어려워 초기 프로토타입은 사용자가 착용하는 인터페이스 형태로 개발되고 있다([표 9-4] 참조).

④ 모션 기술

가상 현실 공간에서 적절하게 움직이거나 동작을 취하면서 사실적인 체험을 할 수 있는 모션 기술은 향후 공간과 비용이 최소화된 형태의 차세대 모션 플랫폼으로 발전할 것으로 예상된다. 차세대 모션 플랫폼은 탑승 디바이스를 전후좌우로 움직이는 기계공학적인 기술로 움직임에 따라 3자유도(Degrees Of Freedom, 3DOF), 6자유도(Degrees Of Freedom, 6DOF)로 구분할 수 있다.

가상 현실과 접목하여 뇌를 속이는 실감의 단계에 머물지 않고 실제 모션을 체험할 수 있는 체감 융합형 모션 플랫폼 개발을 위한 연구도 진행되고 있다. 이에 대한 한 예로 넓은 시야각 확보를 위한 광시야각 HMD, 바람 체감, 입체 음향과 함께 가상 현실 영상과 동기화된 모션이 제공되는 가상 현실 융합형 모션 플랫폼이 개발되고 있다.([표 9-5] 참조)

[표 9-5] 가상 현실 융합형 모션 플랫폼 사례

가상의 풀플라이어(미국 Full Sail)

출처: ETRI, 가상현실 기술동향, 2016.

⑤ 입력 기술

입력 기술은 가상 현실의 상호작용을 실현하기 위한 인식 기능이며, 직관적인 인터페이스 활용을 위한 NUI(Natural User Interface) 방식으로 진화하고 있다. 또한 상호작용 인터페이스는 단일 기능을 이용하는 방식에서 음성, 동작 등 여러 기능을 복합적으로 활용하는 멀티모달 형태로 진화하고 있다. 기기나 응용의 성격에 따라 기본 입력 방식은 다를 수 있지만, 자연스러움과 편의성을 중심으로 몰입감과 실감성을 향상시키는 기술이 개발되고 있다.

동작 인식 기술은 움직임과 동작을 추적하여 사용자의 의도를 파악하는 것이 핵심 기술 요소이며, 보다 정밀한 추적을 위해 3차원 센싱 기술 등을 활용한다. 3차원 센싱은 카메라를 이용하여 몸, 머리, 손, 눈동자 등 추적 부위의 움직임을 인식하고 배경과 사람을 분리한 후 3차원 공간 정보를 제공하는 기술이다. 공간에서 움직임을 인지하기 위해 대개 깊이(Depth) 카메라를 사용하는데, 이 카메라는 **구조광패턴**(Structured Light Pattern), 스테레오 비전(Stero Vision), ToF(Time of Flight) 기술을 활용한다. MS사의 키넥트(Kinect) 동작 인식 센서는 IR 구조광패턴(Kinect VI)과 ToF(Kinect v2)를 이용하여 공간의 움직임을 인식하고, 립모션(Leap Motion)은 스테레오 비전을 이용하여 공간의 움직임을 인식한다. 사람의 손 마디를 인식하는 립모션은 손을 흔들거나 위아래로 움직이기, 구부리기, 움켜쥐기 등 여러 동작의 인식이 가능하다([그림 9-3] 참조).

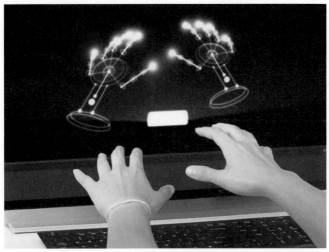

출처: https://www.kocoafab.cc/tutorial/view/511

[그림 9-3] 립모션 예

⑥ 동적 기술

앉아 있는 사용자의 시선에 따른 정보와 360도 콘텐츠를 보여주던 정적인 기술에서 주변 공간을 인식하고 공간 속의 사용자의 위치와 움직임, 행동을 반영하는 동적 기술로 발전하고 있다. 즉, 초기 가상 현실은 앉아 있는 고정된 자세에서 머리 움직임의 방향을 추적하여 360도의 영상을 방향에 맞추어 보여주는 수준이었으나, 모션트랙킹 기술과 3D스캔 기술이 발달함에 따라 실제 공간 안에서 자유로운 이동이 가능하게 되었다. 동작 인식 기술의 발전으로 조이패드나 키보드·마우스 같은 별도의 입력기기 없이 가상환경과 상호작용이 가능하게 되었다. 3차원 공간에 최적화된 **사용자 경험**(User Experience, UX)을 찾기 위해 다양한 실험과 연구가 진행되고 있다([그림 9-4] 참조).

⑦ 다중 사용자 환경 기술

기존 기기는 한 명의 사용자가 이용할 수 있었으나 최근에 복수 사용자가 거리와 상관없이 같은 가상 공간에 있는 것처럼 느끼고 소통할 수 있는 기술로 발전하고 있다. 서로 다른 공간에 있는 사용자의 움직임을 실시간으로 스캔하여 가상환경으로 보내 여러 사람과 상호작용하는 체험을 제공할 수 있다. HMD와 같은 별도의 장치 없이 다수의 사용자에게 동일한 가상환경 경험을 제공하는 상용화된 제품이 등장하고 있다.

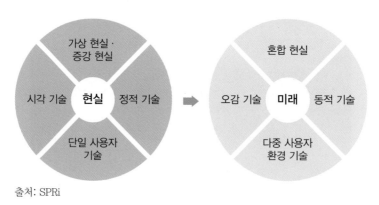

출처: SPRi

[그림 9-4] 가상 및 증강 현실의 발전 방향

9.3 가상 및 증강 현실의 적용 분야

ICT 기술 및 관련된 하드웨어 성능 향상으로 인하여 현실과 구분이 안되는 실감형 콘텐츠 구현이 가능해지고, 이로 인해 다양한 응용이 개발되어 활용되고 있다. 게임이나 영화, 테마파크가 대표적이며, 그 외에도 교육·훈련, 가상치료, 제조, 국방 등 다양한 영역과 융합되어 새로운 제품, 서비스, 시장을 창출할 수 있을 것으로 기대되는 미래지향적 기술이다. 이처럼 가상 및 증강 현실 기술은 일상생활은 물론 다양한 산업에 적용되어 국·내외 경제 사회에 변화를 가져오고 있다. 초기에는 과학 실험이나 군사 훈련 등 일상적으로 체험하기 어려운 환경을 재현하는 용도로 활용되었으나 점차 시·공간적 한계를 뛰어넘어 몰입감, 현장감이 극대화된 게임, 공연, 여행, 스포츠 등 체험형 콘텐츠로 발전하며 다양하게 적용되고 있다([표 9-6] 참조).

건설 및 제조 현장에서 즉각적인 설계 및 도면 수정, 가상 시현 등이 가능해지면서 작업 방식의 효율화도 도모할 수 있다. 극한 상황을 대비하여 안전하고 반복적인 훈련 및 원격 지원, 수술 치료나 군사 훈련 같은 업무 계획 수립도 가능하게 되었다. 우주탐험, 화학분자 설계 등 추상적이거나 위험하고 비용이 많이 드는 교육이나 훈련을 대체하고 있다.

또한 가상 및 증강 현실 기술은 인간과 사물, 아이디어 간 소통방식을 바꾸고 경제 사회 내 생활양식을 변화시키고 있다. 가상 및 증강 현실 공간에서는 음성이나 시각으로 원하는 정보를 불러오거나 상호작용하는 것이 가능해지면서 차세대 플랫폼으로 성장 가능성도 대두되고 있다. 가상 및 증강 현실을 통해 각기 다른 장소에 있는 사람 객체와 상호작용하는 것이 가능해지면서 인간의 생활 및 업무 방식의 변화를 견인할 것으로 전망된다.

이처럼 가상 현실이나 증강 현실 기반 응용들이 향상된 사물 인터넷 기술과 결합하면 그 응용의 수준은 높아진다.

[표 9-6] 가상 현실의 분야별 활용 방안 및 사례

분야	세부 분야	활용 사례
오락/엔터테인먼트	게임	• 1인칭 슈팅(First-Person Shooting, FPS) 게임, 어드벤처 게임, 공포 스릴러 게임
	영화	• 루카스필름(LucasFilm)은 영화 속으로 들어가 모든 등장 인물의 시점에서 사물을 바라보고 카메라 밖 주변까지 탐색할 수 있게 함 • 스타워즈, 쥐라기월드 영화
	테마파크	• 프랑스 유비소프트(Ubisoft)는 '래비즈' 캐릭터와 눈썰매를 탈 수 있는 놀이 시설 'VR Rider' 개발 • 영국 알톤 타워 리조트(Alton Tower Resort)에서 가상 롤러코스터 'Galactia'를 개장
서비스업	광고	• 현대자동차 '아이오닉'의 360도 가상 현실 동영상으로 실제 차량을 보는 듯한 광고효과를 거둠 • 가방업체 샘소나이트 레드는 '360도 회전쇼룸' 및 화보 촬영 현장을 가상 현실 영상으로 공개
	유통/쇼핑	• 가구업체 이케아(IKEA)는 가상 현실 기반 쇼핑 앱 '이케아 가상 현실 경험(IKEA VR Experience)'을 공개하여 가상 공간에서 다양한 쇼룸과 실내를 디자인해 보는 경험이 가능[[그림 9-5] 참조] • 미국 식스센스(Sixense)는 가상 현실 공간을 돌아다니며 실제 쇼핑을 하는 듯한 경험을 제공하는 'vRetail' 서비스를 시작 • 토미힐피거(Tommy Hilfiger)는 도쿄 오모테산도 매장에 텔레프레전스 로봇을 이용한 쇼핑 프로젝트를 도입
	관광/여행	• 전 세계 여행 명소의 실제적 프레젠테이션을 제공하는 토마스쿡(Thomas Cook) • 가상의 우주 공간을 여행하는 '타이탄즈 오브 스페이스(Titans of Space)' 앱 • 뉴욕 내 여러 대학 캠퍼스를 둘러볼 수 있는 '유비짓(YouVisit) 오브 뉴욕' 앱
의료		• 3차원 가상 현실 수술 시뮬레이터를 통한 외과수술의 교육과 훈련에 활용 • 불안, 공포증, 외상후 스트레스장애(Post Traumatic Stress Disorder, PTSD), 자폐증 등 장애 유발 환경을 체계적으로 간접 체험하여 증상을 완화시키는 노출 치료(Exposure Therapy) 등 정신과 영역에서 활용 • 국립재활원 연구팀은 뇌졸증 환자를 대상으로 한 임상 연구에서 가상 현실 기반 로봇의 재활치료
교육/미디어	교육	• 미국 캘리포니아주의 초등학교에서 '지구에서 달까지 거리'를 알려주기 보다 가상 현실을 통해 태양계 영상을 보여주고 학생들이 실제로 거리감을 느끼도록 가상 현실 기기를 활용 • 미국의 방산업체 록히드마틴(Lockheed Martin)은 학생들을 태운 스쿨버스가 화성을 탐사하는 가상 현실 공간으로 탈바꿈시키는 'The Field Trip to Mars' 프로그램을 제작 • 구글 익스피디션스(Google Expeditions)는 학교에서 가상 현실 교육 콘텐츠를 Closed Veta 방식으로 실험
	시뮬레이션	• 파일럿 육성 및 특수 분야에서 사용 • 중장비 운전 훈련에 사용
	미디어	• 뉴욕타임스는 정기 구독자들에게 구글 카드보드용 응용 프로그램 NYTVR에서 가상 현실 르포루타주를 매달 무료로 제공 • BBC방송은 숲에서 가상 동물을 만나는 경험을 제공할 수 있는 가상 현실 애니메이션을 제작

산업	자동차	• 자동차 회사는 다양한 기능 시험부터 테스트 드라이브까지 가상 현실 기술을 적용 • 포드는 가상 현실을 차량 내·외부 이미지 경험 제공 및 신모델 개발에 활용 • 메르세데스 벤츠는 작업자가 부품을 손에 들고 조립하는 동작을 취하면 센서가 이를 인식하여 화면 속 '아바타'가 똑같이 움직이는 가상 조립 기술을 사용 • 렉서스는 Lexus RC F에 오큘러스 리프트를 이용해 가상 현실 기반 운전시험 시뮬레이터 공개
	제조업	• 가상 현실 기술을 활용해 공정, 조립 과정 등을 계획하고 시험하여 효율적인 공정을 설계 • 삼성전자 생활가전사업부는 가상 현실 기기를 이용하여 신입사원 조립공정 실습을 진행
	부동산/건축	• 프랑스 부동산 기업 Explorimmo는 오큘러스 리프트나 카드보드를 통해 건축 중인 주택의 가상 방문을 구현 • 일본의 부동산/주택 정보 사업자 홈즈는 오큘러스 리프트를 이용해 부동산 확인이 가능한 응용 프로그램 '룸 VR'을 출시 • 건설 단계 이전이나 건설 중에도 건축가들의 설계 변경이 가능

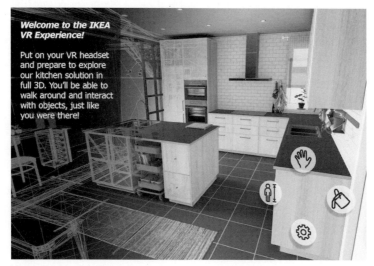

출처: https://killscreen.com/articles/virtual-reality-showrooms-turn-your-living-room-into-a-universal-storefront/

[그림 9-5] 이케아 가상 현실 경험

| 용어 해설 |

- **NUI(Natural User Interface)** 사용자의 자연스러운 움직임을 인식하여 서로 주고받는 정보를 제공하는 사용자 인터페이스. 사용자 인터페이스는 사용자와 기기 사이에 서로 작용하는 인터페이스로 초기에는 키보드나 마우스로, 그 뒤 그래픽 기반의 GUI(Graphical User Interface)를 거쳐 멀티 터치, 햅틱, 3D 모션 인식 같은 자기 신체를 활용하는 NUI로 발전하고 있다.

- **ToF(Time of Flight)** 입체 영상을 제작하려고 촬영하는 장면이나 물체의 길이 정보를 얻는 카메라. 적외선 센서에서 발생한 적외선이 물체에 반사되어 돌아오는 시간을 계산하여 물체의 깊이를 산출한다. 빛은 1초에 약 30만 Km를 이동하므로, 빛이 돌아오는 아주 짧은 시간을 센서로 측정함으로써 거리를 계산한다. 적외선 LED가 적외선 펄스를 발사하고, 물체에 반사되어 오는 빛의 도달 시간을 적외선 카메라 센서가 측정한다. 1초에 수 십 번 빛을 발사하고 수신하는 것을 반복함으로써 동영상 형태로 거리 정보를 촬영할 수 있다. 하나의 이미지로 구성되는 깊이 지도(Depth Map)는 각 픽셀의 밝기 또는 색상으로 거리 정보를 쉽게 알 수 있게 표현한다. 일반적으로 깊이 카메라에서 얻은 깊이 정보는 스테레오 정합 방법으로 얻은 깊이 정보보다 정확도가 높지만 촬영 환경이 제한되어 깊이 영상에 잡음이 생기는 문제가 있다.

- **구조광패턴(Structured Light Pattern)** 구조화된 광 패턴 방식은 패턴을 가진 빛을 비추어 물체 표면에 맺힌 패턴의 위치를 분석하여 거리를 측정한다. 광 패턴은 직선형 무늬나 점 패턴을 투사하면, 물체의 굴곡에 따라 무늬가 굽어져 보이게 된다. 구조화된 광 패턴 방식은 3D 카메라 시스템에 사용된 2개의 카메라 중의 하나를 광 프로젝터로 교체한 구조라 할 수 있다. 적외선 프로젝터로 발사된 빛이 물체 표면에 맺혀서 생긴 패턴의 위치를 알고리즘으로 분석하여 깊이 지도(Depth Map)을 실시간 계산한다.

- **립모션(Leap Motion)** 립모션이란 두 손과 열 손가락의 여러 움직임을 감지하여 그 움직임을 통해 컴퓨터를 제어할 수 있게 도와주는 장치이다.

- **머리 착용 디스플레이(Head Mounted Display, HMD)** 머리에 착용하는 형태의 디스플레이. HMD 장치를 머리에 쓰면 양쪽 눈에 근접한 위치에 소형 디스플레이가 있어 시차를 이용한 3차원 영상이 투영된다. 그리고 사용자의 움직임을 트래킹하는 자이로 센서, 움직임에 따라 영상을 만드는 렌더링 기능 등으로 3D 공간에 있는 것 같은 가상 현실 또는 증강 현실을 실감할 수 있다. 게임뿐만 아니라 산업, 우주 개발, 원자로, 군사 기관 및 의료 기관 등 다양한 분야에 활용된다.

- **6자유도(Degrees Of Freedom, 6DOF)** 로보틱스나 가상 현실 시스템에서 사용되는 모든 동작 요소. 즉, X(수평), Y(수직), Z(깊이), 피치(pitch), 요(yaw), 롤(roll)을 말하고, 3자유도(3DOF)는 X, Y, Z만을 말한다.

- **모션 블러(Motion Blur)** 영상 및 애니메이션 같은 연속한 그림들이나 스틸 이미지 속에 비치는 빠르게 움직이는 물체의 뚜렷한 줄무늬이다. 노출이 길거나 움직임이 빠른 까닭에, 아니면 프레임 하나를 촬영하는 동안 영상이 변화할 때 이러한 현상이 나타난다.

- **사용자 경험(User Experience, UX)** 사용자가 어떤 시스템, 제품 혹은 서비스를 직·간접적으로 이용하면서 느끼고 생각하게 되는 총체적 경험. 단순히 기능이나 절차상의 만족뿐 아니라 전반적으로 지각 가능한 모든 면에서 사용자가 참여, 사용, 관찰하고 상호 교감을 통해서 알 수 있는 가치 있는 경험이다. 긍정적 사용자 경험의 창출은 산업 디자인, 소프트웨어 공학, 마케팅 및 경영학의 주요 과제이며 이는 사용자의 필요(needs)의 만족, 브랜드의 충성도 향상, 시장에서의 성공을 가져다 줄 수 있는 주요 사항이다.

- **스테레오스코픽(Steroscopic 3D)** 좌우 양안 시점(view)의 데이터를 이용하여 시청자로 하여금 입체감을 느끼게 하는 성질을 뜻하는 수식어

- **액정 표시 장치(Liquid Crystal Display, LCD)** 액정이 갖는 여러 가지 성질 가운데 전압을 가하면 분자의 배열이 변하는 성질을 이용하여 표시하는 장치. 두 장의 얇은 유리 기판 사이의 좁은 틈에 액정을 담고 투명한 전극을 통해 전압을 가하여 분자의 배열 방향을 바꾸어 빛을 통과시키거나 반사시킨다. 액정 표시 장치는 다른 표시 장치에 비해 얇은 판으로 만들 수가 있고 소비 전력이 적으나 응답 속도가 느린 결점이 있다.

- **촉각 기반 인터페이스(Tactile Based Interface)** 손가락의 접촉점을 통한 촉감, 피부의 통각·압각 등 피부 감각과 반력을 통해 전달되는 단순 역감 및 근반력감을 이용한 인터페이스 기술로서 입력 수단보다는 출력 수단에 초점을 맞추고 있다. 가상의 온스크린 또는 그래픽 기능을 활용한 패널 버튼을 실감나게 구현함으로써 누르거나 터치할 때 기계식 버튼과 유사한 느낌을 제공한다.

- **촉각 인터페이스(Haptic Interface)** 사용자에게 촉각 정보를 전달하는 접속 장치. 시각, 청각과는 달리 피부 감각의 정보 표현 방법은 아직 체계화되고 표준화된 형태가 없지만 피부를 통한 자극의 전달 속도가 약 20밀리초(ms)로 시각에 비해 5배나 빠르고, 사람의 피부 면적은 약 2제곱미터(m²)로 신체 기관 중 가장 큰 조직이므로 착용 컴퓨터 등 향후 인간과 컴퓨터가 밀접한 환경이 될 때 정보의 인지와 표현을 위한 필수 통신 채널로 여겨지고 있다.

- **컴퓨터 그래픽스(Computer Graphics, CG)** 컴퓨터를 이용하여 도형이나 화상 등의 그림 데이터를 생성/조작/출력할 수 있도록 하는 데 관련된 방법의 총칭. 컴퓨터의 응용 분야에서 매우 큰 비중을 차지하고 있으며, 문자와 숫자로 표현된 정보를 알기 쉽게 나타내거나 컴퓨터에 의한 설계, 인간과 컴퓨터 사이의 인터페이스, 컴퓨터 미술 등 많은 분야에 이용되고 있다.

부품 및 소재의 혁신

사물 인터넷 기반 서비스가 원활하게 동작하기 위해 여러 세부 기술들이 함께 발전되어야 한다. 이 장에서는 사물 인터넷에 활용되는 반도체 및 센서 관련 기술 개발 동향에 대하여 간단히 살펴본다.

10.1 사물 인터넷과 반도체

세계 최대 가전 전시회인 소비자 전자제품 박람회(CES)에는 첨단 IT 기술 경향을 알 수 있어 주목을 받는 전시회 중 하나이다. 몇 년 전부터 이 박람회에서 IT 기업을 중심으로 사물 인터넷에 적용될 수 있는 구체적인 기술들이 선보이고 있다. 앞 장에서 살펴본 다양한 세부 기술요소들이 적용된 부품이나 제품, 서비스들이 그 대상이다. 사물 인터넷의 성장 가능성에 발맞추어 반도체 업체들도 이 시장에 큰 관심을 보이고 있다.

사물 인터넷은 여러 사물들이 인터넷으로 연결되어, 정보를 수집하고 분석한 후 그 결과를 기반으로 다양한 서비스를 제공하는 기술이다. 이 기술은 대개 4가지 기술 요소, 즉, **처리(프로세서)**, **기억(저장장치)**, **인식(센서)**, **전달(통신)**로 구분할 수 있다([그림 10-1] 참조). 각 단말에 배치된 여러 센서들은 각자의 대상이 되는 상황 데이터를 인식하고 경우에 따라 내부에서 부분적으로 그 데이터를 처리하기도 한다. 이렇게 수집된 데이터는 통신 인프라를 통해 서버로 전달된 후 분석 작업이 진행되고, 그 결과는 다시 분석 데이터 저장소에 저장된다. 이 때 각 센서 내에서 데이터 수집을 담당하는 센싱 모듈, 처리를 담당하는 프로세서, 외부와 연결을 담당하는 통신 모듈, 수집된 데이터를 저장하기 위한 저장 모듈들은 모두 반도체와 관련되어 있다.

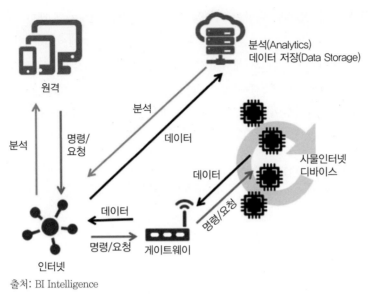

출처: BI Intelligence

[그림 10-1] 사물 인터넷 생태계

분석을 위한 원격 클라우드 서버나 저장 서버, 인터넷, 게이트웨이 등 기존 IT 인프라에서 요구하는 반도체 수요는 배제하더라도, 사물 인터넷 시대에 다양한 성격의 반도체 수요가 커지고 있다. 사물 인터넷이 성숙함에 따라 반도체 업계에 미치는 영향은 다음과 같이 정리할 수 있다.

10.1.1 다양한 기능의 반도체 수요 증가

사물 인터넷 관련 서비스는 설치된 센서가 주변의 다양한 환경 데이터를 수집하는 것으로부터 출발한다. 당연히 센서가 중요한 역할을 수행하며, 이 센서는 다수의 반도체를 포함한다. 하지만, 사물 인터넷 시대의 반도체는 현재 IT 인프라에서 사용되던 반도체와는 다른 기능적 요구사항을 가진다.

과거 30여 년 전 메인 프레임 컴퓨터 시대에서 개인용 컴퓨터(PC) 시대를 거치면서 고기능의 프로세서, 높은 신뢰성을 가진 반도체 대신 저가의 대량생산이 가능한 프로세서를 개발한 인텔이 오랫동안 시장을 지배하였다. 2010년 이후 모바일 기기에 대한 수요가 폭발적으로 증가하면서 이전 PC 시대보다 상대적으로 저사양에 저전력의 프로세서 수요가 증가하게 되었고, 퀄컴이나 ARM 등이 주목을 받았다. 사물 인터넷에서는 스마트폰에 들어가는 프로세서보다 더 저사양지만 다양한 기능을 수행할 수 있는 반도체에 대한 수요가 증가하였다. 예를 들면, 20여 종의 냄새를 구별할 수 있는 초소형 후각 센서, 미세한 움직임을 파악하는 동작 인식 센서, 임베디드 패키지 온 패키지(embedded Package on Package, ePOP) 반도체(모바일 AP · 모바일 D램, 낸드플래시를 하나로 묶은 착용형 전용 반도체) 등은 사물 인터넷에 적용되기 위해 개발된 제품들이며, 여기에 특화된 반도체들이 사용되고 있다.

[표 10-1] 2015년 세계 반도체 업체 매출 순위

2016년 순위	2015년 순위	공급업체	2016년 매출	2016년 시장 점유율(%)	2015년 매출	2015-2016년 성장률(%)
1	1	인텔	53,996	15.9	51,690	4.5
2	2	삼성전자	40,143	11.8	37,852	6.1
3	4	퀄컴	15,351	4.5	16,079	−4.5
4	3	SK 하이닉스	14,267	4.2	16,374	−12.9
5	16	브로드컴(구 아바고)	13,149	3.9	5,216	152.1
6	5	마이크론 테크놀로지	12,585	3.7	13,816	−8.9
7	6	텍사스 인스트루먼트	11,776	3.5	11,533	2.1
8	7	도시바	10,051	3.0	9,162	9.7
9	12	NXP	9,170	2.7	6,543	40.1
10	11	미디어텍	8,697	2.6	6,704	29.7
		기타	150,499	44.2	159,799	−5.8
		총계	339,684	100	334,768	1.5

출처: 가트너(2017년 1월)

이러한 경향으로 인하여 사물 인터넷 시장에 진출하려는 기업들은 기존의 반도체 회사들과 다른 성장 전략을 가져야 한다. 전 세계 매출액 기준 상위 업체들은 소량 품종에 대하여 대량 생산 체제를 갖춘 업체들이다([표 10-1] 참조). 즉, 대부분의 업체들은 CPU, 모바일 AP(Application Processor), 메모리를 주요 대상으로 하고 있으며, 이는 반도체 제조에 첨단 공정을 적용하여 비용을 줄임으로써 가격 경쟁력을 가지는 방식이다. 하지만 사물 인터넷에는 다품종 소량생산이 적합하며, 이는 기존 업체들과 다른 생존 전략을 요구한다. 예를 들면, 사물 인터넷용 반도체 제조에 필요한 경량팹(Minimal Fab)과 초저가 공정 기술을 확보하면, 그 기업은 차별화된 기술력을 기반으로 향후 변화하는 시장에 적극적으로 대처할

수 있다. 이와 함께 적극적인 인수합병에도 참여할 수 있어 또 다른 대안이 될 수 있다.

이러한 변화에 대한 좋은 예가 2015년 네덜란드 NXP 반도체가 미국 프리스케일 반도체를 인수한 경우이다. 프리스케일은 2004년 모토로라에서 분사하여 한때 고기능 반도체를 생산하면서 최첨단 기술을 선도한 기업이었고, NXP 반도체는 2006년 필립스 반도체에서 분사한 이후 세계 3위권의 자동차용 반도체 생산기업으로 성장하였다. 하지만 프리스케일 반도체는 개인용 컴퓨팅 시대, 모바일 컴퓨팅 시대를 거쳐 사물 인터넷까지 적절하게 대비하지 못하다가 결국 회사가 인수되고 말았다. 두 업체는 기술적으로 겹치는 영역이 적어서 다품종 생산에 유리하였으며, 그 결과 NXP는 차량용 반도체 시장의 1위 기업으로 올라서게 되었다([표 10-2] 참조). 추후 NXP는 다시 퀄컴에 인수되었다.

[표 10-2] NXP와 프리스케일의 주요 사업 영역

NXP	시장	프리스케일
도난방지, 차량 네트워킹, 엔터테인먼트, 텔레매틱스, ABS, 전송/스로틀 제어, 자동차 조명	자동차	운전자 정보 시스템, 안전 및 섀시, 자동화, 동력전달장치 및 엔진관리, 본체 및 보안, 레이더 및 비전 시스템, 차량 네트워킹
모선 기지국	네트워킹	클라우드 컴퓨팅 및 데이터 센터, 유·무선 인프라(기지국), 스몰셀 무선 기지국, 엔터프라이즈 네트워크 및 보안
위성 및 케이블 TV 인프라, 레이더, 전원 공급장치, 조명, 개인 건강관리, TV 및 셋톱박스	산업	빌딩 및 공장 자동화, 모터 제어, 휴대용 의료기기, 홈 에너지 관리, 스마트그리드 및 스마트미터
휴대폰, 태블릿, 모니터, PC, 가전제품, 슬롯머신, 의료	소비자	휴대폰, 태블릿, 전자게임, 착용형 기기
보안 ID, 태그 및 인증, 보안 거래	전자신분증	

출처: 미국증권거래위원회

다른 예로써 소프트뱅크가 35조원에 ARM 홀딩스를 인수한 경우이다. 소프트뱅크는 PC가 등장한 1980년대 이후 소프트웨어 유통업체로 출발하여 인터넷과 모바일 기업을 인수하면서 회사가 고속 성장을 하였다. ARM은 세계 2위 반도체 설계회사로, 스마트폰용 모바일 AP 시장의 95%, 차량 제어와 같은 사물 인터넷 분야에서도 일정한 점유율을 가진 업체였다. 소프트뱅크는 향후 사물 인터넷의 고속 성장 가능성을 내다보고 기존에 보유한 자사의 인터넷 인프라의 경쟁력과 시너지를 고려하여 ARM을 인수하였다. 즉 사물 인터넷 시대에 스마트폰으로 다양한 기기를 제어하며, 그 외에도 ARM의 칩들이 TV, 자동차 냉장고 등 다양한 사물에 적용되고 있어, 사물 인터넷 시대를 대비하기에 적절했기 때문이다([그림 10-2] 참조).

이처럼 사물 인터넷 시대는 이전과 달리 다양한 기능의 반도체가 필요하며, 이를 위해 반도체 업체들은 다양한 전략을 구사하고 있다.

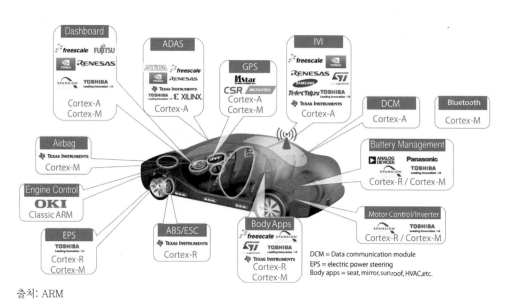

출처: ARM

[그림 10-2] ARM의 자동차용 센서 칩 기술

10.1.2 시스템 온 칩(SoC) 및 저전력 반도체

초기의 센서들은 단순히 주변 환경에 대한 데이터를 수집하고 전달하는 단순 기능만 수행하였지만, 점차 수집한 데이터를 가공하고 상황에 따라 적절하게 대응할 수 있는 프로세싱 기능도 중요해지고 있다. 이는 센서가 하나 이상의 기능을 수행해야 함을 의미하며, 이에 따라 여러 기능을 하나의 칩으로 집적시키는 **시스템 온 칩**(System on Chips, SoC) 기술력이 중요하게 되었다. 이는 하나의 집적회로에 집적된 전자시스템 부품을 의미한다. 사물 인터넷 기기의 경우, 대개 기존 센싱 모듈에 통신 모듈이나 프로세싱 모듈을 단일 칩에 구현하려고 한다. 일반적인 사물 인터넷 SoC는 대개 다음과 같은 응용에 사용된다.

- 모바일 기기 / M2M 통신 / 실시간 위치 추적 태그 / 자동 온도 조절기 / 스마트미터기 / 무선 센서 디바이스 / 직렬-WiFi 변환기 / 가정용 자동화기기 / 헬스케어 장비

전력 사용이 제한적인 사물 인터넷 기기에는 저전력 기술 역시 필수적이다. 특히 사물 인터넷 기기는 외부 네트워크를 통해 연결되는 통신 기능이 필수적이므로 저전력 통신 기술이 중요하다. 이에 따라 근거리 무선 통신을 위해 주로 사용되던 블루투스 기술에 많은 관심이 집중되고 있다. 블루투스 4.0은 이전 버전에 비해 소비전력을 대폭 낮춘 Bluetooth Low Energy(BLE) 프로토콜이 포함되었는데, 이는 버튼형 전지 하나만으로도 수년간 구동이 가능하도록 되어 있다.

이처럼 BLE 비콘에 사용되는 저전력 블루투스 기술은 사물 인터넷 시대에 더욱 주목을 받기 시작했다. 왜냐하면 하나의 디바이스가 동시에 여러 디바이스에 동일한 데이터를 전송할 수 있고, 인터넷 상에서 연결된 기기에 모두 접속할 수 있는 IPv6를 이용할 수 있어 사물 인터넷 취지에 부합하는 통신 기술로 간주되기 때문이다. 이에 따라 근거리 무선통신 전문 기업 노르딕을 비롯하여 퀄컴, ST마이크로, 마이크로칩, NXP, TI 등의 글로벌 반도체 기업들은 통합된 블루투스 SoC를 잇따라 출시하고 있다.

2016년 5월 전송거리와 속도를 크게 향상시킨 새로운 블루투스 5 버전이 공개되면서 비연결성(Connectionless) 사물 인터넷을 실현하기 위한 블루투스 기술의 확산이 더욱 가속화되고 있다. Bluetooth SIG가 발표한 블루투스 5는 이전 버전에 비해 향상된 전송거리, 속도, 브로드캐스트 메시징 용량을 제공한다. 집안 전체, 건물 및 야외에서 사용할 수 있도록 견고하고 신뢰성 높은 사물 인터넷 연결을 제공함으로써 범위 확장과 빠른 데이터 전송으로 응답성능의 최적화가 가능하다.

저전력 기술에 대한 수요가 증가하면서 반도체 팹리스 시장에서도 ARM이 아닌 밉스(Microprocessor without Interlocked Pipeline Stages, MIPS) 아키텍처가 떠오르고 있다. 가격 경쟁력을 무기로 사물 인터넷 저가형 시스템 온 칩 시장에서 하나의 대안으로 제시되고 있다. 본래 MIPS는 MIPS Technologies에서 개발한 RISC 기반의 명령어 집합 체계이다. 하지만 2000년대 중반 저전력 기술을 기반으로 한 모바일 컴퓨팅 시대에 강자로 군림한 ARM에 밀려 2012년 Imagination Technology에 인수당했다. 저가형 착용형 기기, 센서 등이 폭넓게 사용될 사물 인터넷 시장에서 가격 대비 성능이 중요해짐에 따라 MIPS의 아키텍처도 널리 활용될 전망이다.

SoC와는 달리 단말 플랫폼을 제시하는 업체도 있다. 이는 사물 인터넷에서 여러 사물들이 하나의 게이트웨이 역할을 하는 단말과 연결되어 외부 서버와 연동하는 구조에 착안하여 게이트웨이급 단말을 구현한 것이다([그림 10-3] 참조). 일반적인 사물들은 데이터 수집 기능

위주의 저사양/저전력 기술에 초점을 맞추고 있다. 하지만 이러한 게이트웨이급 단말은 데이터를 수집하고 처리할 수 있는 고성능의 프로세서와 메모리, 다중 통신 모듈을 탑재하고 있으며, 이를 구동하기 위한 운영체제도 갖추고 있다.

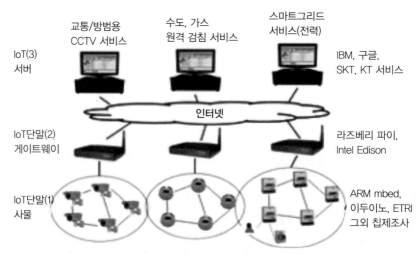

출처: IoT 단말 플랫폼 동향 및 생태계 구축, 전자통신동향분석, 2014.08

[그림 10-3] 사물 인터넷 서비스에서 단말 계층도

예를 들어, 인텔에서 제안한 착용형 기기용 에디슨 플랫폼은 WiFi, 블루투스 등 통신을 지원하는 SD 카드(Secure Digital Card) 크기의 소형 및 초저전력 지원 개발 플랫폼으로, 개인용 컴퓨터나 스마트폰 뿐만 아니라 의자, 커피메이커 등의 제품을 대상으로 개발되었다. 이 하드웨어 플랫폼은 22nm 400MHz의 듀얼 코어 SoC인 인텔 쿼크 프로세서를 탑재하고, 응용에 따라 메모리는 2GB까지 확장 가능하며, 센서와 같은 경량 단말인 아두이노와 연동 가능하다.

10.2 생체인식 및 로봇용 소재 개발 강화

기업들은 생체인식 소재, 로봇 소재 등 사물 인터넷으로 확대되는 소재 수요의 변화에 대응에 주력하고 있다.

의복에 센서를 부착하는 차원을 넘어 고객이 입는 섬유 자체가 센서의 기판 역할을 하여 다양한 사물 인터넷 서비스를 뒷받침하는 사업이 추진되고 있다. 이처럼 다양한 소재산업을 사물 인터넷 서비스와 연계하는 사업 등이 모색되고 있다.

닛폰사와 속옷 기업인 군제는 은을 코팅한 도전성 섬유로 내의를 만들었다. 내의 전체에 흐르는 미약한 전류를 가슴 부분에 부착한 센서가 자세, 칼로리 섭취량 등을 감지한 후 이 정보를 스마트폰으로 전송해, 전용 앱으로 신체 상태를 확인하고 조언을 받을 수 있다. 섬유 기업인 토요보(Toyobo)는 심장 박동시의 전기로 심박수를 감지하는 섬유를 개발하고 있다.

기존의 전극은 수술 중에 자주 젖어서 오작동이 빈번하게 발생하는 문제를 해결하기 위해 도레이(Toray)는 생체를 실시간 모니터링할 수 있는 히토(Hitoe)라는 소재를 개발했다([그림 10-4] 참조). 히토를 활용해 위험한 작업을 하는 근로자의 모니터링, 수술중 환자의 심박수를 감시할 수 있다. 또한, 고령자 등의 운동 중 돌연사 방지를 위한 일반인들의 스포츠 의료용 시장 개척에도 주력하고 있다. 같은 전도성 고분자를 밀봉해도 일반 섬유는 간격이 커서 생체신호 파악에 오차가 있고 전도성 고분자가 쉽게 떨어지는 반면, 히토는 세탁해도 고분자가 유지되는 장점을 가진다.

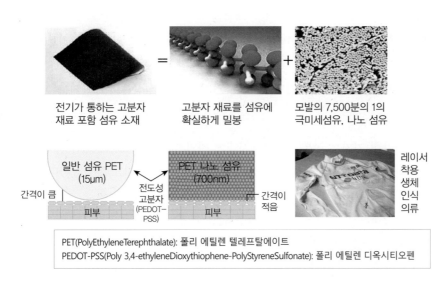

전기가 통하는 고분자 재료 포함 섬유 소재

고분자 재료를 섬유에 확실하게 밀봉

모발의 7,500분의 1의 극미세섬유, 나노 섬유

일반 섬유 PET (15μm)

간격이 큼

피부

전도성 고분자 (PEDOT-PSS)

PET 나노 섬유 (700nm)

간격이 적음

피부

레이서 착용 생체 인식 의류

PET(PolyEthyleneTerephthalate): 폴리 에틸렌 텔레프탈에이트
PEDOT-PSS(Poly 3,4-ethyleneDioxythiophene-PolyStyreneSulfonate): 폴리 에틸렌 디옥시티오펜

출처: 도레이

[그림 10-4] 도레이의 스마트섬유, 히토

로봇의 활동을 늘리는 소재도 개발되고 있다. 사물 인터넷 연계 로봇 생산 시스템의 확산으

로 인해 인간 작업자와 일하는 로봇이 확대되는 추세에 맞추어 인간에 대한 물리적인 충격이 적은 로봇용 소재를 개발하고 있다. 미쓰이화학(Mitsui Chemicals, Inc.)은 2016년 로봇 소재 전담 조직을 신설했으며, 탄소섬유강화 플라스틱(Carbon Fiber Reinforced Plastic, CFRP)과 금속의 일체 성형 기술을 활용하고 있다. 탄소섬유강화 플라스틱은 매우 가볍고 부식이 없으며, 철의 5~10배에 이르는 인장강도와 안전성을 가지고 있어 강력한 첨단소재로 자리 잡아가고 있다. 우주왕복선, 스텔스 등 군수산업과 우주항공분야에서 동체 구조설계에 사용되거나 민간 분야에서도 사용된다.

또한 미쓰이화학은 생활도로용 개인 전기자동차(Electric Vehicle)용으로 위해 사람이 다치지 않는 소재 개발도 하고 있다. 이 밖에 기업들은 센서용 소재, 바이오 칩 소재, 대용량 반도체 소재, 3D 프린터용 합성수지 등을 개발하고 있으며 미쓰비시화학, JSR 회사 등은 의족, 수술 실험용 인공장기 모형용 3D 프린터 소재 등의 개발에 나서고 있다.

10.3 착용형 기기의 급성장

주요 시장 조사 업체들은 사물 인터넷 관련 시장을 크게 스마트홈, 스마트자동차, 착용형, 산업용 인터넷, 스마트시티 등으로 구분하고 있다. 아직은 스마트시티나 산업용 인터넷이 매출액에서 차지하는 비중이 크지만, 착용형 기기는 높은 성장률이 예상되는 분야 중 하나이다.

1960년대 착용형 기기는 의복이나 액세서리에 전기신호를 보내거나 계산 등의 단순 기능만 추가된 형태에서 출발하였지만, 기술적 한계로 실험적인 시도로 끝났다. 2000년대 들어 디지털 관련 기술이 급성장하면서, 시장에서 소비자의 호응을 얻을 수 있는 착용형 제품들이 다시 소개되기 시작했다. 그 핵심은 연결성, 즉 정보를 주고받는 센싱 기술과 네트워크의 안정성·확장성에 기반을 둔다. 특히 착용형 제품은 신체와 접해 있다는 환경적인 요인에 의해 사용자의 건강과 신체 정보를 수집하는 간단한 형태에서부터 다른 스마트기기와의 연동하여 사용자의 라이프 로그를 수집·분석하는 등 그 스펙트럼이 광범위하다. 이러한 착용형 기기들은 착용 부위에 따라 스마트시계, 리스트 웨어, 스마트반지, 스마트안경, 스마트의류, 스마트스킨 등 상상력을 뛰어넘는 다양한 실험적인 방식으로 소개되고 있으며, 이러한 기기를 활용한 다양한 서비스도 개발 중에 있다([표 10-3] 참조).

[표 10-3] 착용형 기기를 활용하여 개발 중인 다양한 서비스

착용형 기기	기능	활용 분야
오토다이어터리	음식물 씹는 소리로 먹는 음식의 종류를 알아낼 수 있고, 그 음식의 칼로리를 자동으로 계산함	다이어트 및 식단 관리
필	팔찌 안쪽에 있는 네 개의 센서를 통해 체온, 맥박, 피부 전기 반응을 측정하여 사용자의 감정 상태를 객관적으로 평가함	분노조절 장애, 우울증 등 심리 치료에 도움
모투스	선수의 몸이나 유니폼, 장비 등에 설치된 센서를 통해 축적되고 분석된 데이터를 코치나 스태프 혹은 의사에게 바로 전송할 수 있음	스포츠 선수 신체 관리 및 판독 등에 사용
스마트스킨	그래핀 기반의 전자 당뇨 패치. 체온과 땀 분비량을 동시에 측정하고 연동된 착용형으로 데이터를 전송	헬스케어. 특히 당뇨처럼 지속적인 관리가 필요한 환자들이 이 패치를 사용해 위급 상황에 대비할 수 있음

출처: 한국경제매거진 자료 정리

따라서 착용형 기기는 일반 사물 인터넷용 디바이스와 달리 사람의 신체에 착용하여 주로 인체와 관련된 데이터를 수집하고 분석한 후 이를 활용하는 특징이 있다. 특히 신체의 변화를 측정하는 착용형의 특성상 각각의 개인 신체 특성에 맞춰 세밀화될 수밖에 없어 이용자 경험(UX)이 착용형 개발에 필연적인 요소가 되고 있다.

| 용어 해설 |

· **SD 카드 또는 SD 메모리 카드 (Secure Digital Memory Card)** 휴대 전자 기기에서 사용되는 플래시 메모리 카드. SD 메모리 카드는 주로 개인용 정보 단말기(PDA), 휴대 전화, 디지털 카메라, 디지털 캠코더, MP3 플레이어, 휴대용 메모리 장치, 스마트폰, USB 메모리 등 휴대 전자 기기에 사용된다. 크기에 따라 표준형, 미니, 마이크로 SD 메모리 카드로 분류된다. 표준형 SD 메모리 카드는 24(W) x 32(H) x 2.1(D) 밀리미터, 무게 약 2그램이며, 미니 SD 메모리 카드는 20(W) x 21.5(H) x 1.4(D) 밀리미터, 무게는 대략 1 그램이다. 그리고 마이크로 SD 메모리 카드는 11(W) x 15(H) x 0.7(D) 밀리미터, 무게는 대략 0.5 그램이다.

· **스마트시계(Smart Watch)** 일기, 메시지, 알림, 주식 시세 등 다양한 서비스를 무선을 통하여 검색할 수 있는 팔목 시계. 서비스에 따라 사용자가 데이터를 내려 받을 수도 있고, 웹 브라우저로 자기의 계정을 설정할 수도 있다.

· **시스템 온 칩(System on Chips, SoC)** 특정 응용 분야에 사용하기 위한 것으로 단일 칩에 여러 종류 칩으로 구성하여 하나의 시스템을 집적해 놓은 비메모리 집적 회로(IC) 칩. 반도체 제조 공정 미세화로 집적도가 높아져 소형화, 고기능화, 저가화가 가능하다. 시스템 온 칩(SoC)의 기능에 따라 정보를 처리하는 마이크로프로세서(Microprocessor Unit, MPU)와 디지털 신호 처리기(Digital Signal Processor, DSP), 정보를 저장하는 메모리, 아날로그 신호 처리기, 통신을 위한 고주파 회로 및 베이스밴드 칩, 입 · 출력(I/O) 회로 등 다양한 반도체 IP(Intellectual Property)가 집적화된다. 시스템 온 칩(SoC)의 동작을 제어하기 위한 소프트웨어도 시스템 온 칩(SoC)의 구성요소로 포함한다.

· **탄소섬유강화 플라스틱(Carbon Fiber Reinforced Plastic, CFRP)** 탄소 섬유에서 강화된 플라스틱을 의미함. 아크릴 수지나 석유, 석탄에서 착출된 피치 등의 유기물을 섬유화하고, 특수 열처리 공정을 거쳐 만들어지는 미세한 흑연 결정구조를 가진 섬유 모양의 탄소 물질이다.

연습문제

| 단답형 |

01 사물 인터넷 적용 분야를 넓히기 위해 (   ), 로봇(Robot), (   ) 및 증강 현실(Argument Reality, AR) 등 신기술과의 연계 전략도 활발해지고 있다.

02 일본의 경우, (   ) 기반의 인공 지능 전략을 중시하고 있다. 엣지(Edge, 단말), 포그(Fog, 기지국 등), 클라우드(Data Center) 간에서 정보전달, 인공 지능 판단 등을 분담해 실시간 처리의 성능 향상에 주력하는 전략적인 목적으로 출발한 것이다.

03 (   )은 장기적으로 모든 산업의 형태, 사업 모델을 혁신할 것으로 보이며, 따라서 이에 능동적으로 대응할 수 있는 역량을 지속적으로 축적해 나갈 필요가 있다. (   )을 뒷받침하는 기초기술을 강화하면서 실질적으로 생산성과 부가가치를 제고할 수 있는 방안을 강구하고, 서비스를 포함한 사업 모델의 혁신 기회를 모색할 필요가 있다.

04 (   )은 기계(컴퓨터)가 인간 수준의 인지, 이해, 추론, 학습 등의 사고 능력을 모방할 수 있도록 고안된 것이다. 등장 초기 "지능형 기계(컴퓨터), 특히 지능형 컴퓨터 프로그램을 만드는 과학 및 공학"으로 정의되었다. 그동안 여러 기관 및 연구자들로부터 다양한 개념 정의가 이루어졌으나, 초기의 개념과 크게 달라지지 않았다.

05 "훈련된 지식을 기반으로 주어진 상황에 유용한 답을 찾고자 하는 일련의 컴퓨터 알고리즘 혹은 기술을 총칭"하며, "주어진 데이터로부터 일반화된 지식을 추출해 내는 것"이 주요 목표이다. (   )은 데이터를 해독하여 예측 모델을 만들며, 그 자신이 바로 학습의 대상이기도 하다.

06 (   )은 인공 지능과 거의 유사한 개념으로 사용되고 있다. 데이터가 너무 빨리 많이 생성되고 있으며 비구조적 형태여서 이를 적절히 다룰 수 있는 컴퓨팅 모델이 필요하게 되었다. 인간능력을 단순 모방하는 기계 중심적 시스템이 아니라 데이터를 통한 인간과 현실 세계의 이해를 바탕으로 보다 인간 중심적 문제 해결이 가능한 시스템 구현이다.

07 구글은 2016년에 인공 지능 바둑프로그램인 (   )를 선보였으며, 이세돌이나 중국의 커제와의 대국에서 승리를 거두었다.

08 (   )은 산업용 로봇 대신 사람과 협업하여 일할 수 있는 로봇을 의미하는데, 이를 별도로 코봇(Cobot)이라고도 부른다. 코봇은 안전 보호망이나 특별한 보호 장치 없이 사람과 함께 산업현장에서 설비 자동화를 구현한 로봇을 의미한다.

09 (   )은 로봇과 스마트디바이스, 사물 인터넷, 클라우드 간 상호연결 및 융합을 통해 다양한 분야에 활용될 수 있는 로봇이다. 이 로봇은 주로 일상생활에서 활용하기 위해 만들어졌고, 따라서 스마트홈이나 사물 인터넷용 다양한 제품과 연동되는 기능을 가지고 있다.

10 (   )는 두 팔을 가지고 작업하는 로봇이고, (   )는 한 팔로 작업하는 로봇이다.

11 (   )은 실제로 존재하지 않는 완전히 허구적 환경이나 상황을 가능하게 하는 기술이다. 즉, 인공적인 기술을 활용하여 실제로 얻기 힘들거나 혹은 아예 얻을 수 없는 경험이나 환경 등을 제공해 인체의 오감을 자극함으로써 실제와 같이 체험하게 하는 기술이다.

12 (   )은 단말 소프트웨어 등을 활용해 현실에 가상의 정보를 추가한 '실재와 허구가 혼합된' 환경을 구현하는 기술이다. 특정 장소에 도달하면 스마트폰으로 가상의 게임캐릭터인 포켓몬을 잡을 수 있는 포켓몬GO 게임은 증강 현실의 대표적인 예이다.

13 현실과 가상 현실 사이에 존재하는 모든 것이 바로 (   )이며, 따라서 증강 현실은 혼합 현실의 한 부류이다. 혼합 현실은 현실 세계와 가상의 대상물이 함께 존재하는 것을 의미한다. 여기서 가상의 대상물이 많다 또는 적다라는 기준은 주관적이기 때문에 증강된 현실의 수준을 절대적 단위로 나누는 것은 곤란하다.

14 센서가 하나 이상의 기능을 수행해야 함을 의미하며, 이에 따라 여러 기능을 하나의 칩으로 융합하는 (   ) 기술력이 중요하게 되었다. 이는 하나의 집적회로에 집적된 전자 시스템 부품을 의미한다. 사물 인터넷 기기의 경우, 대개 기존 센싱 모듈에 통신 모듈이나 프로세싱 모듈을 단일 칩에 구현하려고 한다.

01 다음 중 기존 인공 지능 관련 보고서 및 전문가 의견 등을 토대로 하여 인공 지능의 6가지 기술에 속하지 않는 것은?

① 엣지 컴퓨팅　　　　　　　　② 기계 학습

③ 딥 러닝　　　　　　　　　　④ 신경망

02 "컴퓨터가 인간처럼 정보를 습득하고 그 정보를 이용해 의사결정할 수 있는 모델의 과정을 시뮬레이션하는 기술"은 무엇인가?

① 인지 컴퓨팅　　　　　　　　② 기계 학습

③ 딥 러닝　　　　　　　　　　④ 자연어 처리

03 기계 학습의 일부로 인간의 두뇌 처리기능을 형상화한 기술이며, 뇌의 뉴런과 비슷하게 인공 뉴런을 배치하고 네트워크로 연결하여 모델링한 것은 무엇인가?

① 강화 학습　　　　　　　　　② 기계 학습

③ 딥 러닝　　　　　　　　　　④ 신경망

04 다음 중 기계 학습의 구분에 속하지 않는 것은?

① 강화 학습(Reinforcement Learning)　② 지도 학습(Supervised Learning)

③ 비지도 학습(Unsupervised Learning)　④ 자가학습 (Self Learning)

05 다음 설명에 해당하는 인공 지능 기술은 무엇인가?

> "해당 분야 전문가 지식이나 응용 분야의 제한을 적게 받는 장점이 있지만, 학습 데이터의 양과 질은 중요하다. 최적 모델을 설계하는데 많은 노력을 기울이지 않더라도 데이터를 통해 인식하려는 객체의 자연스러운 특징을 자가훈련으로 학습이 가능하다."

① 신경망　　　　　　　　　　② 딥 러닝

③ 퍼지논리　　　　　　　　　④ 서포트 벡터 머신

06 다음 중 인공 지능 관련 주요 적용 분야가 아닌 것은?

① 게임 및 엔터테인먼트　　　② 컴퓨터 비전

③ 자연어 처리　　　　　　　　④ 개인용 응용 프로그램

07 가상 현실 및 증강 현실을 이용한 산업은 몰입감과 상호작용을 제공하는 컴퓨터 그래픽스 기술부터 디스플레이 기술까지 CPND 계층별 다양한 기술요소를 포함하고 있다. 여기서 CPND에 해당하지 않는 것은?

① Controller(제어기기)   ② Platform(플랫폼)

③ Network(네트워크)   ④ Device(디바이스)

08 다음 중 가상 현실 관련 주요 기술이 아닌 것은?

① 입·출력 인터페이스   ② 저작도구

③ 360도 영상기술   ④ 콘텐츠 서비스

09 가상 및 증강 현실의 발전 방향이 아닌 것은?

① 혼합 현실   ② 시각 기술

③ 동적 기술   ④ 다중 사용자 환경 기술

10 사물 인터넷은 여러 사물들이 인터넷으로 연결되어, 정보를 수집하고 분석한 후 그 결과를 기반으로 다양한 서비스를 제공하는 기술이다. 이 기술은 대개 4가지 기술 요소가 아닌 것은?

① 처리(프로세서)   ② 기억(저장장치)

③ 전달(통신)   ④ 시각화(GPU)

| 서술형 |

01 인공 지능 기술이 적용 가능한 분야에 대해 설명하시오.

02 인공지능 관련 주요 적용 분야 중 컴퓨터 비전에 대해 설며하시오.

03 지능형 로봇에 대해서 설명하시오.

04 가상 현실의 오감 기술에 대해 설명하시오.

05 가상 현실의 모션 기술에 대해 설명하시오.

06 가상 현실의 분야별 활용 방안 및 사례 3가지를 들고 설명하시오.

스마트자동차(Smart Car)

contents

들어가며

19세기 말 마차(Carriage)에서 자동차(Horseless carriage)로 대중적 운송수단이 변화하였다. 이후 자동차 관련 업체들은 내연기관의 성능이나 연비 향상, 편의 장치 개선 등 기술에 집중해 왔다. 2000년대 중반까지 자동차 산업은 금속, 기계, 소재, 생산설비, 자동차 설계 및 판매 등의 분야에 영향을 미치며 발달해 왔다. 단일 제품 산업으로 세계 1,600조 원대 규모의 시장을 형성하며, 한 국가의 중요한 산업이 되었다.

최근 자동차와 IT간 융합이 가속화되면서 사물 인터넷 기반의 '**스마트자동차(Smart Car)**' 시대가 열리고 있다. 스마트폰을 통해 휴대전화의 혁신을 이끌고 시장에 진입했던 애플처럼 역시 새로운 변혁을 맞이하고 있다. 이에 따라 자동차 업계의 화두는 어떤 스마트한 기능들을 탑재할 것인가, 또 그에 대하여 어떤 표준이 제정되어야 하는가이다. 한 드라마에서 운전자가 운전 중 버튼 하나를 누른 후 자동차 스스로 운전하게 만드는 장면이 나온다. 운전자 조종 없이 자동차는 스스로 주행하였는데, 이는 스마트자동차의 자율주행 기능 때문에 가능하다([그림 1] 참조).

출처: JW산업블로그

[그림 1] 드라마에 등장한 스마트자동차

자동차 업계에서 패러다임 변화는 2015년 미국 라스베가스에서 개최된 세계 소비자 전자제품 박람회에서 뚜렷하게 나타났다. 아우디, BMW 등 9개 완성차와 델파이, 보쉬 등 125개 자동차 부품 업체들이 참여하여 자동차와 IT가 융합되는 차세대 신기술을 선보였다. 특히, 운전자 없이 주행할 수 있는 자율주행차가 상대 차량과 정보를 주고받거나, 차량 내에 '**움직이는 사무실(Mobile Office)**'을 구축하는 등 자동차와 사물 인터넷이 융합되는 것을 볼 수 있다.

각 자동차 제조사는 인포테인먼트, 자율주행, 첨단 운전자 보조 시스템 등 특정 기능을 차량에 접목하고 있으며, 궁극적인 스마트자동차는 이런 모든 기능을 갖춘 형태로 발전하고 있다. 음성 인식 기술도 애플의 시리(Siri)처럼 대화형 방식으로 발전함에 따라 운전자와 자동차가 보다 자연스럽게 상호 소통이 가능하게 된다. 자율주행은 첨단 운전자 보조 시스템의 발전을 통해 안정성을 높여가고 있다. 글로벌 자동차 업체들은 자율주행차 개발계획에 따라 보다 적극적으로 사물 인터넷 기술을 접목하고 있으며, 그에 따라 자동차 산업의 고도화와 새로운 서비스 창출을 경쟁적으로 추진하고 있다. 이러한 자동차-IT 기술 융합의 주요 경향은 연결성(Connectivity), 운전자의 안정성 및 편의성 향상, 친환경, 자율주행, 차량용 앱과 자체 앱스토어(AppStore), 자동차 운영체제 기술 등으로 요약할 수 있다. 운전자가 집을 나서기 전 미리 차에 시동을 걸어 놓고, 차에 올라타서 "사무실로 가자. 오후 7시에 식당 예약도 해줘!"라고 말만하면 되는 날이 멀지 않아 보인다.

4부에서는 이러한 스마트자동차의 개념, 특징, 이슈, 주요 기술 및 서비스에 대해 살펴보고자 한다.

스마트자동차의 개념 및 특징

11.1 스마트자동차의 개념
11.2 주요 특징 및 이슈

IT 기술의 발전은 자동차 산업도 기술적으로 한 단계 더 진보하게 만들고 있다. 전기 · 전자 · 정보통신 분야의 최신 기술들이 접목되면서 향상된 안전과 편의를 제공할 뿐만 아니라 운전자의 조작 없이 스스로 운행하는 스마트자동차가 가능해지고 있다. **지능형 자동차**(Intelligent Vehicle)가 각종 센서 정보를 이용하여 주행 안전성에 초점을 맞춘 반면, 스마트자동차는 사물 인터넷 기술을 적용하여 운전자의 안전성과 편의성을 모두 높이는데 역점을 두고 있다.

따라서 자동차 기업들은 유 · 무선 통신 사업자뿐만 아니라 소프트웨어 개발 업체들과의 협력을 강화하며 보다 지능화된 스마트자동차 개발에 집중하고 있다.

11.1 스마트자동차의 개념

스마트자동차의 사전적 의미는 '첨단 컴퓨터 · 통신 · 측정기술 등을 이용하여 자동으로 운행할 수 있는 차량'이다. 기계 중심의 자동차에 전기전자, 정보통신, 제어 기술을 적용하여 높은 수준의 안전과 편의 기능을 제공할 수 있는 자동차이다. 즉, 자동차의 내 · 외부상황을 실시간 인식하여 도로 위의 위험에 대처할 수 있는 안전성과 탑승자의 만족을 극대화시키는 편의 기능을 갖춘 인간 친화적인 자동차이다([그림 11-1] 참조).

차량에서 외부 통신을 기반으로 차량 내 정보를 통합 관리하고 운전자에게 필요한 정보를 제공하거나, 오락, 영화 등 다양한 콘텐츠를 즐길 수 있게 한다. 스마트폰과 같은 모바일 기기와 이동통신 기술을 이용하는 **텔레매틱스**(Telematics)나 **인포테인먼트**(Infotainment)로

주차 지원 시스템(Surround view)

무인 자율주행

HUD

차량 원격제어

인터넷

클라우드 네트워크
매체저장

서비스
제공자
IP 네트워크

LTE
네트워크

시설/공공
와이파이
네트워크

서비스 제공자와
서드파티 응용 프로그램

센서 기반 안전 시스템

자동차 네트워크

IP-Cam

와이파이
블루투스

차량내 고화질
정전식 터치스크린

CPU

스마트기기 연동(Mirror Link)

지능형 교통망

V2V/V2I 통신 시스템

HUD(Head Up Display): 전방표시장치
V2V(Vehicle to Vehicle communication): 차량 간 통신
V2I(Vehicle to Infrastructure communication): 차량·인프라 간 통신

출처: 한국산업기술진흥원(KIAT) 기술로드맵(2012)

[그림 11-1] 스마트자동차의 정의

필요에 따라 고객의 편의성을 높일 수 있다. 지리정보 데이터베이스에 축적된 경로 정보뿐만 아니라 해당 지역의 역사나 특산품, 호텔과 같은 주변 정보, 운전자 개인의 성향에 맞춤형 부가 정보도 제공할 수 있다. 또한, 주변 상황을 인지하는 차량용 센서와 **차량·사물 통신**(Vehicle to Everything communication, V2X) 등을 활용하여 운전자에게 실시간 경로정보와 교통상황을 알려줄 수 있고, 더 나아가 사고위험을 줄이기 위해 신호등이나 도로인프라와 상호통신하면서 능동적인 안전운전을 지원한다. 자동차내부 상태정보나 도로 상황정보를 사전에 인식하여 차량 결함, 충돌, 돌발 상황과 같은 위협요소로부터 사고발생 확률을 줄여 탑승자의 안전을 향상시킬 수 있다([그림 11-2] 참조).

자동차 내에 다양한 센서, 디스플레이 장치, 통신 모듈 등이 추가되면서 자동차는 새로운 IT 플랫폼으로 부상하고 있다. 다양한 콘텐츠를 소비하는 새로운 스마트기기로서 스마트자동차의 역할도 점차 커지고 있다.

ADAS(Advanced Driver Assistance System): 첨단 운전자 보조 체계
ECU(Electronic Control Unit): 전자 제어 장치
V2X(Vehicle to Everything communication): 차량·사물 통신
OEM(Original Equipment Manufacturer): 주문자 상표 부착방식

출처: NXP

[그림 11-2] 스마트자동차 개념도

스마트자동차의 궁극적인 목표는 자율주행이 가능한 무인자동차이다. 다양한 첨단 기술이 적용된 전장부품과 소프트웨어는 자율주행을 현실화하기 위한 핵심 기술이다. 스마트자동차가 구현되면 다음과 같은 장점이 생긴다.

첫째, 교통사고 감소로 피해가 최소화되고, 효율적인 주행으로 환경오염을 줄일 수 있다.

둘째, 스마트폰과 차량의 연동으로 자동차 내부의 디스플레이를 통해 이메일, 웹서핑 등이 가능하여 운전자의 편의가 증진된다.

셋째, 자동차 업체와 IT 업체가 협력하여 스마트자동차 기술을 선점할 경우, 자동차와 IT 산업의 경쟁력을 제고시킬 수 있을 뿐만 아니라 새로운 성장동력의 블루오션(Blue Ocean)을 창출할 수 있다.

11.1.1 스마트자동차와 유사 개념

스마트자동차는 통신을 통한 연결성을 강조한 '커넥티드 카(Connected Car)'와 운전자의 조작 없이 스스로 주행하는 '무인자동차(Driverless Car)'의 특성을 모두 갖춘 자동차를 의미한다. 커넥티드 카는 자동차 내부의 각종 기기와 외부의 시스템이 무선 통신을 통해 연결되어 차량 자체를 정보 기기처럼 활용할 수 있는 자동차를 말한다. 이 외에도 정보기술과 자동차 산업이 융합되면서 등장한 다양한 용어를 정리하면 [표 11-1]과 같다.

[표 11-1] 스마트자동차의 유사 용어

용어	개념
전기자동차 (Electric Vehicle)	- 전기를 동력으로 하여 움직이는 자동차 (예: 테슬라 S, BMW i3)
인포테인먼트 시스템 (Infotainment System)	- 정보(Infomation)와 오락(Entertainment)의 합성어로 정보 전달에 오락성을 가미한 시스템 (예: 차량 내 내비게이션, 비디오와 오디오)
커넥티드 카	- 자동차에 통신기능을 탑재하여 외부 인프라와 연동(예: 클라우드)하고 운행 정보를 주변의 차량(Vehicle to Vehicle communication, V2V) 및 도로 인프라(Vehicle to Infrastructure communication, V2I)와 공유하여 사고 예방 및 안전 운전을 도모하고 편의성을 향상시킨 차 (예: 스마트폰과 자동차 연결)
자율주행차 (Self-driving Car, Autonomous Car)	- 사람이 탑승한 상태에서 사람의 개입(제어)없이 자동차 스스로 목적지까지 주행할 수 있는 자동차
스마트자동차 (Smart Car)	- 전기 · 전자 · 통신 기술을 융합해 고도의 안전 · 편의를 제공하는 자동차로 통신망에 상시 연결된 커넥티드 카를 의미(협의의 의미) - 커넥티드 카 뿐만 아니라 자율주행 자동차의 의미까지 포함(광의의 의미)
무인자동차 (Unmanned Vehicle, Driverless Car)	- 사람이 탑승하지 않은 상태에서 특정 목적을 달성하는 차량

출처: http://www.zamong.co.kr/archives/5905?print=print

현재 자동차는 인포테인먼트 기능 강화, 커넥티드 카, 자율주행의 단계로 발전하고 있다. 2000년대 들어 자동차는 내비게이션, 고급 AVN(Audio Video Navigation) 등을 탑재하여 사용자의 편의를 증진시켜왔다. USB(Universal Serial Bus), MP4(MPEG-1 Layer 4) 등을 통하여 차량 안에서 다양한 엔터테인먼트 서비스를 이용할 수 있게 되었다. 이후 외부와 통신을 연결하여 수시로 정보를 주고받게 되었고, 이러한 네트워크 기능을 활용하여 차간 거리를 자동으로 유지하거나 주변의 다양한 신호나 데이터를 수신하여 안전성을 높이고 있다([그림 11-3] 참조).

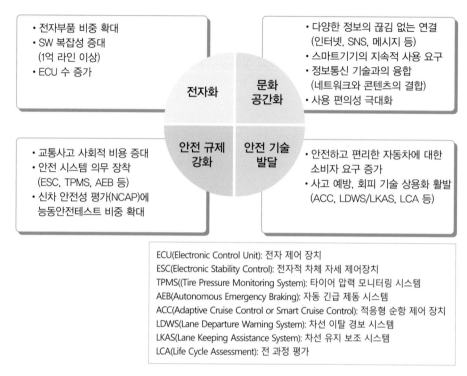

• 전자부품 비중 확대
• SW 복잡성 증대
  (1억 라인 이상)
• ECU 수 증가

전자화

문화 공간화

• 다양한 정보의 끊김 없는 연결
  (인터넷, SNS, 메시지 등)
• 스마트기기의 지속적 사용 요구
• 정보통신 기술과의 융합
  (네트워크와 콘텐츠의 결합)
• 사용 편의성 극대화

안전 규제 강화

안전 기술 발달

• 교통사고 사회적 비용 증대
• 안전 시스템 의무 장착
  (ESC, TPMS, AEB 등)
• 신차 안전성 평가(NCAP)에
  능동안전테스트 비중 확대

• 안전하고 편리한 자동차에 대한
  소비자 요구 증가
• 사고 예방, 회피 기술 상용화 활발
  (ACC, LDWS/LKAS, LCA 등)

ECU(Electronic Control Unit): 전자 제어 장치
ESC(Electronic Stability Control): 전자적 차체 자세 제어장치
TPMS((Tire Pressure Monitoring System): 타이어 압력 모니터링 시스템
AEB(Autonomous Emergency Braking): 자동 긴급 제동 시스템
ACC(Adaptive Cruise Control or Smart Cruise Control): 적응형 순항 제어 장치
LDWS(Lane Departure Warning System): 차선 이탈 경보 시스템
LKAS(Lane Keeping Assistance System): 차선 유지 보조 시스템
LCA(Life Cycle Assessment): 전 과정 평가

출처: 한국산업기술평가관리원

[그림 11-3] 스마트자동차 발전 요소

11.1.2 자동차의 자동화 단계

미국의 도로교통안전국(National Highway Traffic Safety Administration, NHTSA)은 스마트자동차의 최종 형태는 운전자 개입 없는 자율주행이라고 발표했다. 자율주행 자동차에 대한 총 5단계의 지침(Guideline)은 [표 11-2]와 같다.

[표 11-2] 자동차의 자동화 단계 정의

자동화 단계	정의	개요
레벨0	비자동화 (No Automation)	– 자율주행 시스템의 작동 없이 오로지 운전자에 의해 통제되는 자동차 – 브레이크, 속도 조절, 조향 등 안전에 민감한 기능을 운전자가 항상 제어하고 교통 모니터링 및 안전 조작도 책임
레벨1	특정 기능 자동화 (Function–specific Automation)	– 특정 기능을 지원하는 자동화 시스템이 1개 이상 탑재된 자동차로 대다수 현재 운행되는 차량 – 일부 기능을 제외하면 정상적인 주행 혹은 사고나 충돌 임박 상황에서 자동차 제어권을 운전자가 소유 (예: 적응형 순항 제어 장치(Adaptive Cruise Control, ACC), 전자적 차체 자세 제어 장치, 자동 브레이킹)
레벨2	조합 기능 자동화 (Combined Function Automation)	– 대부분의 상황에서 운전자가 자동차를 운전하지만, 2개 이상의 자동화 시스템이 탑재되어 차량을 통제하는 수준의 자동차 – 특정 주행 환경에서 2개 이상의 제어 기능이 조화롭게 작동(단, 운전자가 여전히 모니터링 및 안전에 책임을 지고 자동차 제어권을 소유) (예: 적응형 순항 제어 장치 및 차선 중앙 유지(Lane Centering), 핸들 및 페달 미제어)
레벨3	제한된 자율주행 (Limited Self– Driving Automation)	– 본격적인 자율주행 시스템을 갖춘 자동차 – 특정 교통 환경에서 자동차가 모든 안전 기능을 제어 – 자동차가 모니터링 권한을 갖되 운전자 제어가 필요한 경우 경보신호 제공 – 운전자는 간헐적으로 제어 (예: 구글 자동차, 아우디 TTS 등)
레벨4	완전 자율주행 (Full Self–Driving Automation)	– 완벽한 자율주행이 가능한 차량으로, 운전자 없이도 스스로 움직이는 자동차 – 자동차가 모든 안전 기능을 제어하고 상태 모니터링 가능 – 운전자는 목적지나 기능 설정만 함 – 안전 운행에 대한 책임은 자율주행 시스템에 있음

출처: NHTSA(미국 도로교통안전국) 재정리

현재 대부분의 자동차 업체는 레벨1 단계의 자동화 기능을 제공하고 있으며, 메르메데스–벤츠(Mercedez–Benz) 같은 일부 업체의 특정 모델에서는 주차 보조, 차선 이탈방지 시스템 등 레벨2 단계의 기능을 제공하고 있다. 구글자동차는 운전자가 항상 존재한다는 점에서 레벨3 단계라 할 수 있고, 레벨4는 자동차 자동화의 궁극적 목표인 완전 자율주행 단계가 된다. 미국의 도로교통안전국은 2020년에 레벨3 수준의 차량 양산 시스템이 구축되고, 2025년에 레벨 4수준의 자동차도 볼 수 있을 것으로 전망하고 있다.

완전 자율주행되는 스마트자동차의 도입은 운전미숙, 과속, 음주운전 등 운전자의 과실에 의해 발행되는 교통사고를 감소시키고 관련 비용을 절감시킬 수 있다. 운전이 어려운 고령자, 장애인, 면허 미소지자 등에게 차량 이동성을 지원하고, 일반인들에게는 운전부담을 줄여 운전자 스트레스를 감소시킴으로써 생산성을 향상시킬 수 있다. 이외에도 원활한 교통 흐름을 통한 연료 효율성 향상과 이로 인한 오염물질 배출을 감소시킬 수 있다.

11.2 주요 특징 및 이슈

11.2.1 특징

스마트자동차에 적용된 기술은 **첨단 운전자 보조 시스템**(Advanced Driver Assistance System, ADAS), **자율주행**(Autonomous Vehicle), **협업안전시스템**(Cooperative Safety System) 등 3개의 **안전** 분야와 **커넥티드 카**(Connected Car)와 같은 1개의 **편의** 분야로 구분된다([그림 11-4] 참조).

첨단 운전자 보조 시스템은 차선 이탈 방지 및 경고, 적응형 순항 제어 장치, 자동 긴급 제동 장치 등을 조합하여 운전자가 안전하게 운전할 수 있도록 지원한다. **자율주행** 기술은 차량 센서/제어/판단 알고리즘으로 목적지까지 운전자의 개입 없이 안전하게 이동할 수 있게 한다. **협업안전시스템**은 운행정보를 주변의 차량 및 도로인프라와 공유하여 사고 예방 및 안전 운전을 도모하는 기술이다. **커넥티드 카**는 차량 내 통신기능을 활용하여 운행과정이나 운전자가 필요한 정보를 제공받음으로써 안전과 편의를 향상시키는 기술이다.

스마트자동차는 **"안전"**과 **"편의"** 관련 기술들이 차량 목적에 따라 적용되어 개발되고 있다. 각종 고정밀 센서, 제어 장치 등 차량에 장착되는 전장부품의 비중이 증가하고 있으며, 제어/구동을 위한 소프트웨어 알고리즘 및 통신 네트워크의 중요성도 증가하고 있다.

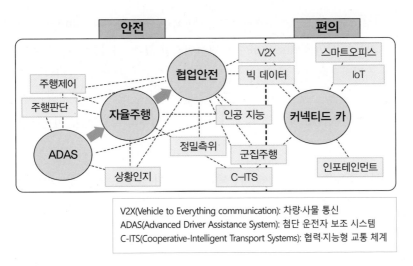

V2X(Vehicle to Everything communication): 차량·사물 통신
ADAS(Advanced Driver Assistance System): 첨단 운전자 보조 시스템
C-ITS(Cooperative-Intelligent Transport Systems): 협력·지능형 교통 체계

출처: 산업은행

[그림 11-4] 스마트자동차의 기능 분류

융합산업으로 떠오른 스마트자동차로 인해 영향을 받게 될 내용은 다음과 같다.

① 융합 산업

스마트자동차는 **자동차 부품** 산업의 성장과 함께, **도로 및 통신 인프라, 스마트자동차 활용 서비스, 빅 데이터 활용** 분야 등의 기술을 이용하여 구현되고 있다([표 11-3] 참조). 자동차 부품 분야에서 첨단기능의 부품들이 다양하게 확대 적용되고 있으며, 스마트자동차 활용 서비스 분야에서는 자동차공유(Car Sharing), 인포테인먼트 등의 적용이 확대되면서 파급효과가 커지고 있다.

[표 11-3] 분야별 파급효과

분야	파급내용	파급정도		
		상	중	하
자동차 부품	스마트자동차에 장착되는 센서, 제어기 등 전장부품 산업의 확대	O		
도로 및 통신 인프라	스마트자동차 구축을 위한 도로 및 통신 인프라 산업의 확대		O	
스마트자동차 활용 서비스	자동차공유, 인포테인먼트 등 스마트자동차 활용 서비스 시장 확대	O		
빅 데이터 활용	보험, 연비측정 등 차량운행 관련 빅 데이터 분석 및 활용 시장 확대		O	

출처: 산업은행

스마트자동차로 인해 서로 다른 요소기술을 가진 사업 주체들이 서로 협업하며 융합산업으로 변화하는 자동차 산업은 새로운 표준을 만들어가고 있다. 이러한 표준 제정은 각국의 규제나 정책과 직접적으로 연관되어 있어 산·학·연 모두의 노력이 필요하다. 특히, 자동차 외의 IT, 시스템, 부품/소재, 반도체, 소프트웨어 등 다른 산업 분야의 기술 장점들이 스마트자동차에 접목될 수 있도록 개별 주체간의 협력과 정부의 정책지원, 지원기관과의 협력이 필요하다.

글로벌 자동차업체들은 자동차 내에 사용되는 기능이나 플랫폼 등을 개방하여 응용 프로그램 개발자들에게 협업의 길을 제공하고 있다. 이렇게 함으로써 스마트폰보다 더 큰 가능성이 존재하는 자동차용 프로그램 개발을 위해 필요한 플랫폼을 선점하기 위해 발 빠르게 움직이고 있다. 미래 자동차 시장에서 스마트자동차 기술과 더불어 친환경 차량의 표준 및 비전까지 제시해야 경쟁에서 살아남을 수 있기 때문이다.

② 규제 법안

스마트자동차가 가져올 변화를 사회시스템이 적절히 반영하지 못하고 있다는 점이 스마트자동차의 상용화에 걸림돌이 되고 있다. 예를 들면, 네트워크를 통한 지능형 교통 체계 구현이나 협력주행 등이 구현되기 위해 지리 정보 시스템이 주요 역할을 해야 하지만, 관련업체의 이해관계나 안보문제 등의 이유로 해결책이 마련되지 못한 상태이다.

자율주행 자동차가 도심을 주행하며 비전카메라(Vision Camera)로 여러 가지 사생활 정보를 취득할 수 있어 보안과 개인정보 보호 등의 문제를 야기할 수 있다. 자율운행에 대한 허가, 사고에 대한 책임 소재, 관련된 보험 문제 등도 사회적 합의가 필요하다.

예를 들어 자율주행 중인 차량의 사고가 났을 때, '누구에게 책임을 물을 것인가?' 라는 문제가 발생한다. 자율 기능을 제공한 제조사의 책임인지, 기능을 사용한 운전자의 책임인지 등과 같은 제도가 마련되어 있어야 한다. 이러한 제도가 있어야 자동차 사고 배상 및 보험 제도도 관련된 논의를 시작할 수 있다. 자동차 사고는 생명을 위협할 수 있는 요인으로 법률 및 제도적 장치가 준비된 이후에 실생활에서 누구나 안심하고 이용할 수 있다.

미국 정부는 구글 무인자동차의 운행을 위해 법을 개정하거나 별도의 운전면허를 제정하는 등 신기술이 사회에 미치는 영향을 다각도로 분석하고, 산업 발전을 위한 기반 정책을 빠르게 준비하고 있다. 이미 네바다, 플로리다, 캘리포니아 주에서 무인주행에 관한 법령이 제정되었고 정부 주도로 인프라 관련 기술의 공동개발에 적극적으로 참여하고 있다.

11.2.2 이슈

자동차에 IT 기술을 접목한 스마트자동차가 전시장 중앙을 차지하게 되면서 세계 최대 소비자 전자제품 박람회를 '자동차, 전자제품 전시회(Car and Electronics Show)'라고 부를 때가 왔다고 말하는 사람도 있다. 2015년 소비자 전자제품 박람회만 보더라도, 일주일 뒤 열리는 북미 국제 오토쇼(Auto Show)를 앞두고 각 자동차 제조사가 자사의 '비밀병기'를 공개하기도 했다. 무인자동차처럼 꿈같은 이야기도 하나둘 현실화되고 있다. 이런 스마트자동차 시대를 앞두고, 스마트자동차가 해결해 나가야할 주요 기술적 과제는 다음과 같다. 자세한 기술적인 내용은 다음 장에서 살펴본다.

① IT 관련 기술적 이슈

■ 자동차 네트워크

운전자의 판단 없이 자동차가 안전하고 편리하게 주행하기 위해 다른 자동차 및 도로·교통 인프라와 실시간으로 정보를 주고받는 기능은 필수 요건이 되고 있다. 주행과 안전, 인포테인먼트 등 자동차 기능 대부분을 수행하기 위해 실시간으로 외부와 데이터 송·수신이 이루어져야 하기 때문이다. 당연히 자동차를 중심으로 구성되는 네트워크의 연결 및 제어 기술이 자율주행차의 핵심으로 부각되고 있다([그림 11-5] 참조).

GPS, LTE, 사물 인터넷 등 각종 IT 기술을 기반으로 하는 자동차 네트워크 수준도 빠른 속도로 발전하고 있다. 자동차 네트워크는 차량 간 네트워크(V2V), 차량과 인프라 간 통신(V2I), **차량과 보행자 간 통신**(Vehicle to Pedestrian communication, V2P) 등 다양한 형태로 구성될 수 있다. 특히, 자율주행차는 특정 네트워크 기술만으로 구현하기 어렵기 때문에 다수의 네트워크 기술을 복합적으로 활용하게 된다.

자율주행차는 실시간으로 네트워크에 접속하여 안전 주행에 필요한 각종 데이터를 받아야 하며, 이를 기반으로 각 상황에 적합한 기능을 수행하게 된다. 또한 자율주행차가 운행중 수집한 대용량 데이터를 내부적으로 처리하기에는 한계가 있어 이를 지원할 수 있는 외부 클라우드 컴퓨팅 시스템과 연결 역시 자동차 네트워크의 중요한 과제가 된다.

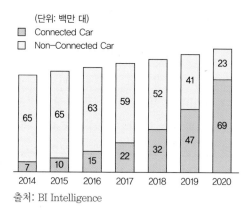

(단위: 백만 대)

☐ Connected Car
☐ Non-Connected Car

출처: BI Intelligence

[그림 11-5] 전 세계 자동차 중 네트워크로 연결되는 차의 비율

■ 고성능 컴퓨팅

자율주행차가 안전하게 주행하기 위해 자동차 내부 및 외부에서 생성되는 수많은 데이터를 빠르게 분석할 수 있어야 한다. 특히 자율주행차에서 초당 1 기가바이트(GB)가 넘는 엄청난 데이터가 생성될 것으로 예상된다. 따라서 자율주행차는 대용량 데이터를 분석하고 의사결정을 수행할 수 있는 컴퓨팅 능력을 요구한다([그림 11-6] 참조).

IBM의 인공 지능 소프트웨어 왓슨(Watson)이 미국 자동차 기업 로컬모터스(Local Motors)가 만든 자율주행차에 적용되었다. 이처럼 데이터 분석과 의사 결정을 위한 딥 러닝과 같은 인공 지능 알고리즘을 효과적으로 실행할 수 있는 컴퓨팅 능력 역시 자율주행차의 중요한 이슈가 된다.

이와 함께 여러 기업을 중심으로 자율주행차를 위한 고성능 컴퓨팅 프로세서 개발도 활발하게 이루어지고 있다. 엔비디아는 병렬 연산 처리 기능이 뛰어난 그래픽 프로세서 기술을 활용하여 고성능 컴퓨팅을 수행할 수 있는 컴퓨터 플랫폼 드라이브 PX2(Drive PX2)를 출시하였다. 인텔은 자동차의 컴퓨팅 기술 확보를 위하여 FPGA(Field Programmable Gate Arrays) 기술을 주도하는 알테라(Altera)와 보안 기업 요기테크(Yogitech) 등 다수 기업을 인수 합병하면서 자동차 산업 입지 강화를 위한 발걸음을 재촉하고 있다. 모바일 시장에서 철수한 텍사스 인스트루먼트 역시 자신토(Jacinto) 프로세서를 기반으로 자율주행차 기술 개발에 적극적으로 나서고 있다.

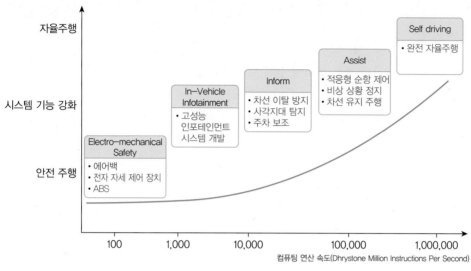

[그림 11-6] 자동차 컴퓨팅 성능 진화

■ 보안성 확보

자동차의 IT 의존도가 증가하면서 사이버 보안 위험이 급증할 가능성도 커지고 있다. 과거 기계 부품 위주의 자동차와 달리 전자 장치 및 소프트웨어에 크게 의존하는 스마트자동차는 운영체제를 갖춘 일종의 IT 플랫폼이며, 네트워크에 연결되어 있어 여러 보안 위협에 노출될 수밖에 없다. 특히 소프트웨어를 통해 차량의 각종 기능을 제어하고 있어, 외부의 악의적 공격을 당하면 범죄에 악용될 수 있다. 따라서 사이버 보안 역시 스마트자동차의 중요한 과제가 된다.

최신 자동차에는 자동차 성능 고도화에 따라 1억 라인 이상의 프로그램 코드가 포함되는 등 내부 소프트웨어 구조도 한층 복잡하게 구성되고 있다. 이런 이유로 해킹과 악성 코드 삽입 등 악의적인 공격에 취약할 수 있다.

예를 들면, 공격자가 GPS를 통해 스마트자동차의 현재 위치와 목적지, 이동 경로를 파악할 수 있다면, 특정 인물에 대한 공격을 준비할 수 있다. 또한, 문을 열고 잠그는 것도 소프트웨어 기반이므로 해커가 운전자를 자동차 안에 가둘 수 있고, 수십 대의 차량에 악성코드를 심어놓고 원격으로 제어할 수도 있다. 원격시동 및 자율주행 기능을 이용해 수십 대의 차량을 한 번에 움직이거나, 특정 인물이나 건물을 들이받는 식의 조작도 할 수 있다. 마치 **좀비PC**(Zombie Computer)로 **분산 서비스 거부**(Distributed Denial of Service, DDos) 공격을 펼치는 것과 같은 상황이다. 좀비PC를 통한 분산 서비스 거부 공격은 온라인상에서 이루어지지만, 악성 공격을 받은 스마트자동차는 실제 현실 공간에서 동작하므로 인명이나 재산 등에 큰 피해를 줄 수 있다.

특히 보안과 관련된 문제는 평소에 쉽게 드러나지 않더라도 일단 발생하면 그 파급효과가 매우 크다는 점에서 IT 기술을 기반으로 성장하는 자동차 산업의 큰 위험이 될 수 있다. 따라서 보안은 스마트자동차가 해결해야 할 중요한 과제 중 하나이다.

2015년 피아트 크라이슬러는 지프 체로키(Jeef Cherokee)가 인포테인먼트 플랫폼 유커넥트(UConnect)를 통해 쉽게 해킹될 수 있다는 사실을 발견하고 무려 140만대를 리콜하기로 결정하였다. 2016년 닛산은 전기자동차 리프(Leaf)를 제어하는 앱, 닛산 커넥트 전기자동차(Nissan Connect EV)가 해킹에 사용될 수 있다는 사실을 발견하고 이를 전면적으로 금지시켰다. 이처럼 사이버 보안의 위험은 빠르게 현실로 다가오고 있다.

② 기타 이슈

■ 센서의 고도화

스마트자동차를 위한 과제 중 하나가 센서 기술의 고도화이다. 자율주행 기능은 기본적으로 차량에 있는 센서를 통해 수집한 주변 상황 정보를 기반으로 한다. 센서에 관한 기술이 충분히 발전하지 못하면 위험한 상황에 놓일 수 있다. 예를 들어, 센서가 전방에 낮은 기둥 같은 인식하기 곤란한 장애물을 파악하지 못하거나, 골목길에서 갑자기 튀어나오는 어린이를 빠르게 파악하지 못하면 인명 피해로 이어질 수 있다.

■ 시스템의 안정성

센서 기술뿐만 아니라 시스템 전반적인 안정성도 중요하다. PC나 스마트폰 등의 기기와 달리, 스마트자동차에서 발생한 시스템적 문제는 인명 피해나 금전적 손실로 이어진다. 자동차용 운영체제가 다운(Down)된다면 달리던 차량이 갑자기 멈출 수 있으며, 이로 인해 뒤따르던 차량과 충돌하거나 위급 상황이 발생할 수 있다. 스마트자동차가 아닌 일반 차량도 전자 제어 장치의 결함으로 급발진이 발생할 수 있는데, 거의 모든 기능을 소프트웨어와 전자 장치에 의존하는 스마트자동차의 경우, 시스템의 안정성이 필수적이다.

| 용어 해설 |

• **AVN(Audio Video Navigation)** 고급 멀티미디어 시스템으로써 오디오, 비디오, 내비게이션 기능을 하나의 시스템으로 제공하며, 스마트폰이나 태블릿 등의 스마트기기와 연결하여 보다 다양한 기능들을 차 안에서 수행할 수 있도록 지원한다. WindowCE, Linux(GENIVI), Android 등의 다양한 플랫폼으로 개발된 AVN 시스템이 있다.

• **i.MX** 프리스케일 세미컨덕터에서 제작하는 ARM 아키텍처 기반의 프로세서이다.

• **MP3(MPEG-1 Layer 3)** 압축비가 12:1인 오디오 코덱의 한 형태로 일반 웨이브(Wave) 파일에 비해 크기가 10분의 1이면서 CD수준의 음질(16비트, 44.1kHz)을 구현할 수 있는 오디오 파일 포맷. 엠펙(MPEG) 오디오는 압축비에 따라 1계층(Layer)은 4:1, 2계층은 8:1, 3계층은 12:1로 나누고 있다. MP3는 1993년 MPEG-1 표준의 일부로 제정되었다.

• **분산 서비스 거부(Distributed Denial of Service, DDoS) 공격** 감염된 대량의 숙주 컴퓨터를 이용해 특정 시스템을 마비시키는 사이버 공격. 공격자는 다양한 방법으로 일반 컴퓨터의 봇(Bot, Robot의 줄인 말로써 데이터를 찾아주는 소프트웨어 도구)을 감염시켜 공격 대상의 시스템에 다량의 패킷이 무차별로 보내지도록 조정하여 공격 대상 시스템의 성능을 저하시키거나 마비되게 만든다.

• **스마트자동차(Smart Car)** 정보통신 기술을 이용해 운전자와 보행자의 안전과 편의를 높이는 차로 궁극적으로 '자동 운전'을 추구하며, 운행 효율이 높아 에너지 낭비가 적다. 달리는 자동차의 위치와 차량 간 거리·속도 등을 제대로 측정해 운행 시 연결해야 하므로 기본적으로 차량 간 정밀한 통신체계가 요구된다. 자동차와 도로 위·주변 여러 시설 간 통신체계, 즉 종합적인 '지능형 교통 체계(Intelligent Transportation System, ITS)' 가 필요하다.

• **자동 긴급 제동 장치(Autonomous Emergency Braking, AEB)** 레이더, 카메라 센서 등을 이용하여 차량, 보행자 등과 충돌이 임박할 때, 차량을 자동으로 제동시키는 시스템으로 교통사고의 주요 원인인 전방주시태만, 운전부주의로 인한 사고를 경감시킬 수 있는 첨단 안전시스템이다.

• **장치(Unit)** 특정한 목적을 가진 기계적, 전기적 장치. 컴퓨터 내에 있거나 컴퓨터에 붙은 물리적 장치의 부분. 특히 컴퓨터에 온라인(on-line)으로 연결된 음극선관(CRT)과 모니터, 단말기, 인쇄기, 디스크, 테이프 등의 주변 기기를 가리킨다.

• **적응형 순항 제어 장치(Adaptive Cruise Control or Smart Cruise Control, ACC)** 차량 전방에 장착된 레이더를 사용하여 앞차와의 간격을 적절하게 자동 유지하며 자율적으로 교통상황에 맞춰 주행하는 시스템이다.

- **전방표시장치(Head Up Display, HUD)** 증강 현실 기술을 통하여 주행에 필요한 정보와 주변 환경 정보를 동시에 보여주는 디스플레이로 최근 자동차 분야에서 운전자의 안전과 편의성을 높여 주기 위한 자동차 전자장비이다. 차량 주행에 필요한 정보를 대개 자동차 앞 유리에 표시해 주기 위한 연구가 진행되고 있다. 본래 차량 앞 유리창에 반사시켜 계기 정보를 한눈에 파악할 수 있도록 군사 목적으로 개발된 기술이다. BMW 등 명차에 옵션으로 채택되어 고속으로 운전할 때 운전자가 시선을 돌리지 않을 수 있도록 함으로써 안전을 확보하는 역할을 한다. 전방표시장치는 운전자가 자동차와 주변 환경과 의사소통을 할 수 있는 차세대 인터페이스 정보 매체로 발전하고 있다.

- **전자 제어 장치(Electronic Control Unit, ECU)** 자동차의 엔진, 변속기, 조향 장치, 제동 장치, 현가장치 등의 기계 장치를 컴퓨터로 제어하는 장치.

- **좀비PC(Zombie Computer)** 악성코드에 감염된 컴퓨터를 뜻한다. 명령과 제어 (Command & Control, C&C) 서버의 제어를 받아 주로 분산 서비스 거부(DDoS) 공격 등에 이용된다.

- **지능형 자동차(Intelligent Vehicle)** 자동차 자체 내부에 물리적 제어가 아닌 첨단 전기전자 제어 기술이 접목되어 안정성과 주행의 효율성을 높이는 디지털 자동차로 이동통신, 무선 인터넷, GPS 등 외부 통신 인프라와 연결되어 정보검색, 내비게이션, 엔터테인먼트 등 텔레매틱스의 다양한 서비스를 이용할 수 있는 정보통신 자동차이다.

- **차량·보행자 통신(Vehicle to Pedestrian communication, V2P)** 차량과 개인 즉, 보행자나 자전거 탑승자가 소지한 이동 단말기기 사이의 무선 통신. 예를 들어, 차량이 길을 건너는 보행자의 스마트폰을 인지해 운전자에게 보행자 접근 경보를 보내 사고를 예방할 수 있다. V2P는 차량 간 통신, 차량과 인프라 간 통신과 함께 차량·사물 통신의 주요 기술로 지능형 교통 서비스의 구현 요소이다.

- **차량 인프라 간 통신(Vehicle to Infrastructure communication, V2I)** 차량과 주변 인프라망이 유·무선 통신에 의해 접속되는 단말과 서버 간의 무선 통신. 차량에 인터넷 프로토콜(IP) 기반의 교통 정보 및 안전 운행 정보를 내려 받을 수 있는 서비스를 제공한다.

- **차선 유지 보조 시스템(Lane Keeping Assistance System, LKAS)** 자동차가 주행 중인 차로를 벗어났을 때 운전자에게 경고를 주고 본래 주행 중이던 차로로 복귀하는 제어 장치이다. 초기의 차선 이탈 경고 장치 기능에서 최근 차선 이탈 복귀 장치 기능으로 확대되었다.

- **첨단 운전자 보조 체계(Advanced Driver Assistance System, ADAS)** 운전자의 운전에 도움을 주는 시스템이다. 첨단 운전자 보조 시스템의 인간 대 기계 인터페이스는 운전자의 운전 피로를 감소시키고, 안전한 운전을 도와준다.

• **협력 · 지능형 교통 체계(Cooperative Intelligent Transport Systems, C−ITS)** 차량과 차량, 차량과 인프라 등이 정보를 주고받는 차량 · 사물 통신 기술을 이용하여 서로 협력하는 지능형 교통 체계(ITS). 차세대 지능형 교통 체계는 V2X 기술을 기반으로 하여 도로, 차량, 운전자 간의 관련성이 보다 긴밀해진다. 차량은 주행 중 다른 차량에서 직접 정보를 수신하거나 노변의 기지국이나 CCTV를 통해 주변의 교통 상황, 급정거, 낙하물 등 운행과 관련된 정보를 실시간으로 확인할 수 있다.

스마트자동차의 주요 기술 및 서비스

12.1 스마트자동차의 주요 기술

기존 자동차에 대한 주요 평가 요소는 엔진이나 현가(Suspension) 등 주로 하드웨어적인 요소가 대부분이었다. 이에 반해 스마트자동차가 다양한 센서, 디스플레이, 인터넷이 연결되는 IT 플랫폼으로 진화하면서 안정성과 편의성이 주요 평가 요소가 되고 있다. 또한 소프트웨어 갱신만으로 차량의 기능이 바뀌고 성능의 변화를 줄 수 있어, 하드웨어보다는 소프트웨어의 중요성이 커지고 있다.

스마트자동차의 주요 안전과 편의 기능으로는 **예방 안전, 사고 회피, 충돌 및 피해 확대 방지**, e-mail, 화상회의 등의 각종 **편의 장치**가 있다([표 12-1] 참조).

[표 12-1] 스마트자동차에 적용될 주요 안전 및 편의 기능

주요기능	내용
예방 안전	– 운전자의 눈 깜빡임과 호흡 상태를 감지해 졸음 운전이나 음주 운전 시 경보 울림 – 사각지대 감지 카메라는 사이드 미러나 룸미러로 볼 수 없는 영역을 비춰줌 – 적외선 카메라는 야간에 전조등이 미치지 않는 거리에 출현한 장애물을 미리 감지
사고 회피	– 장애물을 감지하지 못했을 때 자동차 스스로 급제동을 걸거나 조향 장치를 조작해 피해 방지 – 운전자 부주의에 의한 차선 이탈로 판단된 경우, 경보 울림 – 운전자가 사각지대 장애물을 인식하지 못한 채 차선을 변경할 때 경보 울림
충돌 및 피해 확대 방지	– 사고가 발생할 경우, 충격 흡수 차체 구조가 승객을 보호 – 모터가 달린 능동형 안전벨트가 작동하고 에어백이 터져 탑승자를 감싸줌 – 인근 경찰서·병원 등에 사고 사실 자동 통보, 화재 발생 시 소화액이 자동 분사
편의 장치	– 차에서 동영상을 즐기거나 e-메일을 주고받고 화상회의가 가능 – 음성 인식 기술로 내비게이션, 오디오·비디오 시스템 등이 음성으로 조작가능 – 내비게이션은 운전자와 대화를 나누는 수준까지 발달하며, 연료 잔량을 감안한 값싼 주유소나 충전소 안내, 운전자 입맛을 고려한 맛집 안내 가능 – 스마트 고속도로에서 자동차가 '움직이는 사무실'이나 '움직이는 응접실'이 됨([그림 12-1] 참조)

출처: ETRI 산업분석연구팀, 2011. 12.

출처: 메르세데스벤츠

[그림 12-1] 완전 자율주행 콘셉트카 'F015'의 내부

12.1 스마트자동차의 주요 기술

스마트자동차 관련 기술은 크게 운전자의 안전성과 편의성을 위한 기술과 조작성과 접근성을 높이는 자율주행 기술로 나눌 수 있다. **안전성** 기술은 차량 결함, 사고 예방 및 회피, 충돌 등 위험상황으로부터 운전자 및 탑승자를 보호하고 교통사고로 인한 피해를 경감하는 기술이다. **편의성** 기술은 자동차에 흥미를 부여하고 운전자 편의를 극대화하여, 자동차를 가정, 사무실에 이은 제3의 주거공간으로 활용하는 기술이다. 가장 이슈가 되는 **자율주행** 기술은 차량에 설치된 센서, 카메라 등으로 교통신호, 차선, 장애물 등에 대한 정보를 수집하고 이를 이용하여 차량에 내장된 컴퓨터가 주변 상황에 맞게 차량을 스스로 운행하는 기술이다.

12.1.1 기술 구성 및 핵심 기술

다양한 통신 기술이 발전함에 따라 자동차-IT가 융합된 **자동차 사물 인터넷**(Internet of Vehicles, Automotive IoT)의 개념이 적용된 커넥티드 카가 등장하였다. 이 자동차는 탑승자에게 필요한 각종 정보를 수집하고 관리하는 디바이스 및 플랫폼, 차 내부에서 외부 네트워크에 접속하는 통신 모듈, 탑승자가 접근할 수 있는 서비스 및 콘텐츠 등으로 구성된다. 커넥티드 카의 연결성은 차량·사물 통신(V2X) 기술에 의해 가능하며, 자율주행, 클라우드 접속, 운전자 상호작용, 차세대 텔레매틱스 등의 서비스를 가능하게 한다.

스마트자동차에 적용된 IT 관련 기술들을 **센서, 소프트웨어 통합, 제어, 네트워크, 인프라, 차량 간 통신(V2V), 서비스** 등 7개 기술 분야로 구분할 수 있다([그림 12-2] 참조). 스마트자동차 구동을 위한 각 부품 배치도는 [그림 12-3]과 같다.

그 중에서도 소프트웨어 통합 분야에 해당되는 '**차량용 센서 및 알고리즘**', 인프라 분야의 '**위치 측정 및 정밀 지도 구축**', 차량 인프라 간 통신(V2I)과 차량 간 통신(V2V)을 포함하는 '**차량·사물 통신(V2X)**' 기술은 스마트자동차를 실현가능하도록 만드는 핵심 기술로 구분할 수 있다. 차량용 센서 및 알고리즘은 차량의 주변 상황을 인식하기 위해 레이더(Radar), 라이다(Lidar), 카메라와 같은 센서나 부품의 설계 및 제작과 신호처리 알고리즘을 구현하기 위한 기술 등을 포함한다. 측위 및 정밀 지도 구축은 차량의 현재 위치를 파악하기 위해

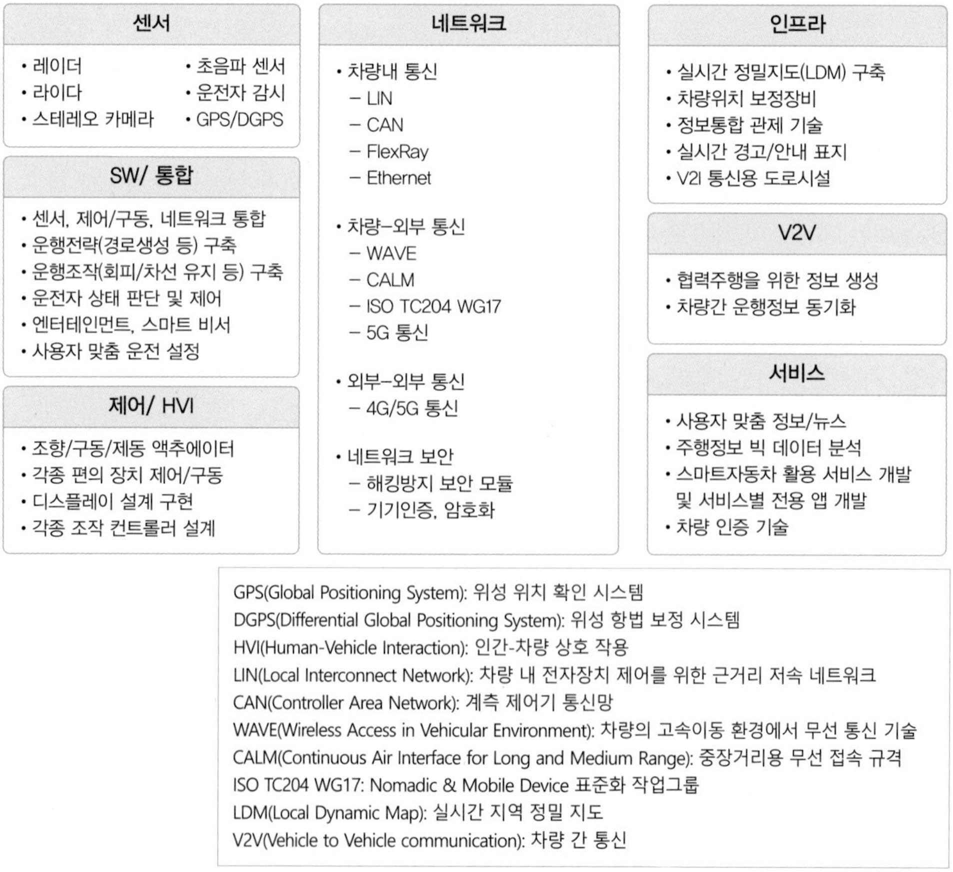

센서	네트워크	인프라
• 레이더　　• 초음파 센서 • 라이다　　• 운전자 감시 • 스테레오 카메라　• GPS/DGPS	• 차량내 통신 　– LIN 　– CAN 　– FlexRay 　– Ethernet	• 실시간 정밀지도(LDM) 구축 • 차량위치 보정장비 • 정보통합 관제 기술 • 실시간 경고/안내 표지 • V2I 통신용 도로시설

SW/ 통합
• 센서, 제어/구동, 네트워크 통합 • 운행전략(경로생성 등) 구축 • 운행조작(회피/차선 유지 등) 구축 • 운전자 상태 판단 및 제어 • 엔터테인먼트, 스마트 비서 • 사용자 맞춤 운전 설정

　• 차량-외부 통신
　　– WAVE
　　– CALM
　　– ISO TC204 WG17
　　– 5G 통신

V2V
• 협력주행을 위한 정보 생성 • 차량간 운행정보 동기화

제어/ HVI
• 조향/구동/제동 액추에이터 • 각종 편의 장치 제어/구동 • 디스플레이 설계 구현 • 각종 조작 컨트롤러 설계

　• 외부-외부 통신
　　– 4G/5G 통신

　• 네트워크 보안
　　– 해킹방지 보안 모듈
　　– 기기인증, 암호화

서비스
• 사용자 맞춤 정보/뉴스 • 주행정보 빅 데이터 분석 • 스마트자동차 활용 서비스 개발 및 서비스별 전용 앱 개발 • 차량 인증 기술

GPS(Global Positioning System): 위성 위치 확인 시스템
DGPS(Differential Global Positioning System): 위성 항법 보정 시스템
HVI(Human-Vehicle Interaction): 인간-차량 상호 작용
LIN(Local Interconnect Network): 차량 내 전자장치 제어를 위한 근거리 저속 네트워크
CAN(Controller Area Network): 계측 제어기 통신망
WAVE(Wireless Access in Vehicular Environment): 차량의 고속이동 환경에서 무선 통신 기술
CALM(Continuous Air Interface for Long and Medium Range): 중장거리용 무선 접속 규격
ISO TC204 WG17: Nomadic & Mobile Device 표준화 작업그룹
LDM(Local Dynamic Map): 실시간 지역 정밀 지도
V2V(Vehicle to Vehicle communication): 차량 간 통신

출처: 산업은행

[그림 12-2] 스마트자동차 기술 구성도

30cm~1m이내 고정밀 GPS 제작, 산간 및 도심지 등 주행 환경에 따른 위치 정보 신뢰도 확보, 실시간 지역 정밀 지도(Local Dynamic Map, LDM) 구축에 필요한 각종 인프라 설비와 데이터베이스 구축 기술을 포함한다. 차량·사물 통신은 차량 내·외부의 각종 센서 및 인프라, 다른 차량과 통신에 필요한 통신 모듈, 통신 프로토콜, 보안에 대한 설계 제작 및 운용, 네트워크 보안 등의 기술을 포함한다.

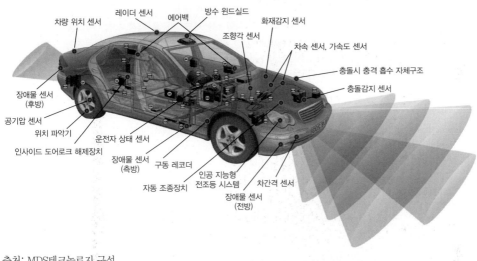

출처: MDS테크놀로지 구성

[그림 12-3] 스마트자동차 구동을 위한 각 부품 배치도

스마트자동차에 적용되는 수많은 기술들은 [표 12-2]와 같이 자동차 안전 기술, 자동차 편의 기술, 융합 기반 기술로 분류할 수도 있다.

이 절에서는 모든 기술 분야에서 빠지지 않는 센서와 안전 기술, 편의 기술을 중심으로 살펴보고, 안전 기술 중 이슈가 되는 자율주행 시스템 기술과 인포테인먼트 플랫폼은 별도로 살펴 본다. 융합 기반 기술에 대한 설명은 다양한 기술 분야에 대한 이해가 선행되어야 하므로 지면 관계상 생략한다.

[표 12-2] 스마트자동차 기술분류

중분류	소분류	정의
자동차 안전 기술	센싱 시스템	자동차에 장착된 다양한 환경 인식 센서나 외부와 송·수신이 가능한 단말기를 이용하여 자동차의 내·외부 상황을 인식하는 기술 (레이더, 카메라, 초음파, 차량·사물 통신, 보행자 및 탑승자 인식, 위치, 항법 등)
	엑츄에이팅 시스템	자동차의 승차감을 향상시키고 교통사고 예방/회피/피해 경감을 위하여 자동차의 자세를 제어하는 조향, 제동, 현가 관련 기술 (자세 제어 장치, 전동식 파워 스티어링 등)
	수동안전 시스템	자동차 사고 발생 이후 탑승자와 보행자의 피해를 경감시키는 시스템 및 에어백 전개를 자동 감지 후 사고 위치를 자동으로 응급센터에 알려 신속하게 구조 받게 하는 시스템 (에어백, 능동형 후드, 액티브 헤드레스트 등)
	운전보조 시스템	운전자에게 안전 운전에 도움이 되는 정보를 제공하거나 운전자의 자동차 직접 제어에 도움을 주는 기술(전방표시장치), 인공 지능 전조등(Adaptive Front Lamp System, AFLS), 타이어 압력 모니터링 시스템, 주차 조향 보조 시스템 (Smart Parking Assist System, SPAS), 디지털 클러스터, 차세대 내비게이션 등)
	사고 예방/회피 시스템	환경 인식 센서 또는 차량·사물 통신 등을 통해 자동차 주변 상황을 인식하여 운전자에게 위험을 경고하거나, 자동차 스스로 제어하여 사고를 예방하거나 회피하는 기술 (차간 거리 제어, 자동 긴급 제동, 연쇄추돌방지, 사고 회피 등)
	(반)자율주행 시스템	개별 능동 안전 시스템들을 통합하여 제한된 영역에서 자동차 스스로 자율주행이 가능하며, 필요시 운전자의 직접 제어가 가능한 기술 (자동 발렛 파킹, 전용도로 자율 또는 군집 주행 등)
자동차 편의 기술	인간 대 기계 인터페이스 시스템	탑승자와 자동차 간의 효율적인 인터페이스를 통하여 안전과 편의를 향상시키는 기술 (음성 및 제스처 기반의 차량용 인간 대 기계 인터페이스(Human-Machine Interface, HMI) 기술, 공조 제어 등)
	자동차 상태 모니터링 시스템	주행 중 자동차의 상태를 진단하여 고장 상황을 감지하고 알려주며, 사고 발생시 자동 통보, 재현 및 분석을 위한 기반 기술 (자동차 블랙박스, 자동차 고장진단 기술 등)
	탑승자 지원 서비스 기술	외부 통신망과의 연계를 통해 차량 내 운전자 및 동승자의 만족감을 증대시키기 위해 다양한 서비스를 제공하는 기술 (긴급구조 전화(Emergency Call, e-Call), 위치 기반 서비스, 사물 인터넷 등)
	자동차용 무선 통신 기술	고속 주행 중인 자동차와 외부와의 소통을 위한 무선 통신 인터페이스 기술 (LTE, WAVE 등의 기반 차량과 인프라 간 통신, 사용자 인증 기술 등)
	모바일 오피스 시스템	주행 중에도 이메일 처리, 웹정보 검색, 홈오토메이션 시스템 제어 등 다양한 업무를 처리할 수 있도록 지원하는 기술 (스마트폰 등과 연계를 통한 사업 모델, 시공간 정보 웹서비스 등)

	Eco-ITS(환경 지능형 교통체계) 연계 시스템	자동차의 외부 인프라 정보와 운전 정보를 이용하여 최적의 운전 조건을 설정하고 연비 절감을 극대화시키는 기술 (맵 연계 에너지 관리, 연료 절감 내비게이션 등)
융합 기반 기술	자동차 전기전자 아키텍처 기술	자동차 전자 제어 장치와 센서/구동기 등을 포함하는 전장 아키텍처 및 자동차 내부 네트워크(In-Vehicle Network, IVN) 기술 (도메인별 DCU(Domain Control Unit), 이더넷 또는 플렉스레이(FlexRay) 기반 자동차 내부 네트워크, 자동차 내부 네트워크, 내부 보안 기술 등)
	자동차용 SoC 기술	자동차의 안전 및 편의 기술 개발을 위한 다양한 기능을 가진 칩을 하나로 집적화하는 기술 (디지털 무선 주파수용 SoC, 이더넷용 SoC 등)
	자동차용 임베디드 기술	자동차의 안전 및 편의 관련 시스템을 소프트웨어와 하드웨어로 구현하는 시스템의 기반 기술 (표준 플랫폼, 소프트웨어 개발 가이드라인, 지원 툴, 검증 기술 등)
	시험 및 표준화 기술	스마트자동차 관련 자동차와 시스템 성능 평가 및 표준화 기술 (차량·사물 통신 통신장치 검증 및 인증 기술 등)

출처: Telecommunications Review

12.1.2 자동차 센서

야노경제연구소(Yano Research Institute) 자료에 따르면, 2010년 자동차 1대당 약 160개의 센서가 사용되었는데 2015년에는 약 200여개로 늘어났으며, 그 개수는 지속적으로 증가하고 있다. 연평균 7% 성장이 예측되는 센서 시장은 스마트자동차 관련 센서가 시장을 견인하고 있다([그림 12-4] 참조). 그 이유는 소비자의 경제력, 법적인 측면, 기술 발전 등의 측면에서 살펴볼 수 있다. 소비자의 경제력이 향상되면서 비용이 다소 증가하더라도 자동차의 품질, 신뢰성, 편의성 및 안전성에 대한 요구가 증대되어 왔다. 법적인 측면에서 환경오염 방지를 위한 자동차 배기가스 감소, 연료 경제성 제고 및 안전 등에 대한 법적 규제가 강화되고 있다. 기술 발전 측면에서 센서 및 전기·전자, 정보통신, 소프트웨어의 발전으로 고성능 저비용 시스템 개발 가능성이 높아졌다. 이러한 이유로 자동차에 센서 사용은 지속적으로 증가하고 있다.

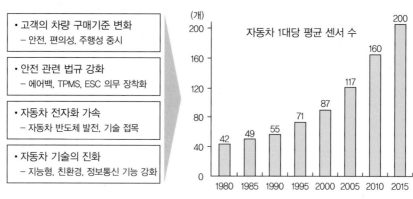

[그림 12-4] 자동차 1대당 적용된 센서 수

① 스마트자동차 센서

스마트자동차에 적용되는 센서는 **동력 제어, 안전 제어, 편의 제어, 정보통신 기술 연동** 목적으로 구분할 수 있다([표 12-3] 참조).

[표 12-3] 자동차 세부 시스템별 적용되는 센서

구분		동력 제어	안전 제어	편의 제어	정보통신 기술 연동
목적		배기가스 정화, 연비 향상	안전 향상	편의 향상, 쾌적함 향상	편리성 향상
센서	시스템	- 연료분사 제어 - 공연비 피드백 제어 - 희박연소(Lean burn) 제어 - 자동변속기 제어	- 서스펜션 제어 - 브레이크 잠김방지 시스템(ABS)/전자식 주행 안정 프로그램 - 주행자세 제어 - 총돌방지 제어 - 정속 주행 장치(Auto Cruise Control) - 에어백 시스템 - 차선 유지(Lane Keeping) - 타이어 압력 모니터링 시스템	- 냉·난방(HVAC) 제어 - 실내 공기청정 제어 - 자동 조명(Auto Light) 제어 - 자동주차(보조) - 실내 조명(Indoor Light) 제어 - 졸음 감시 시스템 - 자동 창/선루프(Auto Window/Sun roof)	- 차량 인포테인먼트 - 자동차 내비게이션 - 차량·사물 통신 - 하이패스 - 인간 대 기계 인터페이스 - 블랙박스
	거리		- 레이더 센서 - 스테레오 카메라(Stero Camera) 센서 - 레이저 센서 - 초음파 센서	- 초음파 센서 - 주차용 장거리 센서	

센서	가속도 진동	− 진동(Konck) 센서 − 불화(Misfire) 센서	− 에어백충격 센서 − 사이드충격 센서 − 3축가속도 센서		
	각속도		− 3축 회전각속도(Yaw Rate) 센서		− 3축 자이로센서 (Gyroscopes Sensor)
	압력	− 엔진흡기압 센서 − 대기압 센서 − 탱크압 센서 − 배기(Exhaust)압력 센서 − 공기량(Manifold Absolute Pressure, MAP) 센서	− 브레이크압 센서 − 조향압 센서 − 서스펜션압 센서 − 변속기압 센서 − 타이어압 센서	− 에어컨 센서	
	유량	− 흡기공기량 센서		− 실내 공조유량 센서	
	위치 회전 속도	− 스로틀위치 센서 (Throttle Position Sensor, TPS) − 페달(Pedal)위치 센서 − 차속 센서(Vehicle Speed Sensor, VSS) − 엔진RPM 센서 − 펌프RPM 센서 − 모터 스피드 (Motor RPM) 센서 − 캠축각도 센서 − 변속기 속도 센서	− 조향각 센서 − 토크(Torquer) 센서 − 차높이 센서 − 차륜속도 − 차량속도	− 조향각 센서 − 바퀴각도 센서 − 선루프(Sun roof)위치 센서 − 창(Window)위치 센서	− 3축지자기 센서
	전류	− 전류 센서			
	전파			−스마트키 안테나	− 라디오 안테나 − GPS − 하이패스 안테나 − 차량·사물 통신 안테나
	광	− 엔진 점화 시기	− 적외선 카메라 − 전방/후방 카메라	− 레인 센서 − 조도 센서 − 적외선 온도 센서 − 인체 감지 센서 − 실내 감시 카메라 − 탑승자 감지 센서 − 안개(Fog) 센서	− 하이패스 적외선 송·수신 − 블랙박스 카메라 − 제스처인식 카메라
	온도	− 엔진 냉각수 온도 − 연료 온도 − 흡기 온도 − 배기가스 온도		− 내·외기 온도 센서	

출처: 자동차센서산업현황 및 주요센서, KOITA Tip, http://news.koita.or.kr/rb/?c=4/14&uid=1159

초기에는 자동차 엔진제어를 위해 센서가 주로 사용되기 시작하였고, 차체 제어를 위한 **브레이크 잠김방지 시스템**(Anti-lock Brake System, ABS), **전자식 주행 안정 프로그램**(Electronic Stability Program, ESP) 등에도 다양한 센서들이 적용되기 시작했다. 이후 에어백과 공조제어, 조명제어 등에도 센서를 사용하기 시작하였다. **압력 센서**와 회전 및 위치파악을 위한 **자기 센서**도 많이 사용되고 있으며, 충돌방지 목적으로 전후방 물체를 인식하기 위한 **초음파 센서, 카메라비전 센서, 레이더 센서, 레이저 레이더 센서** 등도 사용이 증가하고 있다. 이러한 스마트자동차용 센서는 미세 전자 기계 시스템 기술의 발전을 견인하고 있으며, 특히 압력 센서, **가속도 센서**(Accelerometer), **각속도 센서**(Angular Velocity Sensor) 등은 자동차의 안정성과 편의성 향상에 중요한 역할을 하고 있다. 스마트자동차에 사용되는 주요 센서에 대해 살펴보면 다음과 같다.

- **레이더**(RAdio Detection And Ranging, RADAR): 송신기에서 짧은 시간에 발생시킨 마이크로파 또는 밀리미터파를 날카로운 지향성을 가진 안테나로 목표물에 발사하고, 그 반사파를 수신하여 브라운관상에 도형을 그린다. 발사와 수신 간의 시간차를 이용하여 목표물까지의 거리나 그 형태를 판정하는 장치이다. 어두운 밤, 안개 속, 눈이 내릴 때도 주위의 지형이나 장애물을 뚜렷이 관측할 수 있어 안전 확보에 중요한 역할을 한다. 차량 및 도로 시설물 감지에 사용되며, 24GHz 근거리 레이더와 77~78 GHz 중장거리 레이더가 주로 사용된다. 최근 250m까지 탐지거리를 확장한 레이더도 사용되고 있다. 크루즈 제어(Cruise Control), 전후방 충돌경보, 충돌방지 시스템 등에 주로 사용된다.

- **라이더**(LIght Detection And Ranging, LIDAR): 레이저 펄스를 지표면과 지물에 발사하여 반사되어 돌아오는 시간을 측정하여 반사체의 위치좌표를 측정하는 시스템이다. 반사광의 시간 측정은 클록펄스로 계산하며, 진동수 30MHz이면 5m, 150MHz이면 1m 분해능을 가진다. 최근 자율주행 기술에 필수로 사용되고 있으며, 반경 360도에 대한 정보를 얻을 수 있다.

- **카메라**(Camera): 근거리 신호등, 표지판, 보행자, 차선 등을 인식하는데 유용하며, 차량 내부의 운전자의 상태를 감시하거나 동작을 인식하는데도 사용된다. 특히 보행자 보호가 중요하므로 보행자 인식에 필수적인 카메라의 활용도가 높아지고 있다.

- **제스처 인식용 3차원 형상인식 센서**: 광신호를 이용한 3차원 형상인식 센서로 LED와 거리인식 픽셀(Pixel)이 적용된 이미지 센서 카메라가 적용되며 소형으로 구현 가능하다. 실내에서 운전자 제스처 인식을 통한 기기 제어, 전방위 충돌방지 장치, 차선 이탈 방지 및 유지, 탑승자 모니터링 기반 스마트에어백, 주차지원 등에 활용된다.

- **카메라와 레이저의 복합 근거리 충돌방지 센서**: 카메라에 레이저 센서를 결합한 근거리 충돌방지 센서이다. 도심에서 발생하는 충돌 사고의 80% 이상이 50km/h 이하에서 발생하였는데 50% 이상의 운전자가 충돌 시 브레이크를 전혀 밟지 못하였다. 이처럼 카메라만으로 자동 긴급 제동을 하는데 한계가 있어 이를 보완하기 위해 카메라와 레이저 센서와 결합하여 정확한 사물 분류 및 거리 측정이 가능하다.
- **미세 전자 기계 시스템 6축 모션센서**: 자이로센서를 탑재한 자동차 회전각속도(Yaw rate) 센서는 미세 전자 기계 시스템 기술의 발전과 스마트폰의 적용에 따른 시장 확대로 3축 가속도와 3축 각속도를 측정할 수 있는 초소형/초박형/저가의 6축 모션 센서로 발전하였다. 이러한 기술을 이용한 **관성 센서(Inertial Sensor)**는 에어백 충격 센서뿐만 아니라 자동차의 자세 제어를 위해 브레이크 잠김방지 시스템, 전자식 주행 안정 프로그램(ESP) 등의 시스템에 필수적으로 적용된다.

12.1.3 자동차의 안전 기술

자동차 안전 기술은 자동차가 도로, 기상여건, 장애물 등의 주변 상황을 인식하면서 자동차를 능동적으로 제어하여 안전도를 높이는 기술을 의미한다. 외부 주행 환경 인식, 주행 상황 판단, 운전자 경보/표시, 차량 제어 단계로 동작한다([그림 12-5] 참조).

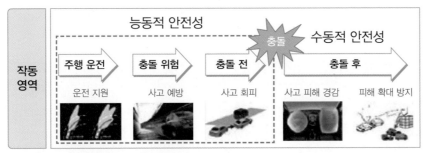

출처: 한국산업기술평가관리원(상생협력 정보공유 포럼)

[그림 12-5] 자동차 안전 기술의 요소

안전 기술 작동 영역은 교통사고 발생 전 예방을 위한 **능동적 안전성**(Active Safety)과 사고 후 사고 피해를 줄이고 확대를 방지하는 **수동적 안전성**(Passive Safety)으로 구분된다. 능동적 안전성은 주행 운전 시 운전을 지원한다. 위험 상황이 발생하면 미리 사고를 예방하며, 충돌 직전까지 사고를 회피하도록 지원한다.

다양한 차량통신(V2V, V2I, V2N(Vehicle to Nomadic) 등) 기술을 함께 활용하면 교통사고 확률을 더 감소시킬 수 있다([그림 12-6] 참조). 이는 차량 내에서 수집한 정보뿐만 아니라 외부에서 운행하는 다른 자동차와 도로 인프라가 수집한 정보도 함께 활용할 수 있기 때문이다. 스마트자동차 안전 제품군의 분류는 [표 12-4]와 같다.

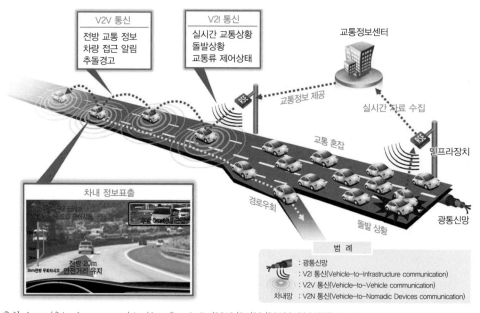

출처: http://biz.chosun.com/site/data/html_dir/2012/01/30/2012013001673.html

[그림 12-6] 차세대 지능형 교통 시스템

[표 12-4] 스마트자동차 안전 제품군 분류

분류	정의	대표적인 스마트 안전 시스템
운전 지원	차량의 일반적인 주행 상황에서 편리한 운전 조작으로 안전 운전을 지원하는 주행 지원 기술	적응형 순항 제어 장치, 차선 유지 보조 시스템(Lane Keeping Assistance System, LKAS), 주차 보조 시스템(Parking Assistance System, PAS), 차량용 전방표시장치, 인공 지능 전조등 시스템, 야간 시야 시스템(Night Vision, NV), 어라운드 뷰 모니터링 시스템(Around View Monitoring system, AVM) 등

사고 예방	위험 상황과 운전자 상태를 감지하 여 사고 발생 가능성이 있는 경우, 경고하여 사고를 미연에 방지하는 기술	타이어 압력 모니터링 시스템(Tire Pressure Monitoring System, TPMS), 차선 이탈 경보 시스템(Lane Departure Warning System, LDWS), 전방 차량 충돌 경고 장치(Forward Vehicle Collision Warning System, FVCWS), 사각지대 경고 장치(Blind Spot Detection, BSD) 등
사고 회피	차량 상태의 위험 상황과 운전자 상태를 감지하여 사고 발행 가능성 이 있는 경우, 사고를 회피시키는 차량 제어 기술	브레이크 잠김방지 시스템(ABS), 전자적 차체 자세 제어 장치, 차량 자세 제어 장치 등 구동 제어 장치
사고 피해 경감	사고 발생이 불가피한 경우, 사고 피해를 최소화 또는 경감할 수 있 는 안전 기술	액티브 헤드레스트(Active Headrests), 능동안전벨트(Pre-safe Seatbelt), 스마트에어백(Smart Airbag) 등

출처: KATS기술보고서 스마트자동차 표준화동향(기술표준원)

이와 같은 스마트자동차의 안전 기술이 올바르게 동작하기 위해 차량 내부 및 주변 상황을 인식할 수 있는 센서 기술이 핵심이 된다. 이러한 센서와 차량·사물 통신을 이용해 운전자의 안전을 위한 첨단 운전자 보조 시스템 기술이 가능하다.

주요 안전 기술인 센싱 시스템, 엑츄에이팅 시스템, 수동 안전 시스템, 운전보조 시스템, 사고 예방/회피 시스템, (반)자율주행 시스템 기술을 보다 구체적으로 살펴보자. 이중 센싱 시스템은 12.1.2절에서 이미 다루었고, 자율주행 시스템 기술은 스마트자동차 중요한 부분이라 12.1.4절에서 별도로 살펴보자.

① 엑츄에이팅 시스템

자동차의 승차감을 향상시키고 교통사고 예방/회피/피해 경감을 위하여 자동차의 자세를 제어하는 조향, 제동, 현가(Suspension) 관련 기술로, 전동식 파워 스티어링, 차체 자세 제어 장치 등의 기술이 있다.

조향 장치는 자동차의 바퀴가 굴러가는 방향을 조정하는 장치로 스티어링 시스템(Steering System)이라고도 하며, 운전대에서부터 바퀴까지 이어지는 부품들이 조향 장치에 해당된다. [그림 12-7]에서 1.운전대 2.조향축 3.피니언 및 랙 기어 4.타이로드 5.너클암 등의 부품으로 조향 장치가 구성되어 있음을 알 수 있다. 운전자가 운전대를 돌리게 되면 운전대에 연결된 조향축이 회전하게 되고 이 끝에 달린 피니언 기어가 회전하게 된다([그림 12-8] 참조). 피니언 기어는 랙 기어와 톱니가 맞물려 있어 운전대의 회전 운동을 왕복운동으로 변환하여 좌우로 움직인다. 이러한 랙의 움직임은 타이로드에 전달되고 다시 너클암에서 최종적으로 바퀴의 방향을 바꾼다. 자동차에서 축을 중심으로 회전하는 부품은 암, 밀거나 당기는 부품은 로드라고 한다.

출처: http://bravenewblog.tistory.com

[그림 12-7] 조향 장치 구조

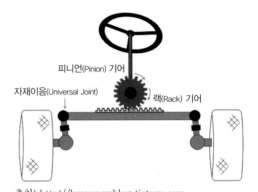

출처: http://bravenewblog.tistory.com

[그림 12-8] 조향 장치의 원리

스마트자동차의 **전동식 파워 스티어링**(Electronic Power Steering, EPS) 시스템은 유압이 아닌 전기모터의 힘으로 운전대를 돌리는 힘을 보조한다. 운전대 또는 조향축에 설치된 조향각 센서가 회전 각도 센서의 정보와 속도 등의 정보를 바탕으로 차량 제어 장치(ECU)에서 최적의 힘을 계산하여 모터에 명령을 내린다.

전자 제어 현가(Electronic Control Suspension, ECS) 장치는 가변식 현가 시스템으로 차량의 속도 및 상태에 따라 승차감과 코너링을 제어하여 저속에서 부드럽게 고속에서 딱딱하게 만드는 등 진동 흡수의 수준을 조절한다. 노면의 상황과 운전조건에 따라 차고를 가변적으로 제어해 준다. 즉 비포장도로와 같은 불규칙한 도로를 주행할 때에 차고를 상승시켜 차체를 보호하고, 고속 주행 때에는 차고를 낮게 해 공기저항을 감소시켜 주행 안정성을 확보한다.

전자적 차체 자세 제어 장치(Electronic Stability Control, ESC)는 달리고 있는 자동차의 속도와 회전, 미끄러짐 등을 수십분의 1초 단위로 계산하여 실제 값과 운전자가 의도한 값을 비교하여 차이가 나는 경우, 브레이크와 엔진출력 등을 운전자가 의도한 만큼 제어할 수 있도록 개입해 사고를 미연에 방지하는 기술이다. 기존의 수동적 안전장치인 운전자를 보호하는 안전벨트, 에어백 등과 달리 능동적인 안전장치의 범주에 들어가며 사고를 미연에 예방하는 기술이다. 기존의 단순 브레이크 잠김방지 시스템(Anti-lock Brake System, ABS)과 마찰력이 적은 노면이나 코너링 시 휠 스핀을 방지하기 위해 구동력을 제어하는 TCS(Traction Control System) 등 모든 전자장비의 유기적 총 집약 기술이라고 할 수 있다.

② 수동 안전 시스템

자동차 사고 발생 이후 탑승자와 보행자의 피해를 경감시키거나, 사고 발생을 자동으로 감지하여 사고 위치를 응급센터에 알려 신속하게 구조할 수 있도록 지원하는 시스템을 의미한다. 해당 기술은 스마트에어백, 능동형 후드, 액티브 헤드레스트 등이 있다.

스마트에어백(Smart Airbag)은 승객의 위치와 안전벨트 착용 여부, 충격 강도에 따라 팽창력을 다르게 하는 에어백으로 사고 발생 순간을 정확히 감지해 운전자를 보호한다. **능동형 후드(충돌 감지) 시스템**은 운행 중 보행자와 충돌 상황에서 보행자의 안전을 위해 구동기가 보닛의 뒷부분을 상승시켜 충돌 흡수 공간을 확보하여 사고 발생 시 보행자의 머리와 엔진 사이의 충돌을 완화시킨다. **액티브 헤드레스트**는 충돌 및 추돌 사고 발생 시, 순간적으로 헤드레스트가 전방 위쪽으로 움직여 승객의 경추를 보호한다([그림 12-9] 참조).

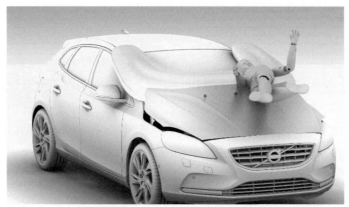

출처: https://www.slideshare.net/lesum09/final-29524467

[그림 12-9] 능동형 후드 시스템

③ 첨단 운전자 보조 시스템(ADAS)

운전자의 안전을 도모하는 기술이 **첨단 운전자 보조 시스템**이며, 지능형 운전자 시스템, 첨단 운전자 시스템 등으로 불리기도 한다([그림 12-10] 참조).

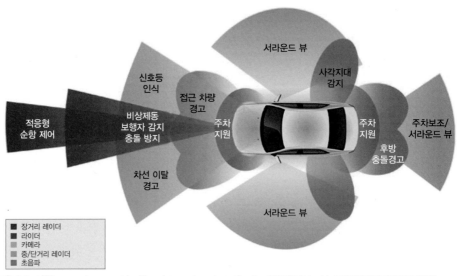

[그림 12-10] 첨단 운전자 보조 시스템

운전보조 시스템은 운전자에게 안전 운전에 도움이 되는 정보를 제공하거나 운전에 직접 도움을 주는 기술이다. 센서를 이용해 사각지대에 있는 장애물을 파악하여 충돌 위험이 있을 때 이를 알려주고, 위급 상황 시에 스스로 브레이크를 작동시킨다. 차량 전방에 설치한 적외선 센서를 통해 앞차와의 거리를 계산하고, 일정 수준 이상 가까워지면 경고음이나 진동 등으로 알려준다. 거리가 계속 더 가까워지면 강제로 브레이크를 작동하여 사고를 예방한다. 또한, 카메라를 이용해 시야를 확보하고, 차선 이탈 시 이를 감지하여 다양한 방법으로 운전자에게 알려준다. 차량 내부에 있는 카메라는 운전자의 얼굴을 감지해 운전 중 장시간 다른 곳을 바라보거나 눈을 감으면 경고 알람을 울린다. 이외에도 각종 센서와 GPS, 네트워크가 자동차의 눈과 귀 같은 역할을 하면서 안전 운전을 도와줄 수 있다. 이처럼 운전보조 시스템은 다양한 장치에서 정보를 수집해 사람과 같은 판단을 해야 하기 때문에 통합관리 소프트웨어 역할도 중요하다.

첨단 운전보조 시스템은 전방표시장치, 인공 지능 전조등(Adaptive Front Lamp System, AFLS), 타이어 압력 모니터링 시스템, 주차 조향 보조 시스템(Smart Parking Assist System, SPAS), 디지털 클러스터, 차세대 내비게이션 등의 기술을 포함한다.

전방표시장치 기술은 앞 유리에 속도, 경로, 위험 요소 정보 등을 표시해준다. 차량에 설치된 카메라 및 센서가 전방 상황을 감지하고 장애물이나 사람이 갑자기 나타났을 때, 이 정보를 앞 유리에 표시해 주거나, 앞 유리 전체를 하나의 디스플레이 기기로 사용하여 목적지까지 최단 경로를 찾을 수 있게 한다. 증강 현실과 결합하여 내비게이션의 화면이 앞 유리 전체에 나타나 창밖으로 보이는 도로에 목적지까지 가는 길이 표시된다.

사각지대 감지(BSD)는 범퍼에 장착되어 있는 레이더 센서를 이용하여 운행 중인 차량의 후방, 좌우 측면 사각지대 공간을 감지하는데 이용된다. 임의의 다른 차량이 사각지대 내에 들어왔을 때 이를 감지하여 사이드 미러에 경고등을 켜서 운전자에게 알려준다.

운전자 시선추적 시스템은 카메라 영상으로 안구를 인식하여 운전자 시선을 추적한다. 운전자 상태나 요구에 대응하는 정보 제공 및 운전자 인증, 졸음운전을 감지한다.

주차 조향 보조 시스템(SPAS)은 주차 시 차량 외부 센서가 주변 장애물을 감지하면서 자동으로 운전대를 조작해 주고, 운전자는 스피커의 안내 음성에 따른 페달 조작만으로 평행주차는 물론 직각주차까지 할 수 있다.

인공 지능 전조등(AFLS)은 도로 상태와 주행 · 기후조건 등 다양한 상황 정보를 전자 제어장치가 수집하여 운전대 각도, 차량 속도, 전조등 밝기 등을 조절한다. 이 정보를 받은 자동차 헤드램프는 자동으로 상하, 좌우 회전각도 및 기울기를 조절하고 빛의 형태도 도로 조건에 따라 최적으로 변화시킨다([그림 12-11 (a)] 참조).

야간 시야 시스템(Night Vision)은 야간에 사람이나 야생동물 등이 나타나면 그 방향으로 조명을 비춰준다. 적외선 기술을 응용하여 어둠 속에서 인간의 시각 능력보다 훨씬 뛰어난 시각 정보를 제공하여 운전자가 위험한 상황을 감지할 수 있도록 함으로써 자동차 안전성을 배가시킨다. 상황에 따라 헤드라이트의 하향광선보다 3~5배 멀리 있는 대상을 볼 수 있으며, 다가오는 차량의 헤드라이트 불빛보다 더 멀고 넓게 볼 수 있도록 설계된 장치이다. 작동원리는 그릴 안쪽에 설치된 적외선 카메라가 물체의 열에너지를 감지하여 흑백영상 이미지로 재현한 후, 대시보드 디스플레이에 투영시키거나 전방표시장치 기술을 이용하여 운전석 정면 좌측유리에 투영시킨다([그림 12-11 (b)] 참조).

(a) 지능형 전조등

(b) 야간 시야 시스템

출처: www.google.com

[그림 12-11] 안전 장치들

④ 사고 예방/회피 시스템

환경 인식 센서나 차량·사물 통신(V2X) 등을 통해 자동차 주변 상황을 인식하여 운전자에게 위험을 경고하거나 자동차 스스로 제어하여 사고를 예방하거나 회피하는 기술이다. 차간 거리 제어, 자동 긴급 제동, 연쇄추돌방지, 사고 회피 등을 위해 사용된다.

여기서 핵심이 되는 차량·사물 통신 기술은 자동차에 무선 통신 기술이 결합되어 차량 내부의 네트워킹을 형성하고 차량 정보화 환경을 제공하여 운전자에게 안전성과 편리성, 차량의 고부가 기능을 제공하고, 교통의 효율성을 증대시킨다. 지능형 교통 시스템 관점에서 인프라 연계 교통정보 통합(Vehicle to X, V2X)을 이용하여 도로 상황인식 성능을 향상시켜 교통 사고발생을 감소시킬 수 있다.

차량 중심의 유·무선 통신 기술은 **차량 내 디바이스 간 네트워크(In-Vehicle Network, IVN), 차량 간 통신(V2V), 차량 인프라 간 통신(V2I), 차량 보행자 간 통신(V2P)**으로 구분된다([표 12-5] 참조).

[표 12-5] 차량·사물 통신 응용 서비스

구분	기본 서비스
차량 간 통신(V2V) 응용서비스	– 긴급 브레이크등 경고, 전방 추돌 경고, 교차로 안전 지원, 사각지대 및 차선변경 경고, 추월 경고, 제어 불능 경고
차량 인프라 간 통신(V2I) 응용 서비스	– 교차로 안전 지원, 속도 관리, 차량 합류 지점, 정체, 도로 상태 경고, 실시간 교통 상황, 돌발 상황, 차량 예방 진단, 교통제어 상태

차량 보행자 통신(V2P) 응용 서비스	– 보행자 충돌 감지 및 예측, 보행자에게 충돌 위험 경고, 운전자에게 안전 경고

출처: ETRI 전자통신도향분석

차량 간 통신(V2V)은 차량, 사람, 센서와 같은 객체 간 애드-혹(Ad-hoc) 망으로 인프라 없이 이동하는 환경에서 패킷 교환망(Packet Switching Network)을 구성하는 방식이며, 차량 인프라 간 통신(V2I)은 통신 인프라와 연결되는 형태의 IP(Internet Protocol) 기반의 패킷 교환방식으로 정보를 주고받는다.

차량·사물 통신을 위해 사용되는 WAVE(Wireless Access in Vehicular Environment) 기술은 가용 범위가 넓은 광대역 주파수를 사용하기 때문에 이동 중 대용량의 정보를 편리하게 전송할 수 있다. IEEE 802.11a/g 무선 기술을 차량 환경에 맞게 개량한 표준 프로토콜로, 주파수 5.9GHz로 시속 180km/h 이상의 고속 주행 환경에서도 차량 간 또는 차량과 인프라 간 패킷 프레임을 0.1초 이내에서 송·수신 할 수 있다.

차량 간 통신 기반 차량 안전 지원 서비스는 통신 인프라가 구축되지 않은 상태에서도 자동차 사이의 통신을 제공하는 것이 목적이다. 차량과 인프라 간 서비스(V2I)는 차량의 상태나 도로의 상태를 파악하여 차량에 정보를 제공하는 서비스로 차세대 지능형 교통통신 체계이다([그림 12-12] 참조). 도심지와 고속도로 구간, 신호등과의 연계를 위한 차량·사물 통신 테스트베드(Testbed) 사업이 추진되고 있다.

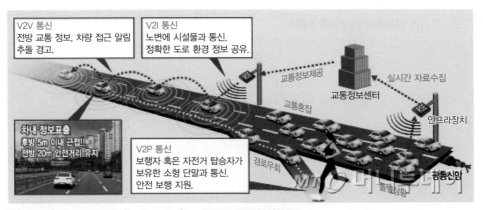

출처: http://news.mt.co.kr/mtview.php?no=2016101209505261809

[그림 12-12] 차량·사물 통신(V2X) 기술 개념도

12.1.4 자율주행 시스템 기술

스마트자동차의 자율주행 기술은 운전자의 조작 없이 자동차 스스로 주행환경을 인식하면서 목표지점까지 운행함에 따라 운전자의 부주의로 인한 교통사고를 미연에 방지하고, 편리한 운전환경을 제공한다([그림 12-13] 참조). **(반)자율주행 시스템**은 개별 능동 안전 시스템들을 통합하여 자동차 스스로 자율주행이 가능하다. 자동 발렛 파킹, 전용 도로 자율 또는 군집 주행 등도 일종의 자율주행 기술이다.

출처: https://www.youtube.com/watch?v=dGkDEHPSMq4

[그림 12-13] 최첨단 자율주행차

자율주행 자동차는 크게 **센서, 프로세서, 알고리즘, 구동기** 등으로 구성된다. 자율주행은 센서를 통해 차량 주변의 환경에 대한 데이터를 수집한 후, 프로세서가 미리 정의된 알고리즘을 통해 데이터 처리 결과를 해석하여 주행에 관한 의사결정을 내린 후 구동기를 통해 실행한다([그림 12-14] 참조).

이러한 일련의 과정 중 중요한 것은 센서를 통해 수집된 대량의 데이터를 바탕으로 조향, 속도, 운행에 관한 의사결정을 내리는 소프트웨어 알고리즘이다. 구글이 다양한 환경에서 무인자동차를 반복 운행하면서 정보를 수집하는 것도 완벽한 알고리즘을 만들기 위함이다.

자율주행 기술은 스스로 인식할 수 있는 범위 내에서 수집한 데이터를 기반으로 독자적인 판단을 하지만, 시야 한계선 너머에서 일어나는 도로교통 정보를 사전에 파악하여 이를 활용하는 방향으로 발전하고 있다.

출처: KEIT 상생협력 정보공유 포럼 스마트자동차 분야(현대자동차)

[그림 12-14] 자율주행을 위한 요소 기술

구글은 2009년부터 도요타의 일반 차량을 개조하여 무인주행 자동차를 개발하고 시범운행하여 자율주행으로 누적 약 2백만 ㎞이상의 주행거리를 기록했다. 구글의 무인자동차는 비디오카메라(Video Camera), 레이저 가이드 매핑(Laser-guided Mapping), 위치 측정기(Position Estimator), 레이더 등을 통해 교통신호, 차선, 보행자, 장애물 등 모든 방향의 주변상황을 감지하여 3차원 지도를 구성하고 이를 바탕으로 무인주행이 가능하도록 설계 되었다. 구글은 IT 기업의 장점을 활용하여 자동운전 알고리즘 및 방대한 데이터를 바탕으로 자율주행 자동차 기술을 선도하고 있다.

아우디는 2015년 소비자 전자제품 박람회 기간 중 자체 자율주행 시스템을 적용한 A7 차량으로 미국 샌프란시스코에서 라스베가스까지 약 900km의 거리를 운행했다. 테슬라는 2015년 회사 홈페이지를 통해 자율주행 기능을 포함한 소프트웨어 배포를 시작하여 운전자가 오토파일럿(Autopilot) 기능을 활성화하면 자동 차선변경, 가속 및 감속을 할 수 있다. 현대차도 제네시스 EQ900 차종에 첨단 자율주행 기능을 적용하고 있다. 자동차 업체를 비롯한 글로벌 기업들은 자동차 산업을 선도할 자율주행 시스템 기술 개발에 집중하고 있다.

한편 테슬라 자동차의 경우, 자율주행 중 운전자가 사망한 사고가 발생함에 따라 안전성에 대한 우려의 목소리도 높아지고 있다. 기술 안전성 검사 등을 비롯해 관련 법안 정비 등 자율주행 상용화를 위한 지속적인 노력이 필요하다.

12.1.5 자동차의 편의 기술

자동차 전장화의 진전과 모바일 기술의 발달로 자동차가 이동통신, 무선 인터넷, GPS 등 외부 통신 인프라와 연결되어 정보검색, 내비게이션, 텔레매틱스, 인포테인먼트 등 다양한 서비스를 이용할 수 있는 정보통신 자동차로 탈바꿈하면서 탑승자의 편의성이 증대되고 있다. 그 중 텔레매틱스와 인포테인먼트는 대표적인 편의 기술이다.

주요 편의 기술은 **인간 대 기계 인터페이스** 기술, **자동차 상태 모니터링**, **자동차용 무선 통신** 기술, **모바일 오피스 시스템** 기술 등으로 분류된다.

인간 대 기계 인터페이스 기술은 운전자와 차량 간의 유기적인 인터페이스 기능을 제공하는 기술이다. 운전 중 차량 내 각종 기기나 ITS/텔레메틱스 단말을 사용하고자 할 때, 손과 눈이 자유롭지 못한 운전 중일 때 **음성 인식**이나 사용자 **동작을 통한 제어** 방식은 안전 운전을 보장해 줄 수 있다. 예를 들어, 사용자가 내비게이션에서 목적지를 찾을 때 음성으로 입력할 수 있게 한다. 동작을 통한 입력 방식은 운전 중 각종 차량의 기능을 작동하는 수고를 덜어주어 운전에 집중할 수 있게 한다.

자동차 상태 모니터링 기술은 주행 중 자동차의 상태를 진단하여 고장 상황을 알려주고, 교

출처 : MDS 테크놀로지 홈페이지

[그림 12-15] 미러링크 서비스

통사고가 발생했을 때 사고 통보, 사고 재현 및 분석을 위한 기반 기술이다. 자동차 관리 서비스 회사의 서버가 자동차의 주요 부품의 상태를 원격 모니터링하거나, 응급 신호를 자동으로 발신하는 등의 서비스도 제공한다.

자동차용 무선 통신 기술은 고속 주행 중인 자동차에서 외부와 소통하기 위한 무선 통신 인터페이스 기술이다. 통신 기술을 활용하면 스마트폰, 태블릿PC, 스마트시계와 같은 모바일 기기에서 차량을 **원격 제어**할 수 있다. 인포테인먼트 기기와 스마트폰을 USB나 블루투스로 연결하는 **미러링크(MirrorLink)** 같은 기능도 가능하고([그림 12-15] 참조), 자동차에 내장된 3G, 4G, LTE 통신 기기가 자동차를 와이파이 핫스팟(Hotspot)으로 만들어 자동차 안에서 인터넷 서비스도 가능하다. 스마트시계가 주차된 차량의 위치도 알려 줄 수 있다.

모바일 오피스 시스템 기술은 주행 중에도 이메일 처리, 웹정보 검색, 회사 서버 접속 및 파일 다운로드 등 다양한 업무를 처리할 수 있도록 지원하는 기술이다. 정보 접근성 측면에서 라디오, 음악, 동영상 등의 콘텐츠나 클라우드 서버가 분석한 도로나 지역에 대한 고객 맞춤형 정보도 제공할 수 있다.

12.1.6 인포테인먼트 플랫폼

대다수의 IT 기업들이 자율주행차 시장을 위하여 가장 적극적으로 공략하는 분야가 운전에 필요한 각종 정보와 음악, 비디오 등 멀티미디어 서비스를 제공하는 인포테인먼트 (Infotainment) 시스템이다. 인포테인먼트 시스템은 초기에는 간단한 경로 안내와 라디오 및 음악 재생 정도만 제공할 수 있는 부품으로 간주되어 큰 주목을 받지 못하였다. 그러나 최근 각종 IT 기술의 적용으로 자동차 내·외부 구동정보 보기, 인터넷 검색, 통화, 터치와 음성 인터페이스 등 뛰어난 성능을 갖추는 추세이다. 우선, 텔레매틱스와 인포테인먼트의 정의 및 서비스는 다음과 같다.

① 텔레매틱스

텔레매틱스는 텔레커뮤니케이션(Telecommunication)과 인포매틱스(Informatics)의 합성어로, 유·무선 통신으로 자동차 안의 단말기를 통해 자동차와 운전자에게 다양한 종류의 정보 서비스를 제공해 주는 기술이다. 자동차에 위치 측정 시스템(GPS)과 지리 정보 시스템이 장착되어 운전자와 탑승자에게 교통 정보 제공, 응급 상황 대처, 원격 차량 진단, 인터넷 이용 등 각종 모바일 서비스를 제공할 수 있다. 카 오디오, TV 모니터, 내비게이션, 핸즈프리

휴대 전화 기능은 모두 통합되고 음성 인식, 문자 음성 변환(Text-To-Speech) 등의 기능을 위한 마이크와 스피커, 액정 디스플레이, 키보드, 터치스크린 등의 특별한 입·출력 장치가 설치된다. 플래시 메모리나 개인용 디지털 단말기, 노트북 컴퓨터 등을 이용하여 외부와 데이터 전송도 가능하다.

텔레매틱스는 자동차에 내장되거나 스마트폰과 연동되어 인터넷에 접속하여 각종 정보를 주고받거나, 클라우드에 저장한 정보 또는 클라우드가 수집한 개인 맞춤형 정보 제공도 가능하다. 자동차 관리 서비스 회사의 서버가 자동차의 주요 부품의 상태를 원격 모니터링하거나, 교통사고가 발생했을 때 자동으로 응급 신호를 보내는 등의 서비스도 제공한다. 하지만, 인터넷과 클라우드를 통해 정보 연결성과 데이터 접근성으로 개인정보뿐만 아니라 자동차 제어 시스템에도 접근 가능하여 보안과 안전 측면의 고려도 필요하다.

텔레매틱스 서비스는 위치 정보를 이용하여 **교통정보 제공 및 경로 안내 서비스**와 차량 추적 및 주차장 정보를 제공하는 **무선 위치 기반 서비스**, 긴급 구난 정보 전송 및 응급 대응 등을 제공하는 **차량 관리 서비스**가 있다.

■ 교통정보 제공 및 경로 안내 분야

글로벌 위성 항법 시스템(Global Navigation Satellite System, GNSS)을 이용하여 자동차의 위치 정보나 도심에서 정밀한 지도정보가 제공된다. 자동차에 장착된 카메라로 촬영한 영상과 지도에 있는 랜드마크(Landmark)나 도로표지판 영상 정보를 비교하여 위치 오차를 보정하는 기능도 지원한다. 내장된 내비게이션 소프트웨어나 스마트폰의 테더링을 이용하여 경로 안내, 목적지까지의 경로에 대한 실시간 교통정보, 전방의 사고발생 정보, 경유지 및 목적지의 기상정보도 제공한다. 무선 통신 네트워크를 이용한 지도의 부분 갱신(Map Air Update)이나 선호도를 고려한 경로 안내 및 우회도로 제공 등을 지원한다.

■ 무선 위치 기반 서비스 분야

운전자에게 가까운 주차장 위치, 주차가능 여부 및 주차요금, 복잡한 주차장에서 자동차의 위치 정보 등을 제공한다. 여행 일정을 감안한 목적지까지 거리, 주유소 이용 안내 및 요금, 목적지 인근 호텔이나 식당의 위치정보 등도 제공한다. 응급 사고발생시 구조 신호(eCall) 전송이 가능하고 자동차공유(Car Sharing)나 자동차합승(Car Pool)을 위한 소셜 네트워킹 서비스 등도 지원한다.

■ 차량 관리 서비스 분야

타이어 압력(Tire Pressure)과 같은 자동차 안전 부품의 현재 상태정보 수집 및 관리, 자동차 원격 시동, 잠금 및 해제 서비스 등을 지원한다. 관리 대상 자동차의 실시간 위치 추적, 종합관리(Fleet Management[1]) 서비스, 도난 차량의 위치 확인 및 회수 서비스도 가능하다. 자동차의 연비관리, 운전자의 운전습관 분석 등을 통한 친환경 운전지원 등도 포함된다.

② 차량용 인포테인먼트

차량용 인포테인먼트(IVI)란 자동차 안에 설치하는 여러 정보 기술 기기들이 정보와 재미, 즉 인포테인먼트 서비스를 제공하는 것이다([표 12-6], [그림 12-16] 참조). 예를 들어, 자동차 내비게이션에서 맛집과 같은 정보 제공이나 오락 기능을 제공할 수 있다. 고객의 차량 구매에 인포테인먼트 기능이 중요한 기준이 되고 있으며, 안전 부문과 달리 논란의 소지가 적고 제품 수명 주기가 짧아 교체 수요가 많은 특징이 있다.

교통정보와 위치 정보를 분석해 내비게이션 서비스를 제공하는 **증강 현실 내비게이션** 서비스와 차량 위치에 따라 주변 정보를 실시간으로 센싱하여 맞춤형 정보를 제공하는 **인포모티브(Informotive)** 서비스도 인포테인먼트 서비스 중 하나이다. 탑재된 태블릿PC나 스마트폰을 통해 영화, 음악, 게임 등을 이용하는 엔터테인먼트가 가능하고, 교차로 위반 통제, 전자지불, 원격 자동차 진단 및 자가 수리 등도 가능하다.

[표 12-6] 글로벌 자동차 업체의 인포테인먼트 시스템

업체	인포테인먼트 브랜드	특징
현대차	블루링크(Bluelink)	소셜 네트워킹 사이트 접속
기아차	우보(UVO)	스마트폰 연동시스템
GM	온스타(OnStar)	사고 경보와 방향 지시 및 자동차 진단 기능
포드	싱크(Sync)	웹 브라우징, 아이팟 접속
BMW	아이드라이브(iDrive)	실시간 교통 및 내비게이션 정보 제공
도요타	엔튠(Entune)	수백 개의 라디오 채널 이용 가능

출처: 서울경제신문, "첨단IT와 결합, 스마트자동차 시대," 2011. 5. 30., 재구성

---

1) 한 회사 소유의 모든 자동차 관리

자동차에 다양한 소프트웨어가 설치되고 사용됨에 따라, 애플의 '앱스토어'와 같은 개방형 생태계가 자동차 산업에도 도입되고 있다. 스마트자동차의 핵심 기능인 지능화뿐만 아니라 부가적인 스마트 기능들도 시현되어 새로운 가치 창출이 가능해지고 있다.

특히 인포테인먼트 시스템의 구성 및 제어를 담당하는 운영체제와 스마트폰 연동 미들웨어 등이 큰 주목을 받고 있다. 주요 소프트웨어 기업들은 컴퓨터와 스마트폰에서 축적한 기술력을 바탕으로 인포테인먼트 플랫폼을 새로운 성장 동력으로 추진하고 있다. 이들 기업들은 최신 인포테인먼트 플랫폼을 경쟁적으로 출시하고 자동차 기업과 밀접한 협력 관계를 구축하며 인포테인먼트 시스템의 시장 경향을 주도하고 있는 상황이다.

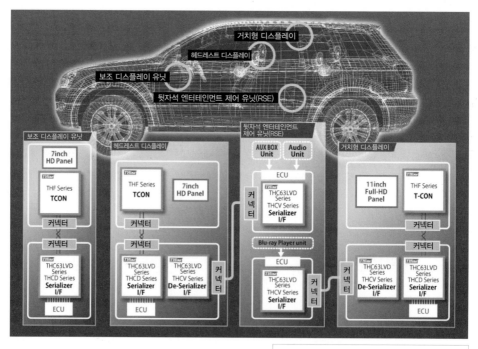

AUX BOX Unit: 옥스박스 장치
Audio Unit: 오디오 장치
T-CON(Timing Controller): 디스플레이용 반도체
Serializer: 직렬 변환기
Deserializer: 직병렬 변환기
I/F(Interface): 인터페이스
ECU(Electronic Control Unit): 전자 제어 장치

출처: http://www.thine.co.jp/ko/application/app_details/automotive.html 재편집

[그림 12-16] 자동차 인포테인먼트 시스템 예

2014년에 애플(Apple)은 제네바 모터쇼에서 모바일 운영체제 iOS와 연동하여 경로 내비게이션, 음악 스트리밍, 음성 인식 서비스 등을 제공할 수 있는 자동차용 인포테인먼트 시스템인 **카플레이**(Carplay)를 출시하였다. 구글은 카플레이와 유사하게 안드로이드 운영체제와 연동할 수 있는 인포테인먼트 플랫폼 **안드로이드 오토**(Android Auto)를 구글 I/O 개발자회의를 통하여 발표하였다. 최근 중국 인터넷 기업들도 인포테인먼트 시스템 시장에 적극적으로 진출하고 있다. 바이두(Baidu)는 인포테인먼트 플랫폼 **카라이프**(CarLife)를 선보였고, 알리바바(Alibaba)는 자사가 만든 모바일 운영체제 윤(Yun)을 탑재한 자동차를 공개하였다([표 12-7] 참조). 이절에서 대표적인 인포테인먼트 플랫폼인 카플레이, 안드로이드 오토, **AGL**(Automotive Grade Linux)과 소프트웨어 플랫폼 산업 표준에 대해 살펴본다.

[표 12-7] IT 기업의 인포테인먼트 플랫폼 추진 현황

기업	인포테인먼트 플랫폼	주요 특징	주요 제휴 기업
애플	CarPlay	• iOS와 인포테인먼트 시스템 연결 기반 동작 • 음성 명령 인식 서비스(Siri) • 지도 기반 경로 안내 서비스 • 인터넷 검색 및 멀티미디어 감상	GM, 크라이슬러, 아우디, 닛산, 혼다, 현대차 등
구글	Android Auto	• 안드로이드와 인포테인먼트 시스템 연결 기반 동작 • 음성 명령 인식 서비스(Google Now) • 지도 기반 경로 안내 서비스 • 인터넷 검색 및 멀티미디어 감상	벤츠, BMW, GM, 도요타, 현대차 등
리눅스 파운데이션	AGL	• 리눅스와 웹 표준 제공 • 오픈 소스를 활용한 플랫폼과 미들웨어 개발 • 타이젠앱의 인포테인먼트 시스템 기반 스마트폰 연결, 멀티미디어 감상	토요타, 닛산, 현대자동차, 덴소, 삼성, LG, 후지쯔, ETRI
마이크로소프트	Windows Embedded Automotive	• 인포테인먼트 시스템 내장형 윈도우 OS • 인터넷 검색 및 멀티미디어 감상 • 스마트폰과의 연동 기능(MirrorLink)	포드, 도요타, 현대차, BMW 등
바이두	CarLife	• iOS, 안드로이드 기반 스마트폰과 인포테인먼트 시스템 연결 기반 동작 • 바이두 맵(Baidu maps) 기반 경로 안내 서비스, 주차 장소 안내 서비스 • 인터넷 검색 및 멀티미디어 감상	벤츠, 폭스바겐, 현대차 등

출처: LG Business Insight, 2016. 8. 재편집

많은 IT 기업들은 인포테인먼트 시스템이 자율주행차의 가장 중요한 핵심 부품이 될 가능

성에 초점을 맞추고 있다. 대부분 기존 인포테인먼트 시스템은 자동차의 주행 및 안전 기능과 큰 관련성 없었다. 그러나 자율주행차는 스스로 주변 환경 변화를 신속하게 감지하고 필요 동작을 결정하는 능력이 필수적이다. 이를 위해 자동차의 엔진, 바디(Body), 섀시(Chassis) 등 각종 부품의 유기적인 제어가 필요하며, 모든 기능을 중앙 집중적으로 처리할 수 있는 시스템이 필요하다. 따라서 첨단 IT 기술이 집약된 인포테인먼트 시스템이 자동차의 중앙 처리 시스템으로 발전할 가능성은 높다.

■ 카플레이(애플)

애플은 'iOS 7 in the Car' 계획을 통해 카플레이 플랫폼을 개발하고, GM, 아우디, 포드, 현대자동차 등 16개 자동차 제조사와 협력하고 있다. 애플은 자동차에 내장되는 정보 단말과 아이폰을 연동하여 익숙한 인터페이스로 정보 단말을 사용하고 네트워크에 접속할 수 있게 만들었다. iOS 7 이후의 운영체제에서 다양한 블루투스 프로파일과 연결성을 제공하면서, 궁극적으로는 향후 개발되는 자동차 클라우드 서비스의 플랫폼을 iOS 기반으로 구축하고자 한다.

카플레이는 아이폰 상의 콘텐츠를 대시보드(Dashboard)로 제어하고, 자동차 스피커로 사운드를 재생할 수 있다. 카플레이는 화면 터치나 다이얼 대신 운전대에 장착된 시리(Siri) 전용 버튼으로 음성 에이전트를 이용하여 자동차의 정보 단말과 아이폰(iPhone)의 연결 서비스도 제공한다. 음성 인식을 이용하여 전방을 주시하면서 핸즈프리 통화, 음성 메모, 음악 선택, 메시지 송·수신, 경로 안내, 이력 정보를 이용한 목적지 예측 등의 서비스를 제공받을 수 있다.

■ 안드로이드 오토(구글)

구글은 모바일 기기에서 안드로이드 운영체제의 성공 경험을 바탕으로 안드로이드를 자동차 플랫폼으로 확산시키기 위해 개방형 자동차 협회(Open Automotive Alliance, OAA)를 결성하였고, 2014년에 안드로이드 오토(Android Auto)를 공개하였다. 개방형 자동차 협회는 GM, 포드, 혼다(Honda), BMW, 아우디, 기아와 현대자동차 등 28개의 자동차 제조사와 델파이(Delphi), LG, 클라리온(Clarion), 프리스케일(Freescale), 엔비디아(Nvidia) 등 16개의 기술 회사들이 참여하고 있다.

애플의 카플레이(CarPlay)보다 6개월 늦게 시작하였지만, 자동차에 내장되는 플랫폼을 독자적으로 바꾸어 설계할 수 있도록 자유도를 높이고 있어 정품 iOS만을 고수하는 애플과 차별성이 있다. 개방형 플랫폼의 장점과 자동차 특성에 맞춘 플랫폼 개조를 통해 자동차 제조사들의 적극적인 협력과 확산을 도모하고, 스마트폰에서 익숙해진 인터페이스를 자동차 환경에도 적용하여 운전자에게 안전하고 자연스러운 운전 경험을 제공하는 것이 목표다.

안드로이드 공통 플랫폼과 구글의 **서비스형 소프트웨어**(Software as a Service, SaaS)가 개방형 개발 모델의 중심 기반이 된다. 여기에 다른 회사의 서비스형 소프트웨어 앱을 사용할 수 있어 자동차 회사의 전략에 맞는 독자적인 클라우드 서비스 플랫폼을 개발할 수 있다.

2016년에 안드로이드 OS인 안드로이드 누가(Android Nougat)를 내장한 자동차를 I/O 개발자 회의에서 선보였다. 이처럼 IT 기업의 인포테인먼트 시스템이 미래 자동차의 주요 기능 구현에 깊숙하게 관여할 여지가 증가하였다. 구글은 인포테인먼트 플랫폼 추진에 그치지 않고 직접 개발한 자율주행 소프트웨어를 탑재한 자동차를 실험하는 등 자율주행차 상용화에 박차를 가하고 있다.

■ AGL(타이젠)

타이젠(Tizen)은 리눅스 파운데이션(Linux Foundation)에서 리눅스 커널을 기반으로 개발되었다. 휴대 전화를 비롯한 휴대용 장치에 주로 설치되는 모바일 운영체제로 TV, 냉장고와 같은 모든 전자 기기에 포함되는 것을 목적으로 한다. **AGL**(Automotive Grade Linux)은 자율주행차 플랫폼으로 리눅스 파운데이션이 추진하는 오픈 소스 **타이젠-차량용 인포테인먼트**(Tizen-In-Vehicle Infotainment) 프로젝트를 기반으로 개발되었다. 날씨, 지도, 미디어 재생, 스마트폰 연결 등 각종 차량 내 소프트웨어를 포함하고 있다.

차량의 인포테인먼트 플랫폼의 업계 표준으로 개발되던 제니비(Genivi)와 더불어 오픈 소스를 활용한 플랫폼과 미들웨어를 개발하고 있으며, 자동차 관련 회사뿐만 아니라 반도체, 통신 등 다양한 업체가 개발에 참여하고 있다. 토요타(Toyota), 닛산(Nissan), 현대자동차, 덴소(Denso), 삼성, LG, 후지쯔(Fujitsu), 한국전자통신연구원(ETRI) 등 34개 회사가 참여하고 있다. 오픈 소스 기반으로 자동차 회사들이 직접 핵심 모듈을 수정할 수 있는 개발자용 시스템 제공을 목표로 하고 있다.

타이젠-차량용 인포테인먼트(Tizen-IVI)는 AGL을 기본 운영체제로 하며 HTML5, 자바스크립트(JavaScript) 및 CSS(Cascading Style Sheets)와 같은 웹 표준 환경을 제공한다. 타이젠 앱(Tizen App)의 인포테인먼트 시스템을 기반으로 날씨, 지도, 미디어 재생, 스마트폰 연결,

화면 디스플레이 등을 활용한다.

■ 구글과 애플의 플랫폼 전략 비교

스마트폰에서 애플의 'iOS', 구글의 '안드로이드'처럼 자동차에서도 자동차용 운영체제의 중요성이 부각되고 있다. 자동차 제조업체들과 협력하여 구글, 애플 등은 운영체제를 개발하고 있다([그림 12-17] 참조).

구글은 전자 제어 장치를 비롯한 자동차 전자 기기의 신호와 시그널을 직접 받아 다양한 피드백(Feedback)을 주는 자동차 서비스를 운영체제로 발전시키는 전략을 추진하고 있다. 애플은 자동차 고유의 영역에 내비게이션과 미디어센터 같은 기기를 iOS 기반으로 구동시키고, 여기에 사용자 경험(UX)을 추가하는 전략을 추진하고 있다. 애플은 자동차에 플러그인(Plug-in)되는 서비스 및 소프트웨어를 개발하고, 구글은 자동차에 임베디드(Embedded)된 플랫폼을 개발하고 있다. 일반적으로 자동차 관련 업체들은 기술을 플랫폼에 종속시키려는 움직임을 보이는 반면, 구글은 자동차 플랫폼 전체를 구글 방식으로 구축하려고 한다.

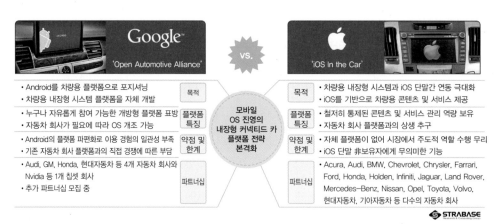

출처: Google과 Apple의 커넥티드 카 플랫폼 공략 행보 비교 STRABASE

[그림 12-17] 구글과 애플의 플랫폼 전략 비교

■ 소프트웨어 플랫폼 산업 표준화

미래 자동차 시대를 대응하기 위하여 IT 기업들은 자동차 기업과 활발하게 협력하며 플랫폼을 개발하고 있다. 주로 BMW, 폭스바겐, GM, 현대·기아자동차, 닛산(Nissan) 등 세계적인 주요 자동차 업체들이 참여한 전장 기술 표준화 단체 AUTOSAR(AUTomotive Open System Architecture)를 통하여 자동차 성능 강화에 주력하고 있다. AUTOSAR는 개방형 자동차 표준 소프트웨어로 신뢰성 있는 전장 소프트웨어 제작을 위한 소프트웨어 플랫폼 규격 제정, 전자 제어 장치 구조 표준화, 향상된 성능과 안전성, 친환경적인 혁신적 전자 시스템 기반 구축을 목표로 하고 있다.

IT 기업들의 인포테인먼트 공세에 대응하기 위해 인포테인먼트 플랫폼 표준화 단체인 **제니비(GENIVI)**에도 적극 참여하고 있다([표 12-8] 참조). GENIVI 플랫폼은 2009년 BMW, 푸조 시에트롱(Peugeot Citroën Automobiles), 인텔, 보쉬, 덴소 등 자동차 제조사와 부품사 중심으로 구성된 GENIVI 협회에서 시작되었다. 차량용 인포테인먼트 시스템 개발에서 가장 많은 비용과 시간이 투자되는 운영체제, 미들웨어, **보드 지원 패키지**(Borad Support Package, BSP) 분야를 공동으로 재사용할 수 있도록 개방형 소스 중심으로 표준화가 이루어졌다. 미들웨어 플랫폼을 표준화함으로 차량 SW개발 비용이 절감되고, 안정적인 서비스 제공이 가능해졌다. 도요타는 포드의 싱크 플랫폼과 스마트폰의 연동 기술인 스마트디바이스 링크(Smart Device Link)를 자사의 제품에 도입하였으며, 다임러, BMW, 아우디 등 독일 자동차 기업들은 노키아의 지도 서비스 기업인 히어(Here)를 공동으로 인수하였다.

또한, 차량에 스마트폰 화면을 미러링하기 위한 스마트폰 연동 플랫폼인 'CCC(Car Connectivity Consortium)'도 있다.

[표 12-8] 자동차 소프트웨어 표준화 단체

	Autosar	Genivi	CCC
카테고리	자동차 제어 소프트웨어 기술 표준화	인포테인먼트 소프트웨어 기술 표준화	자동차의 통신 및 스마트폰 연결 기술 표준화
설립년도	2003	2009	2011
특징	• 자동차 기업 주도 • 자동차 제어 분야 기술의 사실상 표준	• 빠른 인포테인먼트 소프트웨어 기술 발전 및 확산 유도	• 자동차와 스마트폰의 연결 표준 기술 연구(미러링크) • 대부분의 스마트폰 제조 기업 참여(애플 제외)
자동차 기업 참여 현황	• 대부분의 완성차 및 부품 기업	• BMW, 볼보, 보쉬, 덴소, 르노, 현대자동차, 현대모비스 등	• 도요타, BMW, GM, 혼다, 현대차, 폭스바겐 등
IT 기업 참여 현황	• 인피니온, 파나소닉, 시스코 등	• 인텔, 퀄컴, ARM, LG전자, IBM, 엔비디아, 액센추어 등	• LG전자, 삼성전자, HTC, 소니, 마이크로소프트 등

출처: 각 단체 홈페이지, KDB 산업은행, 언론 보도

AUTOSAR는 자동차 전자제어 서비스의 공통 플랫폼 표준화 및 복잡한 소프트웨어를 모델

기반으로 개발할 수 있는 도구 기반의 개발 방법론을 제시하고 있다. 도구 간 인터페이스를 표준화된 XML(eXtensible Markup Language) 문서로 제안하여 상호호환성을 보장하고 스마트자동차 신규 서비스를 신속하게 개발할 수 있는 기반을 제공하고 있다. 국내는 현대·기아자동차, 한국전자통신연구원이 프리미엄 구성원으로, 대성전기, 만도, 대구경북과학기술원이 참여 구성원으로 활동하고 있다([그림 12-18] 참조).

자동차 완성차 업체 중 AUTOSAR의 9개의 핵심 회원들은 자사의 차량에 단계적으로 AUTOSAR 플랫폼을 적용하고 있다. AUTOSAR가 적용된 전자제어 장치가 2016년 3억개 정도 양산되었다. BMW는 2015년 이후 출시되는 모든 차량에 대해 AUTOSAR 4.0 솔루션을 적용하고 있으며, GM은 2017년 이후 글로벌 B 플랫폼 차량에 대해 AUTOSAR 4.0을 적용하고 있다. 이외에도 도요타, 아우디, 다임러 AG, 폭스바겐 등 기업이 3.x 이상의 AUTOSAR 버전을 채택하여 사업화하고 있다.

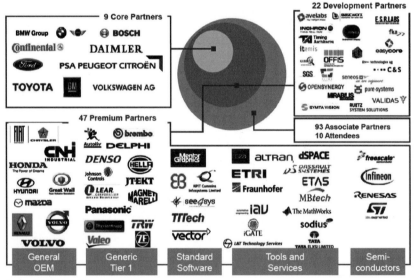

출처: 전자통신동향분석

[그림 12-18] AUTOSAR 주요 회원사

- **AUTOSAR(AUTomotive Open System Architecture)** 자동차 제조사와 공급업체 간 전장 소프트웨어의 재사용 및 호환성을 개선하고 자동차 생산비용 절감 및 새로운 전장 기능 개발의 발판을 마련하고자 2003년 6월 BMW, 폭스바겐, 콘티넨탈, 다임러, 보쉬 등 세계적인 주요 자동차업체들의 공동 참여로 제정된 자동차 전장 소프트웨어 플랫폼 산업 표준.

- **CSS(Cascading Style Sheets)** CSS는 마크업 언어로 작성된 문서를 꾸미기 위해 사용되는 스타일 시트(Style Sheet)이다. 가장 일반적인 응용 방법은 HTML과 XHTML로 된 웹페이지를 만드는 것이다. 그러나 이 언어는 모든 종류의 XML 문서에도 사용될 수 있다.

- **LIN(Local Interconnect Network)** 유럽의 자동차 업계가 자동차 내의 각종 전자장치 제어를 위하여 개발한 경제적인 근거리 저속 네트워크. 수백 밀리초의 시간 간격으로 발생하는 저속 이벤트를 이용하여 각 전자 장치의 스위치 세팅의 변동에 대해 통신하고 스위치의 변환에 즉각 응답하도록 설계되었다. 엔진 관리 등 높은 속도를 요구하는 경우를 제외한 일반 용도로 사용된다.

- **T-Con(Timing Controller)** LCD 모니터 · 노트북 · TV 등 10인치 이상 대형 LCD 패널에 탑재되어 LCD 구동칩에 전송되는 데이터 양을 조절하고 화질을 개선해주는 디스플레이용 반도체. 튜너와 그래픽카드로부터 영상 정보를 받아 이를 각각의 LCD 구동칩으로 보내고, LCD 구동칩은 이 영상 정보를 받아 LCD 화면으로 내보내는 역할을 수행한다.

- **TCS(Traction Control System)** 마찰력이 적은 노면이나 코너링 시 휠 스핀을 방지하기 위해 구동력을 제어하는 장치. 브레이크를 이용해 구동력을 제어하는 브레이크 제어 방식과 헛도는 바퀴에 전해지는 힘을 다른 바퀴로 배분하는 자동차 기어(Differential) 제어 방식이 있다.

- **WAVE(Wireless Access in Vehicular Environment)** 차량이 고속이동 환경에서 차량 간 또는 차량과 인프라 간 패킷 프레임을 짧은 시간 내에 주고받을 수 있는 무선 통신 기술로, IEEE 802.11 a/g 무선랜 기술을 차량 환경에 맞도록 개량한 통신 기술이다.

- **계측 제어기 통신망(Controller Area Network, CAN)** 자동차의 각종 계측 제어 장비 간에 디지털 직렬 통신을 제공하기 위한 차량용 네트워크 시스템. 차량 내 전자 부품의 복잡한 전기 배선과 릴레이를 직렬 통신선으로 대체하여 지능화함으로써 복잡성을 줄이고, 차량에서의 실시간 요구를 만족시킨다. 또한 전자적 간섭에 의해 일어나는 이상 유무를 진단하고, 운전 중 돌발 상황 시 유기적으로 통신할 수 있다. ISO 표준 규격(ISO 11898)으로서 첨단 자동차 전장 시스템에 적용되며, 엔진 관리, 브레이크 잠김방지 시스

템(Anti-lock Braking Systems), 공조 장치, 문 잠금장치, 거울 조정 등의 시스템 통합이 가능하다.

- **관성 센서(Inertial sensor)** 운동하는 물체의 관성력을 이용하여 가속도, 각속도 등을 측정하는 장치로서 항법 시스템의 주요 구성품이다.

- **능동안전벨트(Pre-safe Seatbelt)** 사고나 그에 준하는 상황 발생 시 안전벨트를 순간적으로 조여 충격으로 인한 승객의 움직임을 줄이는 안전장치이다.

- **발광 다이오드(Light Emitting Diode, LED)** 순방향으로 전압을 가했을 때 발광하는 반도체 소자로 LED라고도 불린다. 전계 발광 효과를 이용하며, 수명은 백열등보다 길다.

- **보드 지원 패키지(Borad Support Package, BSP)** 보드를 사용할 수 있도록 하는 소프트웨어 묶음이다. 통상 부트 로더(Bootloader)와 함께 생성되며, 임베디드 시스템에서 특별한 지원 코드로 실시간 운영체제를 로드하기 위한 최소한의 장치를 지원하고, 하드웨어 보드의 모든 장치를 위한 드라이버를 말한다. 일부 공급자들은 또한 루트 파일 시스템(Root File System), 임베디드 시스템에서 실행하는 프로그램을 만들기 위한 툴 체인(Toolchain) 그리고 장치를 위한 컨피규레이터(Configurator)를 제공한다.

- **브레이크 잠김방지 시스템(Anti-lock Brake System, ABS)** 급제동 시 4개 바퀴를 감지하여 잠김을 방지하고 제동거리 단축과 제동 중 조향을 가능하게 만드는 장치이다.

- **사각지대 경고 장치(Lane Change Assistance or Blind Spot Detection, BSD)** 접근하는 자동차나 사각지대에 위치한 자동차에 대한 정보를 운전자에게 제공하는 장치. 운전 사각지대의 자동차 등을 인지하지 못하고 차선을 변경하는 경우나 근접하는 자동차로 인해 사고위험이 감지되는 경우 미연에 사고를 방지하기 위한 안전장치이다.

- **서비스형 소프트웨어(Software as a Service, SaaS)** 사용자가 필요로 하는 소프트웨어를 인터넷상에서 이용하는 클라우드 서비스. 서비스형 소프트웨어(SaaS)는 소프트웨어 유통 방식의 근본적인 변화를 설명하는 개념으로, 공급 업체가 하나의 플랫폼을 이용해 다수의 고객에게 소프트웨어 서비스를 제공하고, 사용자는 이용한 만큼 돈을 지불한다. 전통적 소프트웨어 비즈니스 모델과 비교할 때 SaaS의 가장 큰 차이점은 제품 소유의 여부이다. 기존 기업용 소프트웨어는 기업 내부의 서버 등 장비에 저장해 이용한다는 점에서 고객이 소유권을 갖고 있었지만, SaaS는 소프트웨어가 제품이 아닌 서비스, 즉 빌려 쓰는 모델이라는 점에서 기존 라이선스 모델과 확연히 구분된다. SaaS는 기업이 새로운 소프트웨어 기능을 구매하는 데 드는 비용을 대폭 줄여 주며, 일정 기간 동안 사용량 기반으로 비용을 지급함으로써 인프라 투자와 관리 부담을 피할 수 있게 한다.

- **세계 위성 항법 시스템(Global Navigation Satellite System, GNSS)** 인공위성을 이용하여 위치를 파악하는 항법 시스템. 위성에서 발신된 전파를 수신기에서 수신하여 위성과 수신기 간의 거리를 구하여 수신기의 위치를 결정한다. GNSS는 미국의 GPS와 러시아의 글로나스(GLONASS), 그리고 유럽의 갈릴레오(Galileo)와 중국의 Compass(북두)

등 모든 위성 항법 시스템을 통칭한다.

- **소셜 네트워킹 서비스 또는 누리소통망 서비스(Social Networking Service, SNS)** 동일한 관심 또는 특성을 갖는 사람들이 연결될 수 있도록 온라인 기반의 개인 간 소셜 네트워크를 만들고 운영하는데 초점을 맞춘 서비스. 대부분의 소셜 네트워킹 서비스는 웹 기반의 서비스이며, 웹 이외에도 전자 우편이나 인스턴트 메신저를 통해 사용자들끼리 서로 연락할 수 있다. 초기 소셜 네트워킹 서비스는 지인들과 친목 도모나 엔터테인먼트 용도로 활용되었으나, 스마트폰과 같은 스마트 기기와 결합하면서 정치와 경제는 물론 사회와 문화 전반에 걸쳐 정보를 공유하고 인맥을 확대하는 등 사회적 관계를 생성하고 강화하는 데 활용된다.

- **스마트에어백(Smart Airbag)** 승객의 위치와 안전벨트 착용 여부, 충격 강도에 따라 팽창력을 다르게 하는 에어백.

- **실시간 지역 정밀 지도(Local Dynamic Map, LDM)** 고정된 지도 정보에 차량 주위의 도로 교통 정보 및 상태 정보가 반영된 지도 데이터베이스.

- **스테레오 카메라(Stero Camera)** 삼각법을 기반으로 거리 정보를 획득할 수 있는 센서로서 영상과 거리 정보를 동시에 제공.

- **액티브 헤드레스트(Active Headrests)** 충돌 및 추돌 사고 발생 시 전방 위쪽으로 순간적으로 움직여 승객의 경추를 보호하는 헤드레스트이다.

- **어라운드 뷰 모니터링 시스템 (Around View Monitoring system, AVM)**: 서라운드 뷰 모니터링 시스템(Surround View Monitoring system, SVM)이라고도 하며, 자동차에 전후좌우 4개의 카메라를 설치한 뒤 이 영상을 합성하여, 마치 하늘에서 자동차를 내려다보는 것과 같은 자동차 주변의 360도 모습을 제공하는 최첨단 안전 주행 시스템이다. 운전자는 버드 아이 뷰(Bird's eye view)라고도 불리는 탑뷰(Top view)와 사이드뷰(Side View) 영상을 동시에 볼 수 있다. 카메라는 전방, 후방에 1개씩, 양 사이드 미러에 각각 1개씩 설치되는 게 일반적이다.

- **오디오 장치(Audio Unit, AU)** 운영체제 X의 코어 오디오에서 구현되는, 애플 컴퓨터에서 개발한 오디오 플러그인 기술 및 규격이다. 오디오 장치는 운영체제로 하여금 실시간에 가까운 낮은 레이턴시로 오디오 스트림을 생성하거나 주고받으며, 가공할 수 있도록 한다. 따라서 오디오 장치를 이용해 과거에 믹싱 콘솔에 연결해 사용했던 이퀄라이저, 컴프레서, 리미터, 리버브, 딜레이 등의 각종 아웃 보드 이펙터들뿐만 아니라, 미디(MIDI) 규격으로 주고받던 샘플러, 신시사이저 등의 외장 악기들도 가상으로 소프트웨어 상의 구현이 가능하다.

- **위성 항법 보정 시스템(Differential Global Positioning System, DGPS)** GPS 오차 보정 기술. GPS 시스템은 지구에서 멀리 떨어진 위성에서 신호를 수신하기 때문에 오차가 발생한다. 이를 수정하기 위해 지상의 방송국에서 위성에서 수신한 신호로 확인한 위치

와 실제 위치와의 차이를 전송하여 오차를 교정하는 기술이다.

- **인간 대 기계 인터페이스(Human Machine Interface, HMI)** 운용자와 상호 작용을 위한 시스템의 일부. 인터페이스는 사용자가 기계, 장치 및 시스템과의 상호 작용에 의한 수단의 집합으로 사용자가 시스템을 제어하기 위한 입력과 시스템에서 사용자에게 정보를 제공하는 출력 수단을 제공한다.

- **인간–차량 상호 작용(Human–Vehicle Interaction, HVI)** 안전 운전을 위한 운전자와 차량 간 상호 정보 교환 시스템. 차 안에 모든 정보 기기의 입 · 출력을 제어할 수 있고, 운전자와 차의 상태를 실시간으로 파악하면서 운전자의 운전 부하를 최적화해 가장 안전한 방법으로 운전하도록 도와준다.

- **인공 지능 전조등(Adaptive Front Lamp System, AFLS)** 도로 상태, 주행, 기후 조건 등 운전 상황 변화에 따라 운전자에게 최적의 조명 상태를 자동으로 제공하는 시스템. 예를 들어, 멀리까지 시야를 확보해야 하는 야간 고속 주행 시에는 기존 제품에 비해 빛이 먼 거리까지 도달하고, 좌우 시야를 확보해야 하는 야간 시내 주행 시에는 광폭을 넓히면서도 반대 차선 운전자의 눈부심을 감소시켜 주는 기능을 제공한다.

- **자재이음(Universal joint)** 두 개의 축이 어느 각도를 이루어 교차할 때, 자유로이 동력을 전달하기 위한 장치

- **전자식 주행 안정 프로그램(Electronic Stability Program, ESP)** 주행 상황에 맞게 4개의 바퀴에 개별적으로 브레이크를 작동시켜 언더스티어(Under Steer) 및 오버스티어(Over Steer)를 억제하는 장치이다.

- **주차 조향 보조 시스템(Smart Parking Assist System, SPAS)** 주차 시 차량 외부 센서가 주변 장애물을 감지하고 자동으로 스티어링 휠을 조작해 준다. 운전자는 스피커의 안내 음성에 따른 페달 조작만으로 평행주차는 물론 직각주차까지 할 수 있다.

- **중장거리용 무선 접속 규격(Continuous Air Interface for Long and Medium Range, CALM)** ISO TC204 WG16에서 표준화하고 있는 중장거리용 무선 접속 규격. 지능형 교통 시스템 구현을 위한 자동차 외부 네트워크 기술로 차를 중심으로 차량 간, 차량과 인프라 간, 인프라와 인프라 간 통신을 지원하는 기술이다.

- **직렬 변환기(Serializer)** ①정보 처리 장치의 입 · 출력 장치는 한 문자에 대한 복수 개의 요소를 병렬 신호로 주고받는데, 이것을 직렬로 변환하는 기능 또는 장치. 전송 시스템에서 보통 직렬 전송이 사용되므로 단말 장치에는 이 기능이 필요하다. ②공간적으로 동시에 존재하는 상태로 표현되어 있는 데이터를 이것에 대응하는 시간적으로 직렬인 상태로 변환하는 기구.

- **직병렬 변환기(Deserializer)** 펄스 부호 변조(PCM) 다중화에서 신호 소자의 시퀀스를 해당 디짓(Digit)군으로 변환하는 기기. 모든 디짓은 동시에 나타난다.

- **차량 간 통신(Vehicle to Vehicle communication, V2V)** 차량 간 무선 통신에 의한 자율적인 형태의 차량 통신 기술. 차량 간 통신을 기반으로 차량 추돌 경고 서비스와 그룹 통신을 제공한다.

- **차량 내 네트워크(In-Vehicle Network, IVN)** 차량 내 센서나 전자 장치 간 유·무선 통신 네트워크. 차량의 보디나 섀시 부분을 연결하고 제어하는 계측 제어기 통신망(CAN), 오디오, 앰프, CD 플레이어 등 멀티미디어 접속을 위한 차량 네트워크 시스템(MOST), 그리고 브레이크나 조향 장치를 연결하고 제어하는 X-by-Wire(Flexray)가 있다.

- **정전식 터치스크린(Capacitive Touchscreen)** 사람의 몸에서 발생하는 정전기를 감지해 구동하는 터치스크린. 정전 용량 방식의 터치스크린은 내구성이 강하고 반응 시간이 짧고, 투과성도 좋으며, 멀티터치가 가능해 주로 산업용이나 게임기용으로 많이 사용되어 왔으며, 휴대폰에도 사용된다.

- **초음파 센서(Ultrasonic Sensor)** 초음파의 특성을 이용하거나 초음파를 발생시켜 거리나 두께, 움직임 등을 검출하는 센서. 초음파 용접기, 세척기, 플라스틱 본딩, 가공 등에 이용되는 고음압용과 생산 제어, 비파괴 검사, 침입 검사, 물성 측정, 의료 진단, 지연 선로, 신호 처리 등에 활용되는 저음압용이 있다. 로봇이나 u-센서에서 물체를 지각하고, 거리를 측정하는데 이용되는 초음파 센서로는 음의 발생과 검출을 겸하는 것으로 특정한 결정구조를 갖는 물질의 압전(Piezoelectricity) 소자와 고전압 펄스를 인가할 경우 정전인력에 의해 진동이 발생하는 정전효과 방식이 있다.

- **테더링(Tethering)** 인터넷에 연결된 모바일 단말이 중계기 역할을 수행하여 주변 기기에 인터넷 접속 기능을 제공하는 것. 방식에 따라 블루투스, USB 케이블 연결, 무선 랜(WLAN) 방식 등이 있으나, 속도나 편의성을 고려해 무선랜 방식을 주로 사용하고 있다. 테더링은 다른 기기를 거치기 때문에 속도가 느리고 전력 소모가 큰 것이 단점이다.

- **통합제어시스템(Domain Control Unit, DCU)** 자율주행차의 두뇌로 각종 센서를 통해 수집된 정보를 계산해 각종 결정을 내리는 역할을 한다. 라이다, 레이더, 카메라에서 얻어진 각종 교통 정보를 종합적으로 분석해 차의 주행 방향과 속도, 멈춤·출발 등을 결정한다. 사람이 실제로 판단하는 것과 같이 교차로에 진입했을 때 신호가 노란색으로 바뀌면 주행을 하고, 교차로 진입 전이라면 브레이크를 작동시켜 멈추게 하기도 한다.

- **패킷 교환망(Packet Switching Network)** 정보의 송·수신을 패킷 교환 방식으로 실현하는 교환망. 패킷 다중 통신이 가능하여 회선을 유효하게 이용할 수 있다. 또 취급하는 정보는 일반적으로 발생 빈도가 높고, 데이터의 길이가 짧으며, 고품질을 요구하는 것(예: 컴퓨터, 단말 간의 대화형 처리나 파일 전송 등을 제외한 컴퓨터 간의 통신 등)에 적당하다.

- **플렉스레이(FlexRay)** 플렉스레이 컨소시엄이 개발한 자동차 내부 통신 프로토콜. 차에

쓰이는 전장 제어 장치 수가 늘어나 개발한 고용량 네트워크 기술이다. 1~10Mbps 정도의 용량으로 시간이나 이벤트 발생을 지원하고, 파워 트레인과 섀시 부분에서 주로 사용된다.

- **확장성 생성 언어(eXtensible Markup Language, XML)** HTML 기능을 확장할 목적으로 월드 와이드 웹 컨소시엄(WWW Consorsium)에서 표준화한 페이지 기술 언어. HTML에서 사용되는 연결(link) 기능 등을 확장함과 동시에 표준 범용 문서 생성 언어(SGML)를 인터넷용으로 최적화한 것으로 사용자가 태그를 정의할 수 있도록 하여 보이는 화면에 추가하여 구조화된 데이터의 전달도 가능하도록 한 것이 특징이다. 웹서비스의 기본 언어로 사용되며, 전자화된 문자와 그래픽, 오디오, 비디오 등 멀티미디어 데이터를 교환, 저장하고 응용, 처리할 수 있게 한다.

13

국내 · 외 주요 스마트자동차 및 서비스

13.1 자동차–IT 업체의 제휴 / 13.2 해외 주요 스마트자동차 및 서비스
13.3 국내 주요 스마트자동차

국내 · 외 주요 자동차 기업들은 향후 주요 핵심 제품이 될 스마트자동차 관련 기술 개발에 많은 노력을 기울이고 있다. 하지만 이전과 달리 내부 역량만으로 필요한 기술을 모두 개발하는 것은 갈수록 힘들어지고 있다. 특히 자동차 내에 많은 센서들이나 이를 구동하고 활용하는 소프트웨어가 중요해지면서 IT 기업과의 협업이 중요해지고 있다. 이 장에서는 이러한 기술적인 흐름에 대해 살펴보고, 주요 자동차 업체에서 개발 중인 스마트자동차와 관련 서비스에 대해 살펴본다.

13.1 자동차–IT 업체의 제휴

기존 자동차 산업은 완성차를 만들기 위해 수많은 기업들로부터 부품을 공급받아 이를 조립한 후 판매하는 구조이다. 자동차 기업들은 특정 모델의 완성차 설계 및 조립, 판매, A/S를 통하여 시장에서 부가가치를 창출한다. 그러나 자동차 내에 IT 부품이 증가하면서 이전과 다른 양상이 전개되고 있다. 자동차 산업의 효과적인 전략이었던 수직 계열화 및 분업화가 이전만큼 큰 힘을 발휘하기 어렵게 된 것이다.

스마트자동차가 다양한 IT 기술을 접목할 수 있는 개방형 플랫폼이나 개발 환경을 제공함에 따라, 많은 IT 기업들이 자동차 기반 소프트웨어나 서비스 개발에 관심을 가지게 되었다. 한 예로, IT 기업들은 인포테인먼트가 자동차의 주요 제어 시스템이 될 수 있다고 보고 이 분야의 핵심 기술 개발에 참여하고 있다. 이에 따라 소프트웨어 개발 업체들은 모바일 환경을 포함한 여러 컴퓨팅 분야에서 축적한 기술과 전략을 바탕으로 인포테인먼트 플랫폼 확보를 추진하고 있으며, 하드웨어 기업 역시 전용 프로세서나 핵심 모듈, 디바이스 개발에 적극적으로 뛰어들고 있다.

IT 기업들이 적극적인 전략 수립과 추진 실적을 보이자 자동차 기업들도 스마트자동차 상용화를 위하여 개발 역량을 강화하고 있다. 하지만, 스마트자동차의 핵심 기술을 자체적으로 개발하는 것은 쉽지 않다. 특히 스마트자동차의 근간을 이루게 될 자동차 내부 네트워크와 고성능 컴퓨팅, 대용량 데이터 처리, 인공 지능, 사이버 보안 등의 분야에 적용되는 IT 기술은 자동차 기업들이 쉽게 따라잡기 어려운 분야로 평가된다.

이에 따라 많은 자동차 기업들은 실리콘밸리에 연구 거점을 마련하고 막대한 투자를 통하여 소프트웨어 개발 인력을 확보하고 M&A 등을 통하여 우수한 기술력 흡수에 나서고 있다. 그리고 전문 개발 역량을 가진 IT 기업과의 공동 연구도 진행하고 있다. GM은 스마트자동차 기술을 개발하는 벤처 기업 크루즈 오토메이션(Cruise Automation)을 인수하였고 포드는 클라우드 컴퓨팅 분야 벤처 기업인 피보탈(Pivotal)을 인수하면서 자율주행차 경쟁력 강화에 나서고 있다. BMW 등 고급 자동차 브랜드의 경우는 구글 및 애플과 공동 기술 개발을 추진하는 한편, 자사 고유 시스템을 구축해 차량용 인포테인먼트에서도 브랜드 정체성을 지키고자 한다. 이 외에도 여러 자동차 업체들은 IT 업체들과 다양한 분야에서 공동 기술 개발에 나서고 있다([표 13-1] 참조).

[표 13-1] 자동차-IT 업체의 제휴 현황

자동차 업체	IT 업체	자동차-IT 융합 협력 부분
GM	모토롤라	- 4G 기술이 적용된 텔레매틱스 서비스 온스타 제공
	구글	- 안드로이드 스마트폰의 활용을 촉진하기 위해 온스타 서비스 제공
	리프트	- 자율주행차 기반 차량 공유 시스템 공동 개발
포드	아마존	- 포드의 SYNC 플랫폼과 아마존의 사물 인터넷 스피커 Echo 연결을 통한 스마트홈 제어 기능 구현 - 차량 내 아마존의 음성 인식 서비스(Alexa) 적용
벤츠	구글	- 인터넷 지도 데이터에서 검색과 전송 기능을 S클래스와 CL클래스 쿠페에 장착
BMW	구글	- 내비게이션에 구글 검색 기능을 도입한 커넥티드 드라이브 개발
	인텔	- PC, 팩스 등을 내장하여 이동 사무실 기능을 갖춘 자동차(Mobile Office Car) 개발
	RIM (Research In Motion Limited)	- 블랙베리 등 스마트폰과 차를 연계시키는 기능 개발
	바이두	- 중국 내 자율주행차 출시를 목표로 기술 공동 개발 - 2015년 고속도로 시범 주행 실시

아우디	엔비디아	– 그래픽 프로세서 테그라가 들어간 내비게이션에서 구동되는 다양한 멀티미디어 서비스 개발
	화웨이	– 화웨이 LTE 모듈 기반 네트워크 서비스 기술 개발
폭스바겐	구글	– 3차원 지도 내비게이션
	애플	– 상품과 디자인, 자동차와 모바일을 통합한 차량 내 엔터테인먼트 시스템 아이카(iCar) 개발
도요타	MS	– MS 윈도 클라우드 애저 플랫폼을 활용하여 텔레매틱스 응용 프로그램 공동 개발 – 멀티미디어 시스템 엔튠(Entune) 공개 – 클라우드 컴퓨팅 및 빅 데이터 기술 연구를 위한 도요타 커넥티드 설립
	RIM	– 하이브리드(Hybrid) 차량의 배터리 상태 모니터링과 같은 관리 서비스 제공
혼다	구글	– 구글 어스(Google earth)의 위성지도 기술을 혼다 내비게이션에 제공
현대 기아차	MS	– 차세대 오디오 시스템, 차량용 정보 시스템, 내비게이션, 텔레매틱스 개발
	시스코	– 차량 내부 네트워크 기술 개발 협력
	보다폰 (Vodafone)	– 유럽 텔레매틱스에서 협력관계 구축
	KT	– 와이브로와 3G, 4G 이동망 등을 활용한 와이브로차 생산
	삼성전자	– 현대차에 삼성전자가 개발한 차량용 반도체 적용
	SKT	– 음성 인식, 원격 제어 등이 가능한 스마트자동차 개발
르노삼성	SKT	– 모바일 텔레매틱스(Mobile in Vehicle, MIV)를 르노삼성 고급차종에 접목해 출시

출처: ETRI 산업분석연구팀, 2011. 12, LG Business Insight 2016. 8. 재구성.

자동차 기업들도 스마트자동차의 핵심은 기계 장치보다는 IT 기술, 특히 소프트웨어라는 사실을 인지하고 있다. 하지만 스마트자동차 시대에도 자동차의 이동성과 안정성은 여전히 중요한 본질적 요소로 인식되고 있다. 따라서 스마트자동차에 필요한 첨단 운전자 보조 시스템 수준의 고도화 등 IT 기술을 바탕으로 주행의 편의성과 안전성을 더욱 강화하고 다양한 자동차의 부가 기능 개발에도 주력하고 있다.

스마트자동차가 보급되면서 차량에서 제공되는 서비스 역시 고객의 차량 구매에 중요한 기준이 되고 있다. 주요 자동차 업체들의 스마트자동차 관련 서비스 현황을 보면 [표 13-2]와 같다.

[표 13-2] 해외 업계의 스마트자동차 관련 서비스 현황

업체	기술명	내용
GM	4G 텔레매틱스 온스타	• 모토롤라와 4G 적용 텔레매틱스 온스타 제공 – 차량도난이 신고되면, GPS를 활용해 온스타 센서가 스스로 엔진출력을 줄이고 시동이 걸리는 것을 막아줌 – 스마트폰을 활용해 24시간, 365일 차량 원격 조종, 길 안내 서비스
포드	통신오락 시스템 싱크	• 싱크는 차량 내에서 와이파이 연결을 통해 다양한 앱 이용, 긴급 상황 발생 시 119로 자동 연결하는 기능 구비 – 운전 중 음성기반 통화, 이메일 확인, 웹 콘텐츠 이용 – 포드 기능 앱을 탑재하여 당뇨나 알레르기 등 질병관리 및 건강상태 점검
	SNS 응용 프로그램	• 미시건 주립대와 자동차 전용 SNS 앱 개발 – 스마트폰 응용 프로그램을 자동차에서 연계·운영 가능, 전용 응용 프로그램 운용
BMW	비전 커넥티드 드라이브 (Vision Connected Drive)	• 2인승 로드스터(Roadster) 콘셉트카에 지능형 솔루션을 탑재한 비전 '커넥티드 드라이브'를 시연
	미션 컨트롤 (Mission Control)	• 2009년 미니 탄생 50주년 기념으로 일명 '말하는 자동차' '캠든(CAMDEN)' 출시 – 주행 상태와 주변 환경을 파악한 뒤, 특정 상황에 도움이 되는 1,500개 이상의 정보와 메시지를 운전자에게 음성으로 알려줌
	인포테인먼트 시스템 아이드라이브	• 내비게이션 및 오디오의 통합 시스템 기능 – '아이드라이브' 실시간 교통정보 및 내비게이션 정보 제공
아우디	인포테인먼트 시스템 멀티미디어 인터페이스(Multimedia Interface, MMI)	• 구글 어스(Google Earth)와 연동된 통합 인포테인먼트 시스템 – MMI 센터 콘솔(Center Console)은 다이얼을 돌리거나 눌러서 조작하며, 4개 컨트롤 스위치를 중심으로 오디오, TV, CD 등의 기능 버튼을 배치
	미래 연결성	• 휴대전화와 차량 시스템을 블루투스로 연결해 차량 모니터로 휴대전화와 차량정보, 내비게이션과 각종 미디어, 오디오 제어
벤츠	커맨드 시스템 (Comand System)	• 라디오, 전화, DVD, CD, MP3, 내비게이션 등 플레이 가능 – 운전자가 운전에 집중할 수 있어 기기조작 스트레스 감소
	텔레에이드 (Teleaid)	• GPS와 연계되어 사고가 발생하면 차량에 장착된 충돌 센서들이 사고 내용을 기록하고 차량 위치와 차번호 등을 가까운 서비스 센터로 전달
도요타	차세대 텔레매틱스	• MS와 차세대 텔레매틱스 플랫폼 구축 – 무선 네트워크를 이용해 이메일이나 정보 검색 서비스, 원격 차량 진단, 차량에 장착된 PC로 교통·생활·긴급구난 등 정보 서비스 이용
	멀티미디어 시스템 엔튠	• MS와 협력해 개발, 운전자는 음성을 통해 영화표를 사고, 식당 예약을 하며, 음악을 들을 수 있는 서비스

출처: (ETRI 산업분석연구팀, 2011. 12.)를 재구성

그 중 차량용 텔레매틱스나 인포테인먼트 분야는 기반 기술 개발이 상당히 진척됨에 따라 다양한 서비스를 제공받을 수 있게 되었다. IT 기술 제품과 자동차 산업의 주요한 차이점은 IT 기술은 빠른 기술 개발이 이루어지고 시장도 빠르게 변화하지만, 자동차는 그에 비해 한 번 구매하면 오랜 기간 사용한다는 점이다. 하나의 완성차를 출시하기 위해 3~5년 이상 기술 개발이 진행되지만, 주요 IT 제품들은 1~2년이 지나면 새로운 기술들이 적용된 제품들로 시장 교체가 이루어진다. 따라서 인포테인먼트를 개발하는 업체는 이러한 자동차 산업의 특성을 올바르게 이해하고 접근해야 한다.

스마트자동차는 자동차와 IT라는 글로벌 경제의 대표적 산업이 결합되었다는 측면에서 볼 때 미래 기술 융·복합 추세 및 파급효과를 조망할 수 있는 척도가 된다. 스마트자동차는 자동차 산업 자체는 물론 운전자의 일상생활과 경제, 문화 등 다방면에 걸쳐 많은 영향을 미칠 수 있기 때문이다.

아직까지 스마트자동차 기술 수준은 신뢰성을 보장하기에 미흡하고 시장 확산의 방향성도 뚜렷하지 않기 때문에, IT 및 자동차 기업들은 강점 영역에 주력하며 부족한 부분을 협력하여 보완하는 전략을 추진하고 있다. 그러나 전기자동차의 확산, 자동차 산업의 새로운 IT 경향 및 신규 자동차 사업의 등장 등 향후 자동차 시대의 변수에 따라 IT 기업과 자동차 기업의 관계가 새롭게 재편될 수 있다. 이런 변화에 따라 자동차, IT, 콘텐츠, 서비스 관련 기업 등 직접적 연관이 없는 다양한 기업들에게도 도전과 기회의 장이 되고 있다.

13.2 해외 주요 스마트자동차 및 서비스

13.2.1 구글 자율주행차

2009년부터 구글의 자가운전 자동차(Self-driving Car) 프로젝트에 의해 **웨이모(Waymo)**란 자율주행 자동차 개발이 진행되고 있다([그림 13-1] 참조). 이 프로젝트는 탑승자를 보다 안전하고 편리하게 목적지까지 이동시키는 목적을 가지고 시작되었다.

출처: https://www.forbes.com/sites/patricklin/2017/04/03/robot-cars-and-fake-ethical-dilemmas/#1ab9b32813a2

[그림 13-1] 웨이모

웨이모는 크게 구글 지도, 하드웨어 센서, 인공 지능을 활용하여 자율주행을 지원한다. 구글 지도는 GPS를 통해 위치를 파악하여 주행 중 필요한 교통정보를 얻을 수 있다. 자동차는 대상 지역을 인치(inch) 크기의 정밀도로 지도에 연결시킬 수 있다. 웨이모에 장착된 여러 하드웨어 센서들은 차량 내·외부의 여러 데이터를 획득하고 실시간 분석하여 의미 있는 정보를 제공한다. 웨이모에 장착된 주요 센서나 시스템은 [표 13-3]과 같다.

[표 13-3] 웨이모에 탑재된 주요 센서나 시스템

센서	주요 기능
라이더 시스템	차량 천장에서 레이저 펄스를 주사하고 반사 시각을 측정하여 반사 지점의 3차원 정보를 추출하는 센서. 장애물을 탐지하여 자율주행을 지원하는 핵심 장치
비디오 카메라	교통 신호나 도로표지판 인식, 인접 차량이나 보행자, 장애물의 위치 추적 기능
레이더 센서	차량 앞에 표준형 레이더 3개, 뒤에 1개를 배치하여 근거리에 있는 물체의 위치를 파악
초음파 센서	대개 주차할 때 매우 가까이 있는 도로의 연석이나 다른 자동차, 장애물의 위치를 정확하게 파악
방위 센서	평형감각 기능을 가진 사람의 귀처럼, 차량 내부에 위치하여 차량의 움직임을 탐지하거나 균형을 맞추기 위해 사용
중앙 컴퓨터	여러 센서들이 수집한 정보를 받아서 분석한 후 조향, 가속/감속, 브레이크 동작 등의 명령을 생성. 관련 소프트웨어는 도로의 여러 규칙이나 돌발 상황을 정확하게 이해해야 함

출처: "A seminar on Google self driving car", R. K. Dash 재구성

웨이모 내부에 위치한 중앙 컴퓨터는 각종 센서들이 실시간으로 수집한 방대한 데이터를 넘겨받아 분석한다([그림 13-2] 참조). 즉, 운전 중에 일반적인 상황뿐만 아니라 다양한 돌발 상황도 발생할 수 있는데, 이 사실을 차량 내에 설치된 여러 목적의 센서들이 수집하고 데이터를 분석한 후 자율주행에 필요한 명령을 자동차 부품에 내려 보내야 한다.

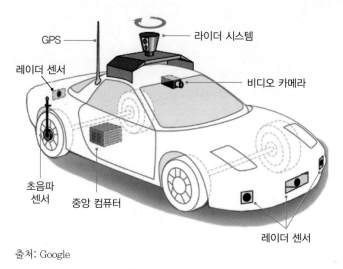

출처: Google

[그림 13-2] 웨이모의 주요 센서 및 시스템 배치

구글은 2012년 6개 모델의 자동차에 자율주행 기능을 장착한 후 도로에서 실험하기 시작하였다. 이 실험 주행을 위해 미국의 4개 주와 워싱턴 D.C에서 자율주행을 위한 법률을 제정하였다.

또한, 2014년 구글은 스마트폰과 자동차를 융합시켜 탑승자에게 필요한 다양한 정보를 제공하기 위한 안드로이드 오토(Android Auto)를 발표하였다. 외부 인터넷과 연결될 수 있는 스마트폰이 자동차의 디스플레이와 연결됨으로써, 운전과 관련된 정보뿐만 아니라 여러 편의 기능도 제공할 수 있게 되었다([그림 13-3] 참조). 예를 들면, 구글 지도(Google Maps)와 연계한 실시간 내비게이션 기능, 사용자의 음성이나 동작을 인식한 편리한 사용자 인터페이스, 음악 재생, 전화 및 문자 서비스 등의 지원이 가능하다. 이를 수행할 때 앞서 언급한 중앙 컴퓨터가 일부 편의를 위한 기능을 수행할 수 있다.

출처: http://mediawire.press/kenwood/kenwood-ships-multimedia-receivers-with-apple-carplay- and-android-auto/

[그림 13-3] 안드로이드 오토를 장착한 제품(KENWOOD)

13.2.2 BMW

BMW의 인포테인먼트 시스템 '아이드라이브(iDrive)'는 내비게이션 및 오디오의 통합시스템으로 실시간 교통정보 및 내비게이션 정보를 제공한다([그림 13-4] 참조). 애플 아이폰, RIM 블랙베리(BlackBerry) 등의 스마트폰과 연동해 이메일 확인, 웹서핑(Web Surfing), 멀티미디어 콘텐츠 재생 등을 지원한다.

차량에 장착된 이동통신 장치를 통해 자동차와 운전자, 외부 환경을 연결하는 텔레매틱스 시스템인 **커넥티드 드라이브**(Connected Drive) 기술을 적용하여 다양한 스마트 앱과 서비스 접속을 지원한다. 스마트폰으로 차량 원격 제어가 가능하며, 앱을 통해 외부에서 차량의 상태를 실시간으로 확인할 수 있다([그림 13-5] 참조). 또한 소형화된 착용형 기기를 스마트 자동차와 연결한 서비스도 출시하고 있다. BMW는 갤럭시 기어로 BMW 전기차 i3의 원격 시동, 목적지 정보 전송, 차량 내부 온도조절, 배터리 잔량 확인, 충전 소요시간, 차문 개폐 상태 등의 서비스를 제공한다([그림 13-6] 참조).

출처: https://i.ytimg.com/vi/U8EpSrXRJkM/maxresdefault.jpg

[그림 13-4] BMW의 iDrive

출처: https://www.bmw.co.kr

[그림 13-5] BMW - 원격 제어

출처: ETRI, 전자통신동향분석

[그림 13-6] BMW 착용형 기기

예상치 못한 위급 상황 발생 시, **긴급전화**(Emergency Call) 서비스로 24시간 콜센터와 원격으로 연결해 도움을 받을 수도 있다. 주행 중 긴급 상황이 발생하거나 임의의 사고로 에어백이 펼쳐지는 경우, 차량에 탑재된 가입자 식별 모듈(Subscriber Identification Module, SIM) 카드를 통해 자동으로 BMW 콜센터로 연결된다. 콜센터의 사고 전담 직원은 구조정보를 수신하고 구조대에게 전달하는 등 운전자를 돕기 위한 지원을 한다. 그 외에도 버튼만 누르면 24시간 연중무휴로 BMW 콜센터 담당 직원을 통해 다양한 지원과 원하는 정보를 제공받을 수 있다.

원하는 장소를 찾아 안내하고 도착하도록 도와주는 **컨시어지 서비스**(Concierge Services)도 개발하였다. 차량에 내장된 다양한 장치들이 목적지까지 안전하게 도착할 수 있도록 안내하고, 고속도로에서 자동차는 스스로 운전대와 속도를 조절하는 자율주행이 가능하다.

또한, BMW iDrive의 조작 시스템 모니터는 터치 패널 스크린을 적용하여 편리성을 높였다. 특히 운전 중에도 간단한 손동작만으로 전화 수신이나 거부, 오디오 음량 조절 등이 가능하도록 제스처 컨트롤을 탑재했다. 즉, iDrive는 손동작 인식을 포함하여 기본 조작, 터치스크린 패널, 음성 인식 인터페이스로 구성되었다. 동작 인식 기능은 다섯 가지 손동작을 인식한다. 지정된 방식으로 손을 움직이면 루프 아래 장착된 카메라를 통해 인식되며, 오디오 볼륨 조절, 에어컨 온도, 전화 기능 등을 조작할 수 있다([그림 13-7] 참조).

출처: http://global-autonews.com

[그림 13-7] BMW - 동작 인식

운전자의 안전과 연관이 깊은 첨단 운전자 보조 시스템 측면에서도 여러 기술을 선보이고 있다. 넓고 먼 시야 확보와 편안한 주차를 가능하게 하는 **드라이버 어시스턴스 시스템**, 레이더를 이용한 차간 제어가 가능한, 스탑앤고(Stop & Go) 기능이 탑재된 **능동형 크루즈 컨트롤**, 자동으로 속도를 조절하는 **활성화 브레이크**(Brake Activation) 등이 안전주행을 지원한다. 레이더 센서가 지속적으로 도로 상태를 스캔해 차간 거리를 유지하며 차량의 속도를 제어하는데, 교통상황이 원활해지면 시스템이 자동으로 가속한다. 반면, 스스로 전방의 상황에 대응하는 **접근 제어 경고 시스템**은 전방의 차량이 급제동을 걸면 시각적으로 경고 신호를 보내고 다시 경고음을 내며, 그래도 운전자가 제동을 걸지 않으면 차량이 자동으로 제동을 걸어 안전 주행을 돕는다. 주변 상황을 정확하게 확인하기 위한 **인텔리전트 비전**(Intelligent Vision)은 비전 지원 기술을 적용하여 주행 중에 시야를 쉽게 확보할 수 있다. 가시성이 떨어지는 상황이나 야간 주행 시 멀리까지 가시거리를 확보하여 운전자를 돕는다.

차량에 설치된 **측면 뷰**(Side View)를 통해 사각지대에서 다가오는 차량을 보여주고, 프론트 휠 아치(Front Wheel Arch)에 설치된 두 개의 카메라가 반대편에서 오는 차량을 감지한다. 측면 뷰가 감지한 주변 정보는 컨트롤 디스플레이(Control Display)를 통해 확인할 수 있다([그림 13-8]). 또한 **서라운드 뷰**(Surround View)가 주변 약 270° 범위의 시야를 확보해 준다. 주변 상황을 지속적으로 확인할 수 있어 어려운 진입로나 좁은 주차공간도 안전하게 드나들 수 있다([그림 13-9]). 측면 거울(Side Mirror)에 장착된 카메라와 후방 주시 카메라(Rear View Camera)로 주변을 확인할 수 있다. 차량 전면의 좌우에 설치된 두 개의 디지털 카메라가 측면 상황을 포착해 컨트롤 디스플레이를 통해 보여주기 때문에, 반대편에서 오는 차량의 상황을 즉시 확인하고 반응할 수 있다.

출처: https://www.bmw.co.kr

[그림 13-8] BMW – 측면 뷰   [그림 13-9] BMW – 서라운드 뷰

자동차 앞 유리창에 주행 정보를 표시해 주는 **전방표시장치**는 주행 속도, 충돌 경고, 속도 제한, 컨트롤 메시지 등 중요한 주행 정보를 한눈에 볼 수 있게 한다. 전방의 도로에 시선을 떼지 않고도 주요 주행 정보와 도로 상황을 지속적으로 확인할 수 있어 주행에 집중할 수 있다.

손대지 않고 주차하는 **주차 보조**(Parking Assistant) **시스템**은 스마트 안심 주차를 가능하게 한다. 주행 속도 시속 35km 이하, 주차 공간이 1.5미터 이상이 되면 초음파 센서가 주차 가능 공간을 알려준다. 주차 공간을 찾은 다음 주차 보조 스위치를 누르면 차량이 스스로 기어를 선택하고 운전대를 조작하며 가속과 감속을 제어한다. 주차 공간을 찾을 때 주차와 관련된 정보를 컨트롤 디스플레이에 표시한다.

원격 발렛 파킹 어시스턴트(Remote Valet Parking Assistant) 시스템은 레이저 스캐너를 통해 얻은 정보를 여러 층의 주차장과 같은 건물 정보를 합산하는 무인주차를 돕는다. 운전자가 스마트시계를 이용해 원격 발렛 파킹 어시스트를 활성화하면, 시스템이 독립적으로 작동해 단계별로 차량의 움직임을 제어한다. 주차장의 구조적 특징을 먼저 인식하고, 삐딱하게 주차된 차량과 같은 의외의 장애물까지 피해 안정적으로 주차할 수 있다. 주차된 차는 운전자가 스마트시계를 통해 출발 명령을 내리면, 운전자가 주차장에 도착할 때까지의 정확한 시간을 계산해 시동을 미리 걸어둔다.

13.3 국내 주요 스마트자동차

국내 자동차 제조기업도 여러 IT기업과 협력해 스마트자동차의 다양한 서비스를 개발하고 있다([표 13-4] 참조). 현대자동차는 블루링크, 기아차는 우보라는 인포테인먼트 시스템을 자체적으로 개발하였으며, 마이크로소프트나 국내 이동통신사 등과 협력하여 자율주행 시스템 개발을 진행하고 있다.

스마트폰을 활용한 원격제어나 차량 관리, 자동주차, 차선 이탈 방지, 능동형 차간 간격 크루즈 시스템 등도 개발하고 있다. 스마트폰 앱을 이용하여 차량의 에어컨이나 히터를 제어하고, 문의 개폐나 주차 위치 확인도 가능하다. 차량 상태 정보를 제공하고 문제 발생 시 상담원과 직접 연락할 수 있는 기능이 제공된다. 현대차의 경우, 자동차와 스마트홈 연계로 사물 인터넷의 확장 가능성을 제시하는 '자동차 중심의 스마트라이프 구축'이라는 이동성 개념(Mobility Concept)을 선보였다. 기아자동차는 전기차 전용 텔레매틱스 '우보 이서비스(UVO eServices)', 주행 편의 기술 등을 전시한 바 있다.

삼성전자는 스마트폰과 스마트시계를 통해 차량을 제어하는 부분에 집중하고 있다. 갤럭시 기어를 통해 BMW i3의 제어 기능을 공개한 적이 있으며, 미러링크 시스템을 활용하여 스마트폰과 자동차를 연결시킬 수도 있다. 한편, 인텔과 함께 '타이젠(Tizen)' 운영체제를 자동차 인포테인먼트에 탑재하기 위해 도요타, 재규어, 랜드로버 등과 협력하고 있다. **LG전자** 역시 구글의 운영체제와 소프트웨어 부분의 협력을 기반으로 스마트자동차의 기술 개발을 공동으로 진행하고 있다.

SK텔레콤은 자동차 사물 인터넷 서비스를 선도하기 위해 T-카(Car)를 출시하여 차량의 상태를 항상 모니터링 할 수 있는 서비스를 제공하고 있다. T-카는 차량에 장착된 별도의 모듈과 스마트폰 간의 통신을 통해 원격시동, 셀프 배터리 충전, 주행 기록 관리, 선루프 원

[표 13-4] 국내 업계의 스마트자동차 관련 서비스 현황

업체	기술	내용
현대차	블루링크 (Blue Link)	• 텔레매틱스 및 인포테인먼트 시스템으로 운전자에게 실시간 날씨 정보, 음성으로 문자 메시지 전송, 내비게이션 연동 등의 편의 기능을 제공 − 스마트폰 앱으로 차량 문 개폐, 시동 걸기 등 원격 제어
	스마트 커넥티비티 시스템(Smart Connectivity System)	• 스마트폰, 태블릿PC 등과 연동하여 콘텐츠를 활용할 수 있는 편의성 극대화 − 차량 내 구축된 무선랜(WiFi)과 이동통신망을 활용해 날씨 · 뉴스 · 주식 · 주변 정보 제공
	운전자 정보 시스템(DIS)	• 제네시스에 장착된 통합 정보 시스템으로 멀티미디어와 내비게이션, 텔레매틱스, 차량 공조정보 및 운행정보 등을 차내 모니터에 표시
기아차	유보(UVO)	• MS와 공동 개발한 차량용 인포테인먼트 시스템으로 음성으로 오디오 및 미디어기기 작동 − MS가 개발한 음성 인식 제어 엔진이 적용되었고, 다양한 최신 기능이 소프트웨어 형태로 제공되어 추가나 갱신이 쉬움
르노 삼성	모바일 텔레매틱스	• SKT와 공동 개발 − 내비게이션, 원격 제어, 도난 방지, 긴급 구조 통신, 자동차 원격 검침 등의 기능을 제공
	휴대폰 스마트 엔트리 시스템 (Smart Entry System)	• 스마트폰으로 자동차를 제어하는 시스템으로 SKT와 공동 개발 − 카메라, MP3, PDA, TV 기능이 스마트폰으로 통합되어 자동차 문의 개폐나, 각종 램프의 전원을 제어할 수 있으며 좌석의 조정도 가능

출처: ETRI, 전자통신동향분석를 재구성

격 제어 등 실시간으로 차량 상태를 체크 할 수 있다. 4G LTE 통신 방식을 적용하여 빠른 반응 속도를 보인다. 이 서비스는 현대, 기아 자동차에 설치가능하며, 향후 그 적용 범위의 확대를 위해 노력하고 있다.

13.3.1 현대 · 기아차

현대자동차는 착용형 기기와 연동되는 인포테인먼트 및 텔레매틱스 '블루링크(Blue Link 3.0)'을 공개하고, KT와 연계하여 서비스를 제공한다. 운전자에게 실시간 날씨 정보 제공, 음성으로 문자 메시지 전송, 내비게이션 연동 등의 편의 기능을 제공한다([그림 13-10], [표 13-5] 참조). 운전자는 멀리서도 시동을 걸거나 문을 잠글 수 있고 1.6km 이내에 있는 차의 위치도 손쉽게 찾을 수 있다. 관심 지역 찾기(POI Search) 기능을 통해 자동차에 승차하기

전에 목적지를 내비게이션에 입력할 수도 있다.

출처: http://brucemoon.net/1198142074

[그림 13-10] 현대차의 블루링크

차량 전복 사고 발생 시, 차량에 설치된 버튼을 누르면 GPS를 통해 차량의 위치 정보가 소방서 등으로 전송되어 구급차 등이 사고현장으로 찾아올 수 있다. 삼성전자, LG전자 등은 물론 KT, SK텔레콤 등 이동통신사들과 제휴하여 스마트폰에 저장된 음악, 영화, TV 프로그램 등 멀티미디어 서비스를 차량 내 스마트패드로 이용할 수 있다.

마이크로소프트와 공동 개발한 기아차의 인포테인먼트 시스템 '우보(UVO 3.0)'는 운전자의 음성으로 오디오, 미디어 기기 등을 작동할 수 있다([그림 13-11] 참조). 마이크로소프트가 개발한 음성 인식 제어 엔진이 적용되었고, 다양한 최신 기능들이 소프트웨어 형태로 제공되어 쉽게 추가나 갱신이 가능하다. **기아차**의 '포르테 앱(Forte App)'의 경우, 삼성전자의 갤럭시탭(Galaxy Tab)으로 차량 정보보기와 제어가 가능하다. 차량정보 수집 칩을 운전석 하단 **온보드-진단기**(On-Board Diagnostics, OBD) 단자에 연결하면, 태블릿 PC에서 엔진, 변속기, 냉각수 등 차량 상태를 블루투스 통신으로 전달받아 진단할 수 있다.

[표 13-5] 싼타페의 블루링크 주요 서비스

부문	서비스명	서비스
스마트폰 활용	원격시동 · 공조	스마트폰으로 차량 시동, 에어컨과 히터 작동 · 온도 조절
	원격차문개폐	거리와 상관없이 스마트폰으로 차량 문 열고 잠그기
	주차위치 확인	거리 제한 없이 차량 비상등과 경적 울려 위치 확인. 스마트폰상에 지도로 위치 확인
	목적지 전송	PC나 스마트폰에서 찾은 목적지를 차량 내비게이션에 전송
안전	사고 자동통보	에어백이 터지는 사고 발생 시 상황실에 자동 통보되어 긴급 구조 지원
	SOS 서비스	비상상황 시 버튼 눌러 상황실에 통보. 경찰 · 보험사 연계 지원
	도난 추적 · 경보	도난 차량 위치 · 주행경로 경찰에 실시간 제공. 도난 차량 속도 줄이거나 시동 걸리지 않게 하는 기능. 도난 경보 작동 시 운전자에게 문자 메시지 통보
차량 관리	차량 진단	엔진 이상, 타이어 공기압 등 자가진단하여 상황실에 전송. A/S와 연계
	소모품 관리	엔진오일, 점화플러그 등 소모품 교체시기 안내
정보	생활 정보	교통정보, 지역정보, 스포츠, 뉴스 등 네이버 정보 제공
	무선인터넷	차 내부를 와이파이존으로 조성해 스마트폰이나 노트북 사용
지원	상담 지원	상담원이 길 안내 목적지 설정, 교통정보 제공
	ARS 음성 정보	음성으로 목적지 검색, 전화로 증권 · 날씨 · 유머 음성 정보 수신

출처: http://m.bobaedream.co.kr/board/bbs_view/national/377748

출처: https://commons.wikimedia.org

[그림 13-11] 기아차의 UVO

현대 · 기아차가 추구하는 자율주행 기술의 핵심은 단기적으로는 **고속도로 주행 지원 시스템**(Highway Driving Assist, HDA), 중장기적으로는 **혼잡구간 주행 지원 시스템**(Traffic Driving Assist, TJA)이다. 고속도로 주행 지원 시스템은 '차간 거리 유지'와 '차선 유지 제어'가 핵심 기능이며 에쿠스에 탑재되어 있다. 혼잡구간 주행 지원 시스템은 차량정체 상황과 끼어들기 상황 등 교통상황이 복잡한 도심 구간에서 사고 방지를 위해 연구하고 있는 기술이다. 이러한 기술과 다른 기술을 통합하여 2020년까지 자율주행차 상용화를 추진한다는 계획이다.

현대 · 기아차는 최근 '안전한 차'가 전 세계 자동차 업계의 화두임을 고려하여, 위험 요소를 사전에 감지하고 사고를 예방할 수 있는 '지능형 안전차량' 개발에도 노력하고 있다. 예를 들면, 운전자의 건강 상태나 생체 정보 등을 감지해 차량을 제어하는 기술을 연구하고 있다.

| 용어 해설 |

- **갤럭시탭(Galaxy Tab)** 삼성전자가 2010년 9월, IFA 2010에서 공개한 안드로이드 태블 릿 컴퓨터이자 삼성전자가 제조한 최초의 안드로이드 태블릿 컴퓨터이다.

- **모바일 텔레매틱스(Mobile in Vehicle, MIV)** 휴대전화를 이용하여 자동차를 원격 제어 할 수 있는 모바일 텔레매틱스 서비스이다.

- **온보드 진단기(On-Board Diagnostics, OBD)**: 자동차 산업에서 사용되는 용어로서 스 스로 진단하고 그 결과를 리포트하는 장치를 이야기 한다 . 최근에 생산되는 자동차에는 여러 가지 계측과 제어를 위한 센서를 탑재하고 있으며 이러한 장치들은 ECU(Electronic Control Unit)에 의하여 제어되고 있다. ECU의 원래 개발 목적은 점화시기와 연료분사, 가변 밸브 타이밍, 공회전, 한계값 설정 등 엔진의 핵심 기능을 정밀하게 제어하는 것이 었으나 차량과 컴퓨터 성능의 발전과 함께 자동변속기 제어를 비롯해 구동계통, 제동계 통, 조향계통 등 차량의 모든 부분을 제어하는 역할까지 하고 있다. 이러한 전자적인 진 단 시스템은 발전을 거듭하였으며, 최근 OBD-II(On-Board Diagnostic version II)라는 표 준화된 진단 시스템으로 정착되었다.

- **운전자 정보 시스템(Driver Information System, DIS)** 차량용 네트워크 기술을 집약한 것으로 내비게이션, DVD 플레이어 등 멀티미디어 기기와 윈도, 좌석, 문 등 차량 전자제 어 장치를 하나의 시스템으로 통합하여 운전에 필요한 모든 정보를 모니터를 통해 파악 하고 제어할 수 있게 해 주는 시스템. 라디오, TV, DVD 및 공조 장치, 운전대, 타이어 공 기압 경보 장치(TPMS) 등 차량에서 전자 기술을 이용하는 모든 것들의 정보를 모니터에 보여 주고, 운전자가 터치만으로 모든 것을 조절할 수 있도록 해 준다.

연습문제

01 운전자 없이 주행할 수 있는 자율주행차가 상대 차량과 정보를 주고받거나, 차량 내에 (   )을 구축하는 등 자동차와 사물 인터넷이 융합되는 것을 볼 수 있었다.

02 이전 (   )는 각종 센서 정보를 이용하여 주행 안전성에 초점을 맞추었지만, (   )는 사물 인터넷 기술을 적용하여 운전자의 안전성과 편의성을 높이고자 한다.

03 (   )의 사전적 의미는 '첨단 컴퓨터·통신·측정 기술 등을 이용하여 자동으로 운행할 수 있는 차량'이다. 기계 중심의 자동차에 전기·전자, 정보통신, 제어 기술을 적용하여 높은 수준의 안전과 편의 기능을 제공할 수 있는 자동차이다. 즉, 자동차의 내·외부 상황을 실시간으로 인식하여 도로 위의 위험에 대처할 수 있는 안전성과 탑승자의 만족을 극대화시키는 편의 기능을 갖춘 인간 친화적인 자동차이다.

04 스마트자동차는 통신을 통한 연결성을 강조한 개념인 (   )와 운전자의 조작 없이 스스로 주행하는 (   )의 두 가지 특성을 모두 갖춘 자동차를 의미한다.

05 스마트자동차의 안전 기술 중 하나로 (   )은 차선 이탈 방지 및 경고, 적응형 순항 제어 장치, 자동 긴급 제동 장치 등을 조합하여 운전자가 안전하게 운전할 수 있도록 지원한다.

06 (   ) 기술은 차량 결함, 사고 예방 및 회피, 충돌 등 위험 상황으로부터 운전자 및 탑승자를 보호하여 교통사고로 인한 피해를 획기적으로 경감하는 기술이다.

07 (   ) 기술은 자동차에 흥미를 부여하고 운전자 편의를 극대화하여, 자동차를 가정, 사무실에 이은 제3의 주거공간으로 활용하는 기술이다.

08 가장 이슈가 되는 (   ) 기술은 차량에 설치된 센서, 카메라 등으로 교통신호, 차선, 장애물 등에 대한 정보를 수집하고 이를 차량에 내장된 컴퓨터가 수집해 주변 상황에 맞게 차량을 스스로 운행하는 기술이다.

09 안전 기술 작동 영역은 교통사고 발생 전 예방을 위한 (   )과 사고 후 사고 피해를 줄이고 확대를 방지하는 (   )으로 구분된다.

10 2009년부터 구글의 자가운전 자동차(Self-driving Car) 프로젝트에 의해 (   )란 자율주행 자동차 개발이 진행되고 있다.

| 선택형 |

01 차량 내부의 네트워크와 외부 통신을 기반으로 차량 내 정보를 통합 관리하고 운전자에게 필요한 정보를 제공하거나, 오락, 정보 등 다양한 콘텐츠를 즐길 수 있게 해주는 기술이 아닌 것은?

① 텔레매틱스   ② 인포테인먼트
③ 차량·사물 통신   ④ 오디오 앰프

02 "사람이 탑승한 상태에서 사람의 개입(제어)없이 자동차 스스로 목적지까지 주행할 수 있는 자동차"는 다음 중 어느 개념에 해당하는가?

① 커넥티드 카   ② 자율주행차
③ 무인자동차   ④ 스마트자동차

03 다음의 자동차 자동화 단계 정의에 해당하는 것은?

- 본격적인 자율주행 시스템을 갖춘 자동차
- 특정 교통 환경에서 자동차가 모든 안전 기능을 제어
- 자동차가 모니터링 권한을 갖되 운전자 제어가 필요한 경우 경보신호 제공
- 운전자는 간헐적으로 제어
- 예: 구글 자동차, 아우디 TTS 등

① 특정 기능 자동화   ② 조합 기능 자동화
③ 제한된 자율주행   ④ 완전 자율주행

04 다음 중 스마트자동차에 적용된 안전 기술 분야가 아닌 것은?

① 커넥티드 카(Connected Car)

② 첨단 운전자 보조 시스템(Advanced Driver Assistance System, ADAS)

③ 자율주행차(Autonomous Vehicle)

④ 협업안전시스템(Cooperative Safety System)

05 다음 중 스마트자동차의 IT 관련 주요 이슈가 아닌 것은?

① 자동차 네트워크   ② 고성능 컴퓨터

③ 보안성 확보   ④ 편의 장치 확보

06 스마트자동차 기술 분류 중 안전 기술에 해당하지 않는 것은?

① 모바일 오피스 시스템   ② 엑츄에이팅 시스템

③ 운전보조 시스템   ④ 사고 예방/회피 시스템

07 스마트자동차 기술 분류 중 편의 기술에 해당하지 않는 것은?

① 인간 대 기계 인터페이스 시스템   ② 자동차 상태 모니터링 시스템

③ (반)자율주행 시스템   ④ 자동차용 무선 통신 기술

08 스마트자동차에 사용되는 주요 센서가 아닌 것은?

① 레이더(RADAR)   ② 습도 센서

③ 제스처 인식용 3차원 형상인식 센서   ④ 라이더(LIDAR)

09 다음 중 차량 중심의 유·무선 통신 기술의 구분에 포함되지 않는 것은?

① 차량 간 통신(V2V)   ② 차량 인프라 간 통신(V2I)

③ 차량 보행자 간 통신(V2P)   ④ 차량과 디바이스간 통신(V2D)

10 다음 중 글로벌 자동차 업체의 인포테인먼트 시스템이 아닌 것은?

① 아이드라이브(iDrive)   ② 그린링크(Greenlink)

③ 온스타(OnStar)   ④ 엔튠(Entune)

11 다음 중 IT 기업의 인포테인먼트 플랫폼이 아닌 것은 ?

① 카플레이(CarPlay)　　　　　② 안드로이드 오토(Android Auto)

③ 싱크(Sync)　　　　　　　　④ AGL

| 서술형 |

01 자율주행 중인 차량의 사고가 났을 때, '누구에게 책임을 물을 것인가?' 하는 문제가 발생한다. 이를 해결하기 위해 무엇을 준비해야 하는가?

02 스마트자동차에 적용될 주요 안전 및 편의 기능에 대해 설명하시오.

03 스마트자동차의 엑츄에이팅 시스템에 대하여 설명하시오.

04 스마트자동차의 수동안전 시스템에 대하여 설명하시오.

05 스마트자동차의 차량·사물 통신(V2X)에 대하여 설명하시오.

06 스마트자동차의 차량용 인포테인먼트에 대하여 설명하시오.

07 구글과 애플의 차량용 인포테인먼트 플랫폼 전략을 비교 설명하시오.

스마트공장(Smart Factory)

들어가며

최근까지 공장 자동화는 미리 입력된 방식에 따라 생산시설이 수동적으로 움직였다면, '스마트공장 (Smart Factory)'은 기계끼리 통신하며 상황에 따라 생산설비가 능동적으로 작업 방식을 결정하고 최적의 공정을 구현하는 것이다([그림 1] 참조). 기존 제조 공장에서 문제가 발생하더라도 모든 공정을 거친 후, 최종 제품이 나와야 불량여부를 확인할 수 있는 구조였다. 동일한 불량품이 여러 개 나오더라도 발견하기 어려웠다. 그러나 스마트공장에서 문제를 발견하면, 각 제조 단계마다 부착된 스마트센서가 바로 전(前)단계 조립 기계에 새로운 공정지시를 내릴 수 있어 실시간으로 불량품을 잡아낼 수 있다. 이에 따라 비용 절감과 생산성 향상을 가져올 수 있다.

출처: LG CNS

[그림 1] 산업혁명 역사 속에서 제조 시스템의 진화 과정

이와 같이 ICT 기술로 구현된 스마트공장은 다품종 복합(소량, 대량) 생산이 가능한 유연 생산 체계 구축이 가능하고, 생산성 향상, 에너지 절감, 안전한 생산 환경, 개인 맞춤형 제조, 제조 · 서비스 융합 등의 실현이 가능하다. 또한, 시시각각 변화하는 **생산자원(4M1E)**, 즉 **인력(Man), 기계(Machine), 자재(Material), 공정(Method), 에너지(Energy) 또는 환경(Environment)**의 정보를 실시간으로 현장에서 취합하여 최고경영자가 의사결정을 내리는데 필수적인 정보를 제공한다([그림 2] 참조). 즉 현

장의 실시간 정보를 공장 관리자에게 제공할 수 있으며, 이 정보를 기반으로 최고 경영자, 고객, 공장 관리자는 공장 전체의 생산성 향상과 운영의 최적화를 위한 피드백을 제공한다. 이를 바탕으로 IT 융합 생산 정보화 시스템에 기반을 둔 **무대기시간**(Zero Waiting-time), **무재고**(Zero Inventory), **무가동 휴지시간**(Zero Downtime), **무불량**(Zero Defect)으로 하는 **4무(Zero)**의 **연속개선**(Continuous Improvement Process, CIP) 관리를 구현할 수 있다.

한 국가의 미래는 생산 요구에 얼마나 적절하게 대응하느냐에 따라 크게 영향을 받을 수 있고, 그러한 미래 사회의 변화와 수요를 충족할 중요한 핵심 중 하나가 스마트공장이다. 스마트공장은 단순한 제조혁신이 아니라 사람들의 인식과 산업체계를 바꿀 수 있는 패러다임이며, 제조업의 고도화를 실현함으로써 생산성 향상에 기여하며 새로운 미래를 열어가고 있다.

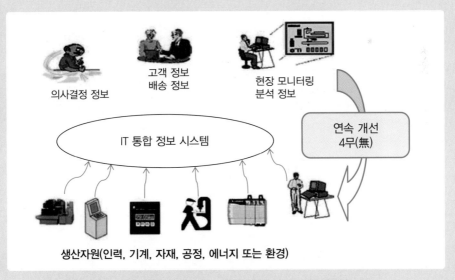

[그림 2] 스마트공장을 위한 생산 IT 융합 모델의 블록 다이어그램

최근 사물 인터넷 기술을 이용하여 생산 기기와 생산제품에 대한 실시간 정보 공유가 가능해짐에 따라 전 생산과정을 최적화 할 수 있는 '스마트공장'이 부각되고 있다. 스마트공장은 제품의 설계, 개발, 제조, 유통, 물류 등 전 생산과정에 정보통신 기술을 적용하여 생산성, 품질, 고객 만족도 등을 향상시키는 지능형 공장이다. 직접 공장에 가지 않아도 스마트폰이나 컴퓨터로 현장을 확인하고, 제어가 가능하다([그림 14-1] 참조).

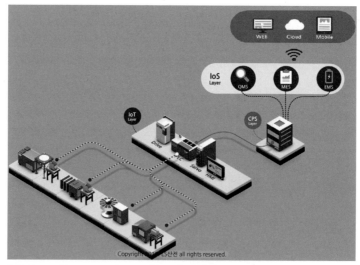

출처: https://www.youtube.com/watch?v=Ph3TdxfL6t0

[그림 14-1] 스마트공장

스마트공장의 기능 요건은 생산과 관련된 정보를 **감지**(Sense)하고, 감지된 정보를 기반으로 의사결정을 하기 위한 **판단**(Control)을 하고, 판단된 결과를 생산현장에 반영하도록 **수행**

(Actuate)하는 3단계로 구성된다([그림 14-2] 참조). 감지 단계에서 생산 환경(생산 장비, 인력운용 등), 제품 환경(생산조건, 실적정보, 재고현황 등), 시장 환경(고객 요구사항, 제품수명 등)과 관련된 정보들을 수집한다. **판단** 단계에서 생산 환경 정보와 생산 전략의 변화를 바탕으로 사전에 분석하고 정의된 기준에 따라 생산 환경 및 전략을 수정한다. **수행** 단계에서 판단결과를 실시간으로 생산 환경에 적용하기 위해 네트워크를 통한 제어 및 생산 전략 변경을 실행한다.

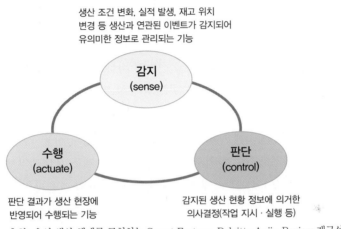

생산 조건 변화, 실적 발생, 재고 위치
변경 등 생산과 연관된 이벤트가 감지되어
유의미한 정보로 관리되는 기능

감지
(sense)

수행
(actuate)

판단
(control)

판단 결과가 생산 현장에
반영되어 수행되는 기능

감지된 생산 현황 정보에 의거한
의사결정(작업 지시 · 실행 등)

출처: 유연 생산 체계를 구현하는 Smart Factory, Deloitte Anjin Review 재구성

[그림 14-2] 스마트공장의 기능요건 3가지

스마트공장은 센서, 제어기기 등 다양한 기능의 지능형 디지털 기기로 구성된 스마트장비를 갖추는 것부터 시작한다. 그 다음 공장 전반에 걸쳐 기계 장비, 통신 기기, 화상 기기, 컴퓨터 같은 디지털 기기들이 공장의 전용 네트워크 플랫폼에 연결되어 사물 인터넷이 가능한 스마트한 공장이 구축된다. 이 장비들은 실시간으로 기계의 운전 상태, 사용한 원료, 생산량 등의 데이터를 생성 · 수집하여 활용할 수 있게 한다. 또한, 사이버 물리 시스템, 공장 에너지 관리시스템(Factory Energy Management System, FEMS)을 기반으로 제조의 모든 단계가 자동화 · 정보화(디지털화) 된다.

그리고 공장의 자산과 전사적 자원 관리, 공급 사슬 관리 같은 시스템이 하나의 네트워크에 연결되고, 원격지의 공장과 공급망, 물류창고, 영업소, 공급업체 및 수요업체에 걸쳐 인터넷으로 운영되는 스마트 기업으로 발전하게 된다.

14.1 스마트공장의 개념

스마트공장과 유사한 용어로 **스마트제조**(Smart Manufacturing)가 있으며, 두 용어의 차이가 국내 · 외에서 명확하게 구분되어 있지 않다. 단지 국제적으로 일종의 브랜드와 같이 미래 제조업의 비전을 제시하는 목표로 활용되고 있으며, 두 용어에 대한 뚜렷한 구별 없이 사용하고 있다. 다만, 국내에서 스마트공장은 제조가 일어나는 장소라는 의미에 중점을 두고, 스마트제조는 제품이 제조되는 행위에 초점을 두고 있다.

스마트공장에 대해서도 광의의 스마트공장과 협의의 스마트공장의 의미가 혼용해서 사용되고 있지만, 국내에서 이들에 대한 정의가 명확하게 구별되지 않은 상황이다. 일반적으로 **광의의 스마트공장**은 비즈니스 가치 사슬 전반에 최적화가 가능하며, 유연함과 상호운용성을 지원하는 자동화 지능형 설비, 생산, 운영의 통합 및 개방을 통해 고객과 소통하는 공장으로 설명하고 있다. **협의의 스마트공장**은 제품의 기획 · 설계, 생산, 품질, 유지보수 등 제조 공장에서 생산 프로세스에 대한 정보화와 생산 시스템의 자동화를 실현하는 공장으로 설명하고 있다. 스마트제조는 가치사슬을 이루는 전체 제조 생태계의 지능화를 아우르는 광의 스마트공장 개념이고, 그 속에서 제조 공정 및 공장의 효율화 및 지능화를 도모하는 것이 협의의 스마트공장 개념이라 할 수 있다([그림 14-3] 참조).

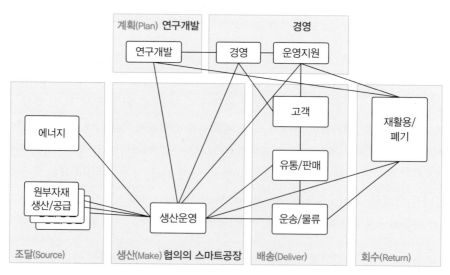

[그림 14-3] 광의의 스마트공장 내의 협의의 스마트공장 개념 모델

다시 말해서 **광의의 스마트공장** 개념인 스마트제조는 기존의 제조업 경쟁력 향상과 변화하는 시장 환경에 능동적으로 대응하기 위해 전통 제조 산업에 ICT 기술을 결합한 제조 기술이다. 즉, 사물 인터넷, 센서, 클라우드, 빅 데이터, 인공 지능, 정밀 제어 등 다양한 기술 간의 융합을 통해 높은 수준의 자동화 서비스 및 지능화된 인프라를 제공하는 기술이다. ICT 기술을 적용하여 제품의 기획, 설계, 생산, 유통, 판매 등 전 과정을 통합함으로써 기간을 단축하거나 맞춤형 제품 개발을 용이하게 하고, 모기업-협력사 간의 실시간 연동을 통하여 품질, 물류 등 전 분야에서 협력과 재고 비용 감소가 가능하다. 또한, 생산성 향상, 에너지 절감, 인간 중심의 작업환경 구현 및 개인 맞춤형 제조 등 새로운 환경에 능동적으로 대응하는 차세대 공장 구축이 가능하다. **ICT 다이버전스**(Divergence) 산업으로 변화는 제품군의 다양화, 제품 수명 주기 단축, 시장의 다변화 등 생산 환경 변화를 가져오고 있다.

기술 개발 측면에서 스마트공장 설계/운영/최적화, 기계 학습(Machine Learning) 및 인공 지능 기반의 제조 지능(Manufacturing Intelligence), 사이버 물리 시스템, 산업 데이터 분석(Industrial Data Analytics), 클라우드 컴퓨팅(Cloud Computing), **산업용 사물 인터넷**(Industrial Internet-of-Things, IIoT), 스마트센서(Smart Sensor) 등의 다양한 핵심 요소 기술이 연구 및 개발되고 있다([그림 14-4] 참조).

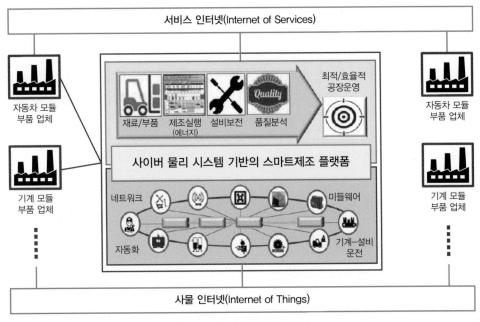

[그림 14-4] 스마트공장 개념도

14.1.1 제품생산 과정

기존의 공장에서는 소비자의 요구사항(needs)을 분석하여 이를 기반으로 제품 기획 및 디자인하고, 제품을 설계하고, 부품을 조달하여 생산하고 출하한다. 이 과정에서 고객 관계 관리 시스템, **컴퓨터 지원 설계 제조**(Computer-Aided Design And Computer-Aided Manufacturing System, CAD/CAM) **시스템**, 제품 수명 주기 관리 시스템(Product Lifecycle Management, PLM), 공급 사슬 관리 시스템(Supply Chain Management, SCM), 전사적 자원 관리 시스템(Enterprise Resource Planning, ERP), **제조 실행 시스템**(Manufacturing Execution System, MES), **유통 관리 시스템**(Logistics Management System, LMS)과 같은 다양한 시스템이 개발되어 활용되고 있다.

스마트공장에서는 이러한 전통적인 과정이 아닌 맞춤형 또는 개인화 제조가 가능한 새로운 과정으로 변화하고 있다. 고객이 요구사항을 전달하면, **크라우드소싱**(Crowdsourcing) 방식으로 제품이 기획 및 디자인되고 인터넷에 존재하는 부품 공급자들로부터 부품을 받아 첨단화된 소규모 공장에서 제조되어 고객에게 전달된다.

이처럼 스마트공장은 주문을 받아 제품을 기획하고 부품을 조달하여 생산하는 모든 과정이 인터넷을 통해서 이루어진다. 이러한 개념은 기존의 고객 관계 관리, 공급망 관리 또는 유통관리의 개념을 완전히 바꾸어 놓고 있다. 제품의 판매 역시 인터넷상의 쇼핑몰에 올려서 전 세계 고객에게 직접 판매할 수 있다.

고객의 입장에서 생산수단을 통제할 수 있게 된다. 누구나 공장을 가질 수 있게 됨에 따라 과거 공장을 갖출 수 없어 창의적 아이디어나 제품을 구현해 볼 수 없었던 문제들도 해소된다.

[그림 14-5]는 과학기술정보통신부에서 경제도시와 연계한 스마트공장을 구체적 사례를 들어 설명한 것이다. 이러한 개념을 스마트제조 공장과 연계하면, 기존의 제품 설계-생산-유통과는 완전히 다른 생산과정을 제시할 수 있다.

이슈 제기	이슈 분석	SNS 전파	전문가/대중 해결안 수렴	전문가/대중 해결안 분석	가상팀 구성
치매 할머니가 자꾸 집을 나가세요.	이슈 분류: 국민생활-치매 이슈 분석: 유사 요구사항 없음 정보 검색(웹/특허 등): 하루 빨리 요양원으로 보내 주세요.	대중 참여 유도를 위한 SNS 전파 관심 이슈 투표	신발에 GPS를 다세요.	제안자 검토: 할머니가 주로 슬리퍼를 신고 나가세요.	
			현관문 바닥에 압력 센서를 설치하고 알람을 주세요.	대중 검토: 바닥 위에 센서를 올려 놓으면 센서 이동의 위험이 있고, 바닥 아래 센서를 놓으려면 시멘트를 뜯어야 합니다. 현실적이지 못합니다.	
			로봇청소기에 카메라를 장착하고 얼굴인식 모듈을 장착하여 할머니가 현관문을 나가시려고 할때 말을 걸어드리면 어떨까요?	– 괜찮은 방법 같습니다. 얼굴인식 정확도는 어느 정도일지요? – 최근 알고리즘들은 약 95%정도까지 인식 가능합니다.	가상팀 구성 요청 (미완료)
			손목시계형 위치 추적 센서를 채워드리면 어떨까요?	– 좋은 방법이네요. 저렴하게 만드는게 중요한것 같습니다.	가상팀 구성 요청 → 가상팀 구성 완료

			스마트 공장		
컨셉 디자인	전문가 대중 설계 검토	컨셉 설계 제안	협업 공학설계	협업 제작	해결완료
제품의 컨셉 디자인 – 외형 디자인 – HW Spec – SW 기능 – 예상 가격 등 	제안자 검토: 치매 할머니에게 하루 종일 채워드리려면 방수 기능이 필요할 것 같습니다. 대중 검토: 중앙 관제 센터를 운영하지 않으려면, 위치 추적 결과를 보호자 스마트폰으로 직접 전송해야 합니다.	제품의 컨셉 디자인 – 외형 설계 – 부품 디자인 – SW 설계 – 시스템 설계 – 예상 가격 등 	외형 CAD 설계	외형 프로토타입 제작 (3D Printer)	
			HW 부품 설계 – 메인보드 – GPS 수신기 – 통신모듈 – LCD	필수 HW 부품 조달 필요 HW 부품 제작 HW 부품 단위시험	
			SW 설계 – mini-OS – GPS – UI	필수 SW 설치 필요 SW 개발 SW 단위테스트	
			원격 협업 설계 검토 및 재설계	시스템 조립 및 시스템 통합 시테스트	제안자 완제품 전달 검토 결과 전달

출처: ETRI

[그림 14-5] 아이디어에서 시장까지(Idea-To-Market)의 과정 예

14.1.2 구성

일반적으로 공장은 5M, 즉 **인력**(Man), **기계**(Machine), **자재**(Material), **측정**(Measurement), **공정**(Method)으로 구성된다. 스마트공장의 구성에 대해 이전과 같이 생산 최적화, 생산설비 또는 생산 시스템 등의 생산공학적 관점이 아닌 ICT 관점으로 살펴보면, 모니터링 및 운전 (Monitoring & Operation)이 추가된다. 그 중에서 인력, 기계, 자재와 제품, 모니터링과 안전 은 스마트공장 도입에 따라 다음과 같이 밀접하게 영향을 받는다.

① 인력(Man): 공장 작업자가 일하는 방식이 어떻게 변하는가?

공장의 밸브가 제대로 작동하지 않아 시스템이 과열되는 상황을 가정해 보자. 작업 담당자는 어디에 있던지 스마트폰으로 알람을 받을 수 있고, 위치 기반 시스템을 이용하여 해당 위치를 파악하여 빠른 조치를 취할 수 있다.

즉 담당자는 해당 위치에 직접 가지 않더라도 모바일 디바이스를 이용해 문제가 된 밸브를 RFID나 카메라 등으로 인식하고 증강 현실을 통해 이 밸브와 관련된 정보를 받아 어디서 어떻게 구매해서 조치해야 할지 알아볼 수 있다. 문제가 있는 부분을 동영상으로 촬영하여 부품업체에 수리를 요청하고, 담당자는 식당에서 식사를 하던 중 스마트폰을 통해 수리가 끝나 재가동되고 있다는 소식을 받을 수도 있다.

작업 담당자가 생산 시스템의 한 부품(Blue Color)으로 존재하지 않고 일반 회사 관리자(White Color)와 같은 일을 하게 된다. 이처럼 ICT 기술에 의해 증강된 방식으로 편하고 효과적으로 일하는 작업자를 **증강 작업자**(Augmented Operator)라고 한다([그림 14-6] 참조). 스마트공장은 이와 같은 인간 중심의 특성을 가진다.

[그림 14-6] 스마트 작업자

② 기계(Machine): 공장 내 설비는 어떻게 변하는가?

지금까지 공장에서 설비는 특정 일만 하는 자동화기기로 생각되었다. 따라서 설비 그 자체의 기능이 중요했다. 하지만 스마트공장은 이들 설비 간의 통신에 의한 일처리가 중요하다. 설비들은 스스로 정보를 파악하고, 이를 다른 설비가 알 수 있도록 공유하여 전체 공정이 잘 조화될 수 있게 한다. 사람과 사람 간 매개체를 통해 연결되는 것과 유사하게 기계와 기계 간의 연결 개념이다. 스마트공장은 이와 같이 설비 간의 상호 유기적인 연결과 이로부터 발생되는 지능화가 중요하며, 따라서 이를 스마트 소셜 기계(Smart Social Machine)라고 한다([그림 14-7] 참조).

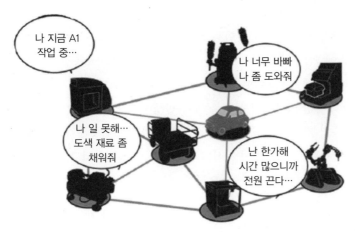

[그림 14-7] 스마트 소셜 기계

③ 자재와 제품(Material & Product): 공장 내 자재와 제품은 어떻게 변하는가?

일반 공장에서 자재가 최종 제품이 되기까지 많은 정보가 요구되거나 발생하기도 한다. 이들 정보는 공장의 작업 현장부터 제조 및 판매, 배달까지 여러 부문에서 관리된다. 이들 정보를 통합하고 관리하는 것은 복잡하다.

스마트공장에서는 생산되는 제품이 정보전달자가 되어 공장 내 여러 요소들과 연결한다. 즉, 제품 내에 제조과정에 대한 이력이 저장되고, 생산설비들은 이 정보를 통하여 생산현장 내 상황을 이해하고, 이를 기반으로 공정이 진행된다. 즉, 스마트공장 내에서 제조되는 제품은 자신을 알리는 ID, 정보를 저장하는 메모리, 이 정보를 주고받을 통신 수단이 장착된다. 이러한 제품을 스마트제품이라고 한다([그림 14-8] 참조).

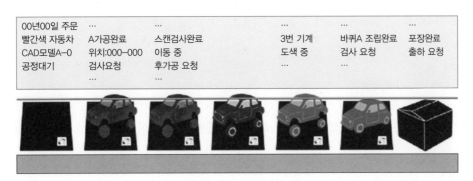

[그림 14-8] 스마트제품

④ 모니터링 및 운전(Monitoring & Operation): 공장 내 모니터링과 제어 방식은 어떻게 변하는가?

일반적으로 기존 공장은 관리 대상인 장치(혹은 기계)와 장치를 구동시키는 작업자가 물리적으로 같은 장소에 있는 현장(On-Site) 관리였다. 하지만 스마트공장은 인터넷으로 모든 장치에 접근 가능해짐에 따라, 어떤 장소에서도 장치를 살피고 작동시킬 수 있다. 작동오류, 위험감지와 같이 공장에 예기치 못한 문제가 발생하더라도, 실시간으로 파악하고 원격 접근으로 유지보수가 가능하며, 분산된 공정의 무인관리도 가능해져 비용 절감 효과도 누릴 수 있다. 제품을 주문한 고객 역시 자신의 제품이 어떻게 생산되고 있는지 모니터링하고 직접 생산에 참여할 수 있다.

스마트공장은 이와 같이 인터넷에 연결되어 공장 내 현장과 제조 공정이 투명하게 노출될 수 있어 투명한 공장(Transparent Factory)이라고도 한다([그림 14-9] 참조).

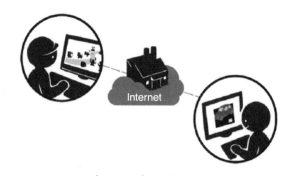

[그림 14-9] 투명한 공장

14.2 주요 특징 및 이슈

14.2.1 특징

지금까지 생산설비는 중앙 집중화된 시스템의 통제를 받았으나 스마트공장에서는 각 기기가 개별 공정에 적합한 작업을 판단해 실행하게 된다. 산업현장 내 여러 센서와 기기들이 스스로 데이터를 수집하여 의미 있는 정보로 가공한 후, 이를 바탕으로 생산성을 끌어 올릴 수 있도록 인공 지능이 결합된 생산 시스템으로 진화하고 있다([그림 14-10] 참조).

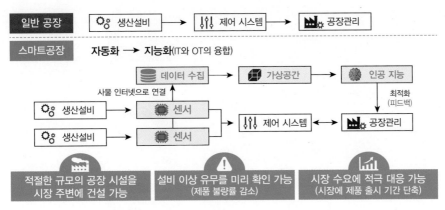

[그림 14-10] 일반공장과 스마트공장의 비교

이러한 스마트공장의 제조 공정과 기존 공정의 차이점은 다음과 같다.

첫째, 개별 제조 공정의 모든 제품 및 관련 장치에 바코드(Barcode), 센서, RFID 등이 탑재되어 어떤 상황에서도 원하는 제품이나 설비에 대한 추적이 가능한 **사물 인터넷 환경**이 구축된다. 이러한 환경에서 수집된 정보는 빅 데이터 분석을 통해 오작동 방지, 최적 작업 스케줄링 할당 등 생산성을 향상시키는데 활용된다.

둘째, 다양한 고객의 요구에 적절하게 대응하기 위해 **사이버 물리 시스템**이 구축된다. 사이버 시스템(Cyber System)과 물리 시스템(Physical System)의 통합적 시스템으로 컴퓨팅, 통신 및 제어 기능이 물리세계의 사물들과 융합된 형태를 말한다. 모든 사물들이 서로 연결되어 정보를 교환하는 사물 인터넷에서 컴퓨팅과 물리세계가 네트워킹을 통해 유기적으로 융합됨으로써 사물들이 서로 소통하며 자동적, 지능적으로 제어되는 시스템이다. 이는 스마트공장뿐만 아니라 전력망, 교통시스템, 공공기초시설, 의료시스템 등 복잡한 핵심 인프라에도 적용될 수 있다([그림 14-11] 참조).

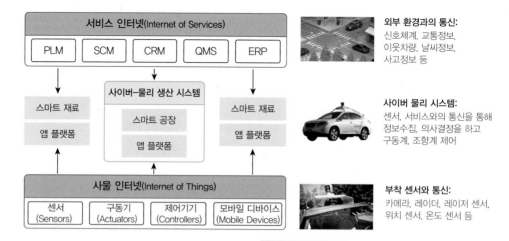

PLM(Product Lifecycle Management): 제품 수명 주기 관리
SCM(Supply Chain Management): 공급 사슬 관리
CRM(Customer Relationship Management): 고객 관계 관리
QMS(Quality Management System): 품질 경영 시스템
ERP(Enterprise Resource Planning): 전사적 자원 관리

[그림 14-11] 사이버 물리 시스템

ICT 기반 스마트공장의 특성을 보면, 모바일 디바이스 또는 착용형 디바이스가 적극적으로 활용되어 작업자는 더 이상 산업용 컴퓨터 앞에 앉아 있지 않아도 된다. 생산기계(Machine)는 다른 장비들이나 작업자의 단말과 지속적으로 통신하며 능동적으로 일을 하는 **스마트 소셜 기계(Smart Social Machine)**가 된다([그림 14-12] 참조).

생산제품은 해당 **소재/부품(Material)** 정보를 제품 내부에 저장하고 있는 스마트제품(Smart Product)이 된다. 스마트센서나 3차원 카메라(3D Depth Camera) 등의 주변 기술이 발전함에 따라 생산제품의 검사(Measurement)나 불량제품 선별 작업도 이러한 기기들이 담당하게 된다. 생산방식(Method)은 유연생산 체계를 갖춘 맞춤형으로 전환되고 있다. 이 과정에서 분산 시스템이나 분산 인공 지능(Distributed AI)과 같은 기술이 중요한 역할을 한다. 이러한 스마트공장의 구성과 관련된 기술로 공장은 폐쇄 공간이 아니라 어디에서든 모니터링과 제어가 가능한 투명한 개방형 공장이 된다([표 14-1] 참조).

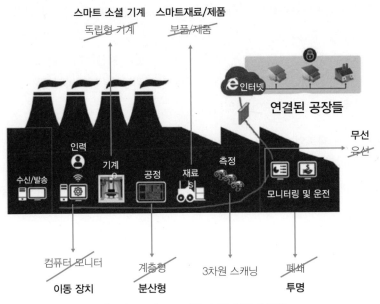

[그림 14-12] ICT 기반 스마트공장의 특성

[표 14-1] 스마트공장 구성의 특성 및 관련 기술

구성요소	특성	관련 ICT 기술
인력	스마트한 작업자 (Smart Operator)	모바일/착용형 디바이스, 증강 현실
기계	스마트 소셜 기계 (Smart Social Machine)	센서 네트워크, 지능형 네트워크
자재	스마트제품 (Smart Product)	자동ID(AutoID), 스마트메모리
측정	첨단검사장비	스마트센서, 3차원 카메라
공정	분산 구조(Distributed Architecture)	서비스 지향 아키텍처 (Service-Oriented Architecture, SOA), 분산 인공 지능
모니터링 및 운전	투명성(Transparent)	산업용 네트워크, 무선 개인 통신망(WPAN), 인터넷

14.2.2 이슈

스마트공장에도 실시간 점검, 품질분석 및 예측, 공통산업 플랫폼 개발, 공장의 운영 최적화, 산업 표준 기술 개발, 산업 현장에 도입 확산 등 해결해야 할 과제가 많이 있다.

현재 다수의 공장에서 기초수준의 스마트화가 진행되고 있지만 제조 전 과정의 디지털화를 통한 지능형 공장을 구현하는데 아직도 많은 어려움이 있다. 특히 중소 제조기업의 경우, ICT 활용도 수준이 낮고 스마트공장에 대한 이해도가 낮아 처음부터 높은 수준의 스마트화를 구현하기 어렵다. 보유한 솔루션도 대부분 생산 이력관리, 재고파악 등 공장 디지털화의 기초적인 기능에 초점이 맞추어져 있다.

스마트공장을 통해 제조업 분야의 혁신을 이루기 위해 공장의 사물 인터넷화, 최적의 생산계획과 일정(Advanced Planning and Scheduler, APS), 사이버 물리 시스템 등의 고도화된 솔루션 보급이 필요하다. 하지만, 초기 과도한 도입 비용과 기술적 지원체계의 미흡으로 스마트공장의 보급이 쉽지 않은 상황이다.

스마트공장의 보급·확산을 위해 필요한 연구개발 분야는 크게 3가지로 나누어 볼 수 있다.

■ 보급형 사이버-물리 생산 시스템을 통한 기업의 최적화된 유연생산체제 구축 분야

사이버-물리 생산 시스템(Cyber-Physical Production Systems, CPPS)은 ICT를 활용하여 물리적인 제조환경과 가상환경을 통합하여 가상환경에서 제조 과정의 모니터링, 시뮬레이션, 최적화를 지원한다. 사이버-물리 생산 시스템의 보급은 기업의 생산성을 높이고 유연한 생산체제 구축을 가능하게 한다. 하지만 아직 보급형 사이버 물리 시스템 솔루션은 부족하고, 공급업체의 기술력 부족과 과도한 기술 도입 비용 등의 이유로 일부 기업을 제외하고 국내에서 도입 사례를 찾기 힘든 상황이다.

사이버-물리 생산 시스템의 세부 핵심 기술은 크게 디지털 동기화, 현황분석·상황예측, 설비운영 최적화 기술로 구분할 수 있다([그림 14-13] 참조). 디지털 동기화 기술은 실제 공장의 운영환경과 가상환경을 연동하여 공장 상황을 실시간으로 가상환경에서 모니터링 할 수 있는 기술이다. 현황분석·상황예측 기술은 설비상태나 관련 실시간 대용량 정보를 통합한 후 가상 시뮬레이션을 통해 공장의 이상 상황을 인지하고 제품생산 현황분석이나 상황예측을 가능하게 하는 기술이다. 설비운영 최적화 기술은 설비 이상에 따른 설비운영 동적 최적화, 기술설비 이상에 따른 소모품 재고, 유지보수 스케줄링, 운영효율 키 성능 표시기(Key Performance Indicator, KPI) 등의 기술을 포함한다.

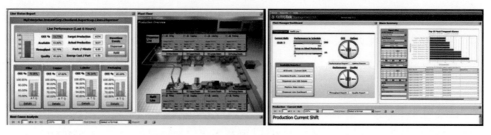

[그림 14-13] 사이버-물리 생산 시스템 솔루션 예(Rockwell Automation의 VantagePoint EMI)

■ 솔루션-기기간 상호호환성 확보 및 연동 기술 개발 분야

솔루션-기기 사이의 통신은 사물 인터넷 환경 구축 및 제조 기술 디지털화를 위한 핵심 요소이다. 하지만 이들 간에 통신 규격이 다른 경우 상호호환성 확보가 불가능하여 기능을 효율적으로 구현하기 곤란하다. 그리고 이는 디지털 통합 및 공정혁신(Process Innovation)에 걸림돌이 되어 왔다. 특히, 기기 간 데이터 통신은 사이버-물리 생산 시스템에서 가상환경과 실제 공장을 동기화하는 상호호환성 확보에 중요하다. 따라서 다양한 데이터 형식 및 통신 규격을 가진 사물 인터넷 환경(PLC, 제어기기, 센서 등)에서 상호호환성 확보는 필수적이다.

상호호환성 확보의 세부 핵심 기술은 상호호환성 검증 기술, 제어장치의 입·출력 자동 표준화가 있다([그림 14-14] 참조). 상호호환성 검증 기술은 공정설비에 설치된 제어장치로부터 발생하는 데이터를 통합하고 기기 간 통신이 가능한지 검증하는 기술이다. 제어장치의 입·출력 자동 표준화는 서로 다른 인터페이스 표준을 가진 제어장치를 표준화하여 솔루션 간, 기기 간, 솔루션-기기 간 데이터의 연동을 용이하게 하는 기술이다.

[그림 14-14] 솔루션-기기 간 상호호환성 확보 솔루션 예(UDMTEK의 IO Maker)

■ 지능형 기술을 활용한 제조기업의 생산 고도화 분야

제조 선진국은 지능형 기술을 기존의 제조업 특성에 맞게 적용하여 제조업의 생산성과 유연성을 향상시키고 있다. 기업형 지능형 솔루션의 핵심 기술은 데이터 핸들링, 분석, 시각화 기술이 있다([그림 14-15] 참조). 데이터 핸들링 기술은 생산설비로부터 제조 데이터 수집 및 저장, 전처리를 용이하게 하는 기술이다. 인공 지능 기반의 분석 기술은 제조설비 고장 예측, 에너지 사용 분석, 생산 공정 최적화, 최적 작업 스케줄링 도출 등에 활용된다. 시각화 기술은 비전문가도 쉽게 분석된 데이터 결과를 확인할 수 있도록 지원하는 기술이다.

[그림 14-15] 지능형 솔루션 예(BISTel의 eDataLyzer)

14.3 스마트공장의 구분

스마트공장은 공장 내의 지능화뿐만 아니라 가치사슬 전체에 대한 지능화를 목표로 한다. 그러나 한정된 자원에 대한 선택과 집중 측면에서 볼 때, 제품의 기획-설계-생산-유통-물류의 가치사슬 전체에 대한 수평통합을 통한 지능화 목표는 현실화하기에 많은 부담이 된다. 따라서 공장 내 생산 운영에 대한 수직통합적 지능화 목표를 우선적으로 고려하게 된다. 실제 다수의 중소 · 중견 제조 기업에서 스마트공장화는 공장 내 제반 업무에 대한 생산 정보화 및 사물 인터넷, 증강 현실, 빅 데이터, 사이버 물리 시스템 등과 같은 기술을 접목하는 지능화로 이루어지고 있다.

제품이 생산되는 제조 공정에 수많은 공작기계, 제조라인, 작업자 등이 각자의 역할에 따라 동작하고, 구성 요소들 간에 ICT 기술로 연결되어 정보를 교환하며 생산 활동을 지원하고 있다. 제조 공정의 다양한 구성 요소부터 생산 관리, 품질 관리 등 제품 생산과 기획, 영업, 인력 등 경영까지 정보 교환 주체들 간에 표준화된 형태로 정보가 교환된다. 전사적 자원 관리, 제조 실행 시스템, 제품 수명 주기 관리 시스템 등 여러 생산 지원 시스템들이

ICT 기술을 활용하여 정보를 연계, 통합, 가공함으로써 지능화가 이루어진다.

제조업 분야 기업들의 정보화 및 지능화 수준은 천차만별이다. 여전히 수작업이 정보처리의 핵심 수단인 기업도 있고, 입력은 수작업이지만 저장, 연계 및 통합은 정보화된 기업도 있다. 정보 생산, 교환, 가공, 활용 등 제반 사항이 정보화된 기업도 있다. [표 14-2]와 같이 스마트공장을 IT 적용과 활용 범위에 따라 4단계의 등급으로 구분할 수 있다. 이러한 분류 기준은 스마트공장 보급 및 확산 시, 스마트공장 전문가나 구축 기업들이 현재 대상 기업의 수준을 진단하거나 단계적인 개선 방향을 제시할 때 활용된다.

[표 14-2] 스마트공장 수준별 구분

구분	현장 자동화	공장 운영	기업 자원 관리	제품 개발	공급 사슬 관리
고도화 (Smart)	사물 인터넷(IoT)/서비스 인터넷(IoS) 기반의 사이버 물리 시스템화				인터넷 공간상의 비즈니스 사이버 물리 시스템 네트워크 협동
고도화 (Smart)	− 사물 인터넷/서비스 인터넷화 − 다기능 지능화 로봇과 시스템 간의 유·무선 통신	− 사물 인터넷/서비스 인터넷(모듈)화 − 빅 데이터 기반의 진단 및 운영 − 설비 및 시스템의 자율 생산	빅 데이터 기반 설계·개발 가상 시뮬레이션/ 3차원 프린팅		인터넷 공간상의 비즈니스 사이버 물리 시스템 네트워크 협동
중간 수준2 (Second Intermediate)	− PLC 등을 통한 실시간 시스템 연동 − 설비제어 자동화	− 실시간 공장 자동제어	공장운영 통합	기존 정보/ 기술 정보 생성 및 연결 자동화	다품종 개발 협업
중간 수준1 (First Intermediate)	− 센서 등을 활용한 설비관리 − 설비데이터 자동집계	− 실시간 생산 정보수집 및 관리 − 실시간 의사 결정	기능 간 통합	기존 정보/ 기술 정보 개발운영	다품종 생산 협업
기초 수준 (Basic)	− 바코드, RFID 등을 활용한 초기 자동화 − 실적집계 자동화	− 생산 이력 및 불량 관리 − 공정물류 관리(Point Of Production System, POP)	관리기능 중심 기능 개별 운용	CAD 사용 프로젝트 관리	단일 모기업 의존
ICT 미적용	수작업	수작업	수작업	수작업	전화와 이메일 협업

출처: "제조업 혁신 3.0 전략"과 "스마트공장 수준 총괄 모델"을 재구성

스마트공장은 제조 전 과정을 ICT로 통합하여 고객맞춤형 스마트제품을 생산하는 지능형 공장이기 때문에 공장 무인화를 통한 생산자동화와 지향점이 다르다. ICT 활용도에 따라 스마트화 수준을 설명하는 스마트공장 수준의 정의는 다음과 같다.

- **기초 수준**: 일부 공정 자동화가 가능하며, 생산실적 정보 자동집계를 통해 생산 이력관리(LoT-Tracking)가 된다.
- **중간 수준1**: IT기반 생산관리가 가능하여 설비정보 자동집계를 통해 실시간 모니터링 및 품질분석이 가능하다.
- **중간 수준2**: 모든 공정 설비의 사물 인터넷(PLC, 센서 등)화가 필수이며, IT · SW기반 실시간 통합제어가 가능하다. 따라서 공장 운영 시스템에 의한 설비 자동제어를 통해 실시간으로 생산 최적화와 분야별 관리 시스템 간 연동이 가능하다.
- **고도화**: 사물 인터넷 기반 맞춤형 유연생산이 가능하며, 스스로 판단하는 지능형 설비, 시스템을 통한 자율적 공장 운영 등을 통해 전 제조 과정이 통합 운영된다. 여기서 자율적 공장이란 사물 인터넷, 사이버 물리 시스템, 빅 데이터 등의 최첨단 기술을 활용한 고객 맞춤형 생산체계를 갖춘 공장을 말한다.

대기업은 대개 **중간 수준2** 등급 이상의 스마트공장을 구축하고 있으나, 대다수 중소기업들은 **기초 수준** 이하에 머무르고 있다. 수요-공급 기업 간 연계가 강한 업종(자동차, 전자)이나 자동화 설비 비중이 높은 연속공정 업종(철강, 화학) 등은 산업 특성상 지능화 설비 적용 비중이 높지만, 소량 주문자 생산 방식(기계)이나 수작업 중심의 공정 산업(뿌리산업)은 낮은 수준에 머무르고 있다.

하지만 제조 공장 내에는 다양한 요소들의 기능이나 특성, 지능화 수준들이 다른데, 이러한 구분법은 다음 단계의 진화 목표나 수단을 제시하기에 부족한 단순 모델이란 한계가 있다. 반면 수준 총괄도에서 표시하는 수준별 범위는 너무 넓고, 일반 기업 담당자들이 세부 기준의 분야별 경계를 이해하기 어려운 문제가 있다.

따라서 제조 현장의 실정에 맞게 수준에 대한 단계를 세분화할 필요가 있고, 분야별 경계에 현장 실무 중심적 기술 용어를 제시하는 진화 모델을 제시하여 수준 총괄도를 바탕으로 보다 현실적 진화 로드맵을 수립해야 한다.

| 용어 해설 |

- **ICT 다이버전스(Divergence)** 획기적이고 파급력이 큰 ICT 고유기술(제품)이 다양한 파생 산업을 창출하고, 타 영역의 기술적 기반을 형성하도록 하는 패러다임이다.

- **가치사슬(Value Chain Model)** 기업에서 경쟁전략을 세우기 위해 자신의 경쟁적 지위를 파악하고 이를 향상시킬 수 있는 지점을 찾기 위해 사용하는 모형. 가치 사슬의 각 단계에서 가치를 높이는 활동을 어떻게 수행할 것인지 비즈니스 과정이 어떻게 개선될 수 있는지를 조사하여야 한다.

- **사이버-물리 생산 시스템(Cyber-Physical Production System, CPPS)** 물리적인 제조 설비와 가상의 제조 관련 정보 시스템을 완전 통합 운영한 시스템. 제조 설비의 센서 데이터를 바탕으로 제조 현황 및 상태 정보를 획득 분석하고, 이를 가상의 정보 시스템에서 처리하여 생산 공정을 관리 제어함으로써 유연 생산을 포함한 최적의 제조 공정을 운영할 수 있는 생산 시스템.

- **산업용 사물 인터넷(Industrial Internet of Things, IIoT)** 상호 간에 각기 다양한 접속 프로토콜 방식으로 데이터를 교환할 수 있고, 다양한 유형의 응용 프로그램으로 생산성을 향상시키도록 하는 지능적 장치와 센서들의 네트워크이다.

- **생산 시점 관리 시스템/생산 관리 시스템(Point Of Production System, POP)** CAM 등을 도입하여 작업의 진행, 재고, 품질 관리 등의 정보를 실시간으로 수집, 조정하는 시스템.

- **서비스 지향 아키텍처(Service-Oriented Architecture, SOA)** 기업의 소프트웨어 인프라인 정보 시스템을 공유와 재사용이 가능한 서비스 단위나 컴포넌트 중심으로 구축하는 정보 기술 아키텍처. 정보를 누구나 이용 가능한 서비스로 간주하고 연동과 통합을 전제로 아키텍처를 구축해 나간다. 서비스 지향 아키텍처(SOA)의 대표적인 예인 단순 객체 접근 프로토콜(SOAP) 기반의 웹 서비스에서는 서로 다른 이용자들이 서로 다른 방식으로 서비스와 의사 소통을 하면서도 통합 관리되는 서비스들을 사용할 수 있다.

- **유통 관리 시스템(Logistics Management System, LMS)** LMS는 의사결정 지원을 통하여 개선된 의사결정을 내리는 분야로서 제조 설비를 운영하는 데 중요한 구성 요소이다. 공구 활용도, 서비스 가능성 및 주기 시간 등의 제조 성능을 향상시키는 데 그 목적이 있다.

- **정보보호관리체계(Information Security Management System, ISMS)** 정보의 기밀성(Confidentiality), 무결성(Integrity), 가용성(Availability)를 실현하기 위한 일련의 정보보호 활동으로 정보보호정책 수립, 정보보호관리체계 범위 설정, 위험관리, 구현, 사후관리의 5단계를 거쳐 운영이 되며 ISMS인증기관 및 심사원에 의해 정보보호관리체계 인증을 받게 된다.

- **제품 수명 주기 관리(Product Lifecycle Management, PLM)** 제품 수명 전 기간에 걸쳐 설계와 해석, 관리를 위한 솔루션. 제품의 기획 단계에서 개념 설계, 상세 설계, 생산, 서비스에 이르는 전체 수명 주기에 걸친 제품 정보를 관리하고, 이 정보를 고객 및 협력사에 협업 프로세스를 지원하는 제품 중심의 연구 개발 지원 시스템이다. 웹 2.0의 등장과 더불어 제품 수명 주기 관리도 한 단계 더 진보된 방식인 PLM 2.0이 등장해 제품을 만들 때 생명 주기에 고객이 직접 참여할 수 있도록 하고 있다.

- **컴퓨터 지원 설계 제조(Computer-Aided Design And Computer-Aided Manufacturing System, CAD/CAM)** 컴퓨터를 응용하여 제품의 설계와 제조 과정을 체계화하는 것. 컴퓨터로 제어되는 수치 제어 공작 기계에서 컴퓨터 지원 설계(CAD) 프로그램으로 어떠한 물체를 설계하면 컴퓨터 지원 제조(CAM) 장치가 그 설계대로 재료를 깎아 제품을 만들 수 있다. 3D 프린터의 확산으로 일반 가정에서도 CAD/CAM을 활용하여 제품을 제작할 수 있게 되었다.

- **크라우드소싱(Crowdsourcing)** 군중(Crowd)과 외부 용역(Outsourcing)의 합성어로, 주로 소셜 네트워킹 기법을 이용하여 기업 활동의 전 과정에 소비자 또는 대중이 참여할 수 있도록 일부를 개방하고 참여자의 기여로 생산 단가를 낮추고, 부가 가치를 증대시키며 발생된 수익의 일부를 다시 대중에게 보상하는 새로운 경영 방법이다.

- **품질 경영 시스템(Quality Management System, QMS) 또는 ISO 9000 시리즈, ISO 9000 series** 기업이나 조직의 제품 및 서비스에 대한 품질 경영 시스템을 규정한 국제 인증 규격. 1987년에 국제 표준화 기구(ISO)가 제정하였다. ISO 9000 인증은 구입자 측면에서 볼 때 제품 품질을 좀 더 확실하게 하기 위해 공급자가 제조하는 과정에서 품질을 확실하게 조성할 것을 요구함으로써, 품질 관리의 요구 사항을 규격으로 하여 정한 것이다.

스마트공장의 주요 IT 기술

15.1 핵심 기술 / 15.2 산업용 사물 인터넷(IIoT)
15.3 사이버 물리 시스템 / 15.4 보안 / 15.5 빅 데이터 역할

스마트공장은 전통 제조 산업에 ICT를 결합함으로써 개발·생산·유통·판매 전 과정의 실시간 데이터가 공유되어 최적화된 생산운영이 가능한 공장을 의미한다. 이는 다양한 기술들이 효율적으로 융합하여 얻게 되는 결과이다. 관련된 스마트제조 기술에는 사물 인터넷, 사이버 물리 시스템, 스마트센서, 클라우드, 빅 데이터, 에너지 절감, 3차원 프린팅, 가상 현실, 홀로그램(Hologram) 등이 있으며, 각 기술들은 제조업에 적용 가능한 수준으로 발전하고 있다([그림 15-1] 참조).

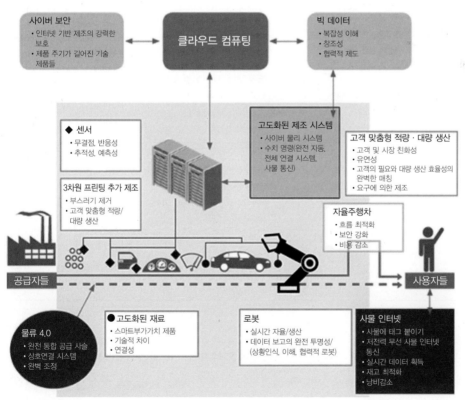

출처: Roland Berger Strategy Consultants,
'INDUSTRY 4.0':The new industrial revolution How Europe will succeed', 2013.3.

[그림 15-1] 미래의 공장

이 장에서는 스마트공장을 구축하기 위한 핵심 기술을 정의하고(15.1절), 주요 세부 기술은 소절(15.2~15.6절)에서 설명한다.

15.1 핵심 기술

앞에서 스마트공장은 5M(인력, 기계, 자재 및 제품, 측정 및 공정, 모니터링 및 운전)으로 구성된다고 언급하였다. 이러한 구성 요소를 기반으로 스마트공장을 구동하기 위한 주요 기술적 구성요소는 [표 15-1]과 같이 **응용 프로그램, 플랫폼, 디바이스**로 구분할 수 있다. 이러한 주요 기술적 구성 요소에 **인공 지능**이나 **보안, 상호운용성**과 관련된 기능을 추가한 스마트공장의 핵심 기술 구성은 [그림 15-2]와 같다.

[표 15-1] 스마트공장 주요 기술적 구성 요소

분류	정의	응용 분야
응용 프로그램	− 스마트공장 IT 솔루션의 최상위 소프트웨어 시스템으로 플랫폼 상에서 제조 실행 시스템, 전사적 자원 관리, 제품 수명 주기 관리 시스템, 공급 사슬 관리 등 제조 공장 운영과 관련된 다양한 기능을 수행하는 응용 프로그램 − 응용 프로그램은 디바이스에 의해 수집된 데이터를 분석하고, 가시화할 수 있는 시스템으로 구성	공정설계, 제조실행 분석, 품질분석, 안전/증감 작업, 유통/배달/고객 대응
플랫폼	− 스마트공장 내 각 생산설비(디바이스)에서 수집한 정보를 최상위 응용 프로그램에 전달하는 중간 소프트웨어 시스템으로, 디바이스에 의해 수집된 데이터를 분석하여 최적화된 정보 제공 − 각종 생산 공정을 제어/관리하며, 상위 응용 프로그램과 연계할 수 있는 시스템으로 구성	생산 빅 데이터 분석, 사이버 물리 시스템 기술, 클라우드 컴퓨팅 기술, 공장사물(Factory-thing) 자원관리
디바이스	− 스마트공장의 최하위 하드웨어 시스템으로 스마트센서를 통해 위치, 환경 및 주변 상황 정보를 감지하고, 작업자 및 공작물의 위치를 인식하고, 수집한 데이터를 플랫폼으로 전송할 수 있는 시스템으로 구성	제어기기, 로봇, 센서 등 물리적인 구성요소 (Component)

스마트공장과 관련된 응용 프로그램 및 플랫폼은 수평적·수직적 통합이, 스마트디바이스는 기기 간의 연결이 주된 이슈로 전 세계적인 시스템 공급 업체들을 중심으로 핵심 기술 혁신 및 통합이 이루어지고 있다.

■ 응용 프로그램

스마트공장을 구축하여 그 효과를 극대화하기 위해서는 제조현장의 각 시스템과 실시간 연계하여 최적운영을 지원하는 다양한 응용 프로그램들이 필요하다([그림 15-2]의 A0-A7). 제조 실행 시스템, 전사적 자원 관리, 제품 수명 주기 관리, 공급 사슬 관리 등 IT 플랫폼을 기반으로 제조에 직접적으로 관여하거나 공장 내 디바이스로부터 수집된 데이터를 분석하고 정해진 규칙에 따라 판단할 수 있는 기능을 갖추고 있다.

응용 프로그램에서는 수평적·수직적 통합이 주요 고려사항이 된다. 응용 프로그램 공급 기업들은 자사 솔루션의 영향력을 늘리기 위해서 각자의 독립된 플랫폼만을 고려한다. 이에 반해 엔지니어링 소프트웨어 공급 기업들과 비즈니스 솔루션 공급 기업들은 기존에 서비스하던 솔루션의 영역을 넓혀가기 위해 통합하는 추세이다. 따라서 이들과의 효율적인 수평적·수직적 통합을 지원하기 위해 여러 대안이 제안되고 있다.

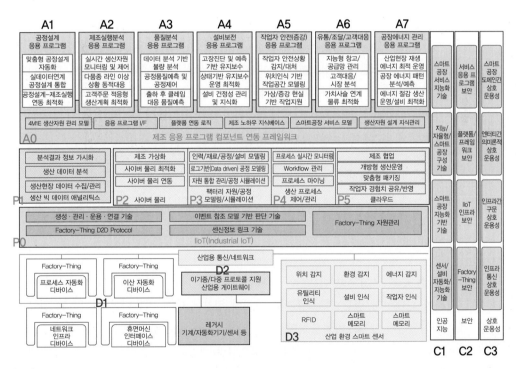

[그림 15-2] 스마트공장 핵심 기술 구성도

■ 플랫폼

플랫폼은 공장 내 각 기계장비, 부품을 위한 인프라 관리, 공장 내·외부에 있는 다른 플랫폼과 상호운영성을 지원하는 목적을 가진다. 플랫폼의 기능을 활용하여 각 장비나 스마트 디바이스, 그리고 응용 프로그램들이 공장 내에서 연결될 수 있다([그림 15-2]의 P0-P5).

즉, 센서 디바이스나 정밀제어기기를 응용 프로그램과 이어주는 역할로 사물 인터넷, 빅 데이터 플랫폼, 클라우드 플랫폼 등이 해당되며, 디바이스와 응용 프로그램 간의 안전하고 효율적인 데이터 채널을 제공한다. 산업용 제조 디바이스 업체들이 쉽게 접근할 수 있는 **산업용 사물 인터넷**, 빅 데이터와 같은 플랫폼 전문기업들의 제조업 지원 솔루션 등이 있다. 제조 기술과 ICT가 융합된 형태의 플랫폼 개발이 이루어지고 있다.

■ 디바이스

공장 내 각 환경의 특성이나 요구사항을 고려한 디바이스 모듈 개발 및 운용 기술이다. 여기에는 다기능 센서, 제어기기, 고신뢰성 유·무선 통신 기술, 능동적 제조관리를 위한 스마트메모리 등이 포함된다([그림 15-2]의 D1-D3). 스마트공장 내에서 예를 들면, 데이터 수집과 그에 따른 동작을 센싱하거나 제어하는 기술이 필요하다. 생산 환경 변화, 제품 및 제고 현황 등 제품 생산과 관련된 정보를 감지하여 응용 프로그램에 전달하고 이를 분석한 결과에 따라 적절한 명령을 제조현장에서 수행한다.

단순 자동화에서 벗어나 센서를 통해 다양한 기기 상태 정보를 전송하고, 기기에서 이를 실시간 피드백을 통해 제조기기에 반영할 수 있는 다양한 스마트디바이스가 개발되고 있다.

■ 인공 지능/보안/상호운용성

스마트공장의 주요 구성요소 간 연동 시 데이터/서비스 간의 상호운용성 보장을 위해 통신/인터페이스/데이터/정보 연동 규격과 데이터/정보에 대한 지능화를 처리하고 인공 지능 기술을 이용하여 고부가가치를 창출한다. 또한, 구성 요소 자체 보호 및 기기 간 연동과정에서 안정성을 높이기 위해 보안 기술이 이용된다([그림 15-2]의 C1-C3). 산업 현장의 다양한 센서와 기기들이 데이터를 수집하여 취합된 정보, 즉 빅 데이터를 바탕으로 생산성을 최대로 끌어 올릴 수 있는 인공 지능이 결합된 생산 시스템으로 진화하고 있다.

이와 같이 ICT 기술로 구현된 스마트공장은 생산성 향상, 에너지 절감, 인간 중심의 작업 환경, 개인 맞춤형 제조, 제조 · 서비스 융합 등의 구현을 가능하게 한다. 이러한 스마트공장 가치사슬과 관련된 주요 업체는 [표 15-2]와 같다.

[표 15-2] 스마트공장 가치사슬과 관련된 주요 업체

구분	유형	주요 업체
디바이스	설비 센서 구동기	Rockwell, GE, PTC, CDS, Siemens PLM (미국) ABB(스위스), Siemens(독일), Schneider(프랑스), Invensys(영국), SAP(독일), Dessault Systems(프랑스), Mitsubishi (일본)
	통신 모듈 송 · 수신 센서, 단말기	퀄컴, TI, 인피니온, GE, IBM, 브로드컴, 미디어텍, ARM, 삼성 Cinterion, Telit, Sierra, SIMcom, E-divie, Teluar
플랫폼 및 응용 프로그램	SW플랫폼 솔루션	Microsoft, google, SAP, jasper, Axeda, Aeris, Pachube, Omnilink, Data Technology Service, Cisco, Siemens, Bosch
	통신 사업	Verizon, Sprint, AT&T, Vodafone, T-mobile, NTT Docomo, SKT
	서비스 사업	Cross Bridge, Numerex, NTT, T-Mobile, KORE 등

출처: 이상동, 배승호, "스마트공장 기술 및 표준화 동향", 국가기술표준원, 2015. 9

다음 소절부터는 디바이스와 관련된 산업용 사물 인터넷 플랫폼, 사이버 물리 시스템, 보안 및 빅 데이터 기술에 대해 좀 더 자세히 살펴본다.

15.2 산업용 사물 인터넷(IIoT)

산업용 사물 인터넷은 4차 산업혁명으로 인한 패러다임 변화를 구체적으로 살펴볼 수 있는 대표적인 사례이다. 주로 **산업 인터넷**(Industrial Internet)으로 알려져 있으며, 사물 인터넷을 제조업 분야에 적용하기 위해 활용한다. 산업용 사물 인터넷은 센서가 부착된 기계장비나 로봇이 주변 장비, 기기, 인프라 및 사람과 연결되어 데이터를 주고받으며, 능동적으로 기능을 수행하도록 지원하는 기술이다. 즉, 기계 · 사람 · 데이터를 서로 연결시켜 기존 설비나 운영 체계를 최적화하고 지능적 의사결정을 지원한다. 지능형 센서, 분석 솔루션 및 운용 소프트웨어와 함께 제조혁신의 원동력이 된다.

최근 제조업에서 산업용 사물 인터넷을 활용함으로써, 고객에게 전달하는 가치 및 생산성의 증가, 경쟁력 강화, 작업 상태·환경·안전이 개선되거나 향상되고 있다. 제조업체의 제품, 서비스, 운영 등의 영역에서도 혁신이 가속화되고 있다. 그외 교통, 인포테인먼트, 의료, 통신, 산업 자동화 분야에 적용하더라도 효율적이고 최적화된 운영 환경 지원이 가능하다.

15.2.1 산업용 사물 인터넷의 활용

2000년대 이후 공장에서 기계나 설비를 제어할 수 있도록 전용 네트워크 구축이 일반화되었다.

공장을 건설하고 설비를 도입하면, 일반적으로 20~30년 사용하게 된다. 하지만 2010년대 이후에도 전체 공장에서 사용 중인 기계 중에서 네트워크에 연결된 비율은 5%를 넘지 않는다. 그 중에 이더넷으로 구성된 장비는 대략 5%미만이다. 대부분의 센서, 모터 구동 장치, 밸브 등의 디바이스와 제어기기가 아날로그 방식으로 구동되고, 산업용 네트워크의 표준화도 대중화되지 못했다.

사용된 네트워크 방식도 디바이스 **네트워킹**(Device Networking 또는 Devicenet), **제어 통신망**(Control Network 또는 ControlNet), CC Link(Control & Communication Link), **프로피버스**(Process Field Bus, PROFIBUS), **모드버스**(Modbus) 등의 산업 제어전용 디지털 네트워크가 주를 이루었다.

그 이후 산업용 이더넷 기술이 발전하면서 산업용 네트워크에서 요구하는 실시간 제어, 안전, 동기화 등의 기능 지원이 가능해졌다. 주요 제조업에서 산업용 이더넷을 공장 네트워크의 표준으로 사용하는 추세이다. 공장 네트워크를 이더넷으로 통합하여 사용할 경우, 장점은 다음과 같다.

- 생산기계에서 발생하는 대용량 데이터를 공장 정보 시스템이나 기업 정보 시스템으로 실시간 전송이 가능하다.
- 공장의 네트워크 인프라와 기업 내부 정보망을 하나의 전사적 통합 네트워크로 구축하여 관리가 가능하다.
- 이더넷이란 단일 물리적 네트워크에서 다양한 상위 프로토콜의 활용이 가능하다.
- 일반적으로 널리 사용되며 사용하기 쉽고, 매체 비용이 저렴한 발전된 네트워크이다.

스마트공장을 추진하는 기업들은 서로 다른 방식이었던 공장의 **운영기술**(Operational Technology, OT) 네트워크와 기업 **정보기술**(Information Technology, IT) 네트워크를 사물 인터넷 기반으로 통합된 기업 인프라로 구축하고 있다([그림 15-3], [그림 15-4] 참조).

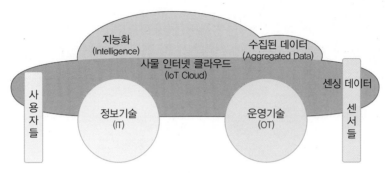

[그림 15-3] 사물 인터넷 기반의 공장과 기업망의 통합된 형태

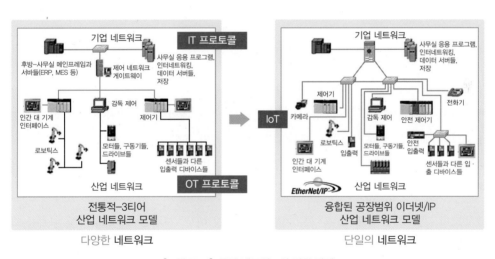

[그림 15-4] 공장 네트워크의 진화 단계

이러한 인프라가 구축된 공장에서 PLC, 모터 제어기, 센서, 로봇 등을 포함한 각종 산업용 기기와 컴퓨터, 스마트폰, 모바일 기기와 같은 IT 기기들이 연결되고, 여러 종류의 응용 프로그램이 표준 인터넷 프로토콜을 통해 쉽고 빠르게 정보를 공유할 수 있다.

대표적인 산업 이더넷 프로토콜인 **EtherNet/IP**는 물리적 계층과 데이터 링크 계층은 표준 이더넷(Ethernet)을 사용하고, 네트워크 계층과 전송 계층은 표준 인터넷 프로토콜(IP,

TCP/UDP), 상위 계층은 산업 현장의 실시간 제어기능을 지원하는 **산업 프로토콜**(Common Industrial Protocol, CIP)을 사용한다. 이러한 특징에 따라 산업 이더넷 프로토콜은 공장 내 정보의 수직통합을 지원할 수 있다([그림 15-5] 참조).

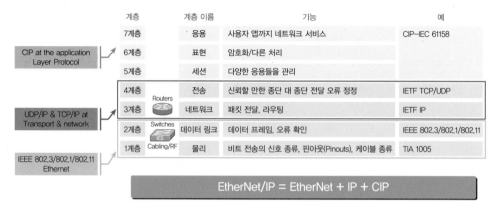

	계층	계층 이름	기능	예
	7계층	응용	사용자 앱까지 네트워크 서비스	CIP-IEC 61158
CIP at the application Layer Protocol	6계층	표현	암호화/다른 처리	
	5계층	세션	다양한 응용들을 관리	
	4계층	전송	신뢰할 만한 종단 대 종단 전달 오류 정정	IETF TCP/UDP
UDP/IP & TCP/IP at Transport & network	3계층 Routers	네트워크	패킷 전달, 라우팅	IETF IP
	2계층 Switches	데이터 링크	데이터 프레임, 오류 확인	IEEE 802.3/802.1/802.11
IEEE 802.3/802.1/802.11 Ethernet	1계층 Cabling/RF	물리	비트 전송의 신호 종류, 핀아웃(Pinouts), 케이블 종류	TIA 1005

EtherNet/IP = EtherNet + IP + CIP

[그림 15-5] 산업용 이더넷으로 Ethernet/IP OSI 참조 모델

15.3 사이버 물리 시스템

사이버 물리 시스템(Cyber-Physical System, CPS)은 공장 내의 생산설비와 생산공정, 그리고 생산되는 제품 등에 해당하는 실제세계와 가상세계의 통합 시스템을 의미한다. 즉, 실제 공장과 거의 동일한 사이버 모델을 구축한 후, 물리세계와 실시간으로 동기화하면서 활용하는 기술이다.

효율적인 공장 내부 설계 및 운영을 지원하고, 공정 이상, 설비 고장 등의 상황 변화를 각종 센서 등으로 감지하여 판단한 후 적절한 대응을 수행한다. 이러한 관점에서 볼 때, 사이버 물리 시스템은 다양한 프로세스 및 정보를 가상으로 연결시켜 사람, IT 시스템, 제조과정 및 제품간 양방향의 정보교환을 자유롭게 지원하는 시스템이다([그림 15-6] 참조).

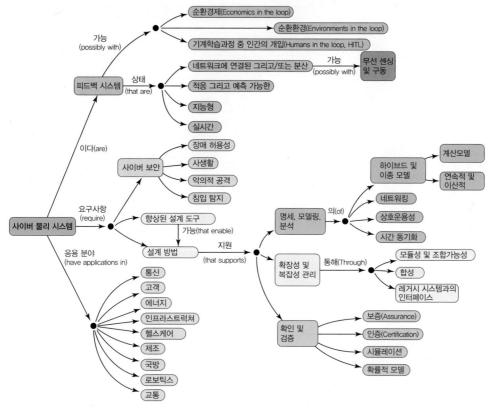

가능
(possibly with)

순환경제(Economics in the loop)

순환환경(Environments in the loop)

기계학습과정 중 인간의 개입(Humans in the loop, HITL)

네트워크에 연결된 그리고/또는 분산

가능
(possibly with)

무선 센싱 및 구동

피드백 시스템

상태
(that are)

적응 그리고 예측 가능한

지능형

실시간

이다(are)

사이버 보안

장애 허용성

사생활

악의적 공격

침입 탐지

사이버 물리 시스템

요구사항
(require)

향상된 설계 도구

가능(that enable)

설계 방법

지원
(that supports)

명세, 모델링, 분석

의(of)

하이브드 및 이종 모델

계산모델

연속적 및 이산적

네트워킹

상호운용성

시간 동기화

확장성 및 복잡성 관리

통해(Through)

모듈성 및 조합가능성

합성

레거시 시스템과의 인터페이스

확인 및 검증

보증(Assurance)

인증(Certification)

시뮬레이션

확률적 모델

응용 분야
(have applications in)

통신

고객

에너지

인프라스트럭처

헬스케어

제조

국방

로보틱스

교통

출처: http://http://cyberphysicalsystems.org/

[그림 15-6] 사이버 물리 시스템 기술 개념도

이전 임베디드 시스템에 비해 사물 인터넷 기술이 결합되어 발전적인 형태가 되었다. 사이버 물리 시스템에서 수집된 대용량 빅 데이터는 분석 작업을 거쳐 실제 제조 공정이나 의사결정 과정에 활용되어 유연한 제조 공정을 구현하는데 중요한 역할을 수행한다.

사물 인터넷이 통신 기술에 기초하여 수많은 사물들을 연동하는 기술이라면, 사이버 물리 시스템은 가상공간의 컴퓨터가 네트워크를 통해서 실제 물리 시스템을 제어하는 기술이다. 물리 세계의 다양한 센서를 통해 감지된 데이터가 사이버 세계의 컴퓨터에 전달된 후, 분석·처리된 후 다시 물리 시스템을 제어함으로써 새로운 기능과 특성을 가능하게 한다([그림 15-7] 참조). 인터넷이 인간이 타인들과 소통하는 방식을 변화시켰듯이, 사이버 물리 시스템은 인간이 물리 세계의 사물들과 소통하는 방식을 근본적으로 혁신시키고 있다.

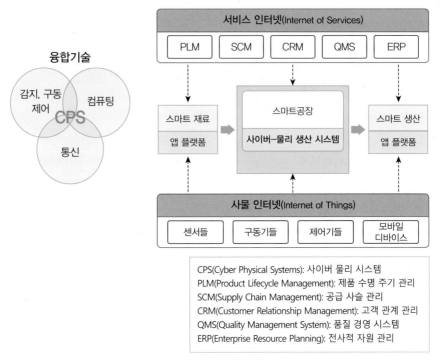

CPS(Cyber Physical Systems): 사이버 물리 시스템
PLM(Product Lifecycle Management): 제품 수명 주기 관리
SCM(Supply Chain Management): 공급 사슬 관리
CRM(Customer Relationship Management): 고객 관계 관리
QMS(Quality Management System): 품질 경영 시스템
ERP(Enterprise Resource Planning): 전사적 자원 관리

[그림 15-7] 스마트공장 구축을 위한 사이버 물리 시스템 개념도

15.3.1 스마트공장 설계/운영을 위한 사이버 물리 시스템

스마트공장의 사이버 물리 시스템은 지능화된 '상황인지', '판단(의사결정)', '수행'을 통하여 제조 현장의 설비 간 네트워크에서부터 설계, 운영에 관련된 최적화된 의사결정까지 지원한다. 특히, 사이버 물리 시스템을 공장에 적용하기 위해 제조 현장의 물리적 세계와 동기화된 사이버 모델, 즉 **디지털 쌍둥이(Digital Twin)**가 구축되어 활용된다([그림 15-8]).

[그림 15-8] 제조 현장의 사이버 모델

사이버 물리 시스템 기반의 스마트공장 설계/운영 개념은 [그림 15-9]와 같다. 공장과 사이버 물리 시스템이 표준 플랫폼 상에서 상호 연동되고 있으며, 각각의 기능은 다음과 같다.

- **공장**: 제품, 공정, 설비들과 전사적 자원 관리, 제조 실행 시스템 등 여러 운영 시스템들이 산업용 사물 인터넷, 플랫폼 등을 통하여 상호 연계되고, 이를 바탕으로 운영 및 관리된다.
- **설계/운영 사이버 물리 시스템**: 제조 관련 데이터 관리 및 분석을 통해 현장과 동기화된 사이버 모델을 구성하여 물리 시스템을 제어함으로써 효율적인 공장 운영을 가능하게 한다. 이 과정에서 지식 관리, 최적화, 시각화 등의 기능이 활용된다.
- **서비스 지향 및 개방형 네트워크 기반 표준 플랫폼**(Service-Oriented and Open Network-Based Standard Platform)과 제품 수명 주기 관리를 바탕으로, 사물 인터넷과 서비스 인터넷 기반 개방형 네트워크로 구성 요소들이 통합되고 상호 연계된다.

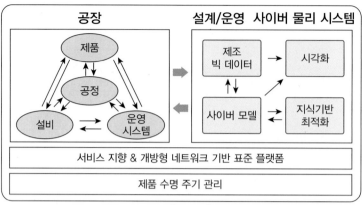

[그림 15-9] 사이버 물리 시스템 기반의 스마트공장 설계/운영

15.4 보안

사물 인터넷을 활용한 기술들이 일상생활에 적용되면서 보다 편리해졌지만, 보안 문제 역시 증가하였다. 스마트공장은 사물 인터넷 기술을 제조 현장에 접목시킨 것이므로, 제조의 모든 요소가 보안의 주요 고려 대상이 되어야 한다. 산업 보안에 대한 접근은 포괄적이고 전체적인 관점에서 접근하는 것이 중요하다. 사람, 프로세스, 기술적인 측면을 고려하고, 제조 운영의 무결성과 회사의 중요한 자산을 어떻게 보호할 것인가를 고려해야 한다.

산업 보안은 대개 다층 보안(Defense in Depth) 전략을 기반으로 내·외부의 위협으로부터 보호되도록 설계해야 한다. 이는 견고한 방호벽이나 보호 기능도 지속적인 공격에 침투당할 수 있다는 가정에서 출발한다. 따라서 다층보안 전략에 의해 여러 계층에서 보안 기능이 수행되어야 한다([그림 15-10] 참조).

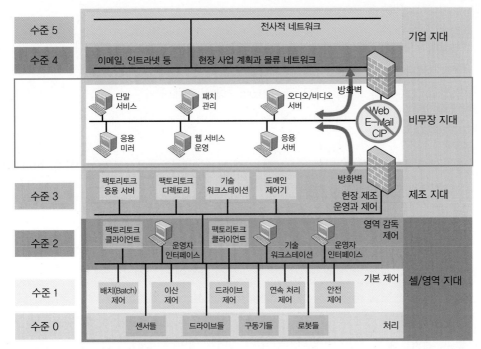

| 수준 5 | | 전사적 네트워크 | | 기업 지대 |

출처: 미국 시스코 & 오크웰오토메이션

[그림 15-10] 보안을 고려한 공장 범위 Ethernet/IP 네트워크 설계 및 계획 사례

스마트공장은 네트워크가 중요한 역할을 하기 때문에 네트워크 인프라, 교환되는 데이터 및 정보 자산을 다층 네트워크 보안으로 보호해야 한다. 이에 대한 구현 원칙은 다음과 같다.

- **다층 보안 모델**(Layered Security Model): 보호 대상을 여러 계층의 보호막 안에 두어 보안 위협을 줄인다.
- **심층방어**(Defense in Depth): 각 계층에 여러 방어 기법을 사용하여 시스템 또는 컴포넌트 간의 무결성을 보호한다.
- **개방성**(Openness): 다양한 업체의 보안 솔루션을 수용할 수 있어야 한다.
- **유연성**(Flexibility): 정책이나 절차 등에서 고객 요구사항을 수용할 수 있어야 한다.
- **일관성**(Consistency): 정부의 지침과 표준을 따른 솔루션을 채택한다.

또한 기업 전반에 다음과 같은 기능을 갖추어 위협요인을 감지하고 이에 대해 적절히 관리할 수 있어야 한다.

- 디바이스/디지털 기기 내부에서 내장형 응용 프로그램에 악의적인 행위나 공격을 감지하여 기록하는 기능
- 악의적인 접근이나 공격을 탐지하는 네트워크의 접근 제어 기능
- 정보 시스템에 저장된 데이터나 주고받는 데이터에 대해 악의적 접근, 편집, 사용을 방지하는 기능
- 접근 제어 및 정책 관리: 어떤 응용 프로그램 또는 어떤 디바이스로 누가, 언제, 어디서, 무엇을 했는지를 관리하는 기능

15.4.1 스마트공장에 적용된 보안 기술

공장은 자산의 가치가 크기 때문에 한 번의 악의적 공격에도 전체 기능이 마비될 수 있고, 크게는 국가적 손실을 초래할 수 있다. 스마트공장에서 사물 인터넷으로 인한 보안 위협을 살펴보면, 네트워크 계층에서 서비스 거부(DoS) 공격, 정보 유출, 명령어 변조 등이 발생할 수 있고, 게이트웨이 구간에 비인가자의 원격 제어나 데이터 엿보기도 가능하다. 정보시스템에서 데이터 보안 문제나 응용 프로그램의 보안 코딩(Secure Coding) 미흡으로 제품공정 진행, 안전, 유통, 조달 오류 등이 발생할 수 있다([그림 15-11] 참조).

우선, 기존 IT 정보시스템에서 사용해온 보안 기술을 활용할 수 있다. 내부 시스템과 외부 망의 분리 및 보안 기능이 강화된 방화벽 활용을 통해 데이터의 유출을 방지하고, 응용 프로그램 보안이나, **망 접근 제어**(Network Access Control, NAC), 침입탐지 시스템 등의 보안 기술을 고려할 수 있다. 기술 영역 외에도 관리적, 물리적 보안이 필요하며, 정보보호관리체계(Information Security Management System, ISMS) 인증을 받는 것도 대응 방안이 될 수 있다.

스마트공장의 경우, 사물 인터넷에 특화된 추가적인 보안 기술을 적용해야 한다. 사물 인터넷 보안 진단을 통해 현황분석을 하고 대응을 하면, 새로운 위협 구간을 탐지할 수 있다. 회사 내부용으로 개발한 전용(In-house) 방식이나 보안 플랫폼 구매 방식 중 효율적인 방식을 선택할 수 있다. 사물 인터넷 보안 플랫폼은 기기 간 상호인증, 암호 모듈, **크리덴셜**(Credentials) 관리, 사용자 인증, 보안 부팅, 보안 펌웨어 갱신 기능이 제공된다.

미국 국립표준기술 연구소(National Institute of Standards and Technology, NIST)에서 무선 센서 네트워크용 암호 표준화로 제시한 128, 196, 256 비트(Bit) 고급 암호화 표준(Advanced

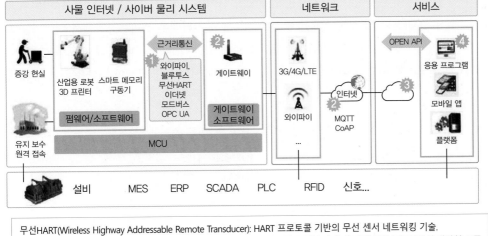

| 사물 인터넷 / 사이버 물리 시스템 | 네트워크 | 서비스 |

무선HART(Wireless Highway Addressable Remote Transducer): HART 프로토콜 기반의 무선 센서 네트워킹 기술.
OPC UA(Open Platform Communication Unified Architecture): 산업 자동화를 위한 기계 대 기계 통신 프로토콜의 개방형 표준
MCU(Microcontroller or Micro Controller Unit): 마이크로프로세서와 입출력 모듈을 하나의 칩으로 만들어 정해진 기능을 수
행하는 컴퓨터
MQTT(Message Queuing Telemetry Transport): 사물 인터넷과 같이 대역폭이 제한된 통신 환경에서 푸시 기술 기반 경량 메
시지 전송 프로토콜
CoAP(Constrained Application Protocol): 사물 인터넷과 같이 대역폭이 제한된 통신 환경에 최적화하여 개발된 레스트
(REST) 기반의 경량 메시지 전송 프로토콜
Open API(Open Application Program Interface): 개방형 응용 프로그램 인터페이스
MES(Manufacturing Execution System): 제조 실행 시스템
ERP(Enterprise Resource Planning): 전사적 자원 관리
SCADA(Supervisory Control And Data Acquisition): 중앙 제어 시스템
PLC(Programmable Logic Controller): 프로그램 가능 로직 제어기

[그림 15-11] 스마트공장의 보안 위협

Encryption Standard, AES)도 활용될 수 있다. 사물 인터넷 분야는 전기 전자 기술자 협회 (Institute of Electrical and Electronics Engineers, IEEE)가 주도하는 표준 방식이 주로 사용되고 있다. 센서 정보 전달 목적과 비동기적 요청/응답 설계 구조인 코앱(CoAP)은 저전력을 지향하는 국제 표준 프로토콜로 제시되고 있다.

15.5 빅 데이터 역할

빅 데이터(Big Data)는 생성 주기가 짧고, 문자 및 영상 등 다양한 데이터를 의미하며, 더 나아가 이러한 데이터를 분석하여 가치를 추출하는 기술을 의미한다. 기존의 관리 방법이나 분석 체계로 처리하기 어려운 정형(Structured) 또는 비정형(Unstructured) 데이터 집합이다.

스마트공장의 핵심 구성 요소인 사물 인터넷과 사이버 물리 시스템은 모두 빅 데이터의 생산, 수집 및 활용과 밀접한 관계를 맺고 있다. 사물 인터넷은 스마트공장에서 일어나는 모든 업무와 관련된 데이터를 수집하고 기록하는데 활용되며, 사이버 물리 시스템은 이렇게 수집된 데이터를 이용하여 가상으로 여러 경우의 수를 고려한 최적의 대안을 찾기 위해 활

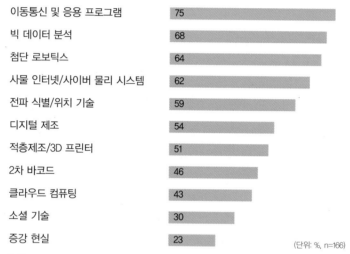

파괴적 기술(미래의 제조 운영 방식을 변화시킬 기술)

이동통신 및 응용 프로그램	75
빅 데이터 분석	68
첨단 로보틱스	64
사물 인터넷/사이버 물리 시스템	62
전파 식별/위치 기술	59
디지털 제조	54
적층제조/3D 프린터	51
2차 바코드	46
클라우드 컴퓨팅	43
소셜 기술	30
증강 현실	23

(단위: %, n=166)

출처: SCM World-MESA, International Survey 재구성

[그림 15-12] 미래 제조업 혁신을 이끌 핵심 기술

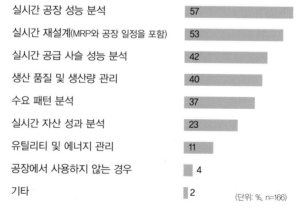

빅 데이터 분석(미래 공장에서 사용될 경우들)

실시간 공장 성능 분석	57
실시간 재설계(MRP와 공장 일정을 포함)	53
실시간 공급 사슬 성능 분석	42
생산 품질 및 생산량 관리	40
수요 패턴 분석	37
실시간 자산 성과 분석	23
유틸리티 및 에너지 관리	11
공장에서 사용하지 않는 경우	4
기타	2

(단위: %, n=166)

출처: SCM World-MESA, International Survey 재구성

[그림 15-13] 미래 공장에서 빅 데이터 분석이 활용될 사례

용된다. 스마트공장이 성공적으로 구축되고 운영되기 위해 수집된 빅 데이터를 어떻게 분석하고 활용할 것인가는 중요한 이슈가 된다([그림 15-12], [그림 15-13], [그림 15-14] 참조).

어떤 데이터를 어떤 방식으로 저장할 것인가를 결정하는 단계부터, 얻어진 데이터 내에서 의미 있는 정보를 찾아내는 전 과정에서 다양한 지원 소프트웨어와 분석 방법들이 지속적으로 개발되어 적용되고 있다. 기계학습은 빅 데이터를 응용하고자 하는 기관들에게 유용한 툴(Tool)로써 그 활용 가치가 커지고 있다. 대용량 데이터를 저장하고 처리할 수 있는 아파치 하둡(Apache Hadoop)이나 클러스터 컴퓨팅 프레임워크인 아파치 스파크(Apache Spark)는 개방형 소프트웨어로 그 활용 범위가 다양해지고 있다.

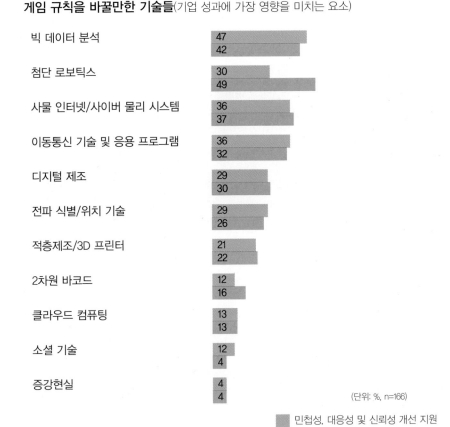

게임 규칙을 바꿀만한 기술들(기업 성과에 가장 영향을 미치는 요소)

빅 데이터 분석	47
	42
첨단 로보틱스	30
	49
사물 인터넷/사이버 물리 시스템	36
	37
이동통신 기술 및 응용 프로그램	36
	32
디지털 제조	29
	30
전파 식별/위치 기술	29
	26
적층제조/3D 프린터	21
	22
2차원 바코드	12
	16
클라우드 컴퓨팅	13
	13
소셜 기술	12
	4
증강현실	4
	4

(단위: %, n=166)

■ 민첩성, 대응성 및 신뢰성 개선 지원
■ 운영 비용 감소 지원과 효율적 자산 이용

출처: SCM World-MESA, International Survey 재구성

[그림 15-14] 기업 성과에 가장 영향을 미치는 요소들

표준화된 정의는 없지만, 일반적인 빅 데이터의 특징은 **방대함**(Volume), **다양성**(Variety), **실시간성**(Velocity)이다. **정확성**(Veracity), **가치**(Value)와 같은 새로운 특성도 추가되고 있다. 스마트공장에서 생성되고 처리되는 빅 데이터 역시 이러한 특징을 보이고 있다.

첫째, 스마트공장의 모든 설비와 제품에 부착된 센서들로부터 수집되는 데이터는 엄청난 양이 된다(**방대함**). 둘째, 스마트공장의 공정 운영 과정에서 센싱 데이터, 이미지, 오디오, 동영상 등의 다양한 데이터가 수집된다(**다양성**). 셋째, 스마트공장이 가동되고 있는 시점에 실시간으로 데이터 분석이 이루어져야 한다(**실시간성**). 넷째, 수집된 데이터가 정확한 것인지, 분석할 만한 가치가 있는지 등을 살펴야 한다(**정확성**). 마지막으로 이렇게 분석된 데이터를 바탕으로 공장 운영 및 의사결정 과정에 사용되어 생산성 향상, 품질 제고, 원가 절감, 매출 증대 등의 가치를 실현한다(**가치**). [표 15-3]은 스마트공장에서 빅 데이터 분석을 통해 얻을 수 있는 효과를 분야별로 구분하여 설명한다.

[표 15-3] 스마트공장에서 빅 데이터 분석을 통해 얻을 수 있는 분야별 효과

생산성	• 설비 디지털화, 데이터 집계 자동화, 공정물류 관리를 통한 사무 업무 생산성 향상 • 공정물류 체계의 유연화와 설비 자동 제어로 작업 생산성 향상 • 공장내 데이터의 실시간 분석 및 계획 수립을 통한 종합 생산성 향상
품질	• 물리적 불량 관리, 이력 추적, 품질 통제, 상관관계 분석 및 원인 추적, 불량품 예방 설계를 통한 품질 향상
원가	• 로트 단위 원가 분석, 개별 원가 집계, 원가 통제, 원가 발생 원인 및 통제를 통한 원가 절감
매출	• 과학적 실시간 운영계획을 통한 대 고객 납기 신뢰도 향상, 품질 신뢰도 향상, 공장 실시간 분석 및 계획 수립을 통한 주문 맞춤 생산, 대량 맞춤형 자동화를 통한 생산능력 향상 등 매출 신장

출처: 전자신문

- **CC Link(Control & Communication Link)** CC–Link는 제어 데이터와 정보 데이터 모두를 동시에 처리할 수 있는 개방형 산업용 네트워크로 10Mbps의 전송 속도를 가지며 1200m의 전송 거리에 최대 64개의 장치 지원이 가능하다. 제조 생산 산업의 기계, 셀, 내부 또는 공정 제어용 프로그램에서 주로 사용되지만, 설비 관리, 공정 제어와 건물 자동화에서도 사용 된다.

- **OPC UA(Open Platform Communication Unified Architecture)** OPC UA는 주요 제어 시스템 제조사들로 구성된 OPC 파운데이션(OPC Foundation)에 의해 개발된 산업 자동화를 위한 기계 대 기계 통신 프로토콜. 데이터 수집 및 제어를 위해 산업 장비와 시스템의 통신에 초점이 맞추어져 있다. 여러 제조사들의 제어기기를 포함하는 기계들이 단일 시스템으로서 용이하게 조화될 수 있음을 보장한다. 프로토콜 또한 플랫폼 독립적이고, 통신 스택은 어느 운영 체제나 임베디드 하드웨어에 포팅될 수 있다.

- **로트(LoT)** 제조 단위로 동일한 조건 아래에서 만들어진 균일한 특성 및 품질을 갖는 제품군으로 1회에 생산되는 특정수의 제품의 단위. 제품의 품질을 관리하려고, 동일 원료 · 동일 공정에서 생산되는 그룹을 표시하는 번호. 최소 제조/생산 또는 발주 단위로 사용되며, 생산제품의 특성, 제품의 크기, 품질, 용기의 크기 등에 따라 필요한 로트 크기를 설정하여 관리한다.

- **망 접근 제어(Network Access Control, NAC)** 내부망에 접속하는 단말의 보안성을 강제화할 수 있는 망 보안 시스템. 허가되지 않거나 웜 · 바이러스 등 악성 코드에 감염된 PC나 노트북, 모바일 단말기 등이 내부 망에 접속되는 것을 원천적으로 차단해 시스템 전체를 보호하는 솔루션이라 할 수 있다. 주요 기능으로는 인증, 시스템 동작의 감시, 망 권한 통제, 위협 모니터링 및 탐지, NAC 정책 관리 등이 있다.

- **모드버스(Modbus)** 마스터/슬레이브 기반 프로토콜. 시리얼 통신에서 마스터로 설정된 장비만이 슬레이브로 정보를 요청할 수 있는 반면, 이더넷 통신에서는 네트워크상의 어떤 노드도 정보를 요청할 수 있다. 요청정보는 읽기와 쓰기 모두 가능하다.

- **보안 코딩(Secure Coding)** 안전한 소프트웨어 개발을 위해 소스 코드 등에 존재할 수 있는 잠재적인 보안 취약점을 제거하고, 보안을 고려하여 기능을 설계 및 구현하는 등 소프트웨어 개발 과정에서 지켜야 할 일련의 보안 활동이다.

- **운영 기술(Operational Technology, OT)** 시스템 기반 계통을 운영하는데 있어서 기본이 되는 보호, 최적화, 진단 등의 기술들. OT는 운영에 필요한 기술들을 기기, 통신, 응용 프로그램들을 이용하여 기본 목적을 달성하는데 활용하는 형태이다.

- **장애 허용성(Fault Tolerance, Resilience)** 정전이나 하드웨어의 장애 등이 발생하여 정상적으로 작동할 수 없는 상황이 발생하였을 때, 데이터가 분실되거나 진행 중인 작업

이 훼손되는 사태가 일어나지 않도록 컴퓨터나 경우에 따라서는 운영 체계가 대응하는 능력. 장애 허용성을 갖도록 하는 것은 축전지에 의한 전원 공급, 예비로 설치되어 있는 하드웨어(Redundant Hardware), 운영 체계 내에 마련되어 있는 대책 등이다.

- **장치 네트워킹(Device Networking 또는 Devicenet)** 센서, 기구, 기계, 의료 장치, 식당 기구, 판매 시점 관리(Point of Sale, POS) 단말기 등 각종 장치(디바이스)를 이더넷 랜(LAN)을 이용해 내부 망으로 구성하는 것. 전용 케이블을 사용하지 않고 직렬 기반의 장치가 통신이 가능하다. 장치 네트워킹 구조에서는 각 장치들이 상호작용을 하며, 장치 네트워킹 자체는 각 장치의 동작 여부를 확인하기 위한 감시에도 사용된다.

- **제어 통신망(Control Network 또는 ControlNet)** 특정 목적을 위해 환경의 감시, 인지, 제어의 종합적인 기능을 가진 노드 형태의 통신망. 제어 통신망의 노드간 통신은 동등 계층(peer-to-peer) 혹은 주종 관계(master-slave) 통신인데, 노드 하나에 3개의 프로세서가 있어서, 2개는 네트워크 내의 데이터 이동을 전담하고 1개는 해당 노드와 관련한 특정한 프로그램을 수행한다. 홈 응용 네트워크와 같이 생활 주변의 자동차, 냉장고, 교통 신호 제어, 시내 가로등 시스템, 공장 등에서 활용되고, 마이크로 전자 기기 시스템의 제어기 역할(smart matter라고 부름), IPv6에서 장비의 원격 제어 기능에도 활용된다.

- **중앙 제어 시스템(Supervisory Control And Data Acquisition, SCADA)** 일반적으로 산업 제어 시스템(Industrial Control Systems, ICS), 즉, 산업 공정/기반 시설/설비를 바탕으로 한 작업 공정을 감시하고 제어하는 컴퓨터 시스템. 원격지에 설치된 단말에서 데이터를 수집하고 중앙 감시 센터에 전송하여 현장 상황을 온라인으로 감시 제어한다. 발전, 송배전 시설, 석유 화학 플랜트, 제철 공정 시설, 공장 자동화 시설 같은 여러 종류의 원격지 시설 장치를 중앙 집중식으로 감시 제어하는 시스템이다.

- **코앱(Constrained Application Protocol, CoAP)** 사물 통신, 사물 인터넷과 같은 대역폭이 제한된 통신 환경에 최적화하여 개발된 레스트(REST: REpresentational State Transfer) 기반의 경량 메시지 전송 프로토콜. 코앱은 센서 노드나 제어 노드처럼 메모리 용량, 컴퓨팅 성능, 배터리 등의 자원 제약이 있는 소형 장치에서 사용되는 경량의 레스트(REST) 아키텍처를 기반으로 한다. 레스트(REST) 아키텍처는 자원 검색(Resource Discovery), 멀티캐스트(Multicast), 비동기 처리 요청 및 응답 등의 기능을 지원한다. 그리고 메시지 크기가 작으며 기존의 HTTP 웹 프로토콜과도 쉽게 변환 및 연동이 될 수 있다.

- **크리덴셜(Credentials)** 정보 시스템의 특정 응용에서 사용하는 암호화된 개인 정보(Personal Information). 한 개인이 사용하는 공개 키 암호 알고리즘을 위한 공개키/개인키 쌍, 공인 인증 기관이 발행하는 공개키 인증서(Certificate), 신뢰하는 루트 인증 기관(예, KISA 최상위 인증 기관) 관련 정보, 패스워드, 인가 정보 등을 포함하는 암호학적 정보의 총합이다. 데스크톱 컴퓨터, 노트북 컴퓨터, 개인 휴대 정보 단말기(PDA), 휴대폰 등의 특정 디바이스의 특정 응용에서 사용하던 크리덴셜들을 다른 디바이스로 이동하려

는 요구가 증가함에 따라 RSA사에서 제정한 PKCS(Public-Key Cryptography Standard) 표준에 기초하여 IETF(Internet Task Force Engineering) 보안 영역의 SACRED(Securely Available CREDdentials) 작업반에서 크리덴셜 이동성 지원 기술의 표준화를 진행하고 있다.

• **프로피버스(PRocess FIeld BUS, PROFIBUS)** 자동화 기술 분야에서 필드버스 (Fieldbus) 통신의 표준으로 1989년 독일 교육 연구부가 처음 추진한 후 지멘스에서 사용되었다. 산업용 이더넷의 프로피넷(PROFINET) 표준과 혼동해서는 안 되며, 프로피버스는 IEC 61158의 일부로 공개 된다.

전 세계 제조 강국이나 기업들은 제조업의 생산성 고도화나 글로벌 경쟁력 강화를 위한 대안 중 하나로 스마트공장을 적극 도입하여 추진하고 있다([표 16-1]). 국내의 경우, 정부가 민 · 관합동으로 '4차 산업혁명 전략위원회'를 신설하고, 2020년까지 예산과 동반성장기금 등을 사용해 중소 · 중견기업의 스마트공장을 1만개로 늘릴 계획을 발표하였다. 전 세계 스마트공장 시장 규모는 2012년 800억 달러에서 2018년 2460억 달러 규모로 3배 이상 증가하였다([그림 16-1] 참조).

[표 16-1] 주요국의 제조업 혁신정책 및 주요 추진과제

국가	내용
독일	**인더스트리 4.0('12~)** – 국가 10대 미래 전략의 일환으로 민 · 관 · 학 연계를 통한 제조업의 혁신 추진 – 제조업과 ICT 융합을 통한 스마트공장 구축, 첨단 기술 클러스터 개발
미국	**미국 재건설(Remaking America)('09~)** – 제조업 발전 국가협의체 '첨단 제조 파트너쉽(Advanced Manufacturing Partnership, AMP)' 발족 – 3차원 프린팅 등 첨단 제조기술 혁신, 산업용 로봇 활성화 추진
한국	**제조업 혁신 3.0('14~) 및 스마트공장 확산 추진 계획('15.4~)** – 융합형 신제조업 창출, 제조혁신 기반의 고도화 – '20년까지 중소 · 중견기업을 대상으로 1만개의 스마트공장 시스템 보급

출처: 산업통상자원부(15.3), 현대경제연구원(14.7), 산업은행

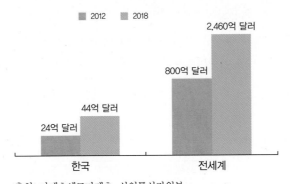

2,460억 달러

800억 달러

44억 달러

24억 달러

한국   전세계

출처: 마케츠엔드마케츠, 산업통산자원부

[그림 16-1] 스마트공장 시장 규모

기업들로부터 조사한 결과 스마트공장으로 전환하는 경우, 27.6% 불량률 감소, 29.2% 제조원가 절감, 19.0% 납기 단축 등의 효과를 얻을 수 있다고 한다.

국가별 제조업의 특성, 기술·사업의 강점 역량, 기업 간 구조의 차이 등으로 주요 국가들의 스마트공장 전략의 방향성은 조금씩 다르다. 이에 따라 성공적으로 스마트공장으로 전환한 국내·외 기업 사례를 살펴보자.

16.1 해외 업체

16.1.1 독일

독일의 주력 제조업은 자동차(18.5%), 기계장비 및 부품(15.2%), 화학(9.8%)이며, 기계 설계/제조 기술이 강하고 기계 운용과 관련된 산업 소프트웨어, 엔지니어링 기술력은 세계 최고 수준이다. 그러나, 일반적인 ICT 기술력은 다소 취약한 것으로 평가되고 있다.

이에 제조업에 스마트공장을 도입해 일차적으로 산업 생태계 전반의 생산성을 제고하고, 산업입지 경쟁력을 극대화하려고 노력하고 있다. 장기적으로 모든 공장들을 연결해 독일 전체를 거대한 네트워크형 스마트공장 산업단지로 전환하고, 스마트공장 기술을 글로벌 표준으로 확립하고자 한다. 스마트공장 간 디지털 데이터를 실시간으로 집계, 공유하여 운영 효율성 제고, 공정 최적화, 수요 변동에 따른 유연한 생산 대응도 가능하다.

이와 같이 스마트공장을 이용하여 산업 전반을 개선하고 향후 전 세계의 공장이라는 위상을 차지하고자 한다. 스마트공장을 운영 중인 대표적인 기업은 지멘스(Siemens), 아디다스(Adidas), 노빌리아(Nobilia) 등이 있다([표 16-2] 참조). 이 중 지멘스의 스마트공장에 대해 살펴본다.

[표 16-2] 독일 대표 스마트공장

기업	내용
지멘스	– 자동화(자동화율 75% 달성) 설비와 시스템간 실시간 연동체계 구현 – 다품종 · 고수율 달성(0.001% 불량률), 약 30%의 에너지 절감
아디다스	– 정부 지원, 산학 협력에 기반해 제조 혁신 과제를 추진 – 산업용 로봇 적용 등으로 생산 자동화, 소비자 맞춤형 신발 생산체계 구축
노빌리아	– 개인별 맞춤사양, 인건비 부담 해소를 위해 생산 자동화 추진 – 생산성 극대화로 직원 1인당 생산액 5억원 수준(인텔과 유사)

출처: 산업은행 "국내 제조업 고도화 방안으로서 스마트공장의 가능성"(15.8.21)

① 지멘스의 암베르크(Amberg) 공장

지멘스는 독일 남동부의 소도시에 위치한 암베르크에 시스템 제어기기를 생산하는 축구장 1.5배 규모의 공장을 운영하고 있다. 이 공장은 "세계 최고의 지능형 공장"으로 불리며 인더스트리 4.0과 스마트공장의 테스트베드 역할을 한다([그림 16-2] 참조).

암베르크 공장은 지멘스가 판매하는 제품 중 1,000여 종에 달하는 제품을 한 달에 백만 개 이상 생산하고, 하루에 5천만 개의 개별 공정이 수행되고 있다. 제품의 개발 및 제조 기획을 관장하는 가상생산 시스템은 제품 수명 주기 관리 등을 활용하여 여러 센서나 장비를 제어하고, 생산관리 시스템 등과 연동하여 공장생산 시스템을 통합운영하고 있다.

- 1,000여 종에 달하는 서로 다른 제품
- 100만여 개의 월별 생산되는 시맨틱 제품
- 5,000만 건의 일별 시맨틱 IT에 입력되어 처리되는 항목
- 75%의 자동화 수준
- 12dpm(100만개당 불량품 12개)
- 1,000여 종류의 배송제품을 팀센터가 관리
- 60,000여 명의 년간 전 세계 고객

출처: https://www.youtube.com/watch?v=V1e59oIHuSY 재구성

[그림 16-2] 지멘스의 암베르크 공장

이처럼 다양한 제품의 생산 라인을 가동할 때 발생할 수 있는 문제는 제품의 종류가 변경될 때마다 제조 공정이 수정되며, 이 과정에서 상당한 시간이 소요된다는 점이다. 이를 해결하기 위해 암베르크 공장은 모든 제품과 개별 부품까지 바코드나 RFID 등을 부착하여 실시간으로 상태를 파악할 수 있는 사물 인터넷 시스템을 구축하였다. 그 결과 암베르크 공장의 어느 지점에서 어떤 부품이 잘못되었는지를 실시간으로 확인할 수 있도록 하루에 5,000만 건 이상의 데이터가 생성되고 있다. 이 데이터를 통해 제조 공정마다 자동으로 실시간 작업 지시를 내리며, 이로 인해 작업 및 공정 최적화가 가능하고 개별 기계의 가동 스케줄을 자동으로 결정한다. 또한 빅 데이터 분석을 통한 의사결정 지원 시스템은 동일한 제품을 생산하기 위해 가장 적은 에너지를 사용하는 최적의 공정을 찾아낸다.

이와 같은 최적화로 암베르크 공장은 전 제품의 99.7%를 주문받은 후 24시간 이내 출하가 가능하며, 급한 설계 변경에도 유연하게 대처할 수 있다. 1천 개 이상의 다양한 품목의 생산에도 불구하고 제품의 불량률이 0.001% 즉, '10만 개 당 1개' 수준으로 급감하였다. 공정의 75%가 자동화로 진행되며 이들 기계 설비가 네트워크로 연결되어 있어 직원들의 근무시간은 1주 평균 35시간으로 줄었지만, 생산성은 최고 수준이다. 또한 동일 양을 생산하는데 사용하는 에너지가 기존 공장에 비해 30%이상 절감되는 효과를 거두고 있다.

16.1.2 미국

미국은 제조 역량 측면에서 항공우주, 차량, 제약 등의 분야에서 세계적인 경쟁력을 가지고 있다. 제조업 비중은 화학(12.3%), 석유정제(10.9%), ICT(9.5%)의 순이며, ICT 전반의 기술력과 혁신력이 뛰어나 전 세계의 패러다임을 선도하고 있다.

미국 제조 기업들은 기존 사물 인터넷의 연장선상에서 스마트공장을 실리적으로 추진하고 있다. 기업들의 전략적 방향은 비교적 현실적이고 단기적이다. 스마트공장을 기계나 공장 수준에서 접근하여 기존 기계나 공장에 사물 인터넷을 접목하고 빅 데이터를 분석해 즉각적인 생산성 개선을 이루고, 이를 기반으로 새로운 사업모델과 수익원천을 창출하고 있다. 스마트공장을 운영하는 대표적인 기업은 GE, 인텔, 테슬라(Teslar) 등이 있다([표 16-3] 참조). 그중 GE의 '생각하는 공장(Brilliant Factory)'을 보다 구체적으로 다루고자 한다.

[표 16-3] 미국 대표 스마트공장

기업	내용
GE	– 사물 인터넷 접목 및 빅 데이터 분석을 통해 공정 및 설비 관리 최적화 – 불량 및 오류 감소, 설계 시간 단축, 비용 절감 등의 성과 달성
인텔	– 사물 인터넷을 통해 생산 공정 사전 검증 및 실시간 설비 관리 – 특정 품목의 시범 적용으로 '12년 300만 달러의 원가 절감
테슬라	– 용접, 조립, 절단 등 공정에 산업용 로봇을 적용해 자동차 이외의 품목도 생산 가능한 유연 생산체계 구축

출처: 산업은행 "국내 제조업 고도화 방안으로서 스마트공장의 가능성"(15.8.21)

GE는 '빅 데이터, 소프트웨어, 센서, 3D 프린터를 이용한 적층식 제조 분야의 발전을 기반으로 인간과 장비를 통합하여 완전히 새로운 제조 공장을 창조한다'는 가치를 내걸고 2015년 인도의 푸네(Pune)에 2억달러 이상을 투자하여 '생각하는 공장'을 설립하였다([그림 16-3] 참조). 이 공장은 기존의 소품종 대량 생산 위주의 공장이 아닌 비행기의 제트엔진(Jet Engine)부터 기관차의 부품에 이르는 다양한 제품을 생산하는 유연한 멀티모달 공장(Multi-Modal Factory)의 형태를 취하고 있다. 이 공장의 모든 시설과 컴퓨터는 산업 인터넷을 통해 실시간으로 품질유지와 돌발적인 가동중지사태를 예방 할 수 있는 의사결정 지원이 가능하도록 설계되었다.

또한, GE는 스마트공장을 이용해 항공기 엔진 사업을 단순 판매에서 서비스 형태로 바꾸어가고 있다. 즉, 항공기 엔진에 센서를 부착하여 데이터를 수집하고 관리하여 정비 및 보수의 최적기나, 연료비를 절감하는 최적의 방법을 알려준다. 항공기 엔진뿐만 아니라 발전소 터빈 등에도 유사한 방식으로 수집된 데이터를 분석하여 연료 절감, 고장 예방 등의 효과를 얻고 있다. 특히 GE는 스마트공장을 지원하기 위해 클라우드 기반의 데이터 분석 서비스 프레딕스(Predix)를 출시하였고, 데이터 분석 플랫폼도 제공하고 있다([그림 16-4] 참조). 다양한 산업용 소프트웨어 업체들과 협력해 프레딕스 기반 앱을 확보하려고 하고 있다. 인도의 3대 소프트웨어 업체인 인포시스(Infosys), 와이프로(Wipro), 액센츄어(Accenture) 등에서 개발한 30여개의 관련 앱이 탑재되었다.

[그림 16-3] GE의 생각하는 공장

생각하는 공장은 크게 세 단계의 핵심 요소로 구성된다. 첫째, 설비와 생산의 효율을 분석하는 '연결되는(Get Connected)' 단계, 둘째, 품질, 자재, 생산의 흐름을 분석하는 '분석(Get Insights)' 단계, 마지막으로 공장 및 공정, 제품의 최적화를 수행하는 '최적화(Get Optimized)' 단계이다. 구체적으로 '연결되는' 단계는 모든 제조설비에 센서를 부착하여 대량의 운전 데이터를 실시간으로 클라우드로 전송한다. 클라우드에서 이 데이터를 분석하여 실제 설비의 고장을 사전 예측하여 예방보수 시점을 결정한다. '분석' 단계는 실시간으로 공정의 품질 데이터를 확인하여 품질의 불량여부를 모니터링하고, 출하되는 제품의 작업자, 생산설비, 원부자재, 설비도구 등의 모든 이력을 관리한다. 그리고 사후 문제가 발생했을 때, 그 원인을 적절하게 찾도록 지원한다. '최적화' 단계는 기업의 전사적 자원 관리, 제품 수명 주기 관리 시스템 등과 결합하여 주문, 재고 관리, 생산 우선순위 선정과 같은 의사결정을 자동으로 수행하는 최적화 시스템을 구축한다.

이렇게 구축된 생각하는 공장은 최대 15%의 에너지 비용 절감, 20%의 생산성 향상, 20%의 생산수율 증가, 50%의 가동 휴지시간 감소 등의 효과를 거두고 있다.

출처: GE

[그림 16-4] GE 프레딕스 분석 화면

16.2 국내 업체

해외 제조업 부흥 경향과 국내 제조업 위기론이 지속되자 2014년 정부는 '제조업 혁신 3.0' 전략을 수립·발표하였다([그림 16-5] 참조). IT·SW 융합으로 융합 신산업을 창출하여 새로운 부가가치를 만들고, 선진국 추격형에서 선도형으로 전환해 우리 제조업만의 경쟁우위를 확보하기 위한 전략을 제시하였다.

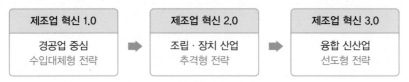

제조업 혁신 1.0		제조업 혁신 2.0		제조업 혁신 3.0
경공업 중심 수입대체형 전략	⇒	조립·장치 산업 추격형 전략	⇒	융합 신산업 선도형 전략

출처: 산업통상자원부 "민관공동 제조업혁신 3.0 전략 추진"(2014.6.26)

[그림 16-5] 국내 제조업의 혁신 패러다임 변화

이를 위해 스마트공장 도입은 필수적이라고 판단하여, IT·SW, 사물 인터넷 등과 융합을 통해 생산 전 과정을 지능화·최적화하고자 하였다. 그 결과 2015년 말까지 스마트공장 전환이 완료된 국내 사업장은 1,240개이고, 2020년까지 1만개 공장의 스마트화를 추진하고 있다. 정부는 민·관 공동으로 1조원 규모의 제조혁신 재원을 조성하고, '스마트공장 추진단'을 구성하여 상대적으로 IT·SW 역량이 부족한 중소·중견기업 제조 현장의 스마트화를 기업 역량에 따라 맞춤형으로 지원하고 있다.

이를 통해 중소·중견기업의 생산성을 높이고, 핵심기반이 되는 SW·센서·솔루션 등을 새로운 산업으로 육성하여 수출의 동력으로 삼을 계획이다. 우선, 한국형 스마트공장 모델을 개발한 후, 신흥국 등에 수출을 모색하고 있다. 스마트공장을 운영하는 대표적인 국내 기업은 포스코, LG(디스플레이), 삼성(반도체) 등이 있다([그림 16-6] 참조).

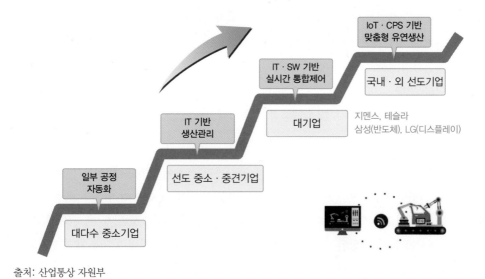

출처: 산업통상 자원부

[그림 16-6] 국내 기업의 스마트공장 수준 및 고도화 방향

대표적인 국내의 스마트공장 구현 사례는 포스코의 광양제철소이다([그림 16-7] 참조). 포스코는 2015년 말부터 광양제철소 후판공장을 시작으로 주요 공장의 스마트공장화를 진행하였다. 포스코의 스마트공장은 제품 생산 현황을 면밀히 분석하여 생산 최적화에 중점을 두고 있으며, 이를 통해 원가를 낮추고 품질 불량을 줄이며 설비 장애도 감소시키고 있다.

출처: https://www.youtube.com/watch?v=RyaKWyTWl0k

[그림 16-7] 포스코, 스마트공장 구축 확대

규모의 경제가 적용되는 철강 산업은 높은 전·후방 연쇄효과를 유발하는 국가 기반 산업이지만, 경기에 민감하게 반응하고 제조 원가의 비중이 높은 산업적 특징이 있다. 포스코는 기존 생산환경에서 소프트웨어 중심의 혁신을 통해 최소의 비용으로 스마트공장을 구축하였다. 이를 위해 설비, 품질, 조업, 안전, 에너지 등의 다섯 가지 분야에 대해 빅 데이터 분석을 통해 문제가 발생하기 전에 예측하고 선제적인 대응을 할 수 있는 시스템을 갖추었다([표 16-4] 참조).

보다 구체적으로 품질과 관련하여 제품 생산 공정별로 품질에 영향을 미치는 인자를 도출하고 설비의 개별 상태를 바탕으로 불량 발생 여부를 조기에 탐지할 수 있는 시스템을 구축하였다. 또한 설비 자체의 노후화와 기타 요인들로 인해 설비의 고장 발생 예측을 위해, 멀티포인트 센서를 통해 수집된 데이터를 기반으로 예측 모델을 개발하여 비용이 최소화되는 예방보수 시점에 대한 의사결정을 지원할 수 있다.

철강 산업의 특성상 공정 과정에서 엄청난 양의 에너지가 필요한데 이러한 에너지에 대한

[표 16-4] 포스코 스마트공장의 구현 효과

구분	변경 전	변경 후
설비	고장 대응 정비	품질/생산성 고려 **예지 정비**
품질	평균값으로 품질 판정	설비 상태 고려 **품질 예측**
조업	지시대로 생산	소재/공정 상태 고려 **실시간 최적 생산**
안전	생산 중심 센서 배치	안전을 최우선으로 **센싱 및 통제**
에너지	차별 없이 공평 배분	가격, 효율성 고려 **최적 배분**

출처: 홍승민(2015)

과거 사용패턴을 분석하여 최적화된 에너지 원천 및 수량을 결정하여 비용을 감소시킬 수 있다. 생산성 향상뿐만 아니라 작업자의 안전을 확보하는 측면에서 작업자가 필수로 착용하는 헬멧에 카메라, 충격 센서, GPS 등을 장착한 뒤 공장에서 작업 시, 작업자의 위치 및 상태를 실시간으로 인식하여 분석하고 잠재적인 위험요소를 제거하는 시스템을 도입하였다. 마지막으로 사이버 물리 시스템을 기반으로 가상 공장(Virtual Factory)을 구현하여 설비의 구동을 시뮬레이션할 수 있으며, 이때 과거 설비운전 시, 수집된 실제 데이터를 입력하여 정밀한 검증이 되도록 하였다.

이러한 빅 데이터 분석이 적용된 스마트공장 구현을 통해 포스코는 58%의 운전인력 감소, 27%의 생산성 향상, 21%의 제품 품질 향상, 34%의 에너지 효율 향상, 100% 이상의 환경 개선 효과를 거두었다. 이를 바탕으로 포스코는 단순한 철강 제품 경쟁력을 확보하는 차원을 넘어 산업의 새로운 패러다임을 제시하고 있다.

- **생산수율** 1단위의 원재료를 투입하였을 때 어느 정도의 제품이 생산되는가를 나타내는 비율을 의미한다. 예를 들어, 1톤의 동판을 투입하여 10대의 자동차를 생산한다면 생산수율은 10이 되고, 10개의 칩을 투입하여 1개의 컴퓨터를 생산한다면 생산수율은 0.1이 된다.

| 단답형 |

01 (　　　　)은 비즈니스 가치 사슬 전반에 최적화가 가능하며, 유연함과 상호운용성을 지원하는 자동화 지능형 설비, 생산, 운영의 통합 및 개방을 통해 고객과 소통하는 공장으로 설명하고 있다.

02 (　　　　)은 제품의 기획·설계, 생산, 품질, 유지보수 등 제조 공장에서 생산 프로세스에 대한 정보화와 생산 시스템의 자동화를 실현하는 공장으로 설명하고 있다.

03 생산성 향상, 에너지 절감, 인간중심의 작업환경 구현 및 개인 맞춤형 제조 등 새로운 환경에 능동적으로 대응하는 차세대 공장 구축이 가능하다. (　　　　)산업으로 변화는 제품군의 다양화, 제품 수명 주기 단축, 시장의 다변화 등 생산 환경 변화를 가져오고 있다.

04 스마트공장에서 작업 담당자는 생산 시스템의 한 부품(Blue Color)으로 존재하지 않고 일반 회사 관리자(White Color)와 같은 일을 하게 된다. 이처럼 ICT 기술에 의해 증강된 방식으로 편하고 효과적으로 일하는 작업자를 (　　　　)라고 한다.

05 사람과 사람 간 연결인 소셜 네트워크 서비스(SNS)와 유사한 기계와 기계 간의 연결 개념이다. 스마트공장은 이와 같이 설비 간의 상호 유기적인 연결과 이로부터 발생되는 지능화가 중요하며, 따라서 이를 (　　　　)라고 한다.

06 스마트공장 내에서 제조되는 제품은 자신을 알리는 ID, 정보를 저장하는 메모리, 이 정보를 주고받을 통신 수단이 장착된다. 이러한 제품을 (　　　　)이라고 한다.

07 (　　　　)은 센서가 부착된 기계장비나 로봇이 주변 장비, 기기, 인프라 및 사람과 연결되어 데이터를 주고받으며, 능동적으로 기능을 수행하도록 지원하는 표준 관련된 기술이다. 즉, 기계·사람·데이터를 서로 연결시켜 기존 설비나 운영 체계를 최적화하고 지능적 의사결정을 가능하게 한다. 지능형 센서, 분석 솔루션 및 운용 소프트웨어와 함께 제조혁신의 원동력이 된다.

08 스마트공장을 추진하는 기업들은 서로 다른 방식이었던 공장의 (   ) 네트워크와 기업 (   ) 네트워크를 사물 인터넷 기반으로 통합된 기업 인프라로 구축하고 있다.

09 (   )은 공장 내의 생산설비와 생산공정, 그리고 생산되는 제품 등에 해당하는 실제세계와 가상세계의 통합 시스템을 의미한다. 즉, 실제 공장과 거의 동일한 사이버 모델을 구축한 후, 물리세계와 실시간으로 동기화하면서 활용하는 기술이다.

10 사이버 물리 시스템을 공장에 적용하기 위해 제조 현장의 물리적 세계와 동기화된 사이버 모델, 즉 (   )가 구축되어 활용된다.

11 (   )은 기기 간 상호인증, 암호 모듈, 크리덴셜(Credentials) 관리, 사용자 인증, 보안 부팅, 보안 펌웨어 갱신 기능이 제공된다.

12 (   )는 생성 주기가 짧고, 문자 및 영상 등 다양한 데이터를 의미하며, 더 나아가 이러한 데이터를 분석하여 가치를 추출하는 기술을 의미한다. 기존의 관리 방법이나 분석 체계로 처리하기 어려운 정형(Structured) 또는 비정형(Unstructured) 데이터 집합이다.

| 선택형 |

01 스마트공장은 시시각각 변화하는 생산자원(4M1E)의 정보를 실시간으로 현장에서 취합하여 최고경영자가 의사결정을 내리는데 필수적인 정보를 제공한다. 다음 중 생산자원에 속하지 않는 것은?
① 인력(Man)　　　　　　　　　② 기계(Machine)
③ 공정(Method)　　　　　　　　④ 마케팅(Marketing)

02 스마트공장은 IT 융합 생산 정보화 시스템에 기반을 둔 4무(Zero)의 연속개선(Continuous Improvement Process, CIP) 관리를 구현할 수 있다. 다음 중 4무에 속하지 않는 것은?
① 무대기시간(Zero Waiting-time)　　② 무재고(Zero Inventory)
③ 무운영시간(Zero Operating-time)　④ 무불량(Zero Defect)

03 스마트공장의 기능 요건은 생산과 관련된 데이터를 수집하는 단계, 수집된 데이터를를 기반으로 의사결정을 하는 단계, 생산현장에 반영하는 단계로 구성된다. 다음 중이 3단계에 속하지 않는 것은?

① 운영(Operate)   ② 감지(Sense)

③ 판단(Control)   ④ 수행(Actuate)

04 다음 중 스마트공장의 보급·확산을 위해 연구개발이 필요한 분야가 아닌 것은?

① 보급형 사이버-물리 생산 시스템을 통한 기업의 최적화된 유연생산체제 구축 분야

② ICT 활용도 수준과 스마트공장의 이해도를 높이기 위한 홍보 분야

③ 솔루션-기기 간 상호호환성 확보 및 연동 기술 개발 분야

④ 지능형 기술을 활용한 제조기업의 생산 고도화 분야

05 다음 중 스마트공장 수준별 구분이 아닌 것은?

① 고도화(Smart)   ② 중간 수준3(Third Intermediate)

③ 중간 수준2(Second Intermediate) ④ 중간 수준1(First Intermediate)

06 다음 중 스마트공장 주요 기술적 구성 요소가 아닌 것은?

① 응용 프로그램   ② 플랫폼

③ 가상현실   ④ 디바이스

07 스마트공장은 네트워크가 중요한 역할을 하기 때문에, 네트워크 인프라, 교환되는 데이터 및 정보 자산을 다층 네트워크 보안으로 보호해야 한다. 다음 중 이에 대한 구현원칙이 아닌 것은?

① 다층 보안 모델(Layered Security Model)

② 심층방어(Defense in Depth)

③ 유연성(Flexibility)

④ 관리성(Maintenance)

08 다음 중 일반적인 빅 데이터의 특징이 아닌 것은?

① 방대함(Volume)   ② 다양성(Variety)

③ 실시간성(Velocity)   ④ 균형성(Valance)

09 다음 중 독일의 대표적인 스마트공장이 아닌 것은?

① 지멘스　　　　　　　　　② 아디다스
③ 노빌리아　　　　　　　　　④ 테슬라

10 다음 중 미국의 대표적인 스마트공장이 아닌 것은?

① 화낙　　　　　　　　　　② 인텔
③ 테슬라　　　　　　　　　　④ GE

| 서술형 |

01 제조 시스템의 진화 과정 속에서 4차 산업혁명 시대에 등장한 개념은 무엇이 있는가?

02 광의의 스마트공장 개념을 설명하시오.

03 스마트공장의 제공 공정과 기존 공정의 차이점 2가지를 설명하시오.

04 스마트공장의 5M 구성에 대해 설명하시오.

05 공장의 ICT 활용도에 따른 스마트공장의 4가지 수준별 특징을 설명하시오.

06 스마트공장에서 빅 데이터 특징 5가지를 설명하시오.

| 참고문헌 |

1부

[1] 하원규, "제4차 산업혁명의 신지평과 주요국의 접근법", 주간기술동향 통권1710호, 2015. 8.

[2] 제러미 러프킨, 안진환 옮김, 3차 산업혁명, 민음사, 2012.

[3] The Industrial Internet@Work(https://www.ge.com/sites/default/files/GE_Industrial InternetatWork_WhitePaper_20131028.pdf)

[4] Dov Seidman, "From the Knowledge Economy to the Human Economy", Harvard Business Adrian Fortino, The Next Industrial Revolution Should Happen America, Jul. 22, 2015.

[5] Peter C.Evans&Marco Annunziata, The Industrial Internet:: Pushing the Boundaries of Minds and Machines, Nov. 26, 2012.

[6] Introducing PredixCloud: Purpose-built industrial data and analytics(https://www.gesoftware.com/predix)

[7] Putting IoT to work(http://www.industrialinternetconsortium.org)

[8] Final report of the Industrie Working Group, "Recommendations for implementing the strategic initiative Industrie 4.0", Federal Ministry of Education and Research, Apr. 2013, p.13.

[9] New High-tech Strategy-Innovation for Germany(http://bmwi.de/EN/Topics/Technology/hightech-strategy,did=197896.hmtl)

[10] The Future of Manufacturing(http://w3.siemens.com/topics/global/en/industry/future-ofmanufacturing/Pages/future-of-manufacturing)

[11] Germany's High-Tech 2020 Action Plan(http://www.gtai.de/GTAI/Navigation /EN/Invest/Industries/Smarter-business/smart-solutions-changing-world,t=hightech-strategy-2020-action-plan,did=575914.html)

[12] 自由民主堂國家戰略本部編, 日本未來圖 2030, 2014.

[13] 情報技術審議會技術戰略委員會中間報告書(案), 平成 27年6月

[14] 産業競爭力會議「成長戰略進化のための今後の檢討方針(抄)」平成 27年1月

[15] ロボット革命實現會議,「ロボット新戰略」2015年1月.

[16] 여성경제신문, 2016. 6. 30(http://www.womaneconomy.kr)

[17] 이승훈, 정재훈, "IoT, 경쟁의 핵심을 바꾼다.", LG Business Insight, 2016. 2. 17 (http://www.lgeri.com)

[18] 오윤수, 박현수, 오기환, "제조업의 미래와 ICT의 역할", DIGIECH보고서, KT경제연구소, 2013.

[19] C. Anderson, "The Log Tail", Wired Magazine, 2004.

[20] C. Anderson, 윤태경 옮김, "메이커스", 알에이치코리아, 2013.

[21] 남경우, 이병윤, "혁신형 제조공간, 팹랩(Fab Lab)", KIAT 산업기술정책 브리프, 2014. 1.

[22] D. Dougherty et al., "Impact of the maker movement", Deloitte, 2014.

[23] J. Hagel, J.S. Brown, and D. Kulasooriya, "A movement in the making", Deloitte, Jan. 24th, 2014.

[24] Michael Porter, "How Smart Connected Products Are Transforming Competition", 2014. 11.

[25] 뉴스투데이(http://www.news2day.co.kr)

[26] https://smallbiztrends.com

[27] 황원식, "사물인터넷(IoT)이 가져올 미래의 산업변화 전망", KIET 산업경제, 2016. 3.

[28] http://tip.daum.net

[29] https://ko.wikipedia.org

[30] Frey, "The Future of employment : How susceptible are jobs to computerisation?", C.B. & Osbome. M.A., 2013.

[31] http://www.inventables.com/technologies/carvey

[32] http://www.openautoalliance.net/

[33] https://hellot.net/new_hellot/magazine/

[34] 이지평, "일본 제조업의 IoT 전략", LG경제연구원, 2016. 12. 16.

[35] 후지쓰 야마모토 마사미 사장, 'IoT가 가져오는 혁신과 그 실현을 위해', 산업구조심의회 상무유통정보분과회, 제2회 정보경제소위원회 자료, 2015. 2. 9.

[36] 일본경제신문, '일미독, IoT 규격을 표준화, 산학관으로 연계', 2016. 9. 27.

[37] 고현실, "삼성SDS, 블록체인 사업 본격 추진 자체 플랫폼 개발', 연합뉴스. 2017. 4.

[38] http://www.etoday.co.kr

[39] 전자신문(http://www.etnews.com)

[40] http://www.bokeducation.or.kr

[41] http://www.itfind.or.kr/

[42] http://terms.tta.or.kr

[43] http://www.samsungsemiconstory.com/1393

[44] 김현 외 3인, "ICT 기반 스마트공장", 한국전자통신연구원, 전자통신동향분석 제29권 제 5호, 2014. 10.

2부

[1] 김주현, "사물인터넷(IoT) 접속기술 동향 및 시사점", 제28권 3호 통권 617호, 2016. 2.

[2] 최병삼, 이제영, 이성원 "글로벌 주도권 확보를 위한 IoT 플랫폼 전략", 과학기술정책연구 원, 2016. 12.

[3] 이효은 외 11인, "IoT 현황 및 주요 이슈", 정보통신기술진흥센터, 2014. 12.

[4] 김영갑, "IoT 보안 요구사항", 주간기술동향, 2017. 4.

[5] Q. Gou, L. Yan, Y. Liu, Y. Li, "Construction and strategies in IoT security system", Green Computing and Communications(GreenCom), 2013 IEEE and Internet of Things(iThings/iThings / CP S Com), pp.1129~1132, 2013.

[5] S.-R. Oh, Y.-G. Kim, "Security analysis of MQTT and CoAP protocols in the IoT environment", Korea Information Processing Society(KIPS), South Korea, pp.297~299, 2016.

[6] Z.K. Z hang, M.C.Y. Cho, S. Shieh, IEEE Fellow, "Emerging security threats and xountermeasures in IoT", ACM Symposium on InformAction, Computer and Communications Security(ASIACCS) Singapore, pp.1~6, 2015.

[7] D. Garcia-Carrillo, R. Marin-Lopez, "Lightweight CoAP-based bootstrapping service for the internet of things", Sensors, Vol.16, pp.358~381, 2016.

[8] S. Sicari, A. Rizzardi, L.A. Grieco, A. Coen-Porishini, "Security, privacy and trust in internet of things: The road ahead", Computer Networks, Vol.76, pp.16~164, 2015.

[9] 정보처리학회지, pp.5~9, 2014. 3.

[10] 정광식, 김성석, 양순옥, "유비쿼터스 컴퓨팅 개론", 방송통신대학교 출판부, 2017. 1.

[11] 양순옥, 김성석, 정광식, "IoT으로 발전하는 유비쿼터스 개론", 생능출판사, 2012. 8. 15.

[13] 김민수, "IoT 기술과 미래 서비스 방향에 대한 이해", 주간기술동향, 2015. 8. 12.

[14] http://blog.bizspring.co.kr/474

[15] Gartner, "Forest: The Internet of Things, Worldwide", 2013.

[16] Nick Wainwright, "Innovate 11 Presentation—Internet of Things Panel", 2011. 10.

[17] 황명권, 황미녕, 정한민, "IoT 실현을 위한 플랫폼 및 기술 동향", IITP 주간기술동향 1665호, 2014. 10. 1.

[18] 고정길, 홍상기, 이병복, 김내수, "스마트 디바이스의 사물인터넷(IoT) 융합 기술 동향", ETRI, 전자통신동향분석, 제28권 제4호, 2013. 8.

[19] 김선태, 정종수, 송준근, 김해용, "IoT 단말 플랫폼 동향 및 생태계 구축", ETRI, 전자통신동향분석, 제29권 제4호, 2014. 8.

[20] 김재호, "IoT Platforms", KRNet 2014.

[21] 조은경, "IoT 플랫폼 서비스 동향", IITP 주간기술동향 1680호, 2015. 1. 28.

[22] 정혁, 이대호, "IoT의 진화와 정책적 제언", KISDI Premium Report 14-03, 2014. 4.

[23] 박종현 외 8인, "IoT의 미래", 전자신문사, 2015. 1.

[24] 주대영, 김종기, "초연결시대 사물인터넷(IoT)의 창조적 융합 활성화 방안", KIET Issue Paper 2014342, 2014. 1.

[25] 이강원, "교통사고 감소를 위한 첨단안전장치 장착 확대 방안", KART Report, (http://www.kidi.or.kr/kidibrief/kart(201508).pdf)

[26] https://talkit.tv/Event/1199/

[27] SwapnadeepNayak, 한현상, 박현섭, The Internet of Things(IoT 기술개발 동향), KEIT PD Issue Report, Vol.15-6, 2015. 6.

[28] 조철회, 엄봉윤, 이현우, 류원, "IoT 기술, 서비스 그리고 정책", 주간기술동향, 정보통신산업진흥원, 2013. 12. 3.

[29] "IoT 사례 연구- 아키텍처", 정보통신산업진흥원, 2016. 10. 8.

[30] "IoT 사례 연구- 보안", 정보통신산업진흥원, 2016. 10. 14.

[31] "IoT 사례 연구- 빅데이터와 연계", 정보통신산업진흥원, 2016. 10. 21.

[32] http://d2.naver.com/helloworld/694050

[33] 안승구, 전황수, "국내외 사물인터넷(IoT) 정책 추진 방향", R&D InI , 2016.

[34] 이현지, 김광석, "사물인터넷의 국내외 시장 및 정책 동향", 정보통신기술진흥센터, 2015. 5.

[35] 전황수, 권수천, "주요국의 사물인터넷 정책", 2016 한국통신학회 하계종합학술발표회, pp.657~658, 2016.

[36] "사물인터넷(IoT) 관련 유망산업 동향 및 시사점", 현대경제연구원, 2016. 7.

[34] http://blog.naver.com/PostView.nhn?blogId=lool2389&logNo=220590029399&parent CategoryNo=&categoryNo=&viewDate=&isShowPopularPosts=false&from=post View

[35] https://news.kotra.or.kr/user/globalBbs/kotranews/4/globalBbsDataView.do?setIdx=2 43&dataIdx=148067

[36] http://www.bloter.net/archives/248793

[37] http://www.epnc.co.kr/news/articleView.html?idxno=75321

4부

[1] 전황수, "스마트자동차 기술 및 서비스 동향", 전자통신동향분석 제27권 제1호, 2012. 2.

[2] KT경영연구소, "스마트자동차와 미래사회 변화", DigiEco Focus, pp.2~4. 2011. 7.

[3] 중앙선데이, "스마트자동차 편의장치", 2011. 4.

[4] 최고, "자동차와 IT의 만남, 스마트자동차", 한국정보화진흥원, 2016. 9.

[5] http://www.nia.or.kr/site/nia_kor/ex/bbs/View.do?cbIdx=25699&bcIdx=17567()

[6] 전자신문, "자동차의 미래 스마트자동차", 2011. 5.

[7] 디지털타임스, "최첨단 미래차 꿈이 현실로", 2012. 1.

[8] KT경영연구소, "스마트자동차와 미래사회 변화", DigiEcoFocus, 2011. 7, pp.11~12.

[9] 한국경제신문, "오토메디칼 뜬다", 2011. 5.

[10] 서울경제신문, "첨단IT와 결합, 스마트자동차 시대", 2011. 5.

[11] 경향신문, "자동차와 IT결합-인포테인먼트 시스템", 2011. 5.

[12] 경향신문, "자동차와 IT기술의 접목", 2011. 1.

[13] 중앙일보, "소프트파워 무장하는 '디지털굴뚝' 현장을 가다", 2012. 1.

[14] 한국자동차산업연구소, "2020년 자동차산업의 미래", p.5. 2009. 3.

[15] 박광만, 석왕헌, 이광희, "스마트자동차 센서", The Photonics Journal special Issue 6, 센서산업과 주요 유망센서 시장 및 기술동향, 2016. 9.

[16] 전자신문, "스마트자동차, 안전하고 편한 도로 만든다", 2010. 9.

[17] 한태만 외 4인, "스마트자동차 적용 첨단 IT기술 및 산업표준 동향", 전자통신동향분석 제29권 제5호, 2014. 10.

[18] http://www.autosar.org

[19] K. Nishikawa, "Closing Keynote 5th AUTOSAR Open Conference", Nov. 26, 2012.

[20] http://news.joins.com

[21] http://www.carlab.co.kr

[22] https://kseattle.com

[23] http://www.autoelectronics.co.kr

[24] http://it.chosun.com

[25] http://biz.chosun.com

[26] http://www.ciokorea.com

[27] http://www.ciokorea.com

[28] http://www.itworld.co.kr

[29] http://blog.renaultsamsungm.com

[30] http://gnsd.co.kr

[31] https://namu.wiki

[32] http://news.donga.com

[33] http://image.mdstec.com

[34] http://www.zamong.co.kr/archives/5905?print=print

[35] http://m.blog.daum.net

[36] 시사경제용어사전, 기획재정부, 2010. 11.

[37] "자동차산업 가치사슬의 재편", 현대경제연구원.

[38] "스마트자동차 기술현황 및 대외 기술경쟁력 분석", 산은조사월보 제730호, 2016. 9.

[39] "스마트자동차 표준화동향", KATS, 2013.

[40] 한태만, "스마트자동차: 기술, 비즈니스 모델, 규제", SK텔레콤 TR, 제25권 제1호, pp.77~89, 2015. 2.

[41] 한태만 외 3인 "스마트차량과 자동차 사물인터넷(IoV) 기술동향", 분석전자통신동향분석 제30권 제5호, 2015. 10.

[42] 한태만, "자동차-ICT 융합 및 표준화 기술 동향", TTAJ., 제154권, pp.32~37, 2014.

[43] Telefonica Digital, "Connected Car Industry Report 2014", Jun. 2014.

[44] TrendForce, "75% of the World's Cars Will Be Connected by 2020, Reports TrendForce", Apr. 2015.

[45] 전황수, "CES 2015를 통해 살펴본 스마트자동차 기술", 주간기술동향, 2015. 2.

[46] GSMA, "Connected Car Forecast: Global Connected Car Market to Grow Threefold Within Five Years," Feb. 2013.

[47] https://www.android.com/auto/

[48] http://www.apple.com/kr/ios/carplay/

[49] http://www.genivi.org

[50] http://www.automotivelinux.org

[51] http://auto.danawa.com

[52] http://global-autonews.com

[53] http://bravenewblog.tistory.com

[54] KEIT PD 이슈리포트 2013-1-특집호6 스마트자동차(Smart Car), 2013. 1.

[55] 전황수, "자동차 편의기술 개발 동향", 정보통신산업진흥원, 2012. 10.

[56] 전승우, "자율주행차, IT·자동차 기업의 新 경쟁 시대 연다." LG Business Insight 2016. 8. 17.

[57] http://h.jungjin.co.kr/community/auto_sys_read.asp?key_id=car_sys&bbs_no=283&page=1&gori=9

[58] Lucas Mearian, "Why Detroit is moving to Silicon Valley", Computerworld, Dec. 2015.

[59] John Griffiths, "Telematics is revolutionizing fleet management", Financial Times, Apr. 2016.

[60] "Autonomous Cars: Self-Driving the New Auto Industry Paradigm", Morgan Stanley, Nov. 2013.

[61] Tim Stevens, "Your next car might run Android N", CNET, May. 2016.

[62] Sophie Curtis, "US processor company: The car of the future is the most powerful computer you will ever own", Business Insider, May. 2015.

[63] Ingrid Lunden, "IBM's Watson makes a move into self-driving cars with Olli, a minibus from Local Motors", TechCrunch, Jun. 2016.

[64] David Gelles, etc., "Complex Car Software Becomes the Weak Spot Under the Hood", New York Times, Sep. 2015.

5부

[1] http://blog.lgcns.com/730

[2] Dong-A Business Review, 2014; Cloud-based Manufacturing: Old wine in new bottles? 2013.

[3] KB 지식 비타민, 국내외 스마트공장 동향, KB금융지주 경영연구소, 2017. 5.

[4] 박장석, "'스마트 공장' 제조업 패러다임 바꾼다", 산업기술평가관리원, 2015. 7.

[5] 이순열, "스마트 공장을 위한 사물인터넷 기술 동향", 전자공학회지, 2016. 6.

[6] 이규택, 이건재, 송병훈, "스마트공장 기술 동향", KEIT PD Isuue Report Vol. 15-4, 2015. 4.

[7] http://www.irobotnews.com/news/articleView.html?idxno=5534

[8] 이현정 외, "스마트공장 구축을 위한 현장실태 및 요구사항 분석", 한국정밀공학회지, 제 32권 제1호, pp.29-4. 2017. 1.

[9] KS X 9001-1, "스마트공장-제1부: 기본 개념과 구조", 국가표준기술원, 2016. 6.

[10] KS X 9001-2, "스마트공장-제2부: 용어", 국가표준기술원, 2016. 6.

[11] KS X 9001-3, "스마트공장-제3부: 운영관리시스템(진단 평가 모델)", 국가표준기술원, 2016. 6.

[12] 김용운 외, "스마트공장 국제 및 국내표준화 동향," 한국통신학회논문지, 제33권 제1호, pp.30-6. 2015. 6.

[13] 최동학, "스마트공장 표준화 동향," 월간 계장기술, pp.98-06. 2016. 12.

[14] 이현정, 유상근, 김용운, "스마트공장 기술 및 표준화 동향", 한국전자통신연구연, 2017. 6.

[15] 김용운, 정상진, 유상근, 차석근, "스마트 공장 국제 및 국내 표준화 동향", 정보와 통신, 2016. 1.

[16] "Industry 4.0: The fourth industrial revolution based on smart factories", 독일인 공지능연구소, 2004.

[17] 박형욱, "스마트공장과 연관된 생산제조기술 동향", 한국통신학회지 (정보와 통신)33권 1 호, 2016.

[18] 국가기술표준원, 스마트제조프레임워크 결과보고서, 2015. 12.

[19] 국가표준기술원, "스마트공장 기술 및 표준화 동향", KATS 기술보고서, 2015. 9.

[20] 한국정보화진흥원, Near & Future, Vol. 20, 2015. 9.

[21] 오윤수, 박현수, 오기환, "제조업의 미래와 ICT의 역할", DIGIECH보고서, KT경제연구 소, 2013.

[22] H. Kagermann, W. Wahlster, and J. Helblg, "Securing the future of German Manufacturing Industry: Recommendations for implementing the strategic initiative INDUSTRIE 4.0," Apr. 2013.

[23] C. Anderson, "The Log Tail", Wired Magazine, 2004.

[24] "진화하는 제조업 스마트공장", 한국생산기술연구원, 2015.

[25] "독일의 창조경제: Industry 4.0의 내용과 시사점", 현대경제연구원, 2013.

[26] C. Anderson, 윤태경 옮김, "메이커스", 알에이치코리아, 2013.

[27] 남경우, 이병윤, "혁신형 제조공간, 팹랩 (Fab Lab)", KIAT 산업기술정책 브리프, 2014. 1. 17.

[28] D. Dougherty et al., "Impact of the maker movement", Deloitte, 2014.

[29] "스마트공장 업종별 참조모델", 스마트공장추진단, 2016. 10.

[30] 이진성, 송병준, 이광기, 김용국 "스마트 공장 보급 · 확산사업 현황", KEIT PD 이슈리포트 2017-5호-이슈4, 2017. 6.

[31] "스마트공장 지원사업 인지도 및 만족도 조사", 문화체육관광부. 2016. 12.

[32] "2015년도 산업기술수준조사 보고서", 한국산업기술평가원. 2016. 3.

[33] "스마트공장 R&D 로드맵 소개", KEIT PD 이슈리포트, 2015-11호, 한국산업기술평가관리원.

[34] "스마트제조 R&D 중장기 로드맵", 한국산업기술진흥원. 2015. 12.

[35] 노상도, "스마트공장 사이버물리시스템(CPS) 기술 동향 및 이슈", 전자공학회지. 2016. 6.

[36] "스마트 제조혁신 비전 2025", 산업통상자원부. 2017. 4.

[37] Ronny Seiger, Christine Keller, Florian Niebling, Thomas SchlegelSoftware, "Modeling complex and flexible processes for smart cyber-physical environments", pp.137~148. 2015.

[38] http://www.smart-factory

[39] 이규택, 이건재, 송병훈 "스마트공장 기술 동향", KEIT PD Issue Report, 제15권 4호, pp.31~46, 2015. 4.

[40] Hyoung Seok Kang, Ju Yeon Lee, Sang Su Choi, Hyun Kim, Jun Hee Park, Ji Yeon Son, Bo Hyun Kim and Sang Do Noh "Smart Manufacturing: Past Research, Present Findings, and Future Directions", International Journal of Precision Engineering and Manufacturing-Green Technology, Vol. 3, No. 1, pp.111~128, Jan. 2016.

[41] 강형석, 노상도, "스마트제조 주요 기술 연구 동향", IE매거진, 제23권 제1호, pp.24~28, 2016. 3.

[42] 노상도, "스마트공장 설계, 운영을 위한 공장 CPS 기술", 2016 PLM 베스트프랙티스 컨퍼런스, 2016. 5. 25.

[43] Christian Seitz and Christoph Legat, "Embedding Semantic Product Memories in

the Web of Things" Iot@work, pp.708~713, 2013.

[44] "Industry 4.0: The fourth industrial revolution based on smart factories", 독일인 공지능연구소, 2004.

[45] 박형욱, "스마트공장과 연관된 생산제조기술 동향", 한국통신학회지 (정보와 통신)33권 1 호, 2016.

[46] "진화하는 제조업 스마트공장", 한국생산기술연구원, 2015.

[47] "독일의 창조경제: Industry 4.0의 내용과 시사점", 현대경제연구원, 2013. 5.

[48] http://www.gereports.kr/ge-brilliant-factory/

[49] 조원준, "GE의 스마트 공장, Brilliant Factory", 2016.

[50] 홍승민, "철강산업의 스마트팩토리 사례", POSCO ICT 컨설팅 그룹, 2015.

[51] "국내 제조업 고도화 방안으로서 스마트공장의 가능성", 산업은행, 2015.

[52] "사물인터넷과 빅데이터 분석 기반의 스마트공장 구현 사례 및 시사점", 한국정보화진흥 원, 2016. 10.

[53] 김용운 외 4인, "스마트공장을 위한 현장 실태와 진화 모델", 계장기술, 2016. 2.

[54] 서혁준, "스마트공장 보안 대응 방안", 계장기술, 2016. 2.

[55] 이규택, "스마트공장 기술 동향 및 R&D로드맵", 전자공학회지, 2016. 6.

[56] "스마트 공장의 현황 및 시사점", 한국정보산업연합회, 2015. 2.

[57] 차석근, "스마트공장 표준화 동향과 시스템 구조", 전자공학회지, 2016. 6.

[58] 김민식, 최주한, "제4차 산업혁명과 Industrial IoT – Industrial Internet의 이해", 동향 제28권 12호 통권 626호, 2016. 7.

[59] https://spri.kr/posts/view/21832?code=magazine

[60] Lin, Shi-Wan, Three Main Themes in the Industrial Internet of Things, 1st Edition, Journal of Innovation. Dec. 2015.

[61] IDC, Adapted from Perspective: The Internet of Things Gains Momentum in Manufacturing in 2015.

[62] http://www.adlinktech.com/kr/Internet_of_Things/What-is-Industrial-IoT.php

[63] WEF. Industrial Internet of Things: Unleashing the Potential of Connected Products and Services, 2015.

[64] IIC. Fact Sheet 2015.

[65] IDC. Transforming Manufacturing with the Internet of Things, 2015.

[66] Deloitte Consulting. 사물인터넷을 활용한 제조업의 스마트화, 2015.

[67] http://neoblues.tistory.com/entry/Secure-Simple-Pairing

[68] Sukkeun Cha, "U-Manufacturing model", pp.15~28, TIS-07-08, 2013.

[69] https://en.wikipedia.org/wiki/CC-Link_Industrial_Networks).

[70] https://www.phoenixcontact.com

[71] http://committee.tta.or.kr

[72] 임일형 외 3인, "IT/OT Convergence 기반의 Advanced Distribution Management System의 설계", 전기학회논문지 65권 5호, 2016. 5.

[73] ICT Divergence 현상진단 및 기술개척 모형 개발 연구 제안요청서(RFP), 정보통신기술진흥센터, 2016. 5.

[74] http://www.aaai.org/Library/IAAI/1989/iaai89-016.php

[75] http://www.etnews.com/

[76] 박형근, DBR, 2015 December Issue 1, No.166, P54

[77] http://www.rockwellautomation.com/rockwellautomation_ko/news/the-journal/exclusive/2011/march3.page?]

[78] https://www.br-automation.com/kr/gisul/opc-ua/opc-ua-br/senseoggaji-ieojineun-opc-ua-gisul/

[79] http://blog.naver.com/PostView.nhn?blogId=cutysio&logNo=40170712944

[80] https://github.com/ros-industrial-consortium/articles/blob/master/ros_with_opc-ua.md

[81] https://www.slideshare.net/NishantAgrawal14/material-resource-planning-68201079

[82] http://cdsl.snu.ac.kr/ko/node/83)

[83] http://cyberphysicalsystems.org/

[84] 임용재, 오영렬, 박태준, 손상혁, "스마트한 신세계로의 초대, 사이버물리시스템 : Cyber-Physical Systems (CPS) for the Smart New World", PM Issue Report 2013-제1권 이슈1.

[85] https://en.wikipedia.org/wiki/Cyber-physical_system

[86] "미국의 빅 데이터 산업 육성 정책", 한국산업기술진흥원, 2017. 1.

[87] http://www.certit.kr/?p=508.

[88] https://txsi.hometax.go.kr/docs/customer/dictionary/view.jsp?word=&word_id=5457

| 찾아보기 |

저자 소개

양순옥
고려대학교 원예과학과 학사, 컴퓨터학과 석사/박사
미국 UTEP Post-doc.
한국전자통신연구원(ETRI) 중소기업협력팀 선임연구원
(현재) 가천대학교 소프트웨어 중심대학 사업단 초빙교수

주요 연구 분야
센서 네트워크, 유비쿼터스 컴퓨팅, 지능형 빌딩 시스템, 사물 인터넷, 3D 프린팅, 스마트
자동차, 스마트공장, 컴퓨팅적 사고능력 등

저서
유비쿼터스 컴퓨팅 개론: 유비쿼터스 혁명을 여는 6가지 기술, 사물인터넷으로 발전하는
유비쿼터스 개론
Email: soyang9149@gmail.com

김성석
고려대학교 컴퓨터학과 학사/석사/박사
미국 UTEP 교환교수
(현재) 서경대학교 컴퓨터과학과 교수

주요 연구 분야
분산 데이터베이스, USN, 유비쿼터스 컴퓨팅, 3D 프린팅, 사물 인터넷, 스마트자동차,
스마트공장 등

저서
유비쿼터스 컴퓨팅 개론: 유비쿼터스 혁명을 여는 6가지 기술, 사물인터넷으로 발전하는
유비쿼터스 개론
Email: sskim03@skuniv.ac.kr